गणित शिक्षण

TEACHING OF MATHEMATICS

चमन लाल बंगा
बी०एस०सी०, बी०एड०, एम०एड०, एम०ए०, नैट (शिक्षा),
जे०आर०एफ० (शिक्षा), नैट (राजनीतिक शास्त्र)

आर० के० दीक्षित
बी०एस०सी०, बी०एड०, एम०ए०
स्कूल शिक्षा म० प्र०, ग्वालियर

SHIPRA

(First Published in 2012)

Rs. 995

ISBN: 978-81-7541-611-6

2023
Second Edition

Ganit Shikshan

Published by:
SHIPRA PUBLICATIONS
LG 18-19, Pankaj Central Market,
I.P. Ext., Patparganj, Delhi 110092
+91 11 22235152/6152; 96500 28065
info@shiprapublication.com
www.shiprapublication.com

प्राक्कथन

गणित एक महत्वपूर्ण विषय है। गणित को जीवन का जन्मदाता माना जाता है। मानव जीवन में मातृभाषा (हिन्दी) के अतिरिक्त अन्य ऐसा कोई भी विषय नहीं है जिसे गणित के समतुल्य महत्व प्रदान किया जा सके। हमारे प्राचीन ग्रन्थों में भी गणित के महत्व को स्वीकार किया गया है। वेदांग ज्योतिष में गणित के सभी शास्त्रों का मुकुट या सर्वोच्च माना गया है।

प्राचीन यूनानी दार्शनिक प्लेटों के द्वारा भी गणित को अत्यधिक महत्व दिया था। उन्होंने अपने विद्यालय में प्रवेश लेने वाले प्रत्येक विद्यार्थी के लिए गणित विषय के ज्ञान को अनिवार्य कर दिया था। गणित बालक के बौद्धिक विकास को गति प्रदान करती हैं। यह बालक के उन समस्त गुणों के विकास में सहायक है जो किसी अन्य विषय में विकसित हो सकते हैं। वर्तमान समय में तकनीकी ज्ञान में गणित एवम् विज्ञान अत्यन्त ही महत्वपूर्ण विषय बन गए हैं।

प्रस्तुत पुस्तक बी०एड० के पाठ्यक्रम को ध्यान में रखकर पूर्ण किया है। इसमें गणित का इतिहास, महान् गणितज्ञों का जीवन परिचय एवं कार्यक्षेत्र तथा उनके योगदान, वैदिक गणित, गणित शिक्षण हेतु पाठ-योजना निर्माण के विभिन्न सोपान, गणित शिक्षण की प्रभावी विधियों आदि का विस्तृत वर्णन करने का प्रयत्न किया है। पुस्तक को प्रशिक्षकों के लिए अत्यधिक सरल, स्पष्ट एवं बोधगम्य बनाने का भरपूर प्रयास किया गया है। आशा है कि यह पुस्तक छात्राध्यापकों के लिए उपयोगी सिद्ध होगी। यदि यह पुस्तक शिक्षा जगत में उपयोगी समझी गई तो हम अपने प्रयास एवं परिश्रम को सार्थक समझेंगे।

प्रस्तुत पुस्तक में अधिक से अधिक पाठ्य क्रम में निहित उद्देश्यों के अनुकूल एवं प्रभावी बनाने के लिए सम्बन्धित महत्वपूर्ण पुस्तकों का भी सहारा लिया गया है। उन सबके लिये हम सभी लेखकों और प्रकाशकों के प्रति आभार प्रकट करते हैं।

एक नयी पुस्तक में अशुद्धियों का रह जाना स्वाभाविक है अतएव नम्र निवेदन है कि शिक्षक एवं छात्र पुस्तक की त्रुटियों से एवं अपने अत्यन्त महत्वपूर्ण सुझावों से समय-समय पर अवगत कराते रहने का कष्ट करेंगे। आपके द्वारा दिए सुझाव सधन्यवाद स्वीकार किए जायेंगे।

चमन लाल बंगा
आर० के० दीक्षित

विषय सूची
(Contents)

अध्याय 1

गणित का अर्थ एवं ऐतिहासिक विकास
(Meaning and Historical Development of Mathematics)

गणित का अर्थ (Meaning of Mathematics)

गणित एक महत्वपूर्ण विषय है। वैदिक साहित्य में गणित शब्द का प्रयोग अधिकता से किया जाता था। गणित शब्द अत्यन्त प्राचीन शब्द है। गणित का शाब्दिक अर्थ है – "वह शास्त्र जिसमें गणना की अत्यधिक प्रधानता है।" अर्थात् हम कह सकते हैं कि गणित, अंक, आधार, संकेतों एवं चिन्हों का वह विधान है जिसकी सहायता से हमें परिणाम, दिशा एवं स्थान का बोध होता है। गणित विषय का प्रारम्भ गिनती से हुआ है, और इसका प्रमुख क्षेत्र संख्या पद्धति है, जिसकी सहायता से गणित से सम्बन्धित विभिन्न शाखाओं का उद्भव हुआ है। वेद शास्त्रों में गणित का स्थान सर्वोच्च है। हमारे प्राचीन भारतवर्ष में संख्यान, ज्योतिष, गणना एवं क्षेत्र गणित आदि सम्मिलित थे। हिन्दू गणित के अन्तर्गत परिकर्म व्यवहार, क्षेत्र गणित, भिन्न सम्बन्धी परिकल्पनाएँ, जितना–उतना अर्थात् अज्ञात राशि का उपयोग, घन, वर्ग, वर्ग वर्ग एवं विकल्प सम्मिलित थे। गणित के अन्तर्गत आने वाली क्रियाओं को विधिवत सम्पन्न करने के लिए लेखन सामग्री का उपयोग किया जाता था। इसलिए प्राचीन भारत में गणित की अध्ययन प्रक्रियाओं के अन्तर्गत पाटी–गणित एवं धूली कर्म शब्दों का अत्यधिक प्रचलन था।

गणित शिक्षा का सर्वोच्च स्थान प्राचीन काल से ही रहा है। गणित के सन्दर्भ में अलग-अलग विद्वानों ने अपने–अपने मत दिए है। गणित के बारे में महावीरा चार्य जी ने अपनी पुस्तक "गणित सार संग्रह" में लिखा है – "लौकिक, सामाजिक एवं वैदिक जो भी व्यापार हैं, उन सभी में गणित का प्रयोग है। अर्थशास्त्र, पाक–शास्त्र, काम शास्त्र, गन्धर्व शास्त्र, आयुर्वेद, नाट्य शास्त्र, भवन, निर्माण आदि सभी विषयों में एवं अलंकार, छन्द, काव्य, तर्क, व्याकरण एवं ललित कलाओं आदि में गणित अत्यधिक उपयोगी सिद्ध हुआ है। इसी प्रकार विभिन्न ग्रहों जैसे सूर्य, चन्द्रमा आदि की गति ज्ञात करने, समय एवं दिशा आदि ज्ञात करने में भी गणित का प्रयोग किया जाता है। इस प्रकार से विभिन्न क्षेत्रों में गणित अत्यधिक सहायक है।

गणित की परिभाषाएँ (Definitions of Mathematics)

गणित की कुछ प्रमुख परिभाषाएँ विभिन्न विद्वानों द्वारा दी गई हैं, जो निम्नलिखित हैं–

(1) मार्शल एच. स्टोन के अनुसार– ''गणित ऐसी अमूर्त व्यवस्था का अध्ययन है जो कि अमूर्त तत्वों से मिलकर बनी है। इन तत्वों को मूर्त रूप में परिभाषित किया गया है।'' (Mathematics is the study of abstract system built of abstract elements. These elements are described in concrete fashion. *Marshal, H. Stone*)

(2) लॉक के अनुसार–''गणित वह मार्ग है, जिसके द्वारा बच्चों के मन या मस्तिष्क में तर्क करने की आदत स्थापित होती है।'' (Mathematics is a way to settle in the mind of Children a habit of reasoning. —*Locke*)

(3) बर्टेण्ड रसैल ने गणित को परिभाषित करते हुए लिखा है ''गणित एक ऐसा विषय है, जिसमें हम यह भी नहीं जानते कि हम किसके बारे में बात कर रहे हैं और न ही यह जान पाते हैं कि हम जो कह रहे हैं, यह सत्य है।'' (Mathematics may be defined as the subject in which we never know what we are telling about not whether what we are saying is true. —*Bertrand Russel*)

(4) गैलीलियो ने गणित के महत्व को स्पष्ट करते हुए गणित को इस प्रकार से परिभाषित किया है–''गणित वह भाषा है, जिसमें परमेश्वर ने सम्पूर्ण जगत या ब्रह्माण्ड को लिख दिया है।'' (Mathematics is the language in which God has written the Universe. –*Galileo*)

(5) बेल के अनुसार–''गणित को विज्ञान का नौकर कहा जाता है।'' (Mathematics is the Servant of Science. –*Bell*)

(6) गॉस के अनुसार–''गणित विज्ञान की रानी है।'' (Mathematics is the Queen of Science. –*Gause*)

(7) कॉम्टे के अनुसार (According to Comte)–''गणित में हम विवेक के आदिम स्रोत को पाते हैं और गणित को जैव वैज्ञानिकों के गन्तव्य के रूप में देखते हैं जहाँ वे अपने अनुसन्धान करते हैं।'' (In mathematics we find the primitive source of rationality and to mathematics must be the biologists resort for means to carry on their researches.)

(8) बर्थलाट के अनुसार (According to Brthlot)–''गणित सभी भौतिक अनुसन्धानों का एक आवश्यक उपकरण है।'' (Mathematics is the indispensable instrument for all physical researches".)

उपरोक्त वर्णित परिभाषाओं के आधार पर गणित के बारे में सारांश के रूप में हम कह सकते हैं कि –

(1) गणित स्थान तथा संख्याओं का विज्ञान है।
(Mathematics is the Science of space and number)

(2) गणित विज्ञान की क्रमबद्ध, संगठित तथा यर्थात् शाखा है।
(Mathematics is a Systematised, organised and exact branch of Science)

(3) गणित गणनाओं का विज्ञान है।
(Mathematics is the Science of Calculation)

(4) गणित विज्ञान का अमूर्त रूप है।
(Mathematics is the abstract form of Science)

(5) गणित तार्किक विचारों का विज्ञान है।
(Mathematics is a Science of logical reasoning)

(6) गणित वह विज्ञान है, जिसमें आवश्यक निष्कर्ष निकाले जाते हैं।
(Mathematics is the Science which draws necessary conclusions)

(7) गणित के अध्ययन से मस्तिष्क में तर्क करने की आदत स्थापित होती है।
(Mathematics settles in the mind a habit of reasoning)

(8) गणित माप-तौल, मात्रा, तथा दिशा का विज्ञान है।
(Mathematics is the Science of measurement, quantity and magnitude)

गणित का ऐतिहासिक विकास (Historical Development of Mathematics)

गणित विषय अत्यधिक प्राचीन विषय है। हमारे भारतीय इतिहास का आरम्भ ऋग्वेद से माना जाता है। गणित विषय को प्राचीन काल से अत्यन्त महत्वपूर्ण माना जाता है। 1000 ई० पू० में वेदांग ज्योतिष ने गणित विषय के महत्व का विस्तृत वर्णन किया है। इस सन्दर्भ में महान गणितज्ञ महावीराचार्य ने कहा है कि अत्यधिक प्रलाय करने से क्या लाभ है ? इस संसार में जो भी वस्तुएँ हैं, वह सब गणित पर भी आधारित है, और उन्हें गणित के बिना समझना सम्भव नहीं है। भारतीय दार्शनिकों, मनीषियों, तत्व वेत्ताओं को अच्छी प्रकार से यह मालूम था, इसीलिए उन्होंने शुरू से ही गणित के विकास पर अत्यधिक ध्यान दिया है। यूरोपीय एवं अरब देशों में पहले गणित का ज्ञान एकदम शून्य था, लेकिन उसी समय भारत गणित के क्षेत्र में अत्यधिक उपलब्धियाँ प्राप्त कर चुका था।

प्राचीन काल में यूरोप, अरब एवं अन्य देशों के लोग यहाँ व्यापार के लिए आते थे और इन्होंने व्यापार के साथ-साथ यहाँ प्रचलित सरल गणना पद्धतियों को सीख लिया। इस प्रकार से उनके द्वारा यह ज्ञान अरब देशों तक पहुँचा और धीरे-धीरे यूरोप तक पहुँच गया। समय-समय पर अनेक विदेशी व्यक्ति इस ज्ञान को प्राप्त करने की प्रबल जिज्ञासा के साथ भारत आए और यहाँ के इस महत्वपूर्ण एवं अद्वितीय ज्ञान को प्राप्त कर अपने-अपने देशों तक पहुँचाया। हमारा भारतवर्ष 12वीं सदी तक गणित के क्षेत्र का विश्व गुरु बन गया था।

ऐसा बताया गया है कि भारतीय गणित के इतिहास का प्रारम्भ हमारे आदि ग्रन्थ ऋग्वेद से हुआ है। गणित के इतिहास को निम्नलिखित पाँच काल खण्डों में विभक्त किया जा सकता है—

(1) आदिकाल (500 ई० पू० तक)
 (अ) वैदिक काल (1000 ई० पू० तक)
 (ब) उत्तर वैदिक काल (1000 ई० पू० 5000 ई० पू० तक)
  शुल्व एवं वेदांग ज्योतिकाल।
  सूर्य प्राप्ति काल।

(2) पूर्व मध्य काल (500 ई० पू० से 400 ई० पू० तक)

(3) मध्यकाल या स्वर्णयुग (400 ई० पू० से 1200 ई० पू० तक)

(4) उत्तर मध्य काल (1200 ई० पू० से 1800 ई० पू० तक)

(5) वर्तमान काल (1800 ई० पू० के बाद)

आदिकाल से विकसित तथा वर्तमान काल तक विस्तारित गणित के इतिहास को निम्न प्रकार से व्यक्त किया जा सकता है –

(1) आदिकाल (500 ई० पू० तक)

आदिकाल में गणित मुख्यत: दो भागों में विभाजित था, इसमें प्रथम अंकगणित तथा द्वितीय रेखागणित का विकास हुआ।

(अ) वैदिक काल (1000 ई० पू० तक)–वैदिक काल में सर्वप्रथम शून्य एवं दाशमिक स्थान मान पद्धति का आविष्कार हुआ। यह आविष्कार भारत द्वारा किया गया था, और यह भारत की विश्व को एक अभूतपूर्व देन है। महर्षि वेदव्याय द्वारा रचित 'नारद विष्णु पुराण' के पूर्वभाग के द्वितीय पाठ में त्रिस्कन्ध ज्योतिष के वर्णन में गणित का प्रतिपादन हुआ जिसमें एक, दश, शत, सहस्त्र, अयुत (दस हजार), लक्ष (लाख), कोटि (करोड), अर्बुद (दस करोड़), अब्ज (अरब), खर्ब (दस अरब), निखर्ब (खरब), महापद्म (दस खरब), शंकु (नील), जलाधि (दस-नील), अन्त्य (पदम), पराध (शंख जो 10^{17} के बराबर होता है) आदि संख्याओं के बारे में विस्तार से वर्णन किया गया है, और ये संख्याएँ उत्तरोत्तर दस गुनी है। इसी प्रकार से दाशमिक स्थान मान पद्धति का उद्‌भव भी भारत से हुआ, और यहाँ से अरब और अरब से पश्चिमी देशों में पहुँचा। इसीलिए अरब एवं यूरोपीय देशों के लोग 1 से 9 तक के अंकों को क्रमशः हिन्दसां एवं हिन्दू अरेबिक अंक कहते हैं।

(ब) उत्तर वैदिक काल (1000 ई० पू० से 500 ई० पू० तक)–इसके अन्तर्गत निम्नलिखित दो काल आते हैं –

(*i*) शुल्व एवं वेदांग ज्योतिषकाल (*ii*) सूर्य प्रज्ञप्ति काल

(*i*) *शुल्व एवं वेदांग ज्योतिकाल* – यहाँ पर 'शुल्व' से तात्पर्य उस रस्सी से है, जो यज्ञ की वेदी बनाने के लिए मापन के काम आती है। यज्ञ में बनने वाली वेदियों एवं उनके उपखण्डों की सही-सही माप लेकर बनाने के प्रश्न को लेकर इस काल में जिन रेखागणित के सूत्रों का विकास हुआ, शुल्व सूत्रों के रूप में उपलब्ध हैं। इस काल के कुछ प्रमुख सूत्रकार निम्नलिखित हैं – बौधायन, आवस्तम्ब एवं कात्यायन। इनमें से बौधायन शल्व सूत्र को वर्तमान में पाइथागोरस प्रमेय के नाम से जाना जाता है। इसके अलावा बौधायन ने दो वर्गों के योग और अन्तर के बराबर वर्ग बनाने की विधि दी है तथा $\sqrt{2}$ का मान दशमलव के पाँच स्थानों तक शुद्धता से निकालने का सूत्र भी प्रदान किया गया।

$$\sqrt{2} = 1 + \frac{1}{3} + \frac{1}{3.4} - \frac{1}{3.4.34}$$

(*ii*) *सूर्य प्रज्ञप्ति काल* – इस काल की कृतियाँ निम्न लिखित हैं – सूर्य प्रज्ञप्ति एवं चन्द्र प्रज्ञप्ति (500 ई० पू०) आदि जैन धर्म के ग्रन्थ हैं। इन ग्रन्थों में गणितानुयोग का विस्तृत वर्णन दिया गया है। सूर्य प्रज्ञप्ति के अन्तर्गत दीर्घवृत्त का वर्णन है, जिसे परिमण्डल के नाम से जाना जाता है। यहाँ पर यह स्पष्ट है कि भारतीयों को दीर्घवृत्त का ज्ञान मिम मैक्स (350 ई० पू०) के लगभग 150 वर्ष पहले ही हो गया था। भगवती सूत्र (300 ई० पू०) में भी 'परिमण्डल' शब्द दीर्घवृत्त के लिए ही प्रयुक्त हुआ है, इसके दो प्रकार बताए गए हैं – (*i*) प्रतर-परिमण्डल,

(*ii*) धन–परिमण्डल गणित एवं ज्योतिष के क्षेत्र में जैन आचार्यों का अत्यधिक योगदान रहा है। इन्होंने लघुगणक के लिए अर्द्धच्छेद, त्रिच्छेद, चतुर्थच्छेद आदि शब्दों का प्रयोग किया है, इनका अर्थ क्रमशः लघु 2, लघु 3 एवं लघु 4 है। अतएव उपरोक्त तथ्यों से यह स्पष्ट होता है कि जॉन नेपियर (1550–1617 ई०) के बहुत पहले ही लघु गणक की खोज भारत वर्ष में हो चुकी थी।

इसी प्रकार बौद्ध साहित्य के अन्तर्गत गणित को निम्नलिखित दो वर्गों में विभाजित किया गया है – (*i*) साधारण गणित या गणना (*ii*) संख्यान या उच्च गणित। इसी तरह बौद्ध साहित्य में संख्याओं का वर्णन तीन रूपों में किया गया है, जो इस प्रकार हैं – (*i*) संख्र्यय (*ii*) असंख्र्यय एवं (*iii*) अनन्त।

(2) पूर्व मध्यकाल (500 ई० पू० से 400 ई० पू०)

इस युग के प्रमुख ग्रन्थ निम्नलिखित हैं – वक्षाली गणित, सूर्य सिद्धान्त, गणित योग, भगवती सूत्र, स्थानांग सूत्र तथा अनुप्रयोग द्वारा सूत्र आदि। इन ग्रन्थों का संक्षिप्त वर्णन इस प्रकार है–

(*i*) वक्षाली गणित के अन्तर्गत गणितीय विधियों का व्यापक रूप से प्रयोग हुआ है।

(*ii*) स्थानांग सूत्र के अन्तर्गत पाँच प्रकार के अनन्त की तथा अनुप्रयोग के अन्तर्गत 4 प्रकार के प्रमाण की बात भी कही गई है।

(*iii*) भगवती सूत्र में n प्रकारों में से 1–1, 2–2 प्रकारों को एक साथ लेकर जो युग्म प्राप्त होते हैं, उन्हें एकक, द्विक–संयोग आदि कहा गया है जिनका मान $n\, n\,(n-1)/2$ आदि को बताया गया है। और ये आज भी प्रचलित है।

(*iv*) सूर्य सिद्धान्त के अन्तर्गत वर्तमान त्रिकोणमिति का विस्तृत वर्णन मिलता है, साथ ही ज्या (Sine) उत्क्रम ज्या (Versesine), कोटिज्या (Cosine) आदि का वर्णन किया गया है। यही ज्या एवं जीवा अरब देशों में जाकर जेब हो गई, जिसका शाब्दिक अर्थ लैटिन भाषा में जेब यानी पॉकिट अर्थात Sinus किया गया है। और यही साइनस (sinus) शब्द आगे चलकर साइन (Sine) हो गया।

इस सन्दर्भ में मध्यकाल के महान गणितज्ञ ब्रह्मगुप्त का कथन उल्लेखनीय है –

"घन संख्या और ऋण संख्या का गुणनफल ऋण संख्या, दो ऋण संख्याओं का गुणनफल घन संख्या एवं घन संख्या और घन संख्या का गुणनफल हमेशा घन संख्या ही होता है।"

इसी प्रकार–घन संख्या को घन संख्या अथवा ऋण संख्या को ऋण संख्या से भाग देने पर घन संख्या तथा घन संख्या को ऋण संख्या से अथवा ऋण संख्या को घन संख्या से भाग देने पर ऋण संख्या प्राप्त होती है।

हमारे भारतीय गणितज्ञों ने वर्ग, घन आदि घातों के लिए संकेतों का प्रयोग किया। वही संकेत, वर्तमान समय में भी प्रयोग किए जाते हैं। उन्होंने बीज गणितीय सभी कारणों को अन्तिम रूप दिया एवं किसी पद को एक पक्ष से दूसरे पक्ष में ले जाने के लिए नियम बनाए। पाँचवी शताब्दी से ही भारतीय सभी नियमों का प्रयोग करते हैं –

अनुयोग द्वार में कुछ बीजगणितीय सूत्रों का उल्लेख किया गया है, जो इस प्रकार हैं –

क का वर्ग – $क^2$

क का द्वितीय वर्ग – $(क^2)^2 = क^4$

क का तृतीय वर्ग – $(क^2)^3 = क^6$
क का स वाँ वर्ग – $(क^2)^स = क^{2स}$
क का प्रथम मूल – $\sqrt{क} = क^{1/2}$
क का द्वितीय मूल – $\sqrt{क} = क^{1/4}$

अरब देश के महान गणितज्ञ अलख्वारीज्मी (Al-Khowarizmi) द्वारा लिखित पुस्तक 'अलजब्र' एवं 'अलमुकाबला' में भारतीय बीज गणित पर आधारित विषय का प्रतिपादन किया है। उनकी इन पुस्तकों के नाम के आधार पर इस विषय (बीजगणित) का नाम 'अलजब्रा' प्रचलित हो गया।

(3) मध्यकाल या स्वर्ण-युग (400 ई० पू० से 1200 ई० पू० तक)

मध्यकाल को भारतीय गणित का स्वर्ण-युग माना जाता है, क्योंकि इस काल में अनेक ऐसे महान गणितज्ञों का उदय हुआ, जिन्होंने गणित की समस्त शाखाओं को, जिनका प्रयोग हम वर्तमान में कर रहे हैं, उनका विस्तृत एवं स्पष्ट रूप दिया है। इन गणितज्ञों का संक्षिप्त वर्णन इस प्रकार है –

(*i*) आर्यभट्ट प्रथम (499 ई० पू०)–गणितज्ञ आर्यभट्ट पटना विहार के निवासी थे। इन्होंने 'आर्यभट्टीय' पुस्तक लिखी थी। इन्होंने अपनी पुस्तक 'आर्यभट्टीय' में 332 श्लोकों में गणित के महत्वपूर्ण मूलभूत सिद्धान्तों को सार रूप में व्यक्त किया है। रेखागणित के क्षेत्र में इन्होंने π(पाई) का मान चार स्थानों तक 3.1416 ज्ञात किया। पृथ्वी गतिशील है एवं सूर्य स्थिर है, यह सबसे पहले आर्यभट्ट ने ही प्रतिपादित किया। जिसे कापरनिक्स ने 1100 वर्षों बाद 16वीं शताब्दी में स्वीकार किया और 1642 में गैलीलियो को इसी बात पर शूली पर चढ़ा दिया गया।

(*ii*) भास्कर प्रथम (600 ई० पू०)–भास्कर प्रथम ने कई ग्रन्थों का प्रतिपादन किया, जो इस प्रकार है–'महा भास्करीय' 'आर्य भट्टीय भाष्य' एवं 'लघु भास्करीय'। जिनमें आर्यभट्ट द्वारा प्रतिपादित सिद्धान्तों को ही विकसित किया गया है।

(*iii*) ब्रहम गुप्त (628 ई० पू०)–गणितज्ञ ब्रहम गुप्त द्वारा रचित प्रसिद्ध ग्रन्थ 'ब्रहमस्फुट' है। इन्होंने अपनी इस पुस्तक में बीज-गणित के समीकरण साधनों के नियमों का विस्तृत वर्णन किया है तथा अनिर्णित द्विघातीय समीकरणों के समाधान भी वर्णित किए हैं, जिसे आयलर द्वारा 1764 में लाँग्रेज द्वारा 1768 में प्रतिपादित किया गया। ब्रह्मगुप्त ने समखात (प्रिज्म) एवं सूची (शंकु एवं सूची स्तम्भ) आदि के घनफल ज्ञात करने की विधि ज्ञात की।

(*iv*) श्रीधराचार्य (850 ई० पू०)–श्रीधराचार्य के द्वारा अंक गणित पर कुछ पुस्तकों जैसे–नवशतिका, भिशतिका, पाटी गणित और बीज गणित आदि की रचना की गई। इनके द्वारा द्वि-घात समीकरण हल करने का सूत्र दिया गया है जिसे 'श्रीधराचार्य विधि' के नाम से जाना जाता है। इस सूत्र को आज भी व्यापक रूप से प्रयोग में लाया जाता है। इनकी पुस्तक 'पाटी गणित' का अनुवाद अरब में 'हिसाबुल तख्त' नाम से हुआ है।

(*v*) महावीराचार्य (850 ई० पू०)–महावीराचार्य जैन धर्म को मानने वाले थे। ये अमीधवर्ष नृपतुंग नामक राष्ट्र कूट नरेश के सभासद थे। इन्होंने 'गणित सार संग्रह' नामक अंकगणित के वृहत ग्रन्थ की रचना की थी।

(*vi*) आर्यभट्ट द्वितीय (950 ई० पू०)–ये मूलतः महाराष्ट्र के रहने वाले थे इनके द्वारा रचित ग्रन्थ 'सिद्धान्त शेखर' एवं 'गणित तिलक' हैं।

(*vii*) श्री पति मिश्र (1039 ई० पू०)–ये भी मूलतः महाराष्ट्र के निवासी थे। इन्होंने भी 'सिद्धान्त शेखर' एवं 'गणित तिलक' की रचना की।

(*viii*) नेमीचन्द सिद्धान्त चक्रवर्ती (11वी शती)–इनके द्वारा प्रसिद्ध पुस्तक 'गोम्मटसार' है, इसके दो भाग हैं – कर्मकाण्ड एवं जीव-काण्ड। दोनों ही मे जीव राशियों, उनके कर्मों, आस्तव बन्ध, एकांकी संगति, सुक्रमबद्ध प्रेमय आदि चर्चित हैं।

(*ix*) भास्कराचार्य द्वितीय (1114 ई०)–इनके द्वारा रचित प्रसिद्ध ग्रन्थ 'सिद्धान्त शिरोमणि' एवं 'करूण कुतुहल' है। वेदों में जो सिद्धान्त सूत्र में थे उनकी पूर्ण अभिव्यक्ति भ स्कराचार्य की रचना में हुई है। यही कारण है कि इन पुस्तकों को आधार नानकर वेदों में प्रयुक्त सूत्रों का प्रयोग वैदिक गणित को आधुनिक कृतियों में किया जा रहा है।

'लीलावती' में संख्या पद्धति का जो आधारभूत एवं सृजनात्मक प्रतिपादन किया गया है। वह आधुनिक अंकगणित एवं बीजगणित की रीढ़ है।

(4) उत्तर मध्यकाल (1200 ई० से 1800 ई०)

ऐसा माना जाता है कि भास्कराचार्य द्वितीय के बाद गणित में अधिक मौलिक कार्य नहीं हो सका है। प्राचीन ग्रन्थों पर ही आधारित टीकाएँ ही मध्यकाल की प्रमुख देन है। इस दौरान केरल के महान गणितज्ञ नीलकण्ठ द्वारा 1500 ई० में एक पुस्तक में ज्या r का मान निकाला गया–

$$\text{ज्या } r = r - \frac{r^3}{3} + \frac{r^5}{5}$$

मलयालम पाण्डुलेख "मुक्तिमास" में यह सूत्र दिया गया है, जिसको आज हम ग्रेगरी श्रेणी के नाम से जानते हैं।

इस काल के प्रमुख गणितज्ञ एवं उनकी कृतियाँ इस प्रकार हैं–

(1) नारायण पण्डित (1356 ई०)–नारायण पण्डित ने विशेष रूप से अंक गणित पर अपना शोध कार्य किया। उन्होंने अंक गणित पर एक वृहत्त ग्रन्थ "गणित कौमुदी" की रचना की। इसके अन्तर्गत अनेक विषयों का प्रतिपादन किया गया है। इसमें क्रमचय-संचय, अंक विभाजन एवं मायावर्ग आदि प्रमुख हैं। ऐतिहासिक दृष्टि से अत्यधिक महत्वपूर्ण हैं।

(2) नीलकण्ठ (1587 ई०)–इन्होंने मुख्य रूप से ज्योतिष गणित का प्रतिपादन किया है। इन्होंने "ताजिक नीलकण्ठी" नामक ग्रन्थ की रचना की है।

(3) कमलाकर (1608 ई०)–इन्होंने गणित के क्षेत्र में अत्यधिक कार्य किया और "सिद्धान्त-तत्व विवेक" नाम ग्रन्थ की रचना की है।

(4) सम्राट जगन्नाथ (1731 ई०)–गणित के क्षेत्र में इनके द्वारा दो प्रमुख ग्रन्थ क्रमशः "सम्राट सिद्धान्त" एवं "रेखागणित" की रचना की गई। रेखागणित में प्रयुक्त वर्तमान शब्दावली मुश्यतः इनकी इसी पुस्तक पर आधारित है।

(5) माधव (1350–1410 ई०)–ये मूलतः केरल के सगम ग्राम के निवासी थे। इन्होंने "युक्ति भाषा" नामक ग्रन्थ की रचना की।

(5) वर्तमानकाल (1800 ई० के बाद)

वर्तमान काल के कुछ प्रमुख गणितज्ञों एवं उनके द्वारा रचित कृतियों का संक्षिप्त वर्णन इस प्रकार है–

(1) नृसिंह बापूदेव शास्त्री (1831 ई०)–इनका मूलत: शोधकार्य भारतीय एवं पाश्चात्य गणित पर किया और इस पर आधारित पुस्तकों की रचना की। आपकी पुस्तकों में रेखा–गणित, त्रिकोणमिति, सायनवाद, एवं अंकगणित मुख्य हैं।

(2) सुधाकर द्विवेदी–आपके द्वारा दीर्घवृत्त लक्षण, गोलीय रेखागणित, समीकरण मीमांसा, चलन–कलन आदि पर अनेक महत्वपूर्ण पुस्तकों की रचना की। इन्होंने ब्रह्मगुप्त एवं भास्कर द्वारा रचित कृतियों पर टीकाएँ लिखकर आम लोगों का ज्ञान प्राप्त करना सुलभ किया।

(3) रामानुजम (1889 ई०)–रामानुजम आधुनिक युग के महान गणितज्ञ हैं। इन्होंने सूत्र रूप में गणित एवं अन्य सिद्धान्तों का लिखने एवं उन्हें सिद्ध करने की वैदिक परम्परा का प्रतिपादन किया है। उनकी श्रेष्ठता इस बात से प्रमाणित है कि उनके द्वारा प्रतिपादित 50 प्रमेयों में से एक–दो को सिद्ध करने से ही गणितज्ञों एवं शोध कर्ताओं को पूरे वर्ष एकाग्रचित होकर परिश्रम करना पड़ा। इनमें से कुछ प्रेमय तो अभी तक सिद्ध नहीं किए जा सके हैं इनके द्वारा रचित ''रामानुज डायरी'' शीर्षक से जन्मशती वर्ष में प्रकाशित हुई हैं।

(4) स्वामी भारती कृष्णतीर्थ जी महाराज (1884–1960 ई०)–आपके द्वारा वैदिक गणित के बारे में स्पष्ट किया गया है। महान गणितज्ञ एवं दार्शनिक जगद्गुरु शंकराचार्य भारती कृष्णतीर्थ वर्तमान युग में वैदिक गणित के प्रधान भाष्यकार हैं।

गणित की कुछ महान विभूतियों की जीवनी एवं कार्य क्षेत्र
(Life History and Contribution of Great Mathematicians)

1. आर्यभट्ट (Aryabhatta)

आर्यभट्ट प्रथम भारतीय गणितज्ञ थे। इनका जन्म पटना के समीप 475 ई० में कुसुम पुर (पाटिल पुत्र) नामक नगर में हुआ था। ये पटना के निकट शहर में 475 ई० से 550 ई० तक रहे थे। आपने अंकगणित, बीजगणित और रेखागणित को अपनी गणितीय गणना में प्रयोग किया है। गणित में उनका महान योगदान उनकी चार प्रसिद्ध पुस्तकों में मिलता है। जो इस प्रकार है – आर्य-भट्टीय, आर्य स्तासत्ता, कलकिया और कालकिया और गोला। इनमे से आर्यभट्टीय उनकी प्रसिद्ध पुस्तक है। आर्यभट्टीय पुस्तक श्लोकों (संस्कृत) में लिखी गई है। इस पुस्तक में 5 अध्याय हैं, जिनमें से एक गणित पर है, और शेष ज्योतिष पर। इसमें आर्यभट्ट ने एक अध्याय में अंकगणित, बीजगणित, ज्यामिती और त्रिकोणमिति के 33 सूत्र दिए गए हैं। 'आर्य सिद्धान्त' नामक ग्रन्थ के रचयिता एक अन्य आर्यभट्ट भी भारत में हुए हैं। यह पुस्तक आर्यभट्टीय से बड़ी है और 18 अध्यायों में विभक्त है। इसलिए कुछ लोग इसे महाआर्य सिद्धान्त के नाम से भी पुकारते हैं।

आर्यभट्ट ने अपने ग्रन्थ 'आर्यभट्टीय' की रचना 499 ई० में कुसुम पुर में की थी। आर्यभट्ट का संग्रह चार भागों में विभाजित है – (*i*) गति पादिका (*ii*) गणित पादिका (*iii*) काल क्रिया

पादिका एवं (*iv*) गोपद। इनका संग्रह श्लोकों के रूप में है। इन्होंने गणित के पाँच मूल सिद्धान्त बताए है, जो इस प्रकार हैं – दशमलव पद्धति, आयत का क्षेत्रफल, त्रिभुज का क्षेत्रफल, वृत्त एवं वक्र पृष्ठ (शंकु का) और गोले का आयतन आदि की गणना करने की विधि। एक श्लोक में इन्होंने बताया है कि यदि वृत्त का व्यास 2000 इकाई है, तो उस वृत्त की परिधि 62832 इकाई होगा। इन्होंने दशमलव के चार स्थानों का शुद्ध (π) का मान दिया है। अन्य श्लोकों में त्रिभुज, वृत्त और चतुर्भुज आदि के रचना पद दिए गए हैं। इन्होंने अज्ञात राशि के स्थान पर अक्षरों का प्रयोग किया है। उन्होंने अनेक रेखागणित आकृतियों का क्षेत्रफल ज्ञात करने के लिए सूत्र भी दिए हैं। उन्होंने निम्नलिखित सूत्र दिया–

$$(a + b)^2 = a^2 + 2ab + b^2$$

इसके अलावा उन्होंने निम्नलिखित सर्वसमिकाएँ भी दी हैं –

$$1^2 + 2^2 + 3^3 \ldots\ldots\ldots\ldots\ldots n^2 = \frac{1}{2} n (n + 1) (2n + 1)$$

और

$$1^3 + 2^3 + 3^3 \ldots\ldots\ldots\ldots\ldots n^3 = \frac{1}{2} n^2 (n + 1)^2$$

इन्होंने प्रसिद्ध पाइथागोरस प्रमेय को भी बताया है।

2. भास्कराचार्य (Bhaskracharya)

भारतीय गणित में भास्कराचार्य नाम के दो महान गणितज्ञ हुए हैं भास्कराचार्य प्रथम का जन्म आर्य भट्ट के बाद हुआ था। भास्कराचार्य प्रथम के कई शताब्दियों के पश्चात भास्कराचार्य का जन्म हुआ था, इन्हें भास्कराचार्य द्वितीय के नाम से जाना जाता है। हम यहाँ भास्कराचार्य द्वितीय की कृतियों का अध्ययन करेंगे। इनका जन्म मैसूर प्रान्त के विज्जड बिड नामक गाँव में हुआ था, जो बीजापुर के पास माना जाता है। इनकी पुस्तक 'सिद्धांत शिरोमणि' की रचना सन् 1150 में हुई तब से 36 वर्ष के थे। इनके गुरु इनके पिता थे। इनका युग ज्योतिष विद्या का युग माना जाता है। 'सिद्धांत शिरोमणि' चार भागों में विभक्त है, और चार भाग अनेक अध्याओं में विभक्त हैं। प्रथम खण्ड लीलावती' या पाटी गणित के नाम से प्रसिद्ध है। 'लीलावती' की विश्व के अनेक विद्वानों ने प्रशंसा की है। सिद्धान्त शिरोमणि के चार खण्ड हैं–लीलावती, बीजगणित गोलाध्याय एवं ग्रह गणित। लीलावती एक रोचक एवं दुर्लभ ग्रन्थ है। कुछ विद्वानों का ऐसा मानना है कि इस ग्रन्थ का नाम उनकी पुत्री लीलावती के नाम पर रखा गया है। लेकिन कुछ अन्य विद्वानों का मानना है कि लीलावती सम्बोधन को उस समय लेखन की परियाटी का अंग था। ऐसा भी कहा जाता है कि उनकी पुत्री लीलावती का किसी दुर्घटना के कारण विवाह नहीं हो सका तो उनके पिता ने अपनी पुत्री को अमर करने के लिए उसका नाम अपनी प्रसिद्ध पुस्तक के नाम के साथ सम्बन्धित कर दिया।

प्राचीन गणित के इतिहास में भास्कराचार्य जी का उच्च स्थान है। उनके द्वारा निर्मित अविष्कृत गणित की अनेक संकल्पनाओं को आधुनिक गणित में स्वीकार कर प्रयोग में लाया गया है। लीलावती नामक ग्रन्थ में भास्कराचार्य ने 278 पद्य लिखे हैं। तथा समीकरण सम्बन्धी समस्याओं को अत्यन्त ही रोचक ढंग से प्रस्तुत किया है। उस समय सुविधाओं का पूर्णरूपेण अभाव था, प्रसार के माध्यम भी नहीं थे, तब उन्होंने स्वतन्त्र चिन्तन एवं परिश्रम के द्वारा गणित

जगत में आश्चर्य जनक संकल्पनाएँ एवं धारणाएँ दी। ये ही प्रथम गणितज्ञ थे जिन्होंने किसी संख्या को शून्य से भाग देने पर परिणाम में अनन्त की कल्पना की तथा गणित जगत की एक अत्यन्त कठिन समस्या का हल सोच निकाला। यह संकल्पना वर्तमान् गणित् में अत्यन्त उपयोगी सिद्ध हुई। भास्कराचार्य ने लिखा है कि–''जिस प्रकार से अनन्त और अच्युत ईश्वर में प्रलय के समय बहुत से भूत गणों का प्रवेश होने से अथवा सृष्टि के निकल जाने से कोई विकार नहीं होता है, उसी प्रकार इस शून्य वाली राशि में बहुत बड़ी संख्या को जोड़ने अथवा घटाने पर कोई परिवर्तन नहीं होता है।'' आधुनिक गणित में इस संकल्पना को आधार मानकर अनन्त की संकल्पना का विकास किया गया है।

भास्कराचार्य ने सन् 1150 ई० में अपनी कृति 'बीजगणित' में लिखा है, ''किसी ऋणात्मक राशि का वर्ग मूल नहीं होता है, क्योंकि यह–एक वर्ग नहीं होता है।'' इस प्रकार भास्कराचार्य ने वास्तविक संख्याओं के निकाय के विकास के लिए आधार शिला रखी। इन्होंने क्रमचयों तथा संचयों का भी उल्लेख अपनी प्रसिद्ध कृति 'लीलावती' के अंक पाशा शीर्षक के अन्तर्गत किया है। त्रिकोणमिति के क्षेत्र में भास्कराचार्य ने महत्वपूर्ण योगदान किया। गोलाध्याय में लिखा गया श्लोक सूत्र $\sin(A \pm B) = \sin A \cos A \pm \cos A \operatorname{Sin} B$ को प्रतिपादित करता है। इस श्लोक का उपयोग कर निम्नलिखित सूत्र ज्ञात किया गया है–

$$\sin\frac{(A-B)}{2} = \frac{1}{2}\left[(\sin A + \sin B)^2 + (\cos A - \cos B)^2\right]\frac{1}{2}$$

भास्कराचार्य ने शायद ही गणित एवं ज्योतिष का कोई क्षेत्र छोड़ा होगा, जिस पर उन्होंने चिंतन एवं कार्य न किया हो। भास्कराचार्य जी का करणी का अत्यधिक एवं अच्छा ज्ञान था। उन्होंने अपनी कृति में एक प्रश्न के अन्तर्गत एक प्रश्न दिया है जिसमें त्रिभुज की भुजाएँ $\sqrt{3}$ एवं $\sqrt{5}$ दी हुई हैं तथा त्रिभुज का क्षेत्रफल 4 दिया हुआ हैं और उन्होंने त्रिभुज का आधार ज्ञात करवाया है।

समकोण त्रिभुज से सम्बन्धित इनका पद्य इनकी रोचक पद्य शैली एक ज्वलन्त उदाहरण है–

अस्ति स्तेम्भतले विलं तदुपरिक्रीड़ा शिखण्डी स्थित:
स्तंभे हस्तन बोच्छिते भिगुणित: स्तंभ प्रमाणांतरे
द्वारद्वाहि बिमलाव्रजन तम पतत् भियंग सतस्योपरि
क्षिपं ब्रूहि तयो विलति कटि मितैस्साम्ये नगत्योर्युति:।

अर्थात् एक बिल के ऊपर 9 हाथ ऊँचा एक मयूर बैठा था उसने 21 हाथ की दूरी पर एक सर्प को स्तम्भ में स्थित बिल की ओर जाते देखा और तिरछी चाल से उसकी ओर झपटा। बताइए कि मयूर ने बिल से कितनी दूर पर आते हुए सर्प को पकड़ा।

इससे स्पष्ट होता है कि ज्योतिषी एवं गणितज्ञ होने के साथ–साथ भास्कराचार्य उच्च कोटि के कवि थे। अवकलन गणित के क्षेत्र में भी ये विश्व के प्रथम गणितज्ञ थे। इन्होंने अवकलन गुणांक से सम्बन्धित अनेक उदाहरण प्रस्तुत किए। भास्कराचार्य जी की विवेचन क्षमता एवं सूक्ष्मता उच्च कोटि की थी। उनके द्वारा प्रतिपादित गणित एवं ज्योतिष के सिद्धान्त आधुनिक अन्वेषणों में पूर्णतया खरे उतरते हैं। न्यूटन की गुरुत्वाकर्षण शक्ति की खोज के पहले ही वे गुरुत्वाकर्षण शक्ति का ज्ञान कर चुके थे। उन्होंने लिखा है–''पृथ्वी अपनी आकर्षण शक्ति

के जोर से सब वस्तुओं को अपनी ओर आकर्षित करती है इसलिए सभी पदार्थ इस पर गिरते हुए दिखाई देते हैं।

'लीलावती' के बारे में एक फारसी लेखक फैजी ने कहा है कि लीलावती भास्कराचार्य की पुत्री थी और ज्योतिषीयों ने यह भविष्यवाणी की थी कि लीलावती को कभी भी विवाह नहीं करना चाहिए। परन्तु भास्कराचार्य जी ने अपने ज्योतिष के आधार पर विवाह का शुभ मुहूर्त निकाल लिया लेकिन समय-सूचना के लिए निर्मित किया गया नाड़िका तन्त्र अर्थात् जल घड़ी में खराबी आ जाने के कारण शुभ मुर्हूत का समय टल गया।

3. लीलावती (Leelavati)

लीलावती महान ज्योतिषी एवं गणितज्ञ भास्कराचार्य जी की पुत्री थी। एक फारसी लेखक फैजी ने अपने ग्रन्थ में लिखा है कि लीलावती के बारे में ज्योतिषियों के द्वारा भविष्यवाणी की गई थी कि लीलावती का विवाह नहीं करना चाहिए लेकिन भास्कर चार्य जी ने उसके विवाह के लिए शुभ मुर्हूत खोज निकाला। उन्होंने समय सूचना के लिए नाड़िका यन्त्र स्थिर कर दिया था। यह ताँबे का एक बर्तन होता है, और इसके पेंदे में एक छेद होता है। इस छेड़ में से होकर पानी जमा होता रहता है, जिससे समय की सूचना मिलती है। यह एक प्रकार की जल घड़ी थी जिसका पहले समय में गणना कार्य के लिए प्रयोग किया जाता था। लीलावती ने कौतूहलवश नाड़िका यन्त्र में झाँका तो उसका एक मोती उस बर्तन में गिर गया, ये मोती छेद के मुँह पर पड़ जाने से पानी का आना रूक गया, और इस प्रकार विवाह का शुभ मूर्हत निकल गया। जिससे पिता एवं पुत्री दोनों को ही अत्यन्त दुःख हुआ। भास्कराचार्य जी ने अपनी पुत्री को समझाते हुए कहा कि–"मैं तुम्हारे नाम का ऐसा ग्रन्थ लिखूँगा जो अमरकृति बन जायेगा।" इस आशय से भास्कराचार्य ने अंकगणित पर एक पुस्तक लिखी, जिस पर उन्होंने बहुत वर्षों तक परिश्रम किया और उस पुस्तक का नाम 'लीलावती अंकगणित' रखा। इन्होंने केवल इस ग्रन्थ की रचना ही नहीं कि बल्कि अन्य तीन ग्रन्थों की भी रचना की भी रचना की जो इस प्रकार हैं – बीजगणित, सिद्धान्तशिरोमणि तथा गोला घिया। लीलावती जी ने गणित के क्षेत्र में अपनी अलग पहचान बनायी। इन ग्रन्थों के अतिरिक्त भास्कराचार्य ने कुछ अन्य ग्रन्थों की भी 'रचना की जिनमें 'करण कौतूहल'', 'समय सिद्धान्त शिरोमणि', 'गोटा अध्याय रसगुण' एवं 'सूर्य सिद्धान्त' आदि विशेष उल्लेखनीय हैं। इनका सबसे प्रमुख ग्रन्थ खण्ड 'लीलावती' या 'पाटी गणित' के नाम से प्रचलित है और इसमें प्रश्न अत्यन्त सुन्दर ढंग से किए गए है।

अनेक पाश्चात्य विद्वानों के द्वारा 'लीलावती' की अत्यधिक प्रसंशा की गई है। ऐसा कहा जाता है बादशाह अकबर ने फैजी से फारसी में इसका अनुवाद करवाया था। लेकिन कुछ विद्वान फैजी की उपर्युक्त कथा में विश्वास नहीं करते। उन्होंने अपना मत व्यक्त किया है कि लीलावती भास्कराचार्य की पत्नी थी क्योंकि उसके लिए 'सखे' सम्बोधन का प्रयोग किया गया है। लेकिन अधिकांश विद्वान इस मान्यता को स्वीकार नहीं करते हैं। 'लीलावती नामकरण के पीछे जो भी रहस्य क्यों न रहा हो, इतना तो अवश्य स्वीकार किया जायेगा कि वास्तव में यह एक अत्यन्त रोचक ग्रन्थ है। इसके अनेक उदाहरण ऐसे है जो बुद्धि को झक झोर देते हैं और इतनी आसानी से समझ में भी नहीं आते हैं। इसी कारण से एक विद्वान ने लिखा है – "भास्कराचार्य के लिखे

हुए को या तो स्वयं भास्कराचार्य ही समझ सकता है या सरस्वती या फिर ब्रह्मा ही। हम जैसे लोगों के वश की बात नहीं है।''

मध्य युग के अन्तिम एवं अद्वितीय गणितज्ञ भास्कराचार्य द्वितीय ने अपनी प्रसिद्ध पुस्तक ''सिद्धान्त शिरोमणि'' ('लीलावती', 'बीजगणितम्', 'गोलाध्याय', 'गृहगणितम्') एवं 'करण कौतूहल' में गणित की विभिन्न शाखाओं अंकगणित, बीजगणित, त्रिकोणमिति आदि को एक तरह से अन्तिम रूप दिया है।

वेदों में जो सिद्धान्त सूत्र रूप में थे उनकी पूर्ण अभिव्यक्ति भास्कराचार्य की रचना में हुई। इसलिए इन्हीं पुस्तकों को आधार मानकर वेदों में प्रयुक्त सूत्रों का प्रयोग वैदिक गणित की आधुनिक कृतियों में किया जा रहा है। इसमें ब्रहम गुप्त के द्वारा बताई गई 20 प्रक्रियाओं तथा 8 व्यवहारों का अलग-अलग विवरण तथा उनके प्रयोग में लायी जानी वाली विधियों का प्रतिपादन सुव्यवस्थित और सुसाध्य रूप में किया गया है।

शून्य सिद्धान्त, करणियों, सरल समीकरणों तथ कुछ समीकरणों के सम्बन्ध में भी भास्कराचार्य ने अपनी 'बीजगणितम्' नामक पुस्तक में अच्छा वर्णन किया है। भास्कराचार्य को गुरुत्वाकर्षण का सिद्धान्त न्यूटन से पहले ही ज्ञात था। इन्होंने इसे धारणीकात्मक शक्ति नाम दिया। उन्होंने अनन्त का विचार दिया। सिद्धान्त शिरोमणि के अन्तर्गत त्रिकोणमिति का विस्तृत उल्लेख किया गया है।

लीलावती में संख्या पद्धति का जो आधारभूत एवं सृजनात्मक प्रतिपादन किया गया है। वह आधुनिक अंकगणित एवं बीजगणित की रीढ़ है। लीलावती के काव्यपूर्ण सरस प्रश्न आज भी कला एवं विज्ञान के संगम के अद्वितीय एवं अनूठे उदाहरण हैं। भास्कराचार्य द्वारा बीजगणित की अनिर्णित समीकरणों के समाधान के लिए प्रयुक्त चक्रवात विधि की प्रसिद्ध विज्ञान हेकल ने अत्यधिक प्रशंसा की है। इस नियम को सन् 1657 में फरमट ने प्रयोग किया। लीलावती का आदि अंग्रेजी अनुवाद सन् 1816 में टेलर ने किया था। फारसी में इसका अनुवाद फैजी ने सन् 1587 में किया था। लीलावती में पूर्णांक और भिन्न, त्रैराशिक ब्याज, व्यापार गणित, मिश्रित श्रेणियाँ, क्रमचय, मापिक और कुछ बीज गणित है।

संख्या पद्धति के वितरण नियम को लीलावती के 5 वें श्लोक के पूर्वार्द्ध में निम्नवृत दिया गया है–

''गुण्यः वु अर्धा-अर्धा गुण खण्ड तुल्यै तेः खण्डकै संगुणितो युतोवाज्ञ।''

अर्थात् गुणक को खण्ड करके खण्ड़ों से गुण्य को गुणा कर अंकों को यथास्थान एक दूसरे के नीचे लिखकर योग करें। संकेत रूप में $a \times (b + c) = a \times b + a \times c$

गुणा करने की इष्ट विधि – लीलावती के छठे श्लोक के उत्तरार्द्ध में लिखा है–

''इष्ट उन युक्तेन गुणेन निध्न : अभीष्टध्न गुणयान्वित वर्तितोवा।''

अर्थात् इष्ट (कल्पित) अंक से घटाएँ (जोड़े) गए गुणक से गुण्य को गुणाकर उसमें इष्ट अंक से गुणित गुण्य को जोड़ने (घटाने) से गुणन प्राप्त होता है।

संकेत में

(*i*) $x \times y = (x - a) \times y + ay$

(*ii*) $x \times y = (y + a) \times y - ay$ जहाँ a = कल्पित संख्या

उदाहरणतः $27 \times 22 = (27 - 2) \times 22 + 22 \times 2$

$= 25 \times 22 + 44 = 550 + 44 = 594$ **उत्तर**

तथा $23 \times 22 = (23 + 2) \times 22 - 22 \times 2$

$= 25 \times 22 - 22 \times 4 = 550 - 44 = 506$ **उत्तर**

इस प्रकार इस सरल विधि के प्रयोग से अनेक प्रक्रियाएँ सरल हो जाती है। वैदिक सूत्रों में इसका उपयोग ''विनकुलम्'' के रूप में होता है।

भाग की संक्रिया के लिए–लीलावती के सॉतवे श्लोक के पूर्वाह में लिखा है–

''भाज्यात हरः शुध्यति श्रतगुणः स्यात फलं तत् खलु भाग हारे।''

अर्थात् भाग देने की क्रिया घटाने की पुनरावृत्ति के रूप में परिभाषित की जाती है।

संकेत में–

$x - y - y - y = ...\ p$ बार $= q$

अथवा $3 = p \times y + q$ तो $\dfrac{x}{y}$ का भागफल $= p$ तथा क्षेत्रफल $= q$

निखिलम् विधि का प्रयोग भी लीलावती में अनेक रहस्यों सम्बन्धित प्रश्नों को हल करने के लिए हुआ था। भाग का निरसन नियम लीलावती के सॉतवे श्लोक के उत्तरार्द्ध में इस प्रकार से दिया है –

''समेन के नावि अपवर्त्य हारभाज्या भजेत वा सति सम्भवेत।

अर्थात यदि भाज्य और भाजक में समान अपवर्त्य हों तो दोनों को इससे भाग दे देंगे।

संकेत में, $\dfrac{a \times x}{a \times y} = \dfrac{x}{y}$

अतः वेदों में जो सिद्धान्त सूत्र रूप में थे उनकी पूर्ण अभिव्यक्ति लीलावती में हुई है। भास्कराचार्य ने अंकगणित एवं बीजगणित के साथ-साथ ज्यामिति में भी महत्वपूर्ण कार्य किया है। उनकी लीलावती के 'क्षेत्र व्यवहार' नामक अध्याय में निम्नलिखित प्रकरणों का समावेश है–

(*i*) समकोध त्रिभुज पर प्रश्न

(*ii*) त्रिभुजों एवं चतुर्भुजों के क्षेत्रफल

(*iii*) वृत्तों के क्षेत्रफल और π का मान

(*iv*) गोलों के तल एवं आयतन।

समकोण त्रिभुज से सम्बद्ध कुछ बड़े ही रोचक एवं मनोहारी प्रश्न निम्नलिखित हैं – लीलावती श्लोक 67 का उदाहरण–

(1) *यदि समभुवि वेणुद्वि त्रिपाणि प्रमाणो*
गणक पवनेगा देक देशे स भग्नः।
भुवि नृपमति हस्तेष्वग लग्न तदग्रं
कथय कपिषु मूला देष मग्नः करेषु।।

अर्थात्, जल सम भूमि में 32 हाथ लम्बा एक सीधा बाँस खड़ा है। और यह बाँस वायु के वेग से टूट गया और उसका ऊपरी भाग 16 हाथ की दूरी पर जा लगा, तो बताइए कि बाँस अपने मूल से कितनी ऊँचाई से टूटा था, और उसके टूटे भाग की लम्बाई क्या थी।

(2) लीलावती श्लोक 68 का उदहारण–

अस्ति स्तम्भतर्ल विलं तदुपरि क्रीडा शिखण्डी स्थितः
स्तम्भे हस्तन वोछिच्ते त्रिगुणित स्तम्भ प्रमाणान्तरे।
दष्टवाहिं बिलभावृजन्तम पतत्तिर्यक्स तस्तो परि,
क्षियं, ब्रूहि तपो विलात्कति मितै साम्पेन गत्या युति।।

अर्थात् 9 हाथ ऊँचे एक स्तम्भ पर एक मोर बैठा है। स्तम्भ के नीचे एक साँप का बिल है। साँप 27 हाथ की दूरी से बिल की ओर आ रहा है उसे देखकर मोर कर्ण की दिशा में झपट पड़ा। साँप और मोर को बराबर-बराबर चलना पड़ा। तो बताइए कि वह दोनों बिल से कितनी दूरी पर मिले।

(3) लीलावती श्लोक 69 का उदाहरण–

चक्र कीन्या कुलितस लिले क्वापि दृष्ट तडागे,
तौयाद्रर्ध्व कमल कलिकाग्रं वितरित प्रमाणम्।
मन्दं मन्दं चलति मनिले नाहतं हस्त पुग्में,
तस्मिनन्मग्न गणक कथ्य छिप्रमभ्भः प्रमाणम।।

अर्थात् किसी तालाब में कमल की कलिका ऊपरी सिरा जल से आधा हाथ ऊँचा है! यह कमल झुकते-झुकते जहाँ दिखाई पड़ता था, वहाँ से दो हाथ आगे आकर डूब गया। बताइए कि तालाब का जल कितना गहरा है।

भास्कराचार्य ने π के मान के सम्बन्ध में जो श्लोक दिया है वह पठनीय है –

ब्यासे मनन्दाग्नि (3927) हतें, विभक्ते,
श्वषाण सूयैः (1250) परिधिस्तु, सूक्ष्मः
द्राविशति (22) हते बिहतेदथ शैले (7)
स्थलोऽथवाव स्वटूय बहार योग्य ।। 98 ।।

इस श्लोक के अनुसार π का मान $\frac{22}{7}$ (स्थूल मान) और $\frac{3927}{1250}$ (सूक्ष्म मान) है।

4. श्री निवास रामानुजम (Shri Niwas Ramanujam)

श्री निवास रामानुजम का जन्म तमिलनाडू के तंजोर जिले के इरोद नामक ग्राम में 22 दिसम्बर सन् 1857 ई० को हुआ था। ये जाति से ब्राह्मण थे, इनके पिता का निवास स्थान कुम्भ कोम था और वे एक कपड़े वाले के यहाँ मुनीम थे। ये अपनी माँ की प्रथम सन्तान थे। इनका जन्म केशी नाम गिरि की आराधना के बाद हुआ था। आपको अल्पायु (5 वर्ष की) में स्कूल पढ़ने के लिए भेजा गया। गणित शास्त्र में विशेष रूचि और प्रकृति के अगूढ़ रहस्यों को जानने की उत्कृष्ट जिज्ञासा थी, वृत्त की परिधि एवं नक्षत्रों के बारे में आप अपने मित्रों एवं शिक्षकों से पूछते रहते थे।

एक दिन जब कक्षा में शिक्षक यह समझा रहे थे कि किसी संख्या को यदि उसी संख्या से भाग दिया जाये तो भागफल हमेशा एक ही आता है। ऐसा सुनकर रामानुजम ने शिक्षक से यह प्रश्न किया कि क्या यह नियम शून्य के लिए भी लागू होता है ? अर्थात् यदि शून्य को शून्य से भाग दिया तो भागफल एक न होकर अनिर्णित आता है। आपने अपनी तीसरी कक्षा में ही समान्तर श्रेणी, गुणोत्तर श्रेणी एवं हरात्मक श्रेणियों का भी अध्ययन किया। इसी प्रकार चौथी कक्षा में पहुँचकर आपने त्रिकोणमिति एवं पाँचवी कक्षा में ज्या और कोज्या के सूत्र आदि पूर्ण कर लिए थे।

17 वर्ष की आयु में आपने मैट्रिक की परीक्षा अच्छे अंकों के साथ उर्तीण करके छात्रवृत्ति भी अर्जित की। लेकिन जब उन्होंने महाविद्यालय में प्रवेश लिया तो वे गणित के अलावा किसी अन्य विषय में रूचि नहीं लेते थे। जिससे वे अनुर्तीण हो गए। आपकी आर्थिक स्थिति भी अच्छी नहीं थी जिसके कारण इनको हमेशा परेशानी का सामना करना पड़ता था। इन्होंने मद्रास ट्रस्ट में 30 रुपए महिने की नौकरी की, और पुनः मद्रास विश्वविद्यालय से छात्रवृत्ति के रूप में 75 रुपए प्रतिमाह प्राप्त कर शोधकार्य किया। आपने कुछ लेख ट्रिनिटी कालेज में गणित के फैलो डॉ. हार्डी के पास भेजे, डॉ. हार्डी इनके उन लेखों से अत्यधिक प्रभावित हुए और उन्हें केम्ब्रिज बुलाया।

रामानुजम ने केम्ब्रिज के गणित के प्रोफेसर हार्डी को स्वयं द्वारा लिखित 120 साध्यों को अवलोकन के लिए भेजा। फलस्वरूप सन् 1914 ई० को रामानुजम को इंगलैण्ड आमन्त्रित किया गया। आपने वृत्त को वर्ग के रूप में व्यक्त करने के प्रश्न पर विचार किया और उन्होंने पृथ्वी की भूमध्य रेखा की परिधि की माप को अधिक शुद्धता से ज्ञात किया। रामानुजम के द्वारा दिए गए साध्यों से प्रो० हार्डी अत्यधिक प्रभावित हुए और उन्होंने राम्नुजम के मौलिक कार्य का अत्यधिक प्रचार किया। इनमें Elliptic Integral, Hyper geometric series तथा Divergent series आदि मुख्य रूप से महत्वपूर्ण थे। इन्हीं सब कारणों से रामानुजम को महान शुद्ध गणितज्ञों की श्रेणी में ऊँचा स्थान प्रदान किया गया है। इनका महत्वपूर्ण योगदान संख्या सिद्धान्त का क्षेत्र है। आपकी स्मरण शक्ति अद्भुत एवं विलक्षण थी, संख्या, प्रणाली का प्रत्येक अंक उनका मित्र था। प्रथम 10,000 पूर्णाकों में से प्रत्येक अंक की विचित्रता के बारे में आपको अनेक बातें ज्ञात थी। ऐसा कहा जाता है कि जब एक बार उनके एक मित्र एक टैक्सी नम्बर 1729 में बैठकर उनसे मुलाकात करने के लिए आए तो रामानुजम ने बताया कि 1729 एक ऐसी छोटी से छोटी संख्या है जिसे दो संख्याओं के घनों के रूप में अलग प्रकार से प्रकट किया जा सकता है।

बीजगणित सूत्र, परिमित श्रेणी आदि में भी रामानुजम की अन्तदृष्टि हर एक को आश्चर्य में डालने में वाली थी। रामानुजम ने विभाजन के सर्वांगसमता सम्बन्धी अधिकांश गुण आगमनात्मक विधि से प्रतिपादित किए थे। इन्होंने कम समय में ही अपने भारत का गौरव बढ़ाया। आपका आधुनिक गणित में महत्वपूर्ण योगदान हमेशा स्मरणीय रहेगा।

रामानुजम यह भी सिद्ध करने में सफल हुए कि प्रत्येक बड़ी संख्या को अधिक से अधिक चार अभाज्य संख्याओं के योगफल के रूप में लिखा जा सकता है। उदाहरणस्वरूप $48 = 7 + 5 + 17 + 19$ रामानुजम ने किसी संख्या को दो या अधिक वर्गों एवं घनों आदि में विभिन्न विधियों द्वारा भाग विभाजन करके अपने प्रतिभा का प्रदर्शन किया।

जब ट्रिनिटी कॉलेज के फैलो नोविल साहब भारत आये तो वे रामानुजम को अपने साथ ले गए, तथा 250 रुपए प्रति माह छात्रवृत्ति भी देना स्वीकार किया। इस प्रकार से उन्होंने अपने घर की आर्थिक स्थिति को सुधारा। 28 फरवरी सन् 1918 ई० को आपको रॉयल सोसाइटी का फैलो नियुक्त किया गया, यह सम्मान प्राप्त करने वाले प्रथम भारतीय थे। पर्याप्त समय तक आप विदेश रहे और पुनः भारत आए और वह अपने अन्तिम समय तक गणित से जुड़े रहे। आप ने Mock Theta Functions पर भी कार्य किया जो कि उनका अन्तिम कार्य था। उनके स्वास्थ्य में धीरे-धीरे गिरावट आती गई और 26 अप्रैल सन् 1920 ई० को इस महान् गणितज्ञ का मद्रास के निकट चेतपुर में स्वर्गवास हो गया।

5. यूक्लिड (Euclid)

यूक्लिड के जन्म एवं मृत्यु के बारे में कोई पर्याप्त जानकारी उपलब्ध नहीं है। ऐसा माना जाता है कि यूक्लिड का कार्यकाल लगभग 300 वर्ष पूर्व के आसपास रहा होगा। इनकी प्रारम्भिक शिक्षा एथेन्स में हुई। यूक्लिड की प्रारम्भिक शिक्षा प्लेटों के अन्य शिष्यों के माध्यम से हुई। टोलमी प्रथम के राज्यकाल में इन्होंने सिकन्दिया में एक स्कूल का शुभारम्भ किया था। यूक्लिड के जीवन का एक महत्वपूर्ण उपाख्यान अत्यधिक प्रसिद्ध हो गया है। आपके एक शिष्य ने ज्यामितीय की प्रथम प्रेमय पढ़ने के उपरान्त यह कहा कि 'इसके सीखने से क्या मिलेगा?' इनका सबसे प्रसिद्ध ग्रन्थ ऐलीमेण्टस मूल तत्व है, जिसके लगभग 1000 से अधिक संस्करण सम्पादित हो चुके हैं। इसके प्रमुख प्रकरण इस प्रकार हैं—

(1) सर्वांगसमता और समान्तरता (Congruancy and Parallelism)
(2) बीजगणितीय सर्वसमिकाएँ और क्षेत्रफल (Algebraic Identity and area)
(3) वृत्त (Circle)
(4) अर्न्तलिखित और परिलिखित बहुभुज (Inscribed and Circumscribed Polygons)
(5) समानुपात (Proportion)
(6) बहुभुजों की समानता (Similarity of Polygons)
(7) (7–9) अंकगणित (Arithmetics)
(10) असुर्मय राशियाँ (Irrational Numbers)
(11) (13) ठोस ज्यामिती (Solid Geometry)

इस ग्रन्थ के अतिरिक्त यूक्लिड के अन्य ग्रन्थ निम्नलिखित है—

(1) डेटा (Data)—इस ग्रन्थ में 94 साध्य दिए गए हैं। इन साध्यों में किसी आकृति के कुछ अंग ज्ञात होने पर शेष अंग ज्ञात करने की विधि का उल्लेख है।

(2) आकृतियों के विभाजन पर एक पुस्तक—इस पुस्तक का मुख्य विषय है कि यदि कोई आकृति, त्रिभुज, चतुर्भुज, वृत्त आदि दी हुई हो तो इसे ऐसे दो भागों में किस प्रकार विभाजित किया जाये कि उन दोनों भागों के क्षेत्रफल में एक निर्दिष्ट अनुपात हो।

(3) स्यूडेरिया (Psuderia)—इस पुस्तक में यह विषय वर्णित किया गया है कि ज्योमिति के अध्ययन में छात्र आमतौर पर कौन-कौन सी गलतियाँ करते हैं।

(4) शांकब (Conic)–यह पुस्तक चार जिल्दों में उपलब्ध है।

(5) पोरिज्म्स (Porisms)–इस ग्रन्थ में उच्च ज्यामित विषय का वर्णन किया गया है।

(6) तलबिंदु पथ (Surface Loei)–यह ग्रन्थ दो भागों में वर्णित है। यूक्लिड की अन्य कृतियाँ ज्योतिष, संगीत, चाक्षुषी आदि है। अयर्न 'एलीमेण्ट्स' में यूक्लिड ने ज्यामिति के आधारभूत सिद्धान्तों तथा साध्यों की ही अत्यन्त व्यवस्थित और वैज्ञानिक ढंग से पूर्ण जानकारी देने का प्रयास किया है। इसके साथ ही स्वयं-सिद्ध तथ्यों एवं अभिग्रहीतों पर उन्होंने बहुत ही गहनता से मनन किया तथा अपने मौलिक विचार व्यक्त किए। उनके इस कार्य का मूल्य इसी से आँका जा सकता है कि बाइबिल के बाद दुनिया की यह दूसरी पुस्तक थी जिसकी इतनी अधिक पुस्तके बिकीं और दुनियाँ की सभी भाषाओं में इसके अनुवाद भी छपे। अधिक से अधिक विशेषज्ञों का ऐसा विचार है कि यूक्लिड को इस विशाल ग्रन्थ की प्रेरणा महान् दार्शनिक अरस्तू से मिली थी किन्तु उनके इस विशाल ग्रन्थ का अध्ययन करने से प्रतीत होता है कि यह सब कुछ उनकी अपनी सूझबूझ एवं खोजों के द्वारा ही सम्भव हो पाया है। यही एक मुख्य कारण है कि वर्तमान संसार इनको ज्यामिति के जनक के रूप में स्वीकार करता है। यूक्लिड ने रेखागणित के क्षेत्र में 'यूक्लीडियम ज्योमैट्री' नाम से एक दिव्य ज्योति को प्रज्वलित किया। आइन्सटीन जैसे महान् वैज्ञानिक ने 'सापेक्षिकता के सिद्धान्त' के प्रतिपादन हेतु इसी ग्रन्थ का सहारा लिया। उनकी दृष्टि में यूक्लिड एक ऐसा अन्वेषी था, जिसने तार्किक योजना को जन्म दिया। इस महान् गणितज्ञ का योगदान सिर्फ ज्यामिति में ही नहीं बल्कि प्रकाशिकी, विभाजन सिद्धान्त आदि में भी था।

उपरोक्त कार्यों के अलावा यूक्लिड ने कुछ अन्य क्षेत्रों में भी बहुत पूर्ण योगदान दिया। उनके द्वारा विभिन्न क्षेत्रों में किए गए कुछ प्रयास इस प्रकार है–

(1) यूक्लिड ने अपने पूर्वज रेखागणितज्ञों की तरह उस युग को तीन चुनौतीपूर्ण समस्याओं पर विचार किया। वह प्रमुख समस्याएँ निम्नलिखित हैं–

(*i*) किसी भी कोण को तीन बराबर भागों में बाँटना

(*ii*) किसी भी घन को दुगना करके दिखाना,

(*iii*) किसी वृत्त का वर्गीय रूप प्राप्त करना।

(2) यूक्लिड ने पाइथागोरस द्वारा हल होने वाली अपिरमेय संख्याओं से सम्बद्ध एक पुरानी समस्या को भी हल करने में पूर्ण सफलता प्राप्त की इस समस्या के अन्तर्गत ऐसे समकोण त्रिभुज के कर्ण की लम्बाई ज्ञात करना जिसका आधार और लम्ब दोनों की ही इकाई एक हो। पाइथागोरस का यही अनुमान था कि इसका कोई उचित हल प्राप्त नहीं किया जा सकता, लेकिन यूक्लिड ने इस समस्या को बड़ी आसानी से हल करके दिखाया।

(3) इसी प्रकार संख्या सिद्धान्त के क्षेत्र में अन्य गणितज्ञों की तरह यूक्लिड ने भी कोई अभाज्य संख्या है या नहीं इसका पता लगाने के लिए एक विशेष प्रकार का टैस्ट तैयार करने का प्रयास किया है। यद्यपि यूक्लिड को इस ओर कोई विशेष सफलता हासिल नहीं हो सकी। लेकिन फिर भी इन्होंने अभाज्य संख्याओं के बारे में यह तो पता लगाया कि उनकी संख्या अनगिनत हैं।

इससे यह पूर्णतया स्पष्ट होता है कि यूक्लिड ने अपनी प्रतिभा का उपयोग गणित के विभिन्न क्षेत्रों में भी किया, लेकिन जितना लगाव उन्हें ज्यामिति प्रमेय और साध्यों से था उतना अन्य किसी से नहीं था। एक बार उनके एक शिष्य ने शिकायत करते हुए कहा कि ''साध्यों को याद करने से क्या लाभ'' इससे आगे क्या कमाई हो सकती है ? यूक्लिड में फौरन ही एक सिक्का उसकी जेब में डाल दिया और कहा यह अपनी कमाई लो और साध्यों को याद करने का सिलसिला जारी रखना।'' अपने विषय को ही सब कुछ समझने वाला यह बात कैसे सहन कर सकता था।

यूक्लिड के कथन "There is no royal road to Geometry" की आज के इस युग में इसकी आलोचना क्यों न हो परन्तु ज्यामिति के अध्ययन के अन्तर्गत जिन तथ्यों पर यूक्लिड ने अत्यधिक बल दिया, उनको इस विषय के विकास में महान् योगदान माना गया है, और माना जायेगा। इसके साथ ही अगर पुरानी मान्यताओं के स्थान पर नवीन दृष्टिकोण पनप रहा है तो इससे यूक्लिड के अपने सौरभ में कोई भी कमी नहीं आ सकती है।

यूक्लिड को विश्व में एक महान ज्यामिति विशेषज्ञ के रूप में हमेशा याद किया जायेगा।

6. पाइथागोरस (Pythagorus)

गणित के क्षेत्र में अनेक महान्–विभूतियों ने योगदान दिया है, लेकिन उनमें से पाइथागोरस का नाम सबसे पहले लिया जाता है। इनका जन्म ग्रीश के निकट एजियन सागर के मध्य सामौस नामक द्वीप में आज से लगभग 2500 वर्ष पूर्व यानी, 580 ई० पूर्व के लगभग हुआ था। इनके माता–पिता बेरियन बंश के थे। इनके गुरु मिलेहस निवासी थेल्स थे जो यूनान के प्रमुख सात विद्वानों में से एक थे। पाइथागोरस ने अपने गुरु के ही आदेश से देश में जीवन का प्रारम्भिक काल बिताया। यहाँ पर इन्होंने अपने 22 वर्ष व्यतीत किए और विभिन्न विज्ञान विशेष गणित का अध्ययन किया। इसके पश्चात 12 वर्ष तक ईरान और भारत आदि देशों का भ्रमण किया और 50 वर्ष की अवस्था में वे स्वदेश लौटे। लेकिन वे अधिक समय तक सामौस में नहीं रह सके। 529 ई० पूर्व के लगभग ये इटली के क्रोटोना नामक नगर में बस गए। वहाँ के एक मिलो नामक व्यक्ति के अतिथि बने और 60 वर्ष की अवस्था में मिलो की सुन्दर एवं तरूण कन्या थियोना से विवाह कर दिया। ऐसा कहा जाता है कि उनकी पत्नी थियोना ने उनके जीवन पर एक पुस्तक की रचना की थी, परन्तु यह पुस्तक अप्राप्य है। क्रोटन में उन्होंने एक धार्मिक संस्था की स्थापना की, जिसका मुख्य उद्देश्य समाज सुधार था। कुछ समय पश्चात् यह संस्था खूब चली और इसका प्रमुत्व हर जगह फैल गया। लेकिन अन्ततागत्वा देश की राजनीति में उलझ जाने के कारण इस संस्था को बन्द कर देना पड़ा। 910 ई० पूर्व क्रोटन की साइर्वरिस पर जीत हुई। उसी समय पाइथागोरस को मेटापौन्टियम जाना पड़ा और वही पर छठी शताब्दी ई० पू० के अन्तिम दिनों में इनकी मृत्यु हो गयी।

पाइथागोरस के समर्थकों को जो आशायभ दिया गया, उसका प्रभाव पाँचवी शताब्दी ई० पूर्व मध्य तक रहा। पाइथागोरस के ऊपर विभिन्न प्रकार के अत्याचार भी हुए, यहाँ तक कि उनके सभा भवनों में आग लगा दी गई। एक बार मिर्ला नामक सभा भवन में 50–60 पाइथागोरियों की सभा चल रही थी, उसी दौरान उनकी हत्या कर दी गई। चौथी सदी के मध्य तक उक्त संस्था का नामोनिशान भी मिट गया। पाइथागोरस एक महान दार्शनिक होने के साथ-

साथ एक महान् गणितज्ञ भी था, उनके दार्शनिक सिद्धान्त भारतीय चिन्तन तथा गणितीय सिद्धान्तों से काफी मिलते जुलते हैं। उनका ऐसा मानना था कि मनुष्य एवं पशुओं में एक जैसी आत्मा का निवास है। इसीलिए माँस भक्षण पर अपना विरोध प्रकट किया। पाइथागोरस के द्वारा आवागमन के हिन्दू सिद्धान्तों को भी मान्यता दी गई है। पाइथागोरस के समय कागज़ की खोज नहीं हुई थी और यूनान में शिला लेखों और पट्टिकाओं का भी चलन नहीं था। अतः पाइथागोरस ने अपने सिद्धान्तों का प्रतिपादन मौखिक रूप से किया था। इसलिए ये सम्भव था कि कि उनके सिद्धान्त अलग-अलग समुदायों एवं पीढ़ियों तक विकृत रूप में पहुँचते हों। इतना जरूर ज्ञात होता है कि पाइथागोरस ने दर्शन और गणित को मिलाकर एक कर दिया था। लेकिन वह हमेशा गणित को उच्च स्थान प्रदान करता था। पाइथागोरस अपनी केवल चार विधाओं को ही सर्वोच्च मानते थे। अंकगणित, ज्यामिति, ज्योतिष और संगीत। पाइथागोरस अक्सर यह मानते थे कि सम्पूर्ण सृष्टि की रचना भी गणित पर आधारित है। पृथ्वी समषडफलक से बनी है। अग्नि स्तूप से, वायु अष्टफलक से, महाव्योम द्वादश फलक और पानी विशंति फलक से।

वर्तमान में पढ़ाई जाने वाली ज्यामिति ग्रीक गणितज्ञ यूक्लिड के 'एलीमेण्ट्स' पर आधारित है। इस ग्रन्थ का 47वाँ प्रमेय पाइथागोरस प्रमेय के नाम से जाना जाता है। अतः समकोण त्रिभुज में कर्ण^2 = आधार^2 + लम्ब^2 है।

इसके अलावा पाइथागोरस ने संख्या शास्त्र पर भी अत्यधिक कार्य किया। उन्होंने समस्त संख्याओं को सम और विषम भागों से विभाजित किया है। इसमें शुभ (विषम) और अशुभ (सम) को मानने की प्रथा निकल पड़ी।

पाइथागोरस स्कूल ने गणित के अनेक शब्दों को जन्म दिया, जैसे मैथमैटिक्स, पैराबोला, इलिटस एवं हाइपर बोला। मिश्रवासियों को केवल तीन ठोस ज्ञात थे, जो क्रमशः घन (cabi) समचतुष्फलक (Tetrahedron) एवं सम अष्टफलक (octahedron) थे। पाइथागोरस के द्वारा दो सम ठोसों की खोज की गई है। जो इस प्रकार हैं–

(*i*) समद्वादस फलक,

(*ii*) विर्शति फलक।

अपने जीवन में पाइथागोरस को जगह-जगह धक्के खाने पड़े। परन्तु उनकी मृत्यु के बाद हैल्फी की देवी ने, जिसे यूनानी अधिक मानते हैं, यह कहा है कि "पाइथागोरस यूनान का सबसे बुद्धिमान और वीर पुत्र था।" अतः उसकी मृत्यु के लगभग दो सौ वर्ष बाद 343 ई० पूर्व में सेम में उसकी एक मूर्ति स्थापित की गई, और उनके नाम की पूजा होने लगी।

7. राने देकार्ते (Rane Decarte)

राने देकार्ते एक फ्रेन्च दार्शनिक था। इन्होंने एनजाऊ में ला फ्लेच के जेसूट कॉलेज में शिक्षा अर्जित की। उन्होंने केवल 8 वर्ष की अल्पायु में ही कॉलेज में प्रवेश पा लिया था तथा परम्परागत विषयों जैसे गणित, भौतिक, तर्क तथा प्राचीन भाषाओं में शिक्षा ग्रहण की। छात्रजीवन में उनका स्वास्थ्य अत्यधिक खराब रहता था जिसके कारण उनको सुबह 11 बजे तक बिस्तर में रहने की अनुमति थी, तथा इस नियम का पालन उन्होंने जीवन पर्यन्त तक जारी रखा। स्कूल में एक आम विषय जिसमें उनकी विशेष रूचि थी वह था गणित।

देकार्ते का जीवन अस्त-व्यस्त रहा तथा उन्होंने लगभग पूरे द्वीप का भ्रमण किया। अन्त में 1628 ई० में वे अपनी इस अनवरत यात्रा से थक गए और हालैण्ड में बसने का इरादा बना लिया। यही पर उन्होंने अपने अनेक मित्र बनाए जिनमें Mersenne, Beckman, Mydorge, Horten Sius, Hygens आदि प्रमुख हैं। इनके आने से पूर्व गणित की निर्क्षरणी मुख्यत: दो भागों – बीजगणित एवं ज्यामिति से होकर बह रही थी। बीजगणित में जहाँ अमूर्त चिन्तन पर बल दिया वही पर रेखागणित में रेखाओं के माध्यम से अमूर्त रूप प्रदान किया जाता है। गणित की ये दोनों धाराएँ बहुत लम्बे समय तक एक-दूसरे से स्वतन्त्र रूप में विकसित होती रही और इस क्रगम ने गणित के विकास में भरपूर योगदान दिया। ज्यामिति की धारा थेल्स (640–546 ई० पूर्व), पाइथागोरस (580–500 ई०पूर्व) और यूक्लिड (300 ई० पूर्व) से गुजरती हुई समहवी शताब्दी के शुरू में उस मोड़ पर पहुँची जहाँ उसकी बीजगणितीय अवधारणाओं एवं सूत्रों का उपयोग जरूरी हो गया। यह फ्राँस के महान दार्शनिक एवं गणितज्ञ रैनीदेकार्ते (1596–1650) ने किया। ये अपनी वास्तविक प्रतिभा का उपयोग ज्ञान के एक क्षेत्र के शोध को दूसरे क्षेत्र में सफलता पूर्वक प्रयोग में करना चाहते थे। इसी भावना से उन्होंने जहाँ एक ओर पाश्चात्य दर्शन को ठोस गणितीय आधार प्रदान किया वही दूसरी ओर गणित को दार्शनिक स्वरूप प्रदान कर उसे सजाने-सवाँरने का काम भी किया। यही प्रक्रिया उन्होंने गणित की मुख्य धाराओं ज्यामिति एवं बीजगणित को जोड़ने में भी अपनायी।

सन् 1637 में अपनी पुस्तक "La Geometric" में देकार्ते ने ज्यामिति पर बीजगणित के प्रयोगों से सम्बन्धित अनेक अद्‌भुत अध्ययन प्रस्तुत किए हैं। आगे चलकर यही अध्ययन निर्देशांक ज्यामिति के जनक सिद्ध हुए। देकार्ते के अनुसार किसी बिन्दु के आलेखन का अर्थ है, चित्र द्वारा उसकी स्थिति को स्पष्ट कर देना। माना किसी बिन्दु P के निर्देशांक $(x\ y)$ है। इसका आलेखन करने के लिए X अक्ष पर x दूरी नापिए। (यदि x धनात्मक हो तो ox की दिशा में और यदि ऋणात्मक हो तो OX' की दिशा में नापिए) इसके पश्चात Y-अक्ष के समान्तर y दूरी लीजिए। इस प्रकार प्राप्त बिन्दु P होगा। x और y के घन मानों के लिए P की स्थिति निम्नलिखित चित्र में बतायी गई है–

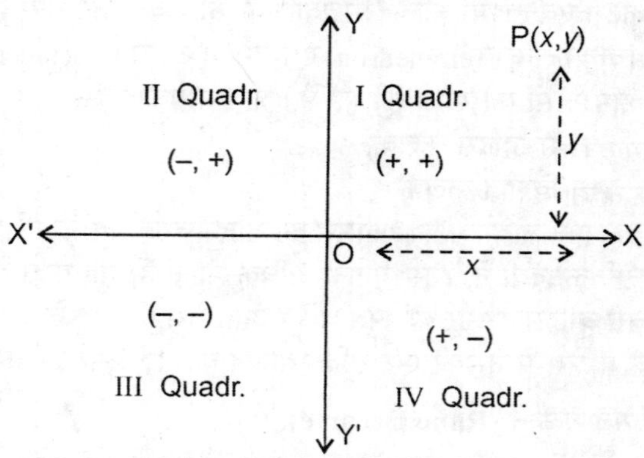

यदि अक्ष OX और OY परस्पर समकोण बनाते हुए लिए जाये तो उन्हें समकोणाक्ष कहते हैं और यदि वे परस्पर लम्ब नहीं तो उन्हें तिर्यकाक्ष कहते हैं। निर्देशांकों की इस पद्धति को निर्देशांक ज्यामिति के जन्म दाता के नाम पर कार्तीय पद्धति कहते हैं।

वस्तुत: ज्यामितीय आकृतियों एवं वक्रों की विशेषताओं का अध्ययन मात्र है। लगभग 300 BC के आस-पास ग्रीक गणितज्ञ यूक्लिड ने अपने प्रथम व्यवस्थित प्रयास में axioms

पर आधारित 'यूक्लिडन ज्यामिति' का सूत्रपात किया। इस समय तक एवं सत्रहवी शताब्दी तक ज्यामिति को 'संश्लेषणात्मक ज्यामिति' के नाम से ही जाना गया। कुछ ऐसी समस्याएं भी थी जिनका समाधान संश्लेषणात्मक ज्यामिति में नहीं था। सत्रहवी शताब्दी के आस-पास ऐसी परम्परा थी कि ज्यामिति को बीजगणित के साथ संयुक्त रूप में संश्लेषणात्मक ज्यामिति से सम्बन्धित समस्याओं को हल करने में प्रयुक्त किया जाता था। इस प्रकार से बीज गणित के तरीके ज्यामिति के अध्ययन के लिए प्रयोग में लाए गए, जिन्हें 'विश्लेषणात्मक ज्यामिति' के नाम से जाना जाता है। बीजगणित का प्रयोग करके ज्यामिति का व्यवस्थित अध्ययन सर्वप्रथम एक फ्रेन्च दार्शनिक एवं गणितज्ञ रैनीदेकार्ते अपनी प्रसिद्ध पुस्तक 'ला-ज्यामिति' में किया जो सन् 1637 में प्रकाशित हुई। यह पुस्तक मुख्य रूप से ज्यामिति समस्याओं एवं बीजगणितीय हल तथा बीजगणितीय समीकरणों के ज्यामितीय निरूपण से सम्बन्धित है।

उपरोक्त वर्णित ग्रन्थ के अलावा राने देकार्ते ने अन्य चार पुस्तकों की रचना की है जो इस प्रकार है–

(1) मानव ज्ञान का सिद्धांत (The Principle of Human Knowledge),
(2) भौतिक वस्तु का सिद्धांत (The Principle of Material Thing),
(3) दृश्य संसार एवं धरती का सिद्धांत (The Principal of the Visible World and the Earth).

बीजगणित को ज्यामिति से जोड़ने के लिए इन्होंने मूल ज्यामितिय प्रत्यय 'बिन्दु' तथा मूल बीज गणितीय प्रत्यय 'संख्या' में सम्बन्ध स्थापित किया। यह सम्बन्ध 'System of co-ordinates' कहा जाता है। देकार्ते ने किसी बिन्दु की स्थिति को नियत रेखाओं से दूरी एवं इसकी दिशा के सन्दर्भ में सम्बन्धित करने का प्रयास किया। क्योंकि ज्यामिति का आरम्भ ही एक बिन्दु एवं रेखा से हुआ है। विश्लेषणात्मक ज्यामिति में हम विन्दु एवं सरल रेखा की उनके नाम से ही व्याख्या करते हैं। देकार्ते ने 1637 में बीजगणित तथा ज्यामिति को संयुक्त रूप प्रदान किया। देकार्ते को Analytical Geometry का जन्मदाता कहा जाता है। यहाँ तक कि कुछ लोग देकार्ते को Soldier Mathematician भी कहते हैं। ऐसा बताया गया है कि युद्ध के दौरान देकार्ते को बन्दी बनाया गया, और उन्हें जेल में बन्द कर दिया गया। 10 नवम्बर 1619 को रात्रि में देकार्ते की तीन स्वप्न दिखाई दिए, जिन्होंने इस शाखा की नींव रखी। ऐसा माना जाता है कि उसने अपने विचारों को तारकोल के एक टुकड़े से अपनी जेल की दीवारों पर लिखा, और जेल से बाहर आकर इसे पेपर के रूप में प्रकाशित करवाया। देकार्ते ने Plane Co-ordinate Geometry के अलावा Solid Geometry का भी प्रतिपादन किया। इसको परिभाषित करते हुए देकार्ते ने लिखा है –

"Solid Geometry is the Geometry of bodies which occupy space and of which every point does not lie in the same plane, is called the Geometry of three dimensions which may be taken as an extension of two dimensional system."

सन् 1638 में देकार्ते के द्वारा दो पुस्तकें और प्रकाशित की गई जो निम्नलिखित हैं–

(*i*) Discourse on Method,
(*ii*) Meditations, Discourse on Method.

इस पुस्तक में ही देकार्ते के मुख्य गणितीय कार्य हैं। देकार्ते द्वारा रचित 'Analytical Geometry' ने तो गणित का सम्पूर्ण स्वरूप ही परिवर्तित कर दिया है। तथा इसके बाद Differential Calculus' की भी नींव डाली जिसमें न्यूटन एवं लेबनिज को गणित के क्षेत्र में अमरता प्रदान की। देकार्ते ने ही सर्वप्रथम चरों का X, Y, Z एवं नियतांकों को a,b,c से प्रकट करने की परम्परा डाली, साथ ही इन्होंने घातांकों का परिचय भी दिया। इन्होंने दो प्रकार के वक्रों–ज्योमैट्रिकल एवं मैकेनिकल में अन्तर स्पष्ट किया। लेबनिज Algebrical तथा Transcendental कहकर सम्बोधित करते थे। इसके साथ ही, उन्होंने एक रूचिकर वक्र की खोज की जिसको Cartesian oval के नाम से जाना जाता है।

देकार्ते की प्रशंसा करते हुए हेनरी मोरे (Henry More) ने लिखा है–

"I should look upon Dec-cartes as a man most truly inspired in the knowledge of Nature, than any that have Professed themselves to these sixteen hundred years....He was cold, Prudent and selfish."

अन्त में सन् 1649 में स्वीडन की महारानी क्रिस्टीना ने देकार्ते को स्टॉक होम जाने के लिए राजी कर लिया। साथ ही किसी प्रकार महारानी के कहने पर देकार्ते ने अपनी 11 बजे सुबह उठने की आदत को बदल दिया। कुछ माह बाद ठण्डे मौसम में प्रतिदिन सुबह पाँच बजे महल तक जाने के कारण उनको न्यूमोनिया हो गया और वह इस संसार से हमेशा के लिए विदा हो गए।

अध्याय 2

गणित की प्रकृति एवं क्षेत्र
(Nature and Scope of Mathematics)

"Mathematics is the science of measurement, quantity and magnitude."

—*Oxford Dictionary*

गणित को सामान्यत: लोग एक नीरस विषय मानते हैं क्योंकि गणित के आधारभूत नियमों और सूत्रों की जानकारी के अभाव में गणित को समझना कठिन है; साथ ही गणित को समझने में सूझ एवं तर्क शक्ति की परम आवश्यकता होती है। अत: मस्तिष्क पर दबाव डालना पड़ता है। जिनके पास सूझ, तर्क शक्ति एवं अच्छी स्मरण शक्ति है, उन लोगों के लिए गणित एक आनन्द का सागर है। समस्याओं से खेलना उनके लिए कष्ट-प्रद न होकर आनन्द-प्रद होता है। समस्याओं को समझने तथा उनके समाधान मिलने पर उन्हें आगे बढ़ने की प्रेरणा तथा अपार प्रसन्नता मिलती है। गणित अपने आप में रहस्यों का संसार है। जिज्ञासु जब इस रहस्यमय संसार में प्रविष्ट करता है तो एक के बाद एक नये रहस्य सामने आने लगते हैं। गणित विषय की संरचना अन्य विद्यालयी विषयों की अपेक्षा अधिक मजबूत तथा शक्तिशाली है। गणित विषय की अपनी अलग की प्रकृति है।

गणित; ऐसी विद्याओं का समूह है जो संख्याओं, मात्राओं, परिमाणों, रूपों और उनके आपसी रिश्तों, गुण, स्वभाव इत्यादि का अध्ययन करती हैं। गणित एक अमूर्त या निराकार (abstract) और निगमनात्मक प्रणाली है। गणित की कई शाखाएँ हैं: अंकगणित, रेखागणित, त्रिकोणमिति, सांख्यिकी, बीजगणित, कलन, इत्यादि। गणित में अभ्यस्त व्यक्ति या खोज करने वाले वैज्ञानिक को गणितज्ञ कहते हैं।

- गणित के ज्ञान का आधार हमारी ज्ञानेन्द्रियाँ है।
- गणित में संख्यायें, स्थान, दिशा तथा मापन का ज्ञान प्राप्त किया जाता है।
- गणित के अध्ययन से आगमन, नियमन तथा सामान्यकोण की योग्यता विकसित होती है।
- गणित की भाषा सुपारिभाषित, उपयुक्त तथा स्पष्ट होती है।
- शब्दकोष ने परिभाषित किया है कि गणित बड़े स्पष्ट रूप में वह अनूर्ति विज्ञान है जो सांख्यक और त्रैविमि सम्बन्धों की बुनियादी धारणाओं में लुप्त परिणामों की नियमनात्मक ढंग से खोज करता है।

- गणित परिमाण और संख्याओं का विज्ञान है।
- गणित परिणाम और अन्तराल का विज्ञान है।

बीसवीं शताब्दी के प्रख्यात ब्रिटिश गणितज्ञ और दर्शनिक बर्टेंड रसेल के अनुसार "गणित को एक ऐसे विषय के रूप में परिभाषित किया जा सकता है जिसमें हम जानते ही नहीं कि हम क्या कह रहे हैं, न ही हमें यह पता है कि जो हम कह रहे हैं वह सत्य भी है या नहीं।"

संसार की प्रत्येक वस्तु एक-दूसरे से सम्बन्ध रखती है। ये सम्बन्ध जैविक हो सकते हैं अथवा भौतिक, फिर चाहे सम्बन्ध व्यक्ति-व्यक्ति के हों, व्यक्ति और वस्तु के बीच के हों, व्यक्ति और काम के बीच हों, या फिर अन्य किन्हीं दो के बीच। सम्बन्धों की स्थापना और विवेचना द्वारा अज्ञात को ज्ञात करना ही गणित है। प्रकृति का मूल आधार गणित है। प्रकृति के अपने नियम हैं। ये नियम वस्तुओं को आपस में एक-दूसरे से जोड़ते हैं। नियमों को ज्ञात करना तथा उनके आधार पर गणना करके भविष्यवाणी करना गणित का विषय है। यथा-अब से दस घण्टे बाद किसी नक्षत्र विशेष की स्थिति कहाँ होगी? या फिर किसी व्यक्ति को किसी निश्चित अवधि के लिए कितने भोजन की आवश्यकता पड़ेगी? शरीर के किसी विशिष्ट अंग की बनावट उसकी शरीरिक आवश्यकताओं के अनुरूप वैसी ही क्यों बनाई गई है, उससे हटकर क्यों नहीं बनाई गई? पृथ्वी से सूरज की दूरी कितनी है?

मानव ज्ञान की कुछ प्राथमिक विधाओं में संभवतया गणित भी आता है, और यह मानव सभ्यता जितना ही पुराना है। मानव जीवन के विस्तार और इसमें जटिलताओं में वृद्धि के साथ गणित का भी विस्तार हुआ है और उसकी जटिलताएं भी बढ़ी हैं। सभ्यता के इतिहास के पूरे दौर में गुफा में रहने वाले मानव के सरल जीवन से लेकर आधुनिक काल के घोर जटिल एवं बहुआयामी मनुष्य तक आते-आते मानव जीवन में धीरे-धीरे परिवर्तन आया है। इसके साथ ही मानव ज्ञान-विज्ञान की एक व्यापक एवं समृद्ध शाखा के रूप में गणित का विकास भी हुआ है। हालांकि एक आम आदमी को एक हजार साल से बहुत अधिक पीछे के गणित के इतिहास में उतना सरोकार नहीं होना चाहिए, परन्तु वैज्ञानिक, गणितज्ञ, प्रौद्योगिकीविद्, अर्थशास्त्री एवं कई विशेषज्ञ रोजमर्रा के जीवन में गणित की समुन्नत प्रणालियों का किसी न किसी रूप में एक विशाल, अकल्पनीय पैमाने पर प्रयोग करते हैं। आजकल गणित दैनिक जीवन के साथ सर्वव्यापी रूप में समाया हुआ दिखता है। प्रकृति में सरल रेखाओं के अनेक रूपों में दर्शन होते हैं। स्वतन्त्रतापूर्वक पृथ्वी के गुरुत्वाकर्षण बल के आधीन गिरता हुआ द्रव्य कण एक सरल रेखीय पथ निर्धारित करता है। मकड़ी के जाले का तार सरल रेखीय आकृति ग्रहण करता है। प्रकाश की किरण सरल रेखा में गमन करती है। सच तो यह है कि दुनिया में आदर्श सरल रेखाएं नहीं कही जा सकतीं क्योंकि किसी-न-किसी स्तर पर यहाँ भी त्रुटि शेष रहती है। प्रकाश की किरण भी एक आदर्श सरल रेखा न होकर एक तरंग के रूप में होती है। वास्तव में सरल रेखा एक कल्पना मात्र ही है। प्रकृति में अनेक प्रकार की आकृतियों की वस्तुएँ देखने को मिलती हैं।

यथा-तालाब के पानी में कंकड फेंकने पर उठती तरंगे हमें वृत्ताकार दिखाई देती हैं। सूरज, चन्द्रमा, इन्द्रधनुष हमें वृत्ताकार दृष्टिगोर होते हैं।

आँख का तारा वृत्ताकार होता है। अनुप्रस्थ काट वाले सेब, अमरूद, लौकी और तुरई वृत्ताकार दिखाई देते हैं।

सौर मण्डल के ग्रह तथा उपग्रह दीर्घवृत्ताकार मार्ग में यात्रा करते हैं। तत्व के परमाणु में इलैक्ट्रान भी दीर्घवृत्ताकार पथ में केन्द्रक के चारों ओर घूमते हैं।

पेड़ के सीधे तने को तिरछे तल के अनुगत काटें तो सिरे के किनारे दीर्घवृत्ताकार होते हैं। गोल किनारे वाल बर्तन को सामने से न देखकर इधर-उधर से देखें तो घेरा दीर्घवृत्ताकार दिखाई देता है।

ऊर्ध्वाधर में फेंका गया पिण्ड परवलीय पथ निर्धारित करता है।

पाताल तोड़ कुएँ या फव्वारे से निकलते जल की पतली धारें परवलीय पथ पर अग्रसर होती है।

ज्वालामुखी के विस्फोट के समय उसके मुख से निकलते लावा कण या अतिशबाजी के अनार से निकलती चिनगारी कण परवलीय पथ निर्धारित करते हैं।

गणित की उत्पत्ति कैसे हुई, यह आज इतिहास के पन्नों में ही विस्मृत है। मगर हमें मालूम है कि आज से 4000 वर्ष पहले बेबीलोन तथा मिस्त्र सभ्यताएं गणित का इस्तेमाल पंचांग (कैलेंडर) बनाने के लिए किया करती थीं जिससे उन्हें पूर्व जानकारी रहती थी कि कब फसल की बुआई की जानी चाहिए या कब नील नदी में बाढ़ आएगी, या फिर इसका प्रयोग वे वर्ग समीकरणों को हल करने के लिए किया करती थीं। उन्हें तो उस प्रमेय (Theorem) तक के बारे में जानकारी थी जिसका कि गलत श्रेय पाइथागोरस को दिया जाता है। उनकी संस्कृतियाँ कृषि पर आधारित थीं और उन्हें सितारों और ग्रहों के पथों के शुद्ध आलेखन और सर्वेक्षण के लिए सही तरीकों के ज्ञान की जरूरत थी। अंकगणित का प्रयोग व्यापार में रुपयों-पैसों और वस्तुओं के विनियम या हिसाब-किताब रखने के लिए किया जाता था। ज्यामिति का इस्तेमाल खेतों के चारों तरफ की सीमाओं के निर्धारण तथा पिरामिड जैसे स्मारकों के निर्माण में होता था। मिलेटस निवासी थेल्स (645-546 ईसा पूर्व) को ही सबसे पहला सैद्धांतिक गणितज्ञ माना जाता है। उसने बताया कि किसी भी वस्तु की ऊँचाई को मापन छड़ी द्वारा निक्षेपित परछाई से तुलना करके मापा जा सकता है। ऐसा मानते हैं कि उसने एक सूर्य ग्रहण के होने के बारे में भी भविष्यवाणी की थी। उसके शिष्य पाइथागोरस ने ज्यमिति को यूनानियों के बीच एक मान्य विज्ञान का स्वरूप देकर यूक्लिड और आर्किमिडीज के लिए आगे का मार्ग प्रशस्त किया।

बेबीलोन निवासियों के विरासत में मिले ज्ञान में यूनानियों ने काफी वृद्धि की। इसके अतिरिक्त गणित को एक तर्कसंगत पद्धति के रूप में उन्होंने स्थापित भी किया-एक ऐसी पद्धति जिसमें कुछ मूल तथ्यों या धारणाओं को सत्य मानकर (जिन्हें प्रमेय कहते हैं) निष्कर्षों (जिन्हें उत्पत्ति या प्रमाण कहते हैं) तक पहुँचा जाता है।

गणित की कार्यपद्धति

गणित मानव मस्तिष्क की उपज है। मानव की गतिविधियों एवं प्रकृति के निरीक्षण द्वारा ही गणित का उद्भव हुआ। मानव मस्तिष्क की चिंतन प्रक्रियाओं के मूल में बैठ कर ही गणित मुखर रूप से उनकी अभिव्यक्ति करता है और वास्तविक संसार अवधारणाओं की दुनिया में बदल जाता है। गणित वास्तविक जगत को नियमित करने वाली मूर्त धारणाओं के पीछे काम करने वाले नियमों का अध्ययन करता है। ज्यादातर दैनिक जीवन का गणित है। हालांकि

अधिकाशं धारणाएं अंत:प्रज्ञा के द्वारा ही हम पर प्रकट होती है, फिर भी शुद्ध एवं संक्षेप रूप में उन धाराणाओं को व्यक्त करने के लिए उचित शब्दावली एवं कुछ नियमों और प्रतीकों की आवश्यकता पड़ती है।

अत: गणित की अपनी अलग ही भाषा एवं लिपि होती है जिसे पहले जानना-समझना जरूरी होता है। शायद यही कारण है कि दैनिक जीवन से असंबद्धित मानकर इसे समझने की दृष्टि से कठिन माना जाता है, जबकि हकीकत में वास्तविक जीवन के साथ अभिन्न रूप से जुड़ा ही नहीं है, बल्कि उसी से इसकी उत्पत्ति भी हुई है। यह विडंबना ही है कि ज्यादातर लोग गणित के प्रति विमुखता दिखा कर उससे दूर भागते हैं, जबकि वस्तुस्थिति यह है कि जीवन तथा ज्ञान के हर क्षेत्र में इसकी उपयोगिता है। यह केवल संयोग नहीं है कि आर्किमिडीज, न्यूटन, गौस और लैगरांज जैसे महान वैज्ञानिकों ने विज्ञान के साथ-साथ गणित में भी अपना महान योगदान दिया है।

गणित का वर्गीकरण

वर्तमान में गणित को मुख्य रूप से पर दो भागों में बाँटा जाता है:

- अनुप्रायोगिक गणित या नियोज्य गणित (Applied Mathematics) और
- शुद्ध गणित (Pure Mathematics)

विज्ञान, अर्थशास्त्र और अन्य कई क्षेत्रों में प्रयोग किया जाने वाला गणित प्रायोगिक गणित है और इसमें अध्ययन की जाने वाली गणितीय समस्याओं का स्रोत किसी और क्षेत्र में होता है। इसके अन्तर्गत यंत्रशास्त्र, भूमापन, भूपदार्थ विज्ञान, ज्योतिष आदि विषय है।

शुद्ध गणित स्वयं गणित में उपजी उन समस्याओं का हल ढूंढता है जिनका अन्य क्षेत्रों से सीधा सम्बन्ध नहीं है। कई बार समय के साथ-साथ शुद्ध गणित के अनुप्रयोग मिलते जाते हैं और इस प्रकार उसका कुछ हिस्सा प्रायोगिक गणित में आता जाता है। शुद्ध गणित के अंतर्गत, बीजगणित, ज्यामिति और संख्या सिद्धांत आते हैं। फ़ेरमा का सुप्रसिद्ध प्रमेय, संख्या, सिद्धान्त का ही एक अंग है। शुद्ध गणित का विकास बीसवीं शताब्दी में बहुत अधिक हुआ और इसके विकास में 1900 में डेविड हिल्बर्ट के द्वारा पेरिस में दिये गये व्याख्यान का बहुत योगदान रहा। गणित कुछ अमूर्त धारणाओं एवं नियमों का संकलन मात्र ही नहीं है, बल्कि दैनंदिन जीवन का मूलधार है। पुरातन काल से ही विषयों में गणित सर्वाधिक उपयोगी रहा है।

महान गणितज्ञ गाउस ने कहा था कि गणित सभी विज्ञानों की रानी है (Mathematics is the queen of all sciences)।

गणित, विज्ञान और प्रौद्योगिकी का एक महत्त्वपूर्ण उपकरण (टूल) है। भौतिकी, रसायन विज्ञान, खगोल विज्ञान आदि गणित के बिना नहीं समझे जा सकते। ऐतिहासिक रूप से देखा जाय तो वास्तव में गणित में गणित शाखाओं का विकास ही इसलिये किया गया कि प्राकृतिक विज्ञान में इसकी आवश्यकता आ पड़ी थी।

कुछ हद तक हम सब के सब गणितज्ञ हैं। अपने दैनिक जीवन में रोजना ही हम गणित का इस्तेमाल करते हैं- समय जानने के लिए हम घड़ी देखते हैं, अपने खरीदे गए सामान या खरीदारी के बाद बचने वाली रेजगारी (Coins) का हिसाब जोड़ते हैं या फिर फुटबाल टेनिस

या क्रिकेट खेलते समय बनने वाले स्कोर का लेखा-जोखा रखते हैं। व्यवसाय और उद्योगों से जुड़ी लेखा संबंधी संक्रियाएं गणित पर ही आधारित हैं। बीमा (इंश्योरेंस) संबंधी गणनाएं तो अधिकांशतया ब्याज की चक्रवृद्धि दर पर भी निर्भर है। जलयान या विमान का चालक मार्ग के दिशा-निर्धारण के लिए ज्यामिति का प्रयोग करता है। सर्वेक्षण का तो अधिकांश कार्य ही त्रिकोणमिति पर आधारित होता है। यहाँ तक कि किसी चित्रकार के आरेखण कार्य में भी गणित मददगार होता है, जैसे कि संदर्भ (पर्सपेक्टिव) में जिसमें कि चित्रकार को त्रिविमीय दुनिया में जिस तरह से इंसान और वस्तुएं असल में दिखाई पड़ते हैं, उन्हीं का तदनुरूप चित्रण वह समतल धरातल पर करता है।

संगीत में स्वरग्राम तथा संनादी (हार्मोनी) और प्रतिबिन्दु (काउंटरपाइंट) के सिद्धांत गणित पर ही आश्रित होते हैं। गणित का विज्ञान में इतना महत्त्व है तथा विज्ञान की इतनी शाखाओं में इसकी उपयोगिता है कि गणितज्ञ एरिक टेम्पल बेल ने इसे 'विज्ञान की साम्राज्ञी और सेविका' की संज्ञा दी है। किसी भौतिकविज्ञानी के लिए अनुमापन तथा गणित और विभिन्न तरीकों का बड़ा महत्त्व होता है। रसायनविज्ञानी किसी वस्तु की अम्लीयता को सूचित करने वाले पी एच (pH) मान के आकलन के लिए लघुगणक का इस्तेमाल करते हैं। कोणों और क्षेत्रफलों के अनुमापन द्वारा ही खगोलविज्ञानी सूर्य, तारों, चंद्र और ग्रहों आदि की गति की गणना करते हैं। प्राणीविज्ञान में कुछ जीव-जन्तुओं के वृद्धि-पैटर्नों के विश्लेषण के लिए विमीय विश्लेषण की मदद ली जाती है।

उच्च गतिवाले संगणकों द्वारा गणनाओं को दूसरी विधियों द्वारा की गई गणनाओं की अपेक्षा एवं अंश मात्र समय के अंदर ही सम्पन्न किया जा सकता है। इस तरह कम्प्यूटर के अविष्कार के उन सभी प्रकार की गणनाओं में क्रान्ति ला दी है जहां गणित उपयोगी हो सकता है। जैसे-जैसे खगोलीय तथा काल मापन संबंधी गणनाओं की प्रामाणिकता में वृद्धि होती गई, वैसे-वैसे नौसंचालन भी आसान होता गया। क्रिस्टोफर कोलम्बस और उसके परवर्ती काल में मानव सुदूरगामी नए प्रदेशों की खोज में घर से निकल पड़ा और साथ ही, आगे के मार्ग का नक्शा भी वह बनाता गया। गणित का उपयोग बेहतर किस्म के समुद्री जहाज, रेल के इंजन, मोटर कारों से लेकर हवाई जहाजों के निर्माण तक में हुआ है। राडार प्रणालियों की अभिकल्पना तथा चांद और ग्रहों आदि तक राकेट यान भेजने में भी गणित से काम लिया गया है।

भौतिकी में गणित का महत्त्व

- विद्युतचुम्बकीय सिद्धान्त समझने एवं उसका उपयोग करने के लिये सदिश विश्लेषण (Vector Analysis) बहुत महत्त्वपूर्ण है।
- ग्रुप सिद्धान्त (Group theory), स्पेक्ट्रोस्कोपी, क्वान्टम यांत्रिकी, ठोस अवस्था भौतिकी (Solid state physics) एवं नाभिकीय भौतिकी के लिये बहुत उपयोगी है।
- भौतिकी में सभी तरह के रेखीय संकायों (linear systems) के विश्लेषण के लिये फुरिअर की युक्तियाँ (Fourier techiques) उपयोगी हैं।
- क्वान्टम् यान्त्रिकी को समझने के लिये मैट्रिक्स विश्लेषण जरूरी है।
- विद्युतचुम्बकीय तरंगों का वर्णन करने एवं क्वान्टम यांत्रिकी के लिये समिश्र संख्याओं का उपयोग होता है।

शून्य से शुरू करते हुए पहली दो संख्याओं को जोड़कर अगली संख्या बनती है. ऐसे ही जोड़ते जाइए और इस कर्म को अनंत तक जारी रखिये। इस श्रृंखला को कहते हैं ''फिबोनाची सीरीज'' (Fibonacci series). इस क्रम को सबसे पहले 1202 में (Leonardo Pisano Bigolo) ने ढूँढ निकाला. यह इटली के एक मशहूर गणितज्ञ थे। इनका एक और महत्त्वपूर्ण योगदान था पश्चिमी देश को 1,.,2,3.. यानी हिन्दू गिनती से परिचित कराना जहाँ तब तक रोमन संख्याओं का प्रयोग होता था, जैसे I, II, III, IV, V आदि।

फिबोनाची सीरीज की एक और विशेषता है। देखिये अगर क्रमबद्ध अंकों को भाग दिया जाए तो क्या निकलता है (I)! यह अनुपात आगे की संख्याओं के लिए 1.618 हो जाता है। अब अगर आप उल्टा करें (II) यानी इस तरह

(I)	(II)
3/2 = 1.500	2/3 = .666
5/3 = 1.666	3/5 = .600
8/5 = 1.600	5/8 = .625
13/8 = 1.625	8/13 = .615
21/13 = 1.615	13/21 = 0619
55/34 = 1.618	21/34 = .6176
	34/55 = .618

लगता है न इस सीरीज़ में कुछ अनूठा है? 1.618 को कहते हैं "Golden ratio, Golden section या Golden number".

यह तो हुई कोरी गणित। आप सोचेंगे इस में और प्रकृति में क्या लेना देना? क्या खाली पीली हमें उन संख्याओं के बारे में बता रही हैं जिनसे हमारा पीछे बहुत पहले छूट गया! पर ज़रा गौर कीजिये अपने आस-पास को। प्रकृति ने फिबोनाची सीरीज़ का जैसे चोगा ही पहन लिया हो। बहुत ध्यान से आप फूलों की पंखुरियों को देखिये। आप पायेंगे कि अधिकांश फूलों कि पंखुरियाँ फिबोनाची क्रम में होती हैं। लिली की एक पंखुरी, पाँच और तीन पंखुरीवाले फूल तो बहुत ही आम हैं, डेजी या गुलबहार में होती हैं 21 या फिर 34 या 44 सूरजमुखी के फूल के बीच में बने चकों को देखियें। यह दो दिशाओं में घूमते मिलेंगे और दोनों दिशाओं के चक्रों की संख्या फिबोनाची क्रम से मेल खाती मिलेगी। जैसे 21 34; 55; जैसे इसी तरह देवदार के फूल (pinecones) जो हम बहुत इकट्ठा करते हैं उन में भी छल्लेनुमा दीखते हैं जो एक और अगर 8 हैं तो दूसरे और जाते हुए 13, या फिर 4 और 8।

गणित का क्षेत्र (Scope of Mathematics): कॉम्टे के अनुसार, ''गणित में हम विवेक के आदि स्रोत को पाते हैं और गणित को जैव विज्ञानियों के उस गंत्वय के रूप में देखते हैं जहाँ वे अपने अनुसंधान करते हैं।

गणित का क्षेत्र अत्यन्त व्यापक है और इसे इसके दो पक्षों के अन्तर्गत वर्णित किया जा सकता है।

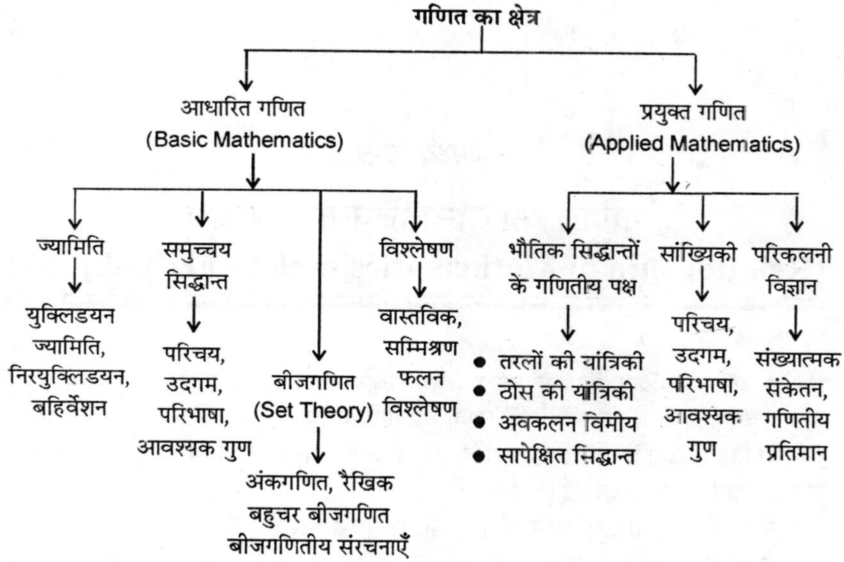
गणित का क्षेत्र
आधारित गणित
(Basic Mathematics)
प्रयुक्त गणित
(Applied Mathematics)
ज्यामिति
युक्लिडयन ज्यामिति, निरयुक्लिडयन, बहिर्वेशन
समुच्चय सिद्धान्त
परिचय, उदगम, परिभाषा, आवश्यक गुण
बीजगणित (Set Theory)
अंकगणित, रैखिक बहुचर बीजगणित बीजगणितीय संरचनाएँ
विश्लेषण
वास्तविक, सम्मिश्रण फलन विश्लेषण
भौतिक सिद्धान्तों के गणितीय पक्ष
तरलों की यांत्रिकी
ठोस की यांत्रिकी
अवकलन विमीय
सापेक्षित सिद्धान्त
सांख्यिकी
परिचय, उदगम, परिभाषा, आवश्यक गुण
परिकलनी विज्ञान
संख्यात्मक संकेतन, गणितीय प्रतिमान

अध्याय 3

गणित का अन्य विषयों से संबंध
(Relationship of Mathematics with Other Subjects)

शिक्षण–अधिगम प्रक्रिया में गणित एक महत्त्वपूर्ण विषय है गणित का पाठ्यक्रम के अन्य विषयों से महत्त्वपूर्ण सम्बन्ध होता है। गणित एक उपयोगी विषय है। अन्य विज्ञानों के साथ इसका सम्बन्ध दिखाई देता है गणित के अन्य विषयों से अन्तसम्बन्ध गणित विषय में शिक्षार्थियों के लिए उद्दीपन का महत्त्वपूर्ण कार्य करते हैं।

बेकन के अनुसार, गणित सभी विज्ञानों का प्रवेश द्वार है।

मैलर के अनुसार, "उच्च गणित की आवश्यकता अनुकूल जानकारी के बिना भौतिक या साधारण रसायन विज्ञान की आधुनिक प्रगतियों को समझना असम्भव है। गणित ने सभी विज्ञानों को पूर्णता और शुद्धता प्रदान की है।

गणित का अन्य विषयों से सम्बन्ध (Relation of Mathematics with Other Subjects)

(1) गणित एवं विज्ञान (Mathematics and Science):- गणित को सभी विज्ञानों का विज्ञान माना जाता है। गणित के ज्ञान के अभाव में विज्ञान व उसकी विभिन्न शाखाओं का अध्ययन कठिन कार्य है।

विज्ञान में प्रयोगात्मक एवं सैद्धान्तिक ज्ञान गणित पर ही आधारित होता है। गणित को विशेषतः इसलिए पढ़ा जाता है क्योंकि यह विज्ञानों के लिए सहायक होती है।

(क) गणित एवं भौतिक विज्ञान (Mathematics and Physics)–भौतिक विज्ञान गणित के अत्याधिक नजदीक है। भौतिक विज्ञान में गणित का बहुत प्रचलन है। भौतिक विज्ञान के अभ्यास के प्रश्न बिल्कुल गणित जैसे होते हैं। भौतिक विज्ञान में भी माप की इक.इयाँ बिल्कुल उसी तरह प्रयोग की जाती है जिस तरह गणित में। प्रकृति के नियमों को जब भी हम गणितिक रूप से लेते हैं तो यह हमारे काम में आ जाते हैं।

भौतिक विज्ञान में भी माप की अनेकों इकाइयाँ बिल्कुल उसी तरह ही प्रयोग की जाती है जिस तरह गणित में। गुरुत्वाकर्षण शक्ति से सम्बन्धित नियम को एक समीकरण के रूप में लिखा जाता है, जैसे कि,

$$F = G.\frac{mm^1}{r^2}$$

गणित की सहायता से निम्नलिखित भौतिक विज्ञान के सूत्र समझे जा सकते हैं।

$$R = \sqrt{u^2 + v^2 + 2uv\cos\theta}, \tan\beta = \frac{u\sin\theta}{u + v\cos\theta}$$

(ख) गणित एवं रसायन विज्ञान (Mathematics and Chemistry)–रसायन विज्ञान का अन्य विषयों की भान्ति गणित से महत्त्वपूर्ण सम्बन्ध है। रसायन विज्ञान में नियमों सिद्धान्तों आदि का सूत्रीकरण गणित के द्वारा ही सम्भव हुआ। गणितीय आधार पर कई सूत्र रयासन विज्ञान में प्रयुक्त होते हैं। इस प्रकार रसायन विज्ञान का गणित से महत्त्वपूर्ण सम्बन्ध होता है। किसी भी रसायन के निर्माण के लिए कुछ गणितिक अनुपात होती है जिसमें कि अलग-अलग तत्त्वों को मिलाना पड़ता है। निम्नलिखित रसायनिक समीकरण गणित की सहायता से ही हल किए जा सकते हैं:-

$$CaCo_3 + 2HCl \longrightarrow CaCl_2 + H_2O + CO_2$$
$$2K\,ClO_3 + MnO_2 \longrightarrow 2KCl + MnO_2 + 3O_2$$

(ग) गणित और जीव विज्ञान (Mathematics and Biolcgy)–जीव-विज्ञान में जीवन की विभिन्न क्रियाओं का विश्लेषण करने के लिए गणित के ज्ञान की महत्त्वपूर्ण आवश्यकता रहती है। जीव-गणित विज्ञान भी जीव विज्ञानी के लिए अध्ययन का एक महता वाला क्षेत्र बना रहा है। जन्तु विज्ञान में विशेष रूप से मानव के शरीर की संरचना, वृद्धि, तथा विभिन्न अंगों के अनुपात एवं सम्बन्ध की जानकारी हेतु गणित का ज्ञान उपयोगी है। जीवों में श्वास क्रिया की दर भी गणितिक रूप में माप ली गई है।

(2) गणित और इंजीनियरिंग (Mathematics and Engineering)–इंजीनियरिंग में गणित का महत्त्वपूर्ण उपयोग होता है। इंजीनियरिंग शिक्षा पाने के लिए गणित का ज्ञान प्राप्त करना बहुत आवश्यक माना गया है। इंजीनियरिंग में डिजाईन बनाने, समतल, सर्वेक्षण करने, इत्यादि के लिए गणित का ज्ञान जरूरी है। रेलो की पटरियों को बिछाने, पुलों के निर्माण, सुरंग निकालने, पहाड़ी क्षेत्रों में सड़के निकालने के लिए, बाँधों का निर्माण करनें, नहरें खोदने के लिए गणितीय माप और परिकलन की आवश्यकता प्रतीत होती है। इसलिए गणित का इंजीनियरिंग में महत्त्वपूर्ण गहरा सम्बन्ध है।

(3) गणित और कृषि (Agriculture and Mathematics)–गणित की कृषि पर निर्भरता दिन-प्रतिदिन बढ़ रही है। किसानों के लिए गणित की महत्त्वपूर्ण भूमिका रहती है। खेतों का क्षेत्रफल, मजदूरी न्यय, औसत खर्च, काम और समय, बीज की दर, खाद की दर जानने के लिए गणित की महत्त्वपूर्ण आवश्यकता रहती है। अतः कृषि विज्ञान में गणित की उपयोगिता बहुत आवश्यक है।

(4) गणित एवं अर्थशास्त्र (Mathematics and Economics)–अर्थशास्त्र में सिद्धांतों एवं विभिन्न आंकड़ों के आधार पर किया जाता है। गणित अर्थशास्त्र में आंकड़ो का एकत्रीकरण करने विश्लेषण करने, गणना करने का निष्कर्ष निकालने में महत्त्वपूर्ण भूमिका का निर्वाह करता है। मार्शल ने ठीक कहा है कि "अर्थ विज्ञान के तथ्यों की खोज में गणितिक दलील का सीधा उपयोग करके माहिर गणितज्ञों ने महान सेवा निभाई है।"

(5) गणित एवं वाणिज्य (Mathematics and Commerce)–गणित एवं वाणिज्य में अत्यन्त महत्त्वपूर्ण सम्बन्ध होता है। ब्यांज की गणना करना, ऋण सम्बन्धी विभिन्न गणनाएँ, प्रतिशत लाभ–हानि, बट्टा, आदि का निर्धारण गणित पर निर्भर होता है। गणित की वाणिज्य में महत्त्वपूर्ण भूमिका होती है।

(6) गणित एवं भूगोल (Mathematics and Geography)–भूगोल के लिए गणित की महत्त्वपूर्ण आवश्यकता होती है। पृथ्वी के आकार, गति, क्षेत्रफल, दूरी, ऊँचाई, तापक्रम, अक्षांश और देशान्तर, समय की जानकारी के लिए गणित का ज्ञान आवश्यक है।

(7) गणित और तर्क विज्ञान (Mathematics and Reasoning)– रेखा गणित एक प्रेकटिकल तर्क विज्ञान है क्योंकि दलीलबाजी के नियमों को बड़े सरल और सम्बेदमयी ढंग से उपयोग में लाया गया हैं। तर्क विज्ञान ने रेखा गणित के नियम उधार लिए हैं। गणित के अविष्कारों में उपयोग में लाए जाने वाले चिह्न और ढंग तर्क के अध्ययन में भी काम आ सकते हैं।

अध्याय 4

गणित शिक्षण के मूल्य
(Values of Teaching Mathematics)

अन्य विषयों के साथ-साथ शिक्षा में गणित का अत्यधिक महत्व है। ऐसा माना जाता है कि वर्तमान युग में सभ्यता का मुख्य आधार गणित है। गणित को व्यापार की जान (प्राण) एवं विज्ञान का जन्मदाता माना जाता है। आधुनिक समय में गणित को विद्यालयी पाठ्यक्रम में विशेष स्थान दिया गया है। इसका मुख्य कारण है कि गणित प्रत्येक बालक को अपनी जीविका कमाने के योग्य बनाने के साथ-साथ उसके ज्ञान में वृद्धि करता है, और जीवन के विभिन्न कार्यों को सीखने एवं करने में सहायता प्रदान करता है। छात्रों का मानसिक विकास करके उनकी बुद्धि को अत्यधिक प्रखर बनाता है एवं विभिन्न चारित्रिक गुणों को विकसित करके चरित्र निर्माण में सहायता करता है।

गणित शिक्षण के मुख्य मूल्यों का वर्णन इस प्रकार है-

(1) बौद्धिक मूल्य (Intellectual Value)
(2) व्यवहारिक मूल्य (Practical Value)
(3) साँस्कृतिक मूल्य (Cultural Value)
(4) अनुशासनात्मक मूल्य (Disciplinary Value)
(5) नैतिक मूल्य (Moral Value)
(6) सामाजिक मूल्य (Social Value)
(7) सौन्दर्यात्मक मूल्य (Aesthetic Value)
(8) जीविकोपार्जन सम्बन्धी मूल्य (Vocational Value)

(1) बौद्धिक मूल्य (Intellectual Value)–मानव के बौद्धिक विकास के लिए गणित का शिक्षण अत्यधिक महत्वपूर्ण है। अन्य कोई विषय ऐसा नहीं है, जो छात्र के मस्तिष्क को ठीक उसी प्रकार से क्रियाशील कर सके जैसे कि गणित द्वारा छात्र का मस्तिष्क क्रियाशील बनता है। क्योंकि गणित की प्रत्येक समस्या को हल करने के लिए मानसिक कार्य करना पड़ता है। जैसे ही किसी भी छात्र को गणित की कोई समस्या समझ में आ जाती है, वैसे ही उसका मस्तिष्क उस समस्या को समझने एवं उसका समाधान करने के लिए क्रियाशील हो जाता है। गणित की प्रत्येक समस्या एक ऐसे क्रम से गुजरती है, जो कि एक सृजनात्मक एवं रचनात्मक प्रक्रिया के लिए अत्यावश्यक होता है। इस प्रकार बच्चे की सम्पूर्ण मानसिक शक्तियों का पूर्ण विकास गणित का अध्ययन करने से बड़ी आसानी से हो जाता है। किसी भी समस्या का सही

हल प्राप्त करने की क्षमता का पूर्ण विकास केवल गणित का अध्ययन करने से ही सम्भव है अन्य विषय से नहीं।

गणित के बौद्धिक मूल्य पर प्रकाश डालते हुए प्लूटो ने बताया है–''गणित एक ऐसा विषय है जो मानसिक शक्तियों को प्रशिक्षित करने का अवसर प्रदान करता है। एक सुषुप्त आत्मा में चेतना एवं नवीन जागृति उत्पन्न करने का कौशल केवल गणित ही प्रदान कर सकता है।'' ("Mathematics is the Subject which provides an opportunity for training the mind, close to thinking, stirring up a sleeping and uninstructed spirit." –*Pluto*)

आज ज्ञान का भण्डार एक अथाह सागर के समान है, और इसमें दिन-प्रतिदिन उत्तरोत्तर वृद्धि होती जा रही है। यहाँ यह इतना महत्वपूर्ण नहीं है कि ज्ञान की प्राप्ति की जाये, बल्कि यह अधिक महत्वपूर्ण है कि समुचित ज्ञान को अर्जित करने का तरीका सीखना चाहिए, जिससे कि अर्जित किया गया ज्ञान स्थाई एवं उपयोगी हो तथा लाभप्रद हो। किसी भी व्यक्ति द्वारा प्राप्त किया गया ज्ञान तभी उपयोगी सिद्ध होगा जब वह अपने ज्ञान का समुचित एवं आवश्यकतानुसार उपयोग कर सके। ज्ञान का सही रूप से उपयोग करना उस व्यक्ति की मानसिक शक्तियों पर निर्भर करता है। इस सन्दर्भ में प्रोफेसर शल्ट्ज के विचार कुछ इस प्रकार हैं–''गणित की शिक्षा प्राथमिक रूप से मानसिक शक्तियों को प्रशिक्षित करने के लिए दी जाती है। गणित के विभिन्न तथ्यों का ज्ञान देना इसके बाद ही आता है।'' ("Mathematics is Primarly taught on account of the mental training, it affords and only Secondarily on account of the Knowledge of Fact it imparts." –*Schultze*)

(2) व्यवहारिक मूल्य (Practical Value)–गणित शिक्षण का मुख्य उद्देश्य है उसकी व्यवहारिक उपयोगिता। यह उद्देश्य प्राचीन समय से ही प्रचलित है। वैसे तो गणित शिक्षण के अनेक उद्देश्य हैं, लेकिन इन उद्देश्यों में व्यवहारिक उद्देश्य का उद्भव सर्वप्रथम हुआ है। गणित शिक्षण में केवल प्रयोगात्मक मूल्य को समक्ष रखकर अध्ययन करना अत्यन्त आवश्यक है, इसे गणित का कोई भी आलोचक इंकार नहीं कर सकता है। क्योंकि प्रत्येक व्यक्ति को अपने जीवन में प्रतिदिन विभिन्न प्रकार की समस्याओं का सामना करना पड़ता है। इन समस्याओं को हल करने के लिए उसे किसी न किसी रूप में गणित का उपयोग करना आवश्यक होता है। कोई भी व्यक्ति यदि पढ़ा-लिखा नहीं है तो भी वह अपना काम चला सकता है, परन्तु गणित के बिना या फिर गिनती का ज्ञान रखे बिना वह अपना काम नहीं चला सकता है। यदि व्यक्ति को गणित का ज्ञान नहीं है तो उसे हमेशा दूसरों पर आश्रित रहना पड़ेगा, और उसे कदम-कदम पर कठिनाइयों का सामना करना पड़ सकता है। आज का युग जिसमें हम रह रहे हैं, वह माप-तौल का है। आज विश्व की प्रत्येक वस्तु भले वह भौतिक, सामाजिक या आत्मिक हो या फिर मानसिक, प्रत्येक व्यक्ति उसे मापना चाहता है। विभिन्न प्रकार की दैनिक क्रियाएँ जैसे घर का बजट बनाते समय, आय और मजदूरी निकालते समय, वस्तुओं को तौलते समय, ऑफिस या स्कूल जाते समय, लिफाफे पर टिकट लगाते समय, तारघर में तार देते समय, थर्मामीटर लगाते समय आदि गणना का अत्यधिक ध्यान रखने की आवश्यकता है। जीवन के प्रत्येक पक्ष में गणित की अत्यन्त आवश्यकता है। वेतन के बिल बनाते समय, मकान बनाते समय, माप-तौल करने के लिए पूर्ण ज्ञान की आवश्यकता है। प्रत्येक व्यक्ति को अपनी-अपनी

आवश्यकताओं के अनुसार गणित के ज्ञान की आवश्यकता होती है। इस सन्दर्भ में **यंग** ने लिखा है–"लौह, वाष्प और विद्युत के इस युग में जिस ओर भी मुड़कर देखें, गणित ही सर्वोपरि है। यदि शरीर से रीढ़ की हड्डी को निकाल दिया जाए तो हमारी भौतिक सभ्यता का ही अन्त हो जायेगा।"

गणित की कुछ मूलभूत प्रक्रियाएँ जैसे-गिनना, जोड़ना, घटाना, भाग देना, तौलना, मापना, खरीदना, बेचना, गुणा, आदि हमारे दैनिक जीवन का समस्त व्यवसाय चाहे छोटा हो या बड़ा सभी गणित पर टिके हैं। विज्ञान को व्यवहारिक बनाने में गणित का विशेष योगदान है।

अन्य विषयों जैसे, विज्ञान, ज्योतिष, अर्थशास्त्र, वाणिज्य, इन्जीनियरिंग, भूगोल आदि के अध्ययन में गणित ज्ञान अत्यन्त ही आवश्यक है। क्योंकि गणित की ही सहायता से इन विषयों में नवीन खोजें करने, आँकड़े एकत्रित करने आदि का कार्य भी सम्भव हो सका है। इस सन्दर्भ में बेकन ने सही कहा है–"गणित सभी विज्ञानों का सिंह द्वार एवं कुंजी है।"

"Matematics is the gateway and key tc all sciences."

(3) सांस्कृतिक मूल्य (Cultural Value)–हमारे समाज की संस्कृति एवं सभ्यता का अधिक महत्व है। समाज की संस्कृति एवं सभ्यता के निर्माण में गणित का अत्यधिक योगदान है। गणित का अध्ययन करने से व्यक्ति को समानता, समरूपता, क्रमबद्धता, नियमितता आदि महत्वपूर्ण सामाजिक मूल्यों का ज्ञान होता है। जिनके माध्यम से वह प्रकृति में विद्यमान सुन्दरता का अनुभव कर सकता है। गणित के ज्ञान से ही चित्रकला, हस्तकला एवं नृत्य आदि का विकास हुआ है। मानव के अन्दर सौन्दर्य के प्रति आकर्षण अधिक अंशों तक गणित के ज्ञान पर ही निर्भर करता है। किसी भी देश की संस्कृति से हमारा अर्थ वहाँ की उन सभी वस्तुओं से होता है जो हमें अपने पूर्वजों के द्वारा धरोहर के रूप में प्राप्त होती है। इसमें कला, संगीत, साहित्य, विज्ञान तथा सामाजिक मान्यताएँ आदि आते हैं। प्रत्येक पीढ़ी अपने पूर्वजों से जो ज्ञान प्राप्त करती है उसे वह अपनी अगली पीढ़ी के लिए अपने योगदान के बाद छोड़ जाती है।

आज यदि हम यह कहें कि हमारा जीवन भौतिकवादी या यांत्रिक हो गया है, तो निःसन्देह यह भी हमारे जीवन पर गणित के प्रभाव को ही परिलक्षित करता है। आज हम जिस युग में निवास कर रहे हैं वह विज्ञान का युग है। ऐसी परिस्थितियों में गणित के ज्ञान के बिना मनुष्य विज्ञान या तकनीकी ज्ञान को समझ नहीं सकता है। समाज से गरीबी, असमानता, बीमारी, अन्ध विश्वास आदि को समाप्त करने में गणित का अत्यन्त महत्वपूर्ण स्थान है। विद्युत की सहायता से सम्पर्क साधनों जैसे–टेलीफोन, रेडियो, टेलीविजन का उपयोग भी मनुष्य कर सकता है। विज्ञान की इस उन्नति में गणित का बहुत बड़ा हाथ रहा है। इसकी पुष्टि निम्न कथनों से होती है:

(1) घड़ी का आविष्कार किसने किया?
गैलीलियो एक गणितज्ञ ने।

(2) बैरोमीटर का आविष्कार किसने किया?
गणितज्ञ पास्कल ने।

(3) गुरुत्वाकर्षण के नियम का प्रतिपादन किसने किया?
न्यूटन ने किया।

गणित के सांस्कृतिक महत्व में निम्न बिन्दु आते हैं—

(1) तार्किक तर्क,

(2) ज्ञान का हस्तान्तरण,

(3) सामान्यीकरण शक्ति,

(4) ज्ञान के किसी विशेष क्षेत्र की रसानुभूति।

अतएव गणित का अध्ययन करने से छात्रों में धीरे-धीरे सामाजिक आदतों एवं दृष्टिकोणों का विकास होता है। जो हमारी सभ्यता एवं संस्कृति के लिए आवश्यक एवं उपयोगी है। वैज्ञानिक दृष्टिकोण के निर्माण में गणित का स्थान उच्च है। समस्याओं के समाधान ज्ञात करने की क्षमता भी गणित की देन है। आज प्रत्येक व्यक्ति को उसके समाज में व्याप्त विभिन्न समस्याओं का सामना करना पड़ता है। गणित का अध्ययन करने से इन समस्याओं को समझने एवं सुलझाने की क्षमता का विधिवत विकास होता है। विभिन्न तथ्यों को भली प्रकार से समझना एवं परस्पर सम्बन्ध स्थापित करना, अपेक्षित हल सोचना आदि समस्या समाधान विधि के महत्वपूर्ण अंग है। साथ ही भावी नागरिकों में विभिन्न समस्याओं से निजात पाने की क्षमता का विकास होता है। गणित इस दिशा में अत्यन्त सहायक सिद्ध हुआ है।

गणित के सांस्कृतिक महत्व को स्पष्ट करते हुए प्रसिद्ध गणितज्ञ हॉगबेन ने लिखा है कि– ''गणित सभ्यता और संस्कृति का दर्पण है।''

इसी प्रकार सांस्कृतिक महत्व को व्यक्त करते हुए लिखा है कि–''एक अन्वेषक के लिए नया अनुसंधान करना तब तक कठिन है जब तक वह गणितज्ञ भी न हो। किसी भी नए अनुसंधान सम्भावना को सर्वप्रथम कागज पर देखा जाता है। किसी भी क्रिया को कार्य रूप प्रदान करने से पहले गणना द्वारा यह निश्चित कर लिया जाता है कि यह कहाँ तक सम्भव है और फिर उसी के अनुसार उसमें संशोधन करके समय, शक्ति और धन के अपव्यय को बचा लिया जाता है।''

उपरोक्त वर्णित तथ्यों के आधार पर हम कह सकते हैं कि गणित ने हमारे समाज में सांस्कृतिक एवं सभ्यता के विकास में अभूतपूर्व योगदान दिया है।

(4) अनुशासनात्मक मूल्य (Disciplinary Value)–छात्रों में विभिन्न मानसिक शक्तियों जैसे–नियमितता, शुद्धता, आत्मनिर्भरता, मौलिकता, क्रमबद्धता, सभ्यता, ईमानदारी, एकाग्रता, कल्पना, आत्मविश्वास, शीघ्र समझने की क्षमता एवं स्मृति आदि का प्रशिक्षण प्राप्त करने के लिए गणित पढ़ाई जाती है और जिससे उनका मस्तिष्क भी अनुशासित हो जाए। छात्रों को विभिन्न मानसिक क्रियाओं का प्रशिक्षण मिलता है। अत: वे अन्ध विश्वासों के आधार पर देखकर, सुनकर अथवा पढ़कर किसी बात को सही नहीं मान लेते हैं, बल्कि स्वयं परीक्षण करके अपने निरीक्षण के आधार पर ही निष्कर्ष निकालते हैं। इस उद्देश्य के अनुसार गणित मानसिक व्यायाम के लिए है तथा इस उद्देश्य की पूर्ति तभी सम्भव है, जब बालक पढ़ते समय, और अध्यापक उन्हें पढ़ाते समय इस बात का ध्यान अवश्य करें कि उन्होंने क्या पढ़ा है या कितना पढ़ा है? साथ ही साथ अपना सारा ध्यान इस बात पर केन्द्रित करें कि उन्होंने किस प्रकार एवं किस विधि से पढ़ाया है। नवीन ज्ञान की प्राप्ति केवल केवल विचार, तर्क, निर्णय आदि मानसिक क्रियाओं द्वारा ही होना चाहिए। गणित के अध्ययन में स्मरण शक्ति का प्रयोग

कम होता है। गणित के अध्ययन से विवेक शक्ति अत्यन्त प्रखर हो जाती है। गणित पढ़ने वाला छात्र यह अनुभव करने लगता है और समस्याओं को हल करने में स्मरण शक्ति की अपेक्षा वह चिन्तन एवं तर्क शक्ति का प्रयोग अधिक करता है। गणित अध्ययन किया हुआ छात्र अन्य छात्रों की अपेक्षा तर्क के माध्यम से शीघ्र ही निर्णय करके दैनिक जीवन से सम्बन्धित समस्याओं को बड़ी आसानी से हल कर लेता है। गणित पढ़ने वाला कोई भी अच्छा छात्र झूठ, कपट, धोखा एवं आडम्बर को पसन्द नहीं करता है। चरित्र निर्माण एवं दर्शन शास्त्र का परस्पर घनिष्ठ सम्बन्ध है। विश्व में अनेक प्रसिद्ध गणितज्ञ दर्शन शास्त्री भी हुए हैं जैसे बर्ट्रेण्ड रर्सल, आइन्सटाइन आदि। इस विषय से सूक्ष्म निरीक्षण की आदत का विकास होता है, और यही आदत व्यक्ति को संसार के अनेक गूढ़ तत्वों के बारे में चिन्तर की ओर अग्रसर होती है। गणित के अन्तर्गत तर्क की कुछ विशेषताएँ निम्नलिखित हैं–

(*i*) *सरलता* (*Simplicity*)–इस विशेषता के अन्तर्गत हम गणित के महत्वपूर्ण शिक्षण सूत्र 'सरल से कठिन की ओर' का प्रयोग करते हैं। इसमें जटिल से जटिल समस्याओं को अत्यन्त ही सहज तरीके से हल करना सिखाया जाता है। जब छात्र किसी समस्या को हल करता है तो हल करने से पूर्व वह अपने मस्तिष्क में यह निश्चित करता है कि प्रश्न में उसे क्या ज्ञात है, क्या ज्ञात करना है और इसके लिए किस विधि का प्रयोग करना पड़ेगा। निरन्तर अभ्यास करते रहने से छात्र की शक्तियों का विकास होता है। गणित कार्य में अभ्यास का अत्यधिक महत्व है।

(*ii*) *शुद्धता* (*Accuracy*)–गणित में शुद्धता का अत्यधिक महत्व है और शुद्धता से ही निष्कर्षों पर पहुँचना अत्यन्त आवश्यक है। गणित के अतिरिक्त अन्य विषयों में छात्र अपनी अज्ञानता को शिक्षक से छिपा जाता है। लेकिन गणित में बिल्कुल असम्भव है। प्रत्येक शिक्षक को यह फौरन पता चल जाता है कि किस छात्र में यथार्थता की कमी है। गणित में किसी प्रकार के विचारों में भ्रम या अनिश्चितता का कोई स्थान नहीं है। कोई भी विद्यार्थी किसी भी प्रकार से अपनी कमजोरी को शिक्षक से नहीं छिपा सकता और न हो उसे धोखा दे सकता है।

(*iii*) *परिणामों की निश्चितता* (*Certainity of Results*)–गणित में प्रत्येक समस्या का एक निश्चित उत्तर होता है, वह उत्तर गलत या सही हो सकता है, और उसमें किसी भी प्रकार के भ्रम की गुंजाइश नहीं होती है। इसी प्रकार से उत्तरों में आत्मीयता या व्यक्तिगत विभिन्नताओं का भी कोई स्थान नहीं होता है। गणित का छात्र एक दम अलग एक ऐसे संसार में रहता है जिसमें प्रत्येक वस्तु स्पष्ट और निश्चित होती है। जब कोई छात्र गणित की समस्या को अधिक परिश्रम और समय के बाद सफलता से हल करता है, तो उसे इस पर अत्यधिक आनन्द का अनुभव होता है।

(*iv*) *मौलिकता* (*Orginality*)–गणित अध्ययन में मौलिक चिन्तन के अत्यधिक अवसर मिलते हैं। गणित की अनेक समस्याओं का हल मौखिक चिन्तन का ही परिणाम है। यहाँ पर केवल पहले पढ़ी हुई या सुनी हुई बातों को ही नहीं दोहराते बल्कि अन्य विषयों में दूसरे के विचारों या तथ्यों को एकत्र करके अपनी स्मरण शक्ति के ही आधार पर भी समस्या को हल कर सकते हैं। लेकिन गणित में मौलिक चिन्तन और विवेश शक्ति पर ही निर्भर रहना पड़ता है। किसी सूत्र का निर्धारण करना छात्र का मौलिक कार्य है और यह गुण उसे भविष्य में जटिल

समस्याओं को हल करने में उत्साह प्रदान करता है। दूसरे के विचारों को यथावत रटने से गणित में काम नहीं चलता है।

(*v*) *संक्षिप्तता* (*Precision*)–संक्षिप्तता का आशय किसी विषय का विशेष गुण है। भाषा की संक्षिप्तता पढ़ाने के लिए कानून के बाद गणित का ही दूसरा स्थान है। इसमें विचारों की संदिग्धता नहीं होती है। गणित के अन्तर्गत सांकेतिक भाषा का प्रयोग होता है, इन संकेतों के द्वारा ही कार्य करना अन्य विषयों के अध्ययन की एक तैयारी है। आज विश्व में सभी कार्य संकेतों के माध्यम से ही होता है। टेलीफोन पर कार्य करने वाली महिला, सिग्नल टावर से उड़ते वायुयान का पथ प्रदर्शन करने वाला व्यक्ति तथा रेलवे कन्ट्रोलर आदि सभी अपने-अपने कार्यालयों में बैठकर संकेतों द्वारा कार्य करते हैं। कार्य जितना अधिक महत्वपूर्ण होगा, उतना ही कम उसका प्रत्यक्ष पदार्थ से सम्बन्ध होगा। लेकिन ध्यान रहे कि बिना जानकारी के संकेतों से खेलना निश्चित ही घातक होगा।

(*vi*) *दैनिक जीवन की यथार्थता से समानता* (*Similartiy with the Reasoning of Daily Life*)–गणित के अध्ययन की तरह चिन्तन की स्पष्टता एवं यथार्थता दैनिक जीवन के लिए भी नितान्त आवश्यक है। जिस तरह एक गणित का छात्र विद्यार्थी किसी समस्या को हल करने के लिए अपनी विवेक शक्ति के आधार पर उसका विश्लेषण करता है, ठीक उसी प्रकार एक व्यक्ति को जो एक औद्योगिक प्रतिष्ठान स्थापित करना चाहता है तो यह देखना होगा कि उसके पास कितने और कौन-कौन साधन उपलब्ध हैं, सर्वोत्तम एवं सरल साधन कौन-सा है तथा उसकी अपनी खुद की सामर्थ्य क्या है? उन समस्याओं को हल करने के उद्देश्यों को सामने रखकर हमें उसे हल करने के उपयुक्त साधन एवं परिणाम का स्पष्ट ज्ञान होना अत्यन्त आवश्यक है।

(*vii*) *परिणामों की पुष्टि* (*Verificaition of the Results*)–गणित अध्ययन के अन्तर्गत समस्याओं के समस्त परिणामों की पुष्टि सम्भव होती है, जिससे छात्र में आत्म विश्वास की भावना विकसित होती है। जब छात्र को यह पक्का विश्वास हो जाता है कि उसके द्वारा दी गई समस्या को सही हल कर लिया है, तो उसे अपने ऊपर अत्यधिक गर्व का अनुभव होता है साथ ही उसे अपार आनन्द की अनुभूति होती है। विद्यार्थी व्यक्तिगत रूप से जीवन की विभिन्न समस्याओं को साहस, उत्साह एवं आत्म विश्वास के साथ सुलझा लेते हैं। इस सन्दर्भ में शैलवोक का कथन है–"जो व्यक्ति गणित एवं वैज्ञानिक परीक्षणों के परिणामों को नहीं जानता, वह सत्य को जाने बगैर मर जाता है।"

इसी सन्दर्भ में योईनकेयर के विचार कुछ इस प्रकार हैं–"गणित के मुख्य तीन उद्देश्य हैं। इसका उद्देश्य प्रकृति के अध्ययन का साधन जुटाना है। इतना ही नहीं इसका दार्शनिक उद्देश्य और यदि मैं कहूँ तो सौन्दर्यनुभूति भी...जिन लोगों ने गणित में कुशलता प्राप्त कर ली है, उन्हें चित्रकारी तथा संगीत के समान ही इसमें आनन्द की प्राप्ति होती है। वे संख्याओं एवं आकृतियों के कोमल ताल-मेल की प्रशंसा करते हैं, जब कोई नई खोज उनके सामने एक अप्रत्याशित दृश्य उपस्थिति करती है तो वे आश्चर्यचकित हो जाते हैं। क्या इस आनन्द में सौन्दर्य नहीं है? यद्यपि इन्द्रियों का इसमें कोई भाग नहीं है।

(5) नैतिक मूल्य (Moral Value)–नैतिकता एक ऐसा गुण है जो समय, व्यक्ति, परिस्थिति एवं स्थान से अत्यधिक प्रभावित है। बच्चों के नैतिक एवं चारित्रिक विकास में गणित

का अत्यधिक योगदान है। किसी भी व्यक्ति में जितने अच्छे गुण होने चाहिए उननें से अधिक से अधिक गुण केवल गणित के अध्ययन से विकसित होते हैं। गणित का अध्ययन करने से बच्चों में कुछ विभिन्न गुण जैसे स्वच्छता, यथार्थता, समय पर पाबन्दी, ईमानदारी, सच्चाई, कर्त्तव्य निष्ठा, आत्म-निर्भरता, आत्म-नियन्त्रण, आत्म-विश्वास, आत्म न्याय, साहस, धैर्य, नियमों पर अडिग बने रहने की शक्ति, अपने से बड़ों एवं दूसरों का सम्मान करना, उनकी बात सुनना, अपना अच्छा-बुरा सोचना आदि समस्त गुणों का विकास स्वयं ही हो जाता है। इस प्रकार से हम कह सकते हैं कि गणित का अध्ययन करने से चरित्र निर्माण एवं नैतिक उत्थान में भी सहायता प्राप्त होती है। ऐसा देखने को मिलता है कि गणित का अध्ययन करने वाले का स्वभाव स्वत: ही ऐसा हो जाता है कि उसके अन्दर से ईर्ष्या एवं घृणा अपने आप ही समाप्त हो जाती है। गणित के नैतिक मूल्यों के महत्व को स्पष्ट करते हुए महान दार्शनिक हटन ने अपने भावों को इस प्रकार व्यक्त किया है कि –''गणित तर्क सम्मत विचार, यथार्थ कथन एवं सत्य बोलने की सामर्थ्य प्रदान करता है। व्यर्थ गप्पें, आडम्बर, धोखा एवं छल-कपट सब कुछ मन का कहना है, जिसको गणित का प्रशिक्षण प्रदान नहीं किया गया है।''

अर्थात् हम कह सकते हैं कि केवल गणित ही एक ऐसा विषय है जो यथार्थ रूप में बच्चों को अपनी भावनाओं पर नियन्त्रण रखने का अभ्यास कराता है तथा उच्च प्रशिक्षण प्रदान करता है।

(6) सामाजिक मूल्य (Social Value)–मनुष्य समाज में रहता है और वह एक सामाजिक प्राणी है, प्रत्येक मनुष्य का जीवन परस्पर एक दूसरे पर निर्भर रहता है। लेकिन समाज में रहकर सामाजिक जीवनयापन करने के लिए गणित के ज्ञान की अत्यधिक आवश्यकता होती है। ऐसा इसलिए है क्योंकि समाज में भी लेन-देन, व्यापार, उद्योग, आदि व्यवसाय गणित पर ही निर्भर हैं। एक स्थान से दूसरे स्थान तक जाना तथा समाज के विभिन्न अंगों को निकट लाने में सहायक विभिन्न प्रकार के आविष्कारों, सामाजिक कठिनाइयों, आवश्यकताओं आदि में भी सहायता प्रदान करने में गणित का अत्यधिक योगदान है। क्योंकि सभी वैज्ञानिक खोजों का आधार गणित ही है।

जो शिक्षा बालक को शुरू से ही समाज के लिए कुशल एवं योग्य नागरिक बनाने में सहायता प्रदान करती है, उसे आदर्श शिक्षा कहा जाता है। गणित के सामाजिक महत्व को स्पष्ट करते हुए नेपोलियन ने कहा है कि–''गणित की उन्नति तथा वृद्धि देश की सम्पन्नता से सम्बन्धित है।'' ("The Progress and improvement of Mathematics are linked to the prosperity of the state."–*Nepolean*)

इस प्रकार समाज की उन्नति को सही तरीके से समझने के लिए नहीं, बल्कि समाज को बढ़ाने में भी गणित की मुख्य एवं महत्वपूर्ण भूमिका रही है। आज हमारी सामाजिक संरचना वैज्ञानिक एवं सुव्यवस्थित दिखाई देती है। इसका सम्पूर्ण श्रेय गणित को ही दिया जाता है। गणित के अभाव में हमारी सम्पूर्ण सामाजिक व्यवस्था एवं संरचना का मूल स्वरूप ही बिगड़ जायेगा।

(7) सौन्दर्यात्मक मूल्य (Aesthetic Value)–गणित का अपना अलग सौन्दार्यात्मक मूल्य हैं। गणित से प्रेम करने वाले या फिर गणित का अध्ययन करने वालों के लिए यह एक

गीत है, सुन्दरता है, कला है, संगीत है, एवं आनन्द को प्राप्त करने का एक मुख्य साधन है। दूसरी ओर कुछ ऐसे भी लोग है, जिनको या गणित का अध्ययन करने का अवसर नहीं मिला या फिर गणित अध्ययन नहीं किया। इन्होंने ऐसा सोच रखा है कि गणित एक नीरस विषय है। गणित में विभिन्न प्रकार की समस्याओं को हल करने पर आनन्द की अनुभूति होती है। लेकिन इससे कहीं अधिक आनन्द तब प्राप्त होता है जब उस हल का उत्तर किताब में दिए गए उत्तर से मिल जाता है। गणित का अध्ययन करने वाला बच्चा संतुष्टि, आत्मविश्वास, आत्मनिर्भरता एवं सफलता की खुशी में प्रसन्न हो उठता है। शायद इन्हीं कारणों से पाइथागोरस ने अपनी प्रमेय की खोज की खुशी में 100 बैलों की बलि चढ़ाई थी एवं आर्किमडीज तो अपने सिद्धान्त की खोज के बाद अपना नंगापन भूलकर खुशी से प्रसन्नचित हो गया था।

विभिन्न प्रकार की सभी कलाओं जैसे-चित्रकला, मूर्तिकला, संगीत एवं नृत्यकला आदि समस्त विषयों में गणित का विशेष महत्व है, इसीलिए गणित को सृजनकर्ता तथा पोषक भी कहा जाये तो यह गलत नहीं होगा। इस सन्दर्भ में लेबिनिज ने कहा कि ''संगीत मानव के अवचेतन मन का अंकगणित की संख्याओं से सम्बन्धित एक आधुनिक गुप्त व्यायाम है।'' हमारे कपड़ों के दिन-प्रतिदिन सुन्दर एवं नवीन डिजाइन, सुन्दर बाग-बगीचे यहाँ तक कि गमले में लगे हुए फूलों की सुन्दरता एवं आकर्षण वास्तव में किसी न किसी रूप में गणित के नियमों का ही पालन करते हैं। संगीत तथा नृत्य में भी तालाव कदम निश्चित क्रम में व्यवस्थित करने वाले होते हैं, जो कि गणित द्वारा ही सम्भव है। इस सन्दर्भ में कीट्स महोदय ने कहा है कि-''सत्य ही सुन्दर है'' "Truth is beauty"-*Keats*)

अवकाश का सदुपयोग करने के लिए गणित की शाखाओं के खेल एवं पहेलियाँ मुख्यत: महत्वपूर्ण हैं। जादू के वर्ग बनाए जा सकते हैं जिनकी मदद से छात्र अभ्यास करके अपने मस्तिष्क को अत्यधिक विकसित कर सकते हैं। इस प्रकार से विभिन्न प्रकार के गणितीय खेल या पहेलियों से बच्चों को मनोरंजन के साथ-साथ आनन्द भी प्राप्त होता है तथा गणित के ज्ञान की प्रशंसा करने की भावना भी जाग्रत होती है।

(8) जीविकोपार्जन सम्बन्धी मूल्य (Vocational Value)—आज के युग में शिक्षा का मुख्य उद्देश्य बालकों को अपनी जीविका कमाना तथा रोजगार प्राप्त करने के योग्य बना देना है। अन्य विषयों की अपेक्षा गणित इस उद्देश्य की प्राप्ति में अत्यधिक सिद्ध हुआ है, आज वैज्ञानिक एवं तकनीकी समय में विज्ञान के सूक्ष्मतम नियमों, सिद्धान्तों एवं उपकरणों का समुचित प्रयोग एवं इनका प्रसार सर्वव्यापी हो गया है। इन सबकी आधार शिला गणित है। वर्तमान समय में इंजीनियरिंग एवं तकनीकी व्यवसायों को अधिक महत्वपूर्ण एवं प्रतिष्ठित माना जाता है। इन सभी प्रकार के व्यवसायों का ज्ञान एवं प्रशिक्षण केवल गणित द्वारा ही सम्भव है। लघु एवं कुटीर उद्योग की स्थापना का आधार भी गणित ही है। इसलिए यह कहा जा सकता है कि प्रत्येक व्यक्ति को अपनी जीविका कमाने के लिए गणित के ज्ञान की आवश्यकता प्रत्यक्ष या अप्रत्यक्ष रूप से अवश्य ही होती है तभी वह अपना जीवनयापन कर सकता है तथा जीवन को सरस भी बना सकता है।

गणित के अध्ययन की उपयोगिता
(Utility of Studying Mathematics)

न्यूटन का यह कथन कितना सारगर्भित है,—"अभी हम समुद्र के किनारे पड़े कंकड़-पत्थर को बीन रहे हैं, अथाह जल राशि का मंथन शेष है।" पश्चिमी क्षेत्रों में गणित की शिक्षा का अच्छा एवं मूर्धन्य स्थान है। जैसे-जैसे मानव समाज उत्थान की ओर अग्रसर होता गया, वैसे-वैसे गणित भी प्रगति करता रहा। गणित की शिक्षा गिनती 1 व 2 से प्रारम्भ होती है। गणित का मानव सभ्यता के विकास में अन्योन्याश्रित सम्बन्ध रहा है। आज विज्ञानों के अन्तर्गत समस्त चमत्कारों के पीछे गणित का ही हाथ है, इसलिए हम गणित को 'सब विज्ञानों का सम्राट' एवं 'सभी कलाओं की रानी' कहते हैं। यह इसलिए कि उसके समस्त सिद्धान्त सत्यमेव, सुन्दर एवं सत्य है। अपनी उपयोगिता के कारण गणित निश्चित ही उन सबका सम्राट है।

भौतिक शास्त्र, रसायन शास्त्र, समाज शास्त्र एवं अर्थशास्त्र विषयों में भी गणित का ज्ञान आवश्यक हो गया है। इन विषयों में उच्च कोटि का ज्ञान प्राप्त करने के लिए उच्च कोटि के गणित की आवश्यकता होती है गणित को विज्ञान की आशुलिपि भी कहते हैं। वर्तमान समय में जहाँ मानव का स्थान मशीनों ने ले लिया है, वहाँ गणित एवं विज्ञान के बिना हम इसमें प्रगति नहीं कर सकते हैं। वाष्प इंजन, परमाणु भट्टी, विद्युत ऊर्जा खगोल विज्ञान या प्रकाश के सिद्धान्त अथवा गति के सिद्धान्त आदि सभी गणित के सिद्धांतों पर ही आधारित है। जैन गणितज्ञ महावीरचार्य ने अपनी पुस्तक "गणित सार संग्रह" में गणित को प्रशंसा करते हुए लिखा है कि "लौकिक, बौद्धिक तथा सामाजिक जो व्यापार है, उन सभी में गणित का ही उपयोग है।" काम शास्त्र, व्याकरण, कला एवं दर्शन आदि सभी कलाओं में गणित अत्यधिक उपयोगी है। सूर्य आदि ग्रहों की गति को ज्ञात करने में, ग्रहण आदि ज्ञात करने में, वेग, दिशा एवं समय ज्ञात करने में तथा चन्द्रमा के परिलेख आदि ज्ञात करने में सर्वत्र ही गणित की ही जरूरत पड़ती है। इस संसार में वस्तु का अस्तित्व गणित के बिना सम्भव ही नहीं है।" इसकी उपयोगिता को हम निम्नलिखित बिन्दुओं की सहायता से दर्शा सकते हैं—

(*i*) दैनिक जीवन हेतु उपयोगी (Useful for Daily Life)—दैनिक जीवन में व्यवहारिक कुशलता के लिए धन्धों एवं व्यवसाओं में थोड़ी अथवा अधिक उपयोगिता के लिए तथा अन्य विषयों में भी सहायक होने के लिए एवं मनोरंजन के लिए लीलावती के उदाहरण आवश्यक हैं। आधुनिक अनुसंधानों ने भी गणित की सत्ता को निराधार सिद्ध नहीं किया है, बल्कि इसकी पूर्ति के लिए अनुकूल परिस्थिति तथा शिक्षण की अच्छी विधियों पर जोर दिया है। जीविकोपार्जन के लिए दुकानों, बैंकों तथा कार्यालयों के कार्यों के लिए गणित का ज्ञान भी अत्यावश्यक है।

(*ii*) आदर्श नागरिकता हेतु उपयोगी (Useful for Ideal Citizenship)—एक आदर्श नागरिक बनने में गणित अत्यधिक सहायक है, साथ ही गणित उन्हें एक अच्छा मतदाता बनाता है अर्थात् जतना के लिए धन को उनके द्वारा सुव्यय और दुर्व्यय को ठीक प्रकार से जाँच करने के निमित्त गणित की जानकारी देता है।

(*iii*) जीव विज्ञान हेतु गणित की उपयोगिता (Utility of Mathematics for Biology)—जीव विज्ञान के अनेक परीक्षणों एवं तुलना के आधार पर निष्कर्ष अत्यधिक शुद्धता

के साथ निकाले जाते हैं। वहाँ पर केवल गणित का ही प्रयोग होता है। कुछ प्रमुख विद्वानों के द्वारा इसकी उपयोगिता का वर्णन कुछ इस प्रकार किया गया है–

(अ) महान शिक्षाविद् युग के अनुसार–''लौहवाष्प एवं विद्युत के युग में गणित का सर्वोच्च स्थान है।''

(ब) रोजर बैकन के इसकी उपयोगिता बताते हुए लिखा है–''गणित विज्ञान का द्वार एवं कुंजी है।''

(स) युंग ने गणित की उपयोगिता को स्पष्ट करते हुए यहाँ तक कहा है कि–''यदि समस्त विज्ञानों में से गणित को हटा दिया जाये तो उसकी उपयोगिता शून्य हो जाती है।''

प्राथमिक स्तर पर गणित की उपयोगिता
(Utility of Mathematics at Primary Level)

जब बालक किसी पूर्व प्राथमिक एवं प्राथमिक स्तर के विद्यालय में प्रवेश लेता है, तब अध्यापक के सम्पर्क में आकर औपचारिक शिक्षा प्राप्त करना प्रारम्भ कर देता है। यह व्यवहारिक जीवन के लिए उपयोगी है, इसका कारण यह है कि वह इससे दैनिक जीवन की अनेक समस्याएँ हल करता है। इसी प्रकार 'मानसिक स्तर' के अनुरूप छात्र का पाठ्यक्रम भी जटिलता की ओर अग्रसर होता है। प्राथमिक स्तर में अध्ययन करने वाले छात्र का मस्तिष्क इतना विकसित एवं परिपक्व नहीं होता है कि उतना ही ज्ञान प्राप्त करने पश्चात वह अपने भावी जीवन में सफल हो सके। जैसे–यदि छात्र भविष्य में प्राथमिक स्तर पर गणित अध्ययन करके व्यापार कार्य करता है, तो उसे लाभ–हानि, प्रतिशत एवं साझेदारी आदि के ज्ञान की आवश्यकता होती है। एक सफल व्यापारी होने के लिए कुछ आगे का गणित, जो उस क्षेत्र में आवश्यक होता है, उसे सीखने की भी आवश्यकता है।

उच्च प्राथमिक स्तर पर गणित की उपयोगिता
(Utility of Mathematics at Upper Primary Level)

उच्च प्राथमिक स्तर पर छात्र/छात्राओं का मस्तिष्क आयु के अनुसार कुछ विकसित तो हो जाता है, लेकिन इतना नहीं कि इस स्तर पर गणित–शिक्षण प्राप्त करने के बाद वह जीवनोपयोगी कार्य कर सके, क्योंकि दैनिक जीवन में गणित का विशेष एवं अत्यधिक उपयोग है। छात्र की शिक्षा से आशय यह है कि समुचित शिक्षा प्राप्त करने के बाद ही उसका शारीरिक एवं बौद्धिक विकास इतना हो जाए कि वह अपने जीवन को एक आदर्श नागरिक के रूप में सफलतापूर्वक यापन कर सके। वर्तमान के सामाजिक जीवन में बाजार जाकर समान खरीदने में, व्यापार करने में, बैंक एवं अन्य व्यवसाय को करने में गणित के ज्ञान की हर कदम पर आवश्यकता होती है। इसी प्रकार मजदूरी करने वाले कुली से लेकर डॉक्टर, वकील, लेखाधिकारी, फैक्टरी मैनेजर एवं कम्पनी में कार्यरत सचिव आदि सबके लिए भी गणित का ज्ञान अत्यन्त आवश्यक है।

उच्च प्राथमिक स्तर पर छात्र को गणित पढ़ाना तो आवश्यक है, लेकिन यह पर्याप्त नहीं है, क्योंकि उसको अपने विकास के लिए समाज में रहकर विद्यालयी शिक्षा समाप्त करने के पश्चात वह अपना जीवन–यापन करता है। इसलिए प्रत्येक छात्र को माध्यमिक स्तर तक गणित

का अध्ययन अत्यन्त आवश्यक है। इसलिए अधिकांश राज्यों के शिक्षा विभागों के द्वारा गणित विषय को सेकेण्डरी स्तर तक अनिवार्य कर दिया गया। छात्राओं एवं वे विद्यार्थी जो पत्राचार के माध्यम से शिक्षा ग्रहण कर रहे हैं, के लिए कुछ प्रदेशों के शिक्षा विभागों ने माध्यमिक शिक्षा के अधीन ओपन स्कूल शिक्षार्थियों के लिए उ०प्रा० स्तर तक ही गणित पढ़ने की अनिवार्यता है और सेकेण्डरी स्तर पर छूट प्रदान की गई है। इसका परिणाम यह हुआ कि उच्च प्राथमिक स्तर तक बालक गणित शिक्षण के प्रति अधिक जागरूक नहीं रहते हैं और वे पिछड़ जाते हैं। ऐसी स्थिति में माध्यमिक स्तर तक गणित का शिक्षण सभी बालकों के लिए अनिवार्य कर देना चाहिए। राष्ट्रीय शिक्षा के अन्तर्गत अधिकांश राष्ट्रों के द्वारा सेकेण्डरी स्तर तक गणित विषय को अनिवार्य घोषित कर दिया गया है, तथा ऐच्छिक गणित सीनियर माध्यमिक कक्षाओं से प्रारम्भ किया गया है। इस तरह से छात्र पूर्ण रूप से गणित विषय का ज्ञान प्राप्त करने में समर्थ होते हैं और साथ ही उसे जीवन के लिए उपयोगी भी बना लेते हैं।

गणित एक आवश्यक शिक्षा के रूप में
(Mathematics as a Needful Education)

वर्तमान शिक्षा प्रणाली के अन्तर्गत गणित का शिक्षण प्राथमिक कक्षा से ही अनिवार्य हो गया है, इसलिए पाठ्यक्रम में गणित का अत्यन्त महत्वपूर्ण स्थान है। सेकेण्डरी स्तर तक छात्र गणित की व्यवहारिकता को भली प्रकार से समझने लगता है। जैसे ही वह व्यवहारिक जीवन में प्रवेश करता है, तो उसे जीविकोपार्जन के लिए बैंकों, दुकानों, कार्यालयों आदि में विभिन्न प्रकार के कार्य करने पड़ते हैं, साथ ही साथ उसे स्वयं की व्यक्तिगत सनस्याएँ भी हल करनी पड़ती है। उक्त संस्थाओं में कार्य करके वह लाभ-हानि, तत्काल धन एवं भितीकाटा आदि के बारे में जानकारी प्राप्त करके उसे प्रयोग में लाता है। गणित का अध्ययन करने से उसे मानसिक प्रशिक्षण भी प्राप्त होता है एवं भविष्य के कार्य के लिए पर्याप्त जानकारी या फिर व्यवसाय चुनने की भी जानकारी प्राप्त होती है। यह व्यवसायिक निर्देशन सेकेण्डरी स्तर पर ही प्रारम्भ हो जाता है। इसी आधार पर अन्य विषय भी मानव के लिए अत्यन्त उपयोगी सिद्ध हो सकते हैं। नहीं तो ये सब बेकार है। मजदूर या कर्मचारी से लेकर बड़े अधिकारी तक एवं अपने घर से लेकर एक बड़ी इमारत तक के कार्य में भी गणित का ज्ञान होना आवश्यक है।

गणित-शिक्षण की दैनिक जीवन में उपयोगिता
(Utility of Mathematics Teaching in Daily Life)

गणित-शिक्षण की दैनिक जीवन में उपयोगिता इस प्रकार से है:

(1) दैनिक कार्यों में उपयोगिता (Utility in Daily Life Works)–प्रत्येक मानव का जीवन वर्तमान समय में संघर्षों से परिपूर्ण हैं। इनके कारण से उसके प्रत्येक कदम पर उसे गणित के ज्ञान की आवश्यकता होती है। लाभ-हानि, साझा, समय, कार्य और मजदूरी, सरल ब्याज का अध्ययन भी अत्यन्त आवश्यक है, गणित शिक्षा की कुशलता के साथ-साथ व्यवसायिक मार्गदर्शन भी करता है। जिस प्रकार से घरों में किसी को कुछ देते या लेते समय उन्हें गिनना पड़ता है। इसी प्रकार भोजन बनाते समय उसमें प्रयुक्त सामग्री के अनुपात को

ध्यान में रखा जाना आवश्यक होता है। मजदूरी देने, किराया देने, बाजार से लेने देन करने में, ब्याज लेने एवं देने आदि समस्त कार्यों में गणित का ही उपयोग करना पड़ता है। उपरोक्त वर्णित कार्यों के लिए यह अतिआवश्यक है कि छात्रों को उच्च प्राथमिक स्तर तक गणित का पर्याप्त ज्ञान प्राप्त हो जाए।

(2) सामाजिक एवं भौतिक समृद्धि का विकास (Development of Social and Physical Growth)—यह सत्य है कि गणित शिक्षा से प्रत्येक व्यक्ति का मानसिक विकास तो होता ही है साथ ही साथ उसका भौतिक एवं सामाजिक विकास भी होता है। पूँजी एवं समय का समुचित रूप से उपयोग करना ही भौतिक विकास के स्रोत हैं। वर्तमान समय में विज्ञान की समस्त शाखाओं में भी गणित का प्रयोग अनिवार्य हो गया है। भौतिक विज्ञान, रसायन विज्ञान, भूगर्भ विज्ञान, इंजीनियरिंग, खगोल शास्त्र तथा जीव विज्ञान आदि विषय गणित के बिना सही तरह से नहीं समझे जा सकते हैं। वर्तमान शताब्दी की सबसे महत्वपूर्ण उपलब्धि मानव की चाँद पर विजय भी गणित की सहायता से ही प्राप्त हुई है। चन्द्रयान की गति एवं इस पर नियंत्रण, चन्द्रमा एवं पृथ्वी के मध्य आकर्षण का प्रभाव, घर्षण आदि को दूर करना, दोनों के मध्य दूरी, यात्रा में लगा समय आदि सभी की गणना आदि गणित द्वारा ही सम्भव हुई है। अन्तर्राष्ट्रीय व्यापार एवं सहयोग ने मानव को एक-दूसरे के समीप लाकर खड़ा कर दिया है। जिससे मानव का सम्पूर्ण विकास हुआ तथा नई सभ्यता को स्थापित करने में सहायता मिली है। इसलिए गणित का ज्ञान उन्नति एवं विकास की आधार शिला बनता है।

(3) सांस्कृतिक समृद्धि का विकास (Development of Cultural Growth)—सांस्कृतिक समृद्धि के विकास को स्पष्ट करते हुए हागवेन ने कहा है—"गणित सभ्यता का दर्पण है।" यदि हम अपनी आदि सभ्यता पर गहन चिन्तन एवं मनन करे तो हमें पता होगा कि मानव संस्कृति एवं गणित का विकास साथ-साथ हुआ है। इसको समझने के लिए गणित का ज्ञान आवश्यक है, जिस प्रकार से ज्यामिति के शिक्षण के द्वारा छात्रों के अन्दर कलात्मक प्रवृत्तियों का प्रार्दुभाव होता है। इसलिए शिक्षक को गणित-शिक्षण के पहले निम्नलिखित तथ्यों को ध्यान में रखना अति आवश्यक है :

- (*i*) छात्रों का कला के विभिन्न कानूनों द्वारा गणित के सांस्कृतिक मूल्यों को समझाना। इसके लिए ज्यामितीय रेखाओं का प्रयोग आवश्यक है।
- (*ii*) छात्रों को यह समझाया जाये कि यह मानव सभ्यता के निर्माण में सहायक है।
- (*iii*) इस प्रकार की शिक्षा प्रदान करना जो कि छात्र के अवकाश के क्षणों के लिए उपयोगी है।

(4) तर्क संगत, क्रमबद्ध एवं व्यवहारिक गुणों का समावेश एवं विकास (Addition and Development of Logical, Systemetical and Behavioural Virtues)—गणित शिक्षण छात्रों के लिए इसलिए भी उपयोगी है क्योंकि गणित शिक्षण के द्वारा छात्रों को सोचने-विचारने में, तार्किक तरीके से सोचना एवं तथ्यात्मक तरीके से हल निकालने के लिए प्रेरणा प्रदान करता है। जब छात्र के समक्ष कोई गणितीय समस्या आती है तो उसका मस्तिष्क उस समस्या को समझने एवं हल करने के लिए क्रियाशील हो जाता है। इसलिए गणित की किसी भी समस्या का हल प्राप्त करने के लिए मानसिक प्रयास की आवश्यकता होती है। जब किसी छात्र का मस्तिष्क क्रियाशील होता है, तो उसमें विचार, तर्क,

विश्लेषण और विवेचना करने की क्रियायें स्वत: ही क्रियाशील हो जाती हैं। इस प्रकार की क्रियाओं से छात्र का बौद्धिक विकास होता है। छात्र के अन्दर तुलना करने, तर्क-विर्तक करने एवं निर्णय करने की क्षमता का भी विकास होता है, जिससे मस्तिष्क को शक्ति प्राप्त होती है। जब छात्र का मस्तिष्क परिपक्व होता है तो स्वत: ही क्रियाएँ करने लगता है। इसी समय बालक में आत्मविश्वास जागृत होता है, तथा वह आत्म निर्भरता की ओर अग्रसर होता है।

(5) मानव के विचारों को प्रकट करने में गणित का उपयोग (Usefulness of Mathematics to Express the Thoughts of Human Being)—जब बालक की आयु 3–4 वर्ष की होती है, तभी से ही गणित की शिक्षा प्रारम्भ हो जाती है। क्योंकि वह किसी वस्तु को जब प्राप्त करना चाहता है उस समय कम या अधिक के लिए कहता है, या गिनती भी करके देखता है। अर्थात् वह विभिन्न वस्तुओं को प्राप्त करने के लिए अपने विचारों को गणित के माध्यम से प्रकट करता है। तौल, नाप एवं गिनती के तथ्य सम्बन्धी विचार उसके मन-मस्तिष्क में दृढ़ होते जाते हैं। अतएव यह स्पष्ट रूप से कहा जा सकता है कि प्राथमिक शालाओं में दी गयी गणित की शिक्षा मानव को उसके विचारों को प्रकट कर दर्शाने में सहायता करता है।

(6) चारित्रिक मूल्य स्थापित करने में गणित की उपयोगिता (Utility of Mathematics to Establish the Moral Values)—मानव में विभिन्न प्रकार की आदतें पायी जाती हैं, उनमें से उसकी कुछ अच्छी आदतें ही उसके चरित्र का असली आधार बनती है। गणित की शिक्षा मानव में इन आदतों को बनाती है एवं विकास भी करती है। गणित का अध्ययन करने वाला छात्र सत्य एवं असत्य में भेद करना जान लेता है। इसके साथ सत्य बोलने एवं सही कार्य करने की अपनी आदत डालता है। गणित का अध्ययन करने वाला स्पष्ट वक्ता भी होता है। वह अधिक शुद्धता से लिखता है एवं उसमें निरन्तर कार्य करने की भावना भी विकसित होती है। जिससे उसमें नियमितता एवं कार्य करने की शैली में भी निखार आता है। इस प्रकार गणित का पाठक इन गुणों का विकास करते हुए चारित्रिक मूल्यों में भी श्रेष्ठता प्राप्त कर लेता है।

(7) अवकाश का सदुपयोग (Proper Use of Leisure Time)—अवकाश के क्षणों का भी गणित के द्वारा सही तरह प्रयोग होता है, क्योंकि छात्र पहेलियों एवं विभिन्न क्रिया-कलापों का अध्ययन करके विषय को अत्यन्त सरल बनाते हैं। गणित के रोचक एवं प्रभावशाली शिक्षण द्वारा छात्रों को अवकाश के क्षणों का समुचित उपयोग करना सिखाया जाता है, जिससे कि विषय अत्यधिक रोचक बन सके। इस प्रकार गणित के अध्ययन से छात्रों के अवकाश के क्षणों का समुचित एवं भरपूर उपयोग हो जाता है।

उपर्युक्त विचार-विमर्श के आधार पर हम यह निष्कर्ष निकाल सकते हैं कि मानव जीवन का कोई भी पक्ष ऐसा नहीं है जिसमें गणित का ज्ञान उपयोगी न हो। कोई भी राजनीतिज्ञ, अर्थशास्त्री, समाजवादी, गृह-स्वामी, श्रमिक, उत्पादक, उपभोक्ता तथा निर्माता गणित के ज्ञान के बिना उन्नति नहीं कर सकता। इस प्रतियोगिता के युग में प्रत्येक व्यक्ति को गणित का ज्ञान होना चाहिए जिससे वह कुशल नागरिक बन सके। इसके माध्यम से व्यक्ति की मानसिक एवं शारीरिक क्षमताओं के विकास के साथ-साथ नैतिक क्षमता का भी विकास होता है। इस प्रकार प्रत्येक दृष्टि से यह अति उपयोगी तथा महत्वपूर्ण विषय है।

अध्याय 5

माध्यमिक स्तर पर गणित के लक्ष्य एवं उद्देश्य
(Aims and Objectives of Teaching Mathematics at Stage)

गणित शिक्षण के उद्देश्य
(Objectives of Mathematics Teaching)

गणित के उद्देश्य कक्षा में शिक्षक के द्वारा प्राप्त किए जाने वाले तात्कालिक तथ्य होते हैं। इन उद्देश्यों के द्वारा छात्रों के व्यवहार में परिवर्तन आ जाता है, उनका पूर्वानुमान लगाकर उन्हें अपेक्षित व्यवहारगत परिवर्तनों के रूप में व्यक्त करने की चेष्टा की जाती है। इस सन्दर्भ में एक शिक्षाविद् ने अपने विचार व्यक्त करते हुए कहा है कि–''शिक्षण कुछ कहना न होकर अनवरत अभ्यास की एक प्रक्रिया है।''

गणित शिक्षण के उद्देश्य (Teaching Objectives)

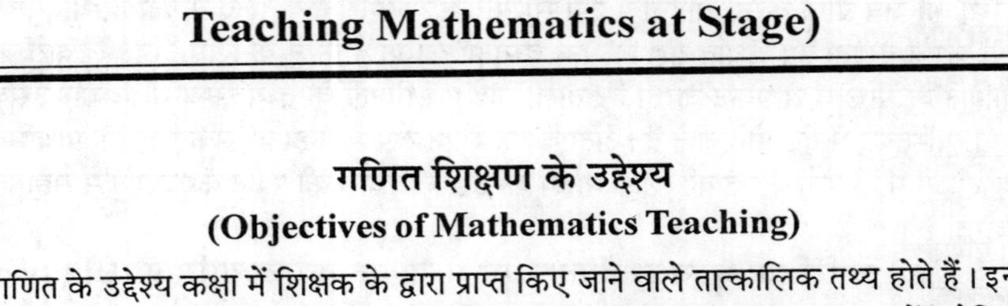

लक्ष्य एवं उद्देश्य में अन्तर स्पष्ट करने के लिए गणित शिक्षण के उद्देश्यों को निम्नलिखित दो वर्गों में बाँट सकते हैं–

(1) सामान्य उद्देश्य या लक्ष्य (General Aims or Goal)

(2) विशिष्ट उद्देश्य (Specific objectives)

सामान्य उद्देश्य या लक्ष्य (General Aims or Goals)

गणित शिक्षण के सामान्य उद्देश्य या लक्ष्य निम्नलिखित हैं, इनकी सम्पूर्ति से विशिष्ट उद्देश्यों की प्राप्ति होती है–

1. जीवन में गणित का उपयोग (Use of Mathematics in Life)–गणित की मूलभूत क्रियाएँ (योग, व्यकलन, भाजन एवं गुणन संक्रियाओं) का बोध एवं जटिल प्रश्नों में इनका उपयोग गणित के द्वारा ही सम्भव है। विभिन्न प्रकार के सामान का क्रय-विक्रय, व्याज लेना-देना, मिश्रधन निर्धारण एवं मकान का किराया आदि तय करना दैनिक जीवन में काम आने वाली बातें हैं, इनका हल गणित द्वारा ही सम्भव है।

2. वैज्ञानिक दृष्टिकोण का निर्धारण (Formulation of Scientific Attitude)–आधुनिक युग लौह एवं वाष्प का युग है, इसे कल-कारखानों या विज्ञान का युग भी कहते हैं। यह वैज्ञानिक प्रगति गणित के आधार से ही सम्भव हुई है, क्योंकि समस्त वैज्ञानिक शोधों के हल गणित की सहायता से ही प्राप्त किए जाते हैं। सम्बन्धित प्रयोगों को सफल या असफल भी घोषित किया जाता है। इस स्थिति में छात्रों को गणित का ज्ञान इस प्रकार से करवाना चाहिए, जिससे कि वे वैज्ञानिक तथ्यों एवं नियमों को आसानी से समझकर उनकी सत्यता को प्रमाणित कर सकें।

3. तार्किक शक्ति का विकास होना (Development of Reasoning Power)– गणित केवल भावनाओं एवं कल्पनाओं पर आधारित नहीं होता है, क्योंकि गणित का मुख्य आधार सत्य और विवेचन है। इस दृष्टि से यह छात्रों की दृष्टि को तार्किक बनाने में विशेत्र सहायक है। गणित के किसी नियम एवं तथ्यों के बारे में अति सूक्ष्म चिन्तन एवं उसके अनुरूप तार्किक शक्ति का विकास भी गणित के द्वारा ही होता है।

4. गति एवं शुद्धता प्रदान करना (To Provide Movability and Accuracy)–गणितीय समस्याओं को निरन्तर हल करने का अभ्यास छात्रों में गति एवं उनके जीवन में शुद्धता प्रदान करता है, क्योंकि गणित में मात्र कल्पना एवं अशुद्धता का कोई स्थान नहीं है। समस्याओं का चिन्तन करने, तर्क करने एवं सही परीक्षण करके सही निर्णय लेने की क्षमता का विकास भी गणित का ही उद्देश्य है।

5. एकाग्रता, धैर्य एवं आत्मविश्वास का विकास (Development of Concentration, Patience and Self Confidence)–गणित की कुछ समस्याएँ इस प्रकार की होती हैं, जिनको हल करने के लिए छात्रों को विभिन्न प्रकार के प्रयास करने पड़ते है। प्रयासों के द्वारा उसे सफलता या असफलता भी प्राप्त होती रहती है जिसके फलस्वरूप उनके अन्दर एकाग्रता, धैर्य एवं आत्म-विश्वास भी जाग्रत होता है। गणित में योग्यता अर्जित करने के लिए आत्मविश्वास अत्यन्त ही आवश्यक है। जीवन के लिए भी यह विकास का आधार है।

6. तकनीक एवं कौशल का विकास (Development of Teachnique and Skill)–गणितीय संक्रियाएँ औसत, प्रतिशत, लाभ-हानि एवं अन्य प्रत्ययों की जानकारी एवं तकनीकी का विकास करती है, तथा रेखागणित की रचनाएँ कौशल का विकास करती है। गणित की पद्धति को सही रूप में सीखने की कला का विकास भी गणित का सामान्य उद्देश्य है।

7. मानसिक शक्तियों का विकास (Development of Mental Powers)–गणित शिक्षण के द्वारा छात्रों में मानसिक योग्यताओं एवं क्षमताओं का पूर्ण रूप से विकास होता है। इसके माध्यम से उनमें तर्क, चिन्तन, निरीक्षण, विश्लेषण तथा सही निर्णय लेने की भावना को अत्यधिक बल मिलता है। इस उद्देश्य के विकास के लिए शिक्षार्थी को शुद्धता, क्रमबद्धता एवं आवश्यकतानुसार गणितीय प्रक्रियाओं को विधिपूर्ण सीखने की कला का विकास किया जाता है।

8. छात्रों को माध्यमिक शिक्षा के लिए तैयार करना (To Prepare the Students for Secondary Education)—गणित शिक्षण का सामान्य उद्देश्य यह भी है कि छात्र प्राथमिक एवं उच्च प्राथमिक स्तर पर कराये गए पाठ्यक्रम को पूर्ण रूप से समझ लें। तभी वह छात्र माध्यमिक स्तर पर गणित पढ़ने के लिए तैयार माना जायेगा।

9. चारित्रिक विकास में योग देना (To Contribute for the Development of Character)—मानव जीवन की आधार शिला चरित्र है। शिक्षा के अलग-अलग उद्देश्यों में चारित्रिक विकास का उद्देश्य अपना महत्वपूर्ण स्थान रखता है। इसलिए गणित के माध्यम से छात्रों के चारित्रिक विकास में भी योगदान दिया जाना चाहिए। श्रेष्ठ चरित्र के निम्न लक्षण हैं—सत्य आचरण, सत्य वचन, नियमित जीवन एवं तर्कशील और विचारशील दृष्टि कोण। गणित छात्रों को शुद्ध और अशुद्ध के बीच अन्तर करना एवं सत्य के प्रति निष्ठावान होना सिखाता है। गणित के छात्र नियमित एवं क्रमबद्ध पदों पर चलकर अपनी समस्याएँ के हल प्राप्त करने में सफल होते हैं। इस प्रकार वे जीवन में योजनाबद्ध तरीके से जीते हुए प्रगति करते हैं।

10. अवकाश के समय का सदुपयोग (Proper use of Leisure time)—गणित के प्रभावशाली एवं रोचक शिक्षण के माध्यम से छात्रों को अवकाश के समय का भी समुचित सदुपयोग करना सिखाया जाना चाहिए। प्रत्येक छात्र कठिन समस्या को हल करने के पश्चात् अपने आप में आनन्द का अनुभव करता है। जिससे उसमें गणित के प्रति रूचि उत्पन्न होती है तथा वह अवकाश के समय में विभिन्न गणितीय समस्याओं को हल करने में लगा रहता है। जिससे उनकी मानसिक दक्षता में भी विकास होता है।

अतएव उपरोक्त वर्णित तथ्यों के आधार पर हम यह कह सकते हैं कि प्राथमिक एवं उच्च प्राथमिक स्तर पर गणित शिक्षण करने के लिए इस प्रकार की शिक्षण विधियों का चयन एवं प्रयोग करना चाहिए, जिसके माध्यम से चयन किए गए उद्देश्यों की प्राप्ति हो सके। ऐसा करने में यदि शिक्षक सफल हो जाता है, तो वह शिक्षण के उद्देश्यों की प्राप्ति एवं अपने देश के लिए सच्चा नागरिक बनाने में सफल हो सकता है। गणित शिक्षण का विद्यालयीन पाठ्यक्रम में अत्यधिक महत्व है, क्योंकि इसके द्वारा ही वह अपने जीवन में व्यवहारिक सफलता अर्जित करने के लिए सक्षम हो पाता है।

लक्ष्य एवं प्राप्य उद्देश्यों में अन्तर
(Difference between Aims and Objectives)

लक्ष्य एवं प्राप्य उद्देश्यों में निम्नलिखित अन्तर है—

लक्ष्य (Aims)	*प्राप्य उद्देश्य (Objectives)*
1. लक्ष्य व्यापक होते हैं।	1. प्राप्य उद्देश्य विशिष्ट होते हैं।
2. लक्ष्यों का आधार दार्शनिक अधिक होता है।	2. इनका आधार मनोवैज्ञानिक होता हैं।
3. लक्ष्य औपचारिक होते हैं।	3. प्राप्य उद्देश्य कार्यपरक होते हैं।
4. लक्ष्य परोक्ष होते हैं।	4. प्राप्य उद्देश्य प्रत्यक्ष होते हैं।
5. लक्ष्य पूरी जनसंख्या को आधार मानकर निर्धारित किए जाते हैं।	5. प्राप्य उद्देश्य न्यादर्श को आधार मानकर निर्धारित किए जाते हैं।
6. लक्ष्य शैक्षिक होते हैं।	6. उद्देश्य अनुदेशनात्मक होते हैं।

7. लक्ष्य प्राप्ति का मापन एवम् मूल्यांकन सम्भव नहीं है।	7. प्राप्य उद्देश्य का मापन एवम् मूल्यांकन किया जा सकता है।
8. लक्ष्य में व्यक्तिनिष्ठता (Subjectivity) होती है।	8. प्राप्य उद्देश्य में वस्तुनिष्ठता होती है।
9. लक्ष्य में अवधि दीर्घकालीन हो सकती है।	9. प्राप्य उद्देश्य में अवधि अल्पकालीन हो सकती है।

विशिष्ट उद्देश्य (Specific Objectives)

विशिष्ट उद्देश्य विभिन्न विषयों एवं उपविषयों के लिए निर्धारित किये जाते हैं। इनका प्रयोग केवल शिक्षण कार्य के लिए नहीं, बल्कि छात्रों की उपलब्धि की जाँच करने के लिए भी किया जाता है। यह एक पूर्ण कथन होता है एवं इसके दो भाग होते है इसमें प्रथम भाग का सम्बन्ध छात्र में लाये जाने वाले वांछनीय व्यवहारिक परिवर्तन से है, एवं इसके दूसरे भाग का सम्बन्ध विषय-वस्तु से है जिसके द्वारा छात्र के व्यवहार में परिवर्तन लाना होता है। यहाँ प्रथम भाग को हम Modification Part तथा दूसरे भाग को Content Part भी कह सकते हैं। इनका क्षेत्र सीमित होता है तथा हम इनको पूर्ण रूप से निश्चित ही प्राप्त करते हैं।

गणित अध्यापक की उद्देश्यों की प्राप्ति में भूमिका (Role of Mathematics Teacher in Achieving Aims)

गणित शिक्षण के उद्देश्यों की प्राप्ति में गणित अध्यापक निम्न प्रकार से विद्यार्थियों को सहायता कर सकते हैं–

1. उपयुक्त शिक्षण विधियों का प्रयोग करना।
2. सृजनात्मक तथा क्रियात्मक अनुभव प्रदार करना।
3. सहायक सामग्री को आवश्यकतानुसार प्रयोग में लाना।
4. गणित के ज्ञान को दैनिक तथा व्यावहारिक जीवन से सम्बन्धित करना।
5. लिखित कार्य के साथ-साथ मौखिक और प्रायोगिक कार्य को भी उचित स्थान देना।
6. दिये गये गृहकार्य एवं कक्षाकार्य की नियमित जाँच करना।
7. मूल्यांकन हेतु उचित एवं नवीन प्रविधियों का प्रयोग करना।
8. गणित के इतिहास तथा गणितज्ञों की जीवनी से बालकों को परिचित कराना।
9. मानसिक विकास के लिए पर्याप्त अवसर प्रदान करना।

अध्याय 6

अनुदेशनात्मक एवं व्यवहारगत गणित शिक्षण के उद्देश्य (Objectives of Teaching Mathematics in Terms of Instruction and Behaviour)

गणित शिक्षण के अनुदेशनात्मक उद्देश्य (Instructional Objectives of Teaching Mathematics)

कक्षा में अलग-अलग विषयों का अध्ययन करते समय हम निम्न विशिष्ट उद्देश्यों की प्राप्ति करते हैं–

1. ज्ञानात्मक उद्देश्य (Knowledge Objectives)–इसके अन्तर्गत छात्रों को प्रत्ययों, तथ्यों, पदों एव चिन्हों एवं इन पर आधारित नियमों का ज्ञान प्राप्त करना होता है। जिससे कि छात्रों के व्यवहार में परिवर्तन हों। ये निम्नलिखित हैं–

(1) गणित के नये-नये शब्द एवं चिन्ह संकेत आदि की वैज्ञानिक शब्दावली के अनुरूप जानकारी।

(2) विभिन्न शब्दों की परिभाषाओं, नियमों एवं सिद्धान्तों आदि से परिचित करवाना एवं उनके पारस्परिक सम्बन्धों को समझना।

(3) अपने आस-पास के वातावरण से सामंजस्य एवं आवश्यक जानकारी का होना।

(4) पदों, प्रत्ययों, तथ्यों, नियमों एवं सिद्धान्तों का पूर्ण स्मरण कर सकना एवं उनकी पहचान कर सकना।

(5) गणित के इतिहास के बारे में सम्पूर्ण जानकारी एवं समाज पर पड़ने वाले उसके प्रभाव से अवगत हो सकना।

(6) आरेख रेखा चित्र में पैमाने का उचित निर्धारण करना ताकि समकों को आकृति में आसानी से उभारा जा सके।

2. अवबोधात्मक उद्देश्य (Under Standing Objectives)–यहाँ पर छात्र गणित से सम्बन्धित पदों, तथ्यों, प्रत्ययों एवं संकेतों का अवबोध करता है। इससे छात्र के व्यवहार में परिवर्तन होते हैं, जो निम्नलिखित हैं–

(1) छात्र अपनी आवश्यकतानुसार सूत्र एवं सिद्धान्त का चयन एवं प्रयोग कर सकेगा।

(2) छात्र विभिन्न भौतिक राशियों को लिखते समय इकाई का प्रयोग कर सकेगा। जैसे क्षेत्रफल की वर्ग इकाई सी०जी०एस०, एम०के०एस० एवं एफ०पी०एस० पद्धति में इकाइयों

के अनुसार आयतन, घन इकाई, घन वर्ग, त्रिभुज आदि का विभिन्न सूत्रों, संकेतों एवं नियमों का वर्गीकरण कर सकेगा।

(3) छात्र तथ्यों, पदों एवं प्रत्ययों के उदाहरण दे सकेगा।

(4) छात्र विभिन्न तथ्यों, प्रत्ययों आदि की परस्पर तुलना कर सकेगा।

(5) छात्र गणित विचार, समानता या असमानता को स्पष्ट करके अपनी भाषा में उसको व्यक्त कर सकेगा।

(6) छात्र ज्यामिति आकृतियों का वर्गीकरण कर सकेगा।

(7) निष्कर्षों का सही-सही अनुमान लगाकर उसकी पुष्टि कर सकेगा।

(8) छात्र दिए गए समकों एवं आँकड़ों की उपयुक्तता एवं अनुपयुक्तता को पहचान लेगा।

3. ज्ञानोपयोगात्मक उद्देश्य (Application Objectives)—विद्यार्थी गणित के ज्ञान का उपयोग विभिन्न समस्याओं को हल करने में करते हैं। इससे छात्र के व्यवहार में निम्नलिखित परिवर्तन होता है—

(1) छात्र समस्या का विश्लेषण करता है तथा यह ज्ञात करता है कि समस्या में क्या दिया हुआ है, तथा क्या ज्ञात करना है।

(2) दिए हुए तथ्यों की उपयुक्तता तथा अनुपयुक्तता की जाँच करता है।

(3) समस्या को हल करने के लिए सही विधि एवं सूत्रों का चयन करता है।

(4) समस्या में दिए गए तथ्यों में परस्पर सम्बन्ध स्थापित करता है।

(5) समस्या को आत्म-विश्वास के साथ हल करता है।

(6) वैकल्पिक हल प्रस्तुत करता है।

(7) प्राप्त हल की व्याख्या करता है एवं सामान्य निष्कर्ष निकालता है।

(8) जीवन की विभिन्न परिस्थितियों में समस्याएँ हल करता है।

4. कौशलात्मक उद्देश्य (Skill Objectives)—गणितीय ओरख, रेखा चित्र, ग्राफ खींचना, यन्त्रों का उचित प्रयोग, गणना कार्य, जिससे शुद्धता आये एवं त्रुटियों का संशोधन करना जिससे बालक में निम्नलिखित व्यवहारगत परिवर्तन होते हैं—

(1) छात्र गणितीय यन्त्रों के नाम जाकर उनका उचित प्रयोग कर सकेगा।

(2) छात्र गणित उपकरणों, मॉडल, घन, वर्ग, पिरामिड, शंकु एवं बेलन बना सकेगा।

(3) छात्र आँकड़ों के आधार पर सही पैमाना मान कर गणितीय आरेख खींच सकेगा।

(4) छात्र कलात्मक रुचि का विकास कर सकेगा। सहायक सामग्री का निर्माण एवं प्रयोग में दक्षता प्राप्त कर सकेगा।

5. अभिवृत्यात्मक उद्देश्य (Attitude Objectives)—प्रत्येक बालक को गणित विषय सीखने के लिए यह अति आवश्यक है, कि उसमें गणितीय विचारों की परिपुष्टता बनाये अर्थात् वैज्ञानिक अभिवृद्धि आवश्यक है। सोचने-समझने, निरीक्षण करने, परीक्षण करने, परीक्षण करके पुनः गणना कर सही निर्णय लेने की दक्षता का विकास गणित की अभिवृद्धि है। इसमें निम्नलिखित व्यवहारगत परिवर्तन होते हैं—

(1) गणित के अध्यापक को पसन्द करता है।

(2) गणित की परीक्षाएँ देना चाहता है।

(3) गणित के प्रहर में आनन्द का अनुभव करता है।

(4) वह गणित का छात्र होने में गर्व का अनुभव करता है।

(5) कक्षा में गणित में कमजोर विद्यार्थियों को सीखने में मदद करता है।

(6) वह उन छात्रों के साथ रहना पसन्द करता है, जो गणित के अच्छे छात्र हैं।

(7) गणितीय कार्य के मध्य अपनी असुविधाओं की ओर ध्यान नहीं देता है।

6. अभिरूच्यात्मक उद्देश्य (Interest Type Objectives)—गणित विषय में रूचि उत्पन्न करने से वह सरल एवं सुपाच्य बनता है। गणित के साहित्य को पढ़ने, गणित के विभिन्न तथ्यों को जीवन में पहचानना एवं उनके कार्यों को जानने तथा गणितीय क्लब आदि बनाने से नवीन ज्ञान की प्राप्ति होती हैं। इससे छात्र में निम्नलिखित व्यवहारगत परिवर्तन दृष्टि गोचर होते हैं—

(1) छात्र पुस्तकालय में जाकर गणित से सम्बन्धित साहित्य को पढ़ता है एवं उसका अनुशीलन करता है।

(2) छात्र गणित से सम्बन्धित स्तरीय पत्रिकाओं, शालास्तर की पत्रिकाओं से सम्बद्ध आलेख प्रेषित एवं प्रकाशित कर सकेगा।

(3) छात्र गणित से सम्बन्धित गतिविधियों, विज्ञान मेला, गणित क्लब आदि में भाग ले सकेगा।

(4) छात्र में संग्रह करने की प्रवृत्ति, गणितीय मॉडलों को बनाने एवं उनका संग्रह करने की प्रवृत्ति का विकास होगा।

(5) छात्र दैनिक जीवन में उपयोग सम्बन्धी कार्यों में रूचि प्रकट कर सकेगा।

7. श्लाघात्मक उद्देश्य (Praise Type Objectives)—गणित विषय रूचि उत्पन्न करने के लिए गणित और जीवन में सम्बन्ध, गणित एवं सभ्यता में सम्बन्ध, गणितीय आँकड़ें, गणितीय आकृतियों एवं लेखा-चित्र का आवश्यक ज्ञान प्राप्त होता है इससे छात्रों को निम्नांकित जानकारी प्राप्त होती है—

(1) छात्र गणित एवं जीवन में परस्पर समन्वय को समझ सकेगा।

(2) आधुनिक विज्ञान एवं सभ्यता के विकास में गणित की तारीफ कर सकेगा।

(3) छात्र गणितीय संकेतों एवं प्रतीकों को समझ सकेगा।

(4) गणना करने में योग एवं गुणा की तालिकाओं का उपयोग कर सकेगा।

(5) गणित से प्राप्त आनन्द का अनुभव एवं प्रशंसा कर सकेगा।

(6) गणित के लिए आवश्यक लगन एवं श्रद्धा की दृष्टि रखेगा।

(7) गणित में काम आने वाली विभिन्न आकृतियों, लेखाचित्रों आदि की भी सहायता कर सकेगा।

उपरोक्त वर्णित तथ्यों से यह स्पष्ट है कि गणित की किसी भी इकाई का शिक्षण द्वारा यदि आप उपरोक्त वर्णित उद्देश्यों की प्राप्ति करना चाहते हैं, तो उसके लिए इकाई के प्राप्य उद्देश्य जानने पड़ते हैं, जिससे कि इकाई मूल्यांकन इकाई जाँच-पत्रों का निर्माण हो सके।

कक्षा में कार्य करवाने के पूर्व प्रमुख उद्देश्यों का निर्धारण स्पष्टता से करना अत्यन्त आवश्यक है नहीं तो किसी भी प्रकार की अस्पष्टता इन उद्देश्यों को प्राप्त करने में बाधक

सिद्ध हो सकती है। इस प्रकार के उद्देश्यों को सही नहीं माना जाता है जो कि कक्षा की परिस्थितियों में अप्राप्य हों, चाहे वे कितने ही सुन्दर एवं आदर्श से परिपूर्ण हों जैसे कि यदि हम किसी कक्षा में आइन्सटाइन तैयार करना चाहते हैं तो हमारा ये उद्देश्य अप्राप्य है क्योंकि इसकी प्राप्ति साधारण परिस्थितियों को ध्यान में रखते हुए शिक्षक के लिए असम्भव है।

उद्देश्यों को व्यवहारिक रूप में लिखने के लिए कुछ प्रमुख निम्नलिखित बिन्दुओं को ध्यान रखना चाहिए–

(1) विषय वस्तु का चुनाव (Select Content)
(2) विशिष्ट उद्देश्यों का चुनाव
(3) वाँछित व्यवहार को स्पष्टत: पारिभाषित किया जाये।
(4) उद्देश्य प्राप्ति के लिए अन्तिम व्यवहारों को पहचान कर विशिष्ट रूप प्रदान करना।
(5) मूल्यांकन के लिए मापदण्डों का विशिष्टीकरण कर देना चाहिए।
(6) उद्देश्यों को व्यवहारिक रूप देने के लिए Action verbs का प्रयोग करना चाहिए।

उद्देश्यों के वर्गीकरण का आधुनिक आधार
(Present Taxonomy of Behavioural Objectives)

शिक्षकों ने सामान्य उद्देश्यों को वांछित लक्ष्यों के रूप में स्वीकार किया किन्तु ये अस्पष्ट हैं, इनकी अस्पष्टता ने शिक्षण में इनके प्रयोग में अधिक सहायता नहीं की है। इस दोष को दूर करने के लिए मनोवैज्ञानिकों ने सन् 1948 में मानव व्यवहार के समान तत्वों को वर्गीकृत करने के पूर्ण प्रयास किए हैं। संक्षिप्त अनुसंधान के पश्चात् ही इन्होंने उद्देश्यों को निम्नलिखित तीन वर्गों में विभक्त किया है–

(1) ज्ञानात्मक पक्ष (Cognitive Domain)
(2) भावात्मक पक्ष (Affective Domain)
(3) क्रियात्मक पक्ष (Conative Domain)

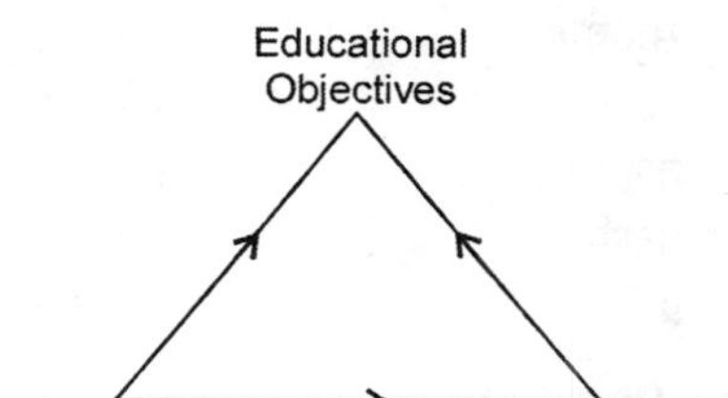

मनोवैज्ञानिक दल ने एक नवीन वर्गीकरण का निर्माण किया जिसका मुख्य आधार 'स्थूल से सूक्ष्म की ओर' एवं 'सरल से कठिन की ओर' था। इन तीनों वर्गों का वर्गीकरण बी०एस०ब्लूम और उनके सहयोगियों के साथ शिकागो विश्वविद्यालय में प्रस्तुत किया।

सन् 1956 में ब्लूम ने ज्ञानात्मक पक्ष, सन् 1964 में ब्लूम कर्थवाल एवं मसीहा ने भावात्मक पक्ष तथा सन् 1963 में सिम्पसन ने क्रियात्मक पक्ष में वर्गीकरण प्रस्तुत किया।

1. ज्ञानात्मक पक्ष (Cognitive Domain)	2. भावात्मक पक्ष (Affective Domain)	3. क्रियात्मक पक्ष (Conative Domain)
(1) ज्ञान (Knowledge)	(1) ग्रहण करना (Receiving)	(1) उत्तेजना (Impulsion)
(2) बोध (Comprehension)	(2) प्रतिक्रिया (Responding)	(2) कार्यवाही (Manipulation)
(3) प्रयोग (Application)	(3) अनुमूल्यन (Valuing)	(3) नियन्त्रण (Control)
(4) विश्लेषण (Analysis)	(4) विचारना (Conceptualization)	(4) समायोजन (Co-ordination)
(5) संश्लेषण (Synthesis)	(5) व्यवस्थापन (Organization)	(5) स्वाभावी करण (Naturalization)
(6) मूल्यांकन (Evaluation)	(6) चरित्रीकरण (Characterization)	(6) आदत या कौशल (Habit or Skill)

ज्ञानात्मक पक्ष (Cognitive Domain)

कुछ उद्देश्य ऐसे होते हैं जिनका सम्बन्ध हमारे ज्ञान के पुनः स्मरण, बौद्धिक क्षमताओं, पहचान एवं कौशलों से होता है, वे उद्देश्य ज्ञानात्मक पक्ष के अन्तर्गत आते हैं।

"Objectives dealing with recall or recognition of Knowledge and the Development of Intellactual Abilities and Skill Come Under this category)

इस पक्ष का विवरण प्रोफेसर ब्लूम ने इस प्रकार दिया है –

(1) *ज्ञान (Knowledge)*

परिभाषा — सारणी बनाना
प्रत्यास्मरण — छाँटना
पहचानना — मापन

(2) *बोध (Comprehension)*

व्याख्या — निर्णय
संकेत — वर्गीकरण
चयन — सूत्रीकरण

(3) *प्रयोग (Application)*

घोषणा — गणना
जांचना — प्रदर्शन
अनुमान — प्रयोग

(4) *विश्लेषण (Analysis)*

विभाजन — आलोचना
तुलना — सारांश
अलग करना — विरोध

(5) *संश्लेषण (Synthesis)*

तर्क करना — सम्बन्ध
विवाद करना — भविष्यवाणी
निष्कर्ष — सामान्यीकरण

(6) *मूल्यांकन (Evaluation)*

निर्णय — प्रतिवाद करना
निर्धारण — आक्रमण
मूल्यांकन — पहचान

भावात्मक पक्ष (Affective Domain)

प्रत्येक बालक के जो व्यवहार होते हैं, उनका भावात्मक पक्ष उनकी रूचियों, संवेगों एवं मनोवृत्तियों से सम्बन्धित होता है। इस पक्ष की शिक्षा के निम्नलिखित स्तर हैं–

(1) ग्रहण करना–यह किसी उद्दीपक की उपस्थिति में संवेदनशीलता से सम्बन्धित है। इसके निम्नलिखित तीन स्तर हैं–

(*i*) चेतना (Awarness) (*ii*) ग्रहण करने की इच्छा (Willingness of receive)
(*iii*) नियंत्रित आकर्षण (Controlled or Selected Attention)

(2) अनुक्रिया–अनुक्रिया भावात्मक पक्ष का दूसरा स्तर है, तथा इसके निम्नलिखित

तीन स्तर होते हैं–

(*i*) प्रतिक्रिया में सहमति (Aquiescence in Responding)
(*ii*) प्रतिक्रिया की इच्छा (Willingness in Responding)
(*iii*) प्रतिक्रिया में सन्तोष (Satisfaction in Responding)

(3) अनुमूल्यन–इसका सम्बन्ध मूल्यों के प्रति आस्था से होता है। इसके अन्तर्गत विशिष्ट मूल्यों के प्रति स्वीकृति, प्राथमिकता एवं निष्ठा आती है।

(4) धारणा–मूल्यों की विविधता के फलस्वरूप स्वीकार किए गए नूल्यों के प्रति एक निश्चित धारणा बनाने के लिए प्रत्यय निर्माण इसके अन्तर्गत आता है।

(5) व्यवस्थापन–इसके अन्तर्गत निश्चित किए गए मूल्यों पर विचार किया जाता है एवं उसे व्यवस्थित रूप दिया जाता है।

(6) चरित्र का अंग बनाना–जो भी मूल्य ग्रहण किए जाते हैं, उन्हें चरित्र का स्थाई अंग बनाया जाता है।

क्रियात्मक पक्ष (Conative Domain)

हमारे व्यवहार का क्रियात्मक पक्ष गतिवाही कौशल तथा ऐसी क्रियाओं में व्यक्त होता है, जिनके लिए हमारी मांसपेशीय एवं आंगिक गतियों की आवश्यकता होती है। क्रियात्मक पक्ष के निम्नलिखित स्तर होते हैं–

(1) उत्तेजना–इसमें कार्य के प्रति उत्तेजना लाई जाती है।

(2) कार्यवाही–बालक उत्तेजना के आधार पर गत्यात्मक क्रिया सम्पादित करता है।

(3) नियन्त्रण–इसके द्वारा बालक अपनी क्रिया को साधता है।

(4) समायोजन– इसमें कई क्रियाओं पर नियन्त्रण के आधार पर उनके बीच समायोजन लाया जाता है।

(5) स्वाभावीकरण–इसके अन्तर्गत कार्य करने की एक शैली बन जाती है, और विशेष गति एवं ढंग से कार्य सम्पादित होता है।

(6) आदत अथवा कौशल–इसके अन्तर्गत कार्य करते रहने की शैली का विकास होता है और एक आदत बन जाती है।

क्रियात्मक पक्ष के निम्नस्तर ई०जे०सिम्पसन के द्वारा दिए गए हैं–

(*i*) प्रत्यक्षीकरण (Preception)
(*ii*) व्यवस्था (Set)
(*iii*) निर्देशात्मक अनुक्रिया (Guided Response)
(*iv*) कार्य प्रणाली (Machanism)
(*v*) जटिल प्रत्यक्ष अनुक्रिया (Complex over response)

व्यवहार के इन तीनों पक्षों में परस्पर-समन्वय एवं सामन्जस्य रहता है। जिस प्रकार गणित का कोई प्रश्न सीखते समय हम अनेक तथ्यों का प्रत्यास्मरण एवं विश्लेषण करने के साथ-साथ सवाल लिखते एवं हल करते हैं, और उसके साथ सुखद या फिर दुखद भाव रूचि या अरूचि आदि भी जुड़े हुए होते हैं। प्रत्यास्मरण तथा विश्लेषण की क्रिया ज्ञानात्मक है, तथा सुखद या दुःखद अनुभव में रूचि या अरूचि का भाव ये भावात्मक हैं। कहने का आशय है कि हमारे व्यवहार में ज्ञानात्मक, क्रियात्मक एवं भावात्मक पक्ष अलग-अलग अंग नहीं हैं, वे एक दूसरे से जुड़े हुए हैं।

अध्याय 7

गणित शिक्षण की विधियाँ
(Methods of Teaching Mathematics)

शिक्षण विधियों का शिक्षा के उद्देश्यों से घनिष्ठ सम्बन्ध होता है। शिक्षण विधियों का एक मात्र उद्देश्य छात्रों को कुछ तथ्यों का ज्ञान प्रदान करना ही नहीं है बल्कि अध्यापक और छात्रों के मध्य पारस्परिक सम्बन्धों में सजीवता लाना है। विभिन्न प्रकार की शिक्षण विधियाँ छात्रों के मष्तिष्क के साथ-साथ उनके सम्पूर्ण व्यक्तित्व, बुद्धि, भावना, मूल्यों एवं मनोवृत्तियों पर भी प्रतिक्रिया करती है। साथ ही जो शिक्षण विधियाँ मनोवैज्ञानिक और सामाजिक रूप से उपयुक्त होती हैं, वे ही बालकों के व्यक्तित्व के समस्त गुणों का विकास करने में भी सहायक होती हैं।

प्रत्येक शिक्षक अपनी शिक्षण-विधि के आधार पर शिक्षण का विस्तृत स्वरूप निश्चित कर लेता है। शिक्षण विधि के द्वारा वह प्रक्रिया का स्वरूप निर्धारण कर लेता है। शिक्षण विधि वह प्रक्रिया है, जिसके माध्यम से किसी लक्ष्य की प्राप्ति होती है। इसके अन्तर्गत शिक्षक विषय-वस्तु को एक क्रम में व्यवस्थित करता चला जाता है। गणित शिक्षण के उद्देश्यों को प्राप्त करने के लिए शिक्षण विधियों के साथ-साथ अन्य अनेक शिक्षण प्रविधियों का भी सहारा लेना पड़ता है।

यहाँ पर कुछ महत्वपूर्ण रिपोर्ट्स, सिफारिशें, स्टैन्डर्ड एक्जामिनेशन इश्यू के आधार पर 'कमेटी ऑफ इण्टरनेशनल स्टडी ऑफ एचीवमैण्ट इन मैथ्स' ने निम्नलिखित महत्वपूर्ण गणितीय व्यवहार निर्धारित किए हैं-

(1) किसी भी प्रमेय के सत्यापन का अनुसरण समझाते हुए करना।
(2) प्रमेय का सत्यापन करना।
(3) नवीन प्रत्ययों का गणितीय समस्याओं में प्रयोग करने की योग्यता।
(4) नवीन प्रत्ययों को अगणितीय समस्याओं में प्रयोग करने की योग्यता।
(5) समस्या का विश्लेषण करने की योग्यता।
(6) गणितीय परिणामों के सामान्यीकरण करने की योग्यता।
(7) परिभाषाओं, संकेतों, प्रक्रियाओं एवं प्रत्ययों के पुन:स्मरण की योग्यता।
(8) गणितीय आँकड़ों के शीघ्रता एवं शुद्धता से वर्गीकरण एवं गणना से सम्बद्धयोग्यता।
(9) सांकेतिक आँकड़ों की व्याख्या सम्बन्धी योग्यता।
(10) आँकड़ों को सांकेतिक रूप में प्रस्तुत करने की योग्यता।

गणित शिक्षण की विधियाँ (Methods of Teaching Mathematics)

गणित शिक्षण में मुख्यतः निम्नलिखित विधियाँ प्रयोग में लाई जाती है–

(1) विश्लेषण एवं संश्लेषण विधि (Analytic and Synthetic Method)
(2) आगमन तथा निगमन विधि (Inductive and Deductive Methods)
(3) योजना विधि (Project Method)
(4) प्रयोगशाला विधि (Laboratory Method)
(5) ह्यूरिस्टिक विधि (Heurisitc Method)
(6) समस्या समाधान विधि (Problem Solving Method)
(7) प्रदर्शन सहित भाषण विधि (Lecture cum Demonstration Method)

(1) विश्लेषण एवं संश्लेषण विधि (Analytic and Synthetic Method)

विश्लेषण एवं संश्लेषण गणित की दो मुख्य विधियाँ हैं। इन विधियों का प्रयोग अधिकांशतः रेखागणित के शिक्षण में किया जाता है। इन्हें तर्क शास्त्र की विधियाँ भी कहा जाता है। विश्लेषण विधि के अन्तर्गत हम अज्ञात तर्क से ज्ञात तर्क पर पहुँचते हैं, जबकि संश्लेषण विधि में हम इसके विपरीत ज्ञात तर्क से अज्ञात तर्क पर पहुँचते हैं। इस प्रकार विश्लेषण एवं संश्लेषण विधि में हम क्रमशः 'अज्ञात से ज्ञात की ओर' एवं 'ज्ञात से अज्ञात की ओर' शिक्षण सूत्रों का प्रयोग करते हैं।

विश्लेषण विधि के अन्तर्गत किसी भी जटिल समस्या को सरल समस्याओं में वर्गीकृत किया जाता है, क्योंकि इन सरल समस्याओं को विद्यार्थी अत्यधिक आसानी एवं सरलता से समझ सकता है, तथा हल भी कर सकता है। विश्लेषण कार्य अधिक होने के कारण गणितीय क्रिया के प्रत्येक कदम का पूरा विवरण प्राप्त होता है। इस विधि से कमजोर छात्रों के लिए अच्छा अवसर प्राप्त होता है क्योंकि अधिकांश कार्य छात्र स्वयं ही करते हैं। इस प्रकार से प्राप्त किया गया ज्ञान अत्यधिक स्थाई होता है। संश्लेषण विधि में जब भी हमें प्रमेय का सत्यापन करना होता है, तो हम इसमें प्रायः अनुमान के आधार पर सम्पूर्ण निष्कर्ष प्राप्त करते हैं। इस विधि से एक कथन की सत्यता की जाँच होती है, लेकिन इसमें प्रस्तुत पाठ का सही एवं वास्तविक स्वरूप ज्ञात नहीं होता है। इस तरह से संश्लेषण विधि किसी भी प्रमेय का सत्यापन तो करती है लेकिन उसकी व्याख्या नहीं करती है।

इन दोनों विधियों को इन उदाहरणों के द्वारा स्पष्ट किया जा सकता है–उदाहरण–

यदि $\frac{a}{b}=\frac{c}{d}$ हो तो सिद्ध करो कि–

$$\frac{ac+2b^2}{cb}=\frac{c^2+2bd}{dc}$$

संश्लेषण विधि के अनुसार– (ज्ञात से अज्ञात की ओर)

यहाँ $\frac{a}{b}=\frac{c}{d}$ (ज्ञात है)

दोनों ओर $\frac{2b}{c}$ जोड़ने पर

$$\frac{a}{b}+\frac{2b}{c}=\frac{c}{d}+\frac{2b}{c}$$

सरल करने पर

$$\frac{a}{b}+\frac{2b}{c}=\frac{c}{d}+\frac{2b}{c}$$

$$\frac{ac+2b^2}{cb}=\frac{c^2+2bd}{dc}$$

यहाँ यह स्पष्ट नहीं कि $\frac{2b}{c}$ क्यों जोड़ा गया है। इसका कारण है कि यह प्रमेय को सही सिद्ध करता है इसलिए इससे यह निष्कर्ष प्राप्त होता है कि $\frac{2b}{c}$ को जोड़ना सही है। इसलिए छात्रों को $\frac{2b}{c}$ का जोड़ना याद रखना पड़ता है।

विश्लेषण विधि के अनुसार–(अज्ञात से ज्ञात की ओर)

$$\frac{ac+2b^2}{bc}=\frac{c^2+2bd}{dc}$$ सत्य होगा।

यदि $\frac{ac+2b^2}{b}=\frac{c^2+2bd}{d}$

यदि $d(ac+2b^2)=b(c^2+2bd)$

यदि $acd+2b^2d=bc^2+2b^2d$

यदि $acd=bc^2$

यदि $ad=bc$

यदि $\frac{a}{b}=\frac{c}{d}$

विश्लेषण विधि (Analytic Method)–यह विधि पूर्णतया विश्लेषण पर आधारित है। विश्लेषण से आशय है कि किसी भी समस्या को छोटे-छोटे भागों में विभक्त करके प्रस्तुत करना अथवा फिर उस समस्या का विच्छेदन करना। विश्लेषण विधि रेखा गणित में अत्यधिक उपयोगी सिद्ध हुई है। इस विधि के द्वारा जटिल से जटिल समस्या के किसी भी भाग का विश्लेषण करके यह ज्ञात किया जाता है कि उक्त समस्या का हल किस प्रकार किया जाए। इस विधि में 'अज्ञात से ज्ञात की ओर' अथवा 'निष्कर्षों से ज्ञात तथ्यों की ओर' चलते हैं। इस विधि का प्रयोग जटिल समस्याओं को हल करने में होता है। यह विधि मनोवैज्ञानिक दृष्टिकोण पर आधारित है जिससे मानसिक शक्तियों का विकास भी होता है। तर्क करने के रूप का सही एवं सम्पूर्ण विकास इसी विधि से होता है क्योंकि प्रत्येक पद के तर्क का कारण भी प्रस्तुत करना पड़ता है।

इस विधि का प्रयोग निम्नलिखित अवस्थाओं में किया जाता है–

(1) यदि रेखा गणित में किसी भी समस्या को हल करना हो।

(2) यदि रेखा गणित में किसी रचना कार्य करना हो।

(3) अंक गणित की किसी नवीन समस्या को हल करने में।

(4) बीजगणित में समीकरण से सम्बन्धित प्रश्नों को हल करने में।

इस विधि में प्रत्येक पद का अपना महत्व एवं आधार होता है। इसलिए किसी भी समस्या का विश्लेषण सही तरह से करना चाहिए।

उदाहरण–एक आयत की लम्बाई 40 मीटर एवं चौड़ाई 25 मीटर है, तो उसका परिमाप ज्ञात कीजिए।

हल–

प्रश्न	सम्भावित उत्तर
1. प्रश्न में आयत से सम्बन्धित क्या दिया गया है?	1. आयत की लम्बाई एवं उसकी चौड़ाई।
2. प्रश्न में क्या ज्ञात करना है?	2. आयत का परिमाप ज्ञात करना है।
3. परिमाप ज्ञात करने के लिए हम क्या करेंगे?	3. परिमाप ज्ञात करने के लिए आयत की लम्बाई एवं चौड़ाई को जोड़कर दुगुना करेंगे।
4. आयत का परिमाप ज्ञात करने के लिए क्या सूत्र होगा?	4. आयत का परिमाप = 2(ल०+चौ०)

विश्लेषण विधि के गुण (Merits of Analytic Method)–विश्लेषण विधि में निम्नलिखित गुण पाए जाते हैं–

(1) इसमें छात्र स्वयं अन्वेषण करते हैं, समस्या पर चिन्तन करते हैं। अतएव यह विधि खोज पर आधारित है।

(2) इस विधि में छात्र पद को विभिन्न छोटे-छोटे पदों में विभक्त करता है जो कि सही तत्वों के बोध के लिए आवश्यक है।

(3) इस विधि में छात्र एवं शिक्षक दोनों ही क्रियाशील रहते हैं, अतः यह विधि क्रियाशीलता पर आधारित है।

(4) इसमें छात्रों को विचार करने का अवसर दिया जाता है। इसलिए अवबोध स्तर का बल होता है।

(5) इस विधि में जो ज्ञान प्राप्त किया जाता है, वह धीरे-धीरे प्राप्त होता है, परन्तु उसमें स्पष्टता होती है।

(6) विश्लेषण विधि से धीरे-धीरे छात्र समस्या के सनाधान तक पहुँच जाता है, और स्थाई ज्ञान प्राप्त होता है।

(7) इस विधि में छात्र अज्ञात से ज्ञात की ओर बढ़ते हैं।

(8) इस विधि द्वारा छात्रों में तर्क शक्ति, विचार शक्ति एवं निर्णय शक्ति का विकास होता है। तथा समस्याओं का विश्लेषण करने की क्षमता में वृद्धि होती है।

(9) इस विधि से छात्र स्वयं किसी नवीन समस्या का हल अथवा साध्य की रचना एवं उपपत्ति खोज सकता है।

(10) पाठ्य-पुस्तकों में दी गई साध्यों की उपपत्तियाँ छात्रों के लिए रहस्यात्मक नहीं रहती है।

(11) इस विधि में स्पष्ट करने की क्षमता निहित है तथा इसको जीवन की अनेक समस्याओं को समझने एवं हल करने में काम में लाया जाता है।

(12) अंकगणित, बीजगणित एवं रेखागणित की समस्याओं का हल खोजने के लिए यही उपयुक्त विधि है।

(13) अंक गणित के समस्त प्रकरण इस विधि से एवं सही तरीके से पढ़ाए जाते हैं।

(14) बीज गणित में समीकरण एवं उन पर आधारित इबारती प्रश्नों का हल इस विधि द्वारा ज्ञात किए जाते हैं।

(15) यह विधि 'स्वयं करके' या 'खोजने के सिद्धान्त' पर आधारित है।

(16) धीरे-धीरे आगे बढ़कर स्थाई ज्ञान की प्राप्ति होती है।

(17) इसमें स्थाई एवं पूर्ण ज्ञान प्राप्त होता है, अतः आत्म-विश्वास की जाग्रति होती है।

(18) यह एक वैज्ञानिक विधि है क्योंकि इससे विद्यार्थी में जिज्ञासा और खोज की भावना पैदा होती है।

(19) यह विद्यार्थियों को रटटा लगाने के लिए उत्साहित नहीं करती।

(20) इसमें एक क्रमवार कड़ी बनी रहती है क्योंकि प्रत्येक पग के अपने कारण होते हैं।

(21) इस विधि में हम आगमनिक तर्क का प्रयोग करते हैं।

(22) यह विधि विद्यार्थियों को विषय की सही ढंग से समझने में सहायता करती है जिससे विद्यार्थी के मस्तिष्क में कोई शंका नहीं रहती।

विश्लेषण विधि के दोष (Demerits of Analytic Method)—विश्लेषण विधि के निम्नलिखित दोष हैं—

(1) इस विधि में शिक्षक को अत्यधिक समय देना पड़ता है।

(2) यह विधि उच्च स्तर के लिए उपयुक्त है, प्राथमिक स्तर पर इस विधि का प्रयोग नहीं किया जाता है।

(3) कठिन प्रक्रिया होने के कारण इसमें नीरसता उत्पन्न होती है।

(4) प्रत्येक शिक्षक इस विधि का सफलता से प्रयोग नहीं कर सकता है।

(5) इस विधि से पाठ्यक्रम निर्धारित अवधि में पूर्ण नहीं हो सकता है।

(6) विद्यार्थी इस विधि द्वारा निपुणता, गति और काम करने की शक्ति नहीं बढ़ा सकते।

(7) विश्लेषणात्मक विधि पर पुस्तकों का अभाव है।

(8) अभ्यास के समय पर विधि लाभकारी नहीं होती क्योंकि इसे संश्लेषण से पहले प्रयोग किया जाता है।

इस विधि का उपयोग तभी सम्भव है, जब हमें ज्ञात तथ्य एवं अज्ञात निष्कर्षों की जानकारी हो। ज्यामितीय के साध्यों में 'दिया हुआ' तथा 'सिद्ध करना है' जैसी—स्थिति जीवन की अनेक परिस्थितियों में अधिकांशतः उपलब्ध नहीं होती है।

संश्लेषण विधि (Synthetic Method)—यह विधि संश्लेषण कार्य पर आधारित है। यहाँ संश्लेषण का अर्थ—"अलग-अलग भागों को जोड़ना।" इस विधि में 'ज्ञात से अज्ञात की ओर'

चलते हैं। जब कोई समस्या सामने आती है तो सर्वप्रथम दी गई समस्त सूचनाओं को एकत्र करते हैं और फिर उसे हल करते हैं। संश्लेषण का कार्य विश्लेषण के पश्चात् ही करना चाहिए। पहले प्रश्न का मौखिक विश्लेषण कर लेना चाहिए तत्पश्चात् प्रत्येक पद का संश्लेषण करना चाहिए। दोनों विधियाँ एक-दूसरे की पूरक है तथा एक-दूसरे पर आधारित हैं। जैसे–

उदाहरण–एक वर्ग जिसका क्षेत्रफल 400 वर्ग मीटर है, इसके चारों ओर 30 रुपए प्रति मीटर की दर से तार लगवाने का व्यय ज्ञात करो। इस समस्या को संश्लेषण विधि के द्वारा कैसे हल करेंगे? स्पष्ट करो।

हल–संश्लेषण विधि विश्लेषण विधि के बाद होती है। अत: इसका हल सर्वप्रथम विश्लेषण विधि से ज्ञात करेंगे–

(1) प्रश्न में क्या दिया हुआ है?
(2) क्या ज्ञात करना है?
(3) तार लगवाने का सम्पूर्ण खर्च कैसे ज्ञात कर सकते हैं?
(4) वर्ग की परिमिति कैसे ज्ञात की जा सकती है?

प्रश्न के खण्ड हो जाने के पश्चात् उन्हें मिलाकर प्रश्न को हल किया जायेगा। यही संश्लेषण विधि होगी, जो इस प्रकार से है–

प्रश्न	उत्तर
1. वर्ग का क्षेत्रफल क्या है?	1. 400 वर्ग मीटर
2. तार लगवाने की दर क्या है?	2. 30 रुपए प्रतिमीटर
3. वर्ग की परिमिति का सूत्र लिखो?	3. $4 \times$ भुजा
4. वर्ग का क्षेत्रफल ज्ञात है, एक भुजा ज्ञात करो।	4. भुजा $= \sqrt{\text{क्षेत्रफल}} = \sqrt{400} = 20$ मीटर
5. वर्ग की परिमिति ज्ञात करो।	5. $4 \times 20 = 80$ मीटर
6. तार लगवाने का कुल व्यय ज्ञात करो।	6. $80 \times 30 = 2400$ रुपए
7. हमारा अभीष्ट उत्तर क्या हुआ?	7. तार लगवाने का कुल व्यय = 2400 रुपए।

उदाहरण 2. 12 व्यक्तियों की औसत आय 1800 रुपए प्रति वर्ष है तथा 4 व्यक्ति और आ जाने से आय 25 रुपए प्रति वर्ष बढ़ जाती है, तो नये आए व्यक्तियों का प्रतिमास औसत आय ज्ञात करो।

प्रश्न	उत्तर
1. प्रश्न में 12 व्यक्तियों का औसत कितना दिया है?	1. 1800 रुपए
2. नये व्यक्तियों के आने से औसत आय कितनी बढ़ती है?	2. 25 रुपए
3. नये व्यक्तियों की औसत आय का योग कितना होगा?	3. $16 \times 1825 - 1800 \times 12$ $2900 - 21600 = 7600$ रुपए
4. नये व्यक्तियों की औसत आय होगी।	4. $\frac{7600}{4}$
5. मासिक औसत आय होगी।	5. $\frac{7600}{4 \times 12} = 158.35$ रुपए

ज्यामिति में संश्लेषण विधि का प्रयोग (Use of Synthetic Method in Geometry)

प्रमेय–ABC एक त्रिभुज है और AD इसकी माध्यिका है, सिद्ध कीजिए कि $AB + AC > 2AD$

दिया है– ABC एक त्रिभुज है। तथा AD माध्यिका है।

सिद्ध करना है कि–$AB + AC > 2AD$

रचना– AD को किसी बिन्दु E तक बढ़ाया एवं AB के समान्तर CE खींचा। AE में $DE = AD$ काटा।

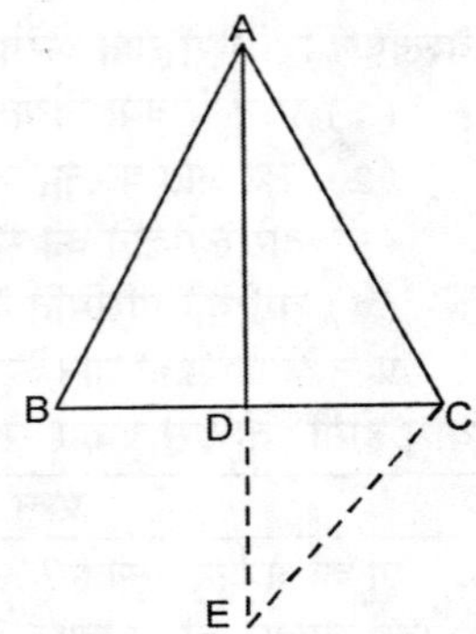

उपपत्ति–ΔABD तथा ΔCED में

$AD = DE$

$BD = DC$

तथा $\angle ADB = \angle CDE$

अत: $\Delta ABD \cong \Delta CED$

अत: $AB = CE$

$AC + CE > AE$

परन्तु $AB = CE$

$\therefore \quad AC + AB > AE$

किन्तु $AE = 2AD$

$\therefore \quad AB + AC > 2AD$

यही सिद्ध करना था।

संश्लेषण विधि के गुण (Merits of Synthetic Method)–संश्लेषण विधि में निम्नलिखित गुण पाए जाते हैं–

(1) इस विधि में ज्ञात से अज्ञात की ओर बढ़ते हैं।
(2) यह सरल एवं अभीष्ट विधि है।
(3) इस विधि में विश्लेषण विधि से कम समय लगता है।
(4) इस विधि में प्रस्तुत हल छात्रों की समझ में आसानी से आ जाता है।
(5) यह विधि सरल, सूक्ष्म और क्रमबद्ध है।
(6) विश्लेषण विधि के पश्चात् संश्लेषण विधि का उपयोग आवश्यक है।
(7) यह विधि विश्लेषण विधि की पूरक है।
(8) यह विधि मनोवैज्ञानिक है। इसमें प्रयुक्त शिक्षण सूत्र ज्ञात से अज्ञात की ओर छात्रों के लिए अत्यन्त सुविधाजनक है।
(9) मन्दबुद्धि वाले छात्र इसे आसानी से समझ सकते हैं।
(10) इससे छात्र कम समय में अधिक सीख जाते हैं।
(11) इससे निरीक्षण शक्ति का विकास होता है।
(12) यह विधि इस प्रकार से है कि सूखी घास के ढ़ेर में एक तिनके को ढूँढे या निकालें।
(13) विद्यार्थी में निपुणता, गति और काम करने की शक्ति पैदा होती है।
(14) अभ्यास के लिए यह विधि अत्यन्त उपयोगी होती है।

(15) इस विधि में उन तथ्यों को पेश करते हैं जो पहले ही खोजें जा चुके होते हैं। इसलिए यह विधि विचारों की उत्पत्ति है।

दोष *(Demerits)*–संश्लेषण विधि के मुख्य दोष निम्नलिखित हैं :–

(1) इसमें छात्रों को 'क्यों' और 'कैसे किया' इसका पूर्ण ज्ञान प्राप्त नहीं होता है।
(2) इस विधि में छात्र के तर्क, विचार एवं निर्णय शक्ति का विकास अच्छी तरह से नहीं हो पाता है।
(3) यह विधि सरल तो है परन्तु स्पष्ट नहीं है।
(4) इससे प्राप्त ज्ञान अस्थाई होता है।
(5) प्रत्येक साध्य अथवा समस्या का हल संश्लेषण विधि से ज्ञात नहीं किया जा सकता है।
(6) यह विधि छात्रों की रटने की प्रवृत्ति को बढ़ाती है।
(7) यह विधि प्रमेय को सिद्ध तो कर सकती है, लेकिन समझा नहीं सकती है।
(8) विश्लेषणात्मक विधि के पश्चात् संश्लेषणात्मक विधि का उपयोग आवश्यक है। यह विधि विश्लेषणात्मक विधि की पूरक है।
(9) यह विधि विद्यार्थियों के मन में कई शंकाएं उत्पन्न करती है।
(10) यद्यपि हर पद ठीक होता है परन्तु इसकी कड़ी का हमारे पास कोई कारण नहीं होता।
(11) जब नवीन समस्या विद्यार्थियों को दी जाती है तो वे घबरा जाते हैं।
(12) इस विधि द्वारा विद्यार्थियों में आत्मविश्वास विकसित नहीं होता।
(13) इस विधि द्वारा विद्यार्थियों में मौलिकता और नवीन तथ्यों को खोजने की भावना का विकास नहीं हो पाता है।
(14) इसमें विद्यार्थी कक्षा में क्रियाशील नहीं रह सकता।

संश्लेषण और विश्लेषण विधियों का तुलनात्मक अध्ययन (Comparative Study of Synthetic and Analytic Method)

संश्लेषण एवं विश्लेषण विधि में प्रमुख अन्तर निम्नलिखित हैं–

संश्लेषण विधि	विश्लेषण विधि
1. इसमें छोटे-छोटे तथ्यों को एकत्र करके लक्ष्य की ओर बढ़ते हैं।	1. इसमें समस्या को छोटे-छोटे तथ्यों में विभक्त किया जाता है।
2. किसी भी समस्या को हल करने में प्रयुक्त विभिन्न क्रियाओं को करने का कोई ठोस कारण नहीं होता है।	2. इसमें समस्या को हल करने में प्रत्येक क्रिया को करने में एक विशेष कारण होता है।
3. इसमें ज्ञात से अज्ञात की ओर आगे बढ़ते हैं।	3. इसमें अज्ञात से ज्ञात की ओर शिक्षण सूत्र प्रयोग करते हैं।
4. इसमें केवल बालक की स्मृति पर जोर पड़ता है।	4. इसमें छात्र को तर्क एवं निर्णय होने के आधार पर अवसर उपलब्ध होते हैं।

संश्लेषण विधि	विश्लेषण विधि
5. इसमें खोज किए हुए तथ्यों को प्रस्तुत करते हैं।	5. यह एक खोज करने वाली विधि है।
6. प्रक्रिया के छोटे-छोटे भागों को मिलाकर एक संयुक्त इकाई रूप में प्रस्तुत किया जाता है।	6. प्रक्रिया को छोटे-छोटे टुकड़ों में विभक्त कर लिया जाता है।
7. यह एक अवैज्ञानिक विधि है।	7. यह एक वैज्ञानिक एवं मनोवैज्ञानिक विध्रि है।
8. यह एक सूक्ष्म एवं सुन्दर विधि है।	8. यह एक लम्बी एवं जटिल विधि है।
9. इस विधि में शिक्षक अधिक क्रियाशील रहता है एवं छात्र निष्क्रिय रहते हैं।	9. इसमें शिक्षक एवं छात्र दोनों ही चिन्तन क्रिया में भाग लेते हैं।
10. इस विधि में बालक को अधिक परिश्रम नहीं करना पड़ता है।	10. इसमें बालक नवीन ज्ञान के लिए जिज्ञासु रहता है।
11. इससे छात्रों को विषय का उथला ज्ञान ही प्राप्त होता है।	11. इसमें छात्रों को सूक्ष्मता से अध्ययन करने का अवसर मिलता है।
12. यह एक नीरस एवं निर्जीव विधि है।	12. यह एक सजीव एवं रोचक विधि है।
13. यह एक तार्किक व्याख्या की विधि है।	13. यह एक मनोवैज्ञानिक विधि है।

निष्कर्ष रूप में हम यह कह सकते हैं कि दोनों विधियाँ एक दूसरे की पूरक हैं। विश्लेषण समझने में तथा संश्लेषण याद करने में सहायता करता है। विश्लेषण विधि प्रारंभ में और संश्लेषण विधि पाठ के समाप्त करने में उपयोगी होती है। अन्य शब्दों में विश्लेषण विधि नया काम समझने में और उसको जोड़ने में प्रयोग की जाती है जबकि जो हमने समझा है उसे याद करने में संश्लेषण विधि सहायता करती है। यद्यपि दोनों विधियाँ स्वतंत्र हैं परन्तु फिर भी दोनों को साथ-साथ प्रयोग करने से परिणाम अच्छे प्राप्त होते हैं।

(2) आगमन तथा निगमन विधि (Inductive and Deductive Method)

यह गणित शिक्षण की महत्वपूर्ण विधि है। आगमन तथा निगमन अलग-अलग विधियां हैं, परन्तु गणित शिक्षण के लिए इसे संयुक्त रूप से प्रयोग करना ही अधिक उपयोगी है। गणित, अंकगणित, बीजगणित तथा ज्यामिति में संगठन, सारणीयन, तुलना आदि से संबंधित है। प्रो. सोमलर (Somlar) के अनुसार, "जैसे चलने के लिए दोनों पैरों की आवश्यकता होती है, उसी प्रकार वैज्ञानिक अध्ययन के लिए आगमन और निगमन दोनों विधियां आवश्यक हैं।" ("As both the feet are essential to walk, in the same way Inductive and Deductive methods are necessary for scientific study.")

गणित शिक्षण के अन्वेषण विधि के रूप में दो तथ्य हैं, जो निम्नलिखित हैं :

(i) आगमन विधि (Inductive Method) –इस विधि के अन्तर्गत अनुभवों, प्रयोगों एवं उदाहरणों का विस्तृत अध्ययन करने के उपरान्त नियम बनाए जाते हैं। इस विधि द्वारा शिक्षण करते समय शिक्षक छात्रों के समक्ष कुछ विशेष परिस्थितियों एवं उदाहरण प्रस्तुत करता है, और इन्हीं के आधार पर छात्र तार्किक तरीके से विचार-विमर्श करते हुए किसी विशेष सिद्धान्त, नियम, अथवा सूत्र पर पहुँचते हैं। नियमों, सूत्रों आदि का प्रतिपादन करते समय इस विधि में छात्र अपने अनुभवों, मानसिक शक्तियों एवं पूर्वज्ञान का प्रयोग करते हैं। यह एक सामान्य

अनुमान है कि कोई छात्र कुछ विशेष परिस्थितियों या फिर उदाहरणों को देखकर या अनुमान लगाकर उनमें पाई जाने वाली एक रूपता को निष्कर्ष के रूप में अपना लेते है।

परिभाषा (Definition)—आगमन विधि की प्रमुख परिभाषाएँ इस प्रकार हैं—

1. जायसी के अनुसार—"आगमन विशेष दृष्टान्तों की सहायता से सामान्य नियमों को विधिवत पूर्ण प्राप्त करने की क्रिया है।"

2. यंग के अनुसार—"इस विधि में छात्र विभिन्न स्थूल तथ्यों के आधार पर अपनी मानसिक शक्ति का प्रयोग करते हुए स्वयं किसी विशेष, सिद्धांत, नियम या सूत्र पर पहुँच सकता है।"

3. लैण्डल के अनुसार—"जब छात्रों के सामने अनेक तथ्यों, उदाहरणों एवं वस्तुओं को प्रस्तुत किया जाता है। इसके बाद छात्र स्वयं ही निष्कर्ष पर पहुँचने का प्रयास करते हैं, तब यह विधि आगमन विधि कहलाती है।"

4. कॉवलर के अनुसार—"आगमन विशेष से सामान्य अथवा कम सामान्य से अधिक सामान्य विधि युक्त अनुमान है।"

उपरोक्त वर्णित परिभाषाओं से यह पता चलता है कि आगमन विधि में छात्र स्वयं तथ्यों, प्रयोगों एवं उदाहरणों की सहायता किसी भी सूत्र या नियम का ज्ञान अर्जित करता है एवं इस ओर पूर्ण रूप से सक्रिय रहता है। इसलिए इस विधि द्वारा प्राप्त किया गया ज्ञान अत्यधिक ठोस एवं स्थाई होता है। इसके साथ ही छात्र ही समस्त मानसिक शक्तियों का भी पूर्ण विकास होता है।

आगमन विधि के द्वारा शिक्षण करते समय उदाहरणों से नियमों की ओर, विशेष से सामान्य की ओर एवं स्थूल से सूक्ष्म की ओर अग्रसर होते हैं। इसलिए छात्र इसमें स्वयं अलग-अलग स्थूल तथ्यों के आधार पर किसी भी निष्कर्ष पर पहुँचता है। इस प्रक्रिया को हो आगमन प्रक्रिया कहा जाता है।

आगमन विधि के लिए उदाहरण—

उदाहरण 1 : 1000 रुपए का 3 वर्ष के लिए 4% वार्षिक दर से ब्याज ज्ञात करो।

प्रथम विधि :

$\because$ 100 रुपए का 1 वर्ष का ब्याज = 4 रुपए

$\therefore$ 1 रुपए का 1 वर्ष का ब्याज $= \frac{4}{100}$ रुपए

$\therefore$ 1 रुपए का 3 वर्ष का ब्याज $= \frac{4}{100} \times 3$ रुपए

$\therefore$ 1000 रुपए का 3 वर्ष का ब्याज $= \frac{4 \times 3 \times 1000}{100}$ = 120 रुपए **उत्तर**।

द्वितीय विधि

हम जानते हैं कि साधारण ब्याज $= \frac{\text{मूलधन} \times \text{दर} \times \text{समय}}{100}$

$= \frac{1000 \times 4 \times 3}{100}$ = 120 रुपए **उत्तर**।

आगमन विधि के गुण (Merits of Inductive Method)—आगमन विधि के निम्नलिखित गुण हैं :

(1) इस विधि में बालक स्वयं खोजकर निष्कर्ष निकालता है तथा सक्रिय भी रहता है, अत: यह विधि स्वयं खोज पर आधारित है।

(2) इस विधि में आत्म–विश्वास की जाग्रति होती है। क्योंकि छात्र स्वयं ही हल निकालता है, इसलिए उसमें आत्म–विश्वास भी जाग्रत होता है।

(3) यह शिक्षण की एक श्रेष्ठ विधि है। इस विधि में छात्रों की विभिन्न मानसिक शक्तियों का विकास होता है।

(4) यह विधि क्रियाशीलता के सिद्धान्त पर आधारित है। छात्र किसी भी समस्या को हल करने में क्रियाशील रहते हैं।

(5) इस विधि से चैतन्यता एवं जिज्ञासा उत्पन्न होती है। छात्र के समक्ष नयी समस्या उत्पन्न की जाती है, और वह उसका हल खोजता है, या फिर खोजने का प्रयास करता है, जिससे कि जिज्ञासा एवं कौतूहल उत्पन्न किया जा सके।

(6) इस विधि में अर्जित किया गया ज्ञान स्थाई होता है।

(7) यह विधि छोटी कक्षाओं के लिए अत्यन्त उपयोगी है। क्योंकि इसमें 'विशिष्ट से सामान्य की ओर' तथा 'स्थूल से सूक्ष्म की ओर' जैसे मनोवैज्ञानिक एवं व्यवहारिक सिद्धान्तों का समावेश किया जाता है।

(8) इस विधि के द्वारा नवीन नियम, सम्बन्ध, सिद्धान्त, निष्कर्ष आदि ज्ञात किए जाते हैं।

(9) छात्र हमेशा नया ज्ञान प्राप्त करना चाहता है, जिसमें खोज के प्रति उत्साह उत्पन्न होता है, तथा आत्म निर्भरता भी आती है।

(10) इस विधि में छात्र थकान का अनुभव नहीं करता, और निष्कर्ष तक पहुँचने में धैर्य एवं प्रसन्नता का अनुभव करते हैं।

(11) इस विधि से बालकों में गणित के प्रति रूचि एवं उत्सकुता बनी रहती है।

(12) छात्र नियमों, सूत्रों एवं सम्बन्धों को ज्ञात करने के आधारभूत सिद्धान्तों से परिचित रहते हैं।

(13) इस विधि से छात्र की तर्क, विचार एवं निर्णय शक्ति का भी विकास होता है।

(14) यह वैज्ञानिक दृष्टिकोण विकसित करने में सहायक होती है।

(15) यह अवबोध में वृद्धि करती है क्योंकि विद्यार्थी यह ज्ञान प्राप्त कर लेते हैं कि विशेष नियम का निर्माण कैसे हुआ।

(16) यह वास्तविक चिन्तन, अवलोकन तथा प्रयोग पर आधारित है।

(17) यह विद्यार्थियों को चुनौतीपूर्ण परिस्थितियां प्रदान करती है जिससे उनमें अध्ययन के प्रति रुचि बनी रहती है।

(18) यह अध्यापक तथा विद्यार्थी के सम्बन्ध में वृद्धि करती है। सामान्यीकरण प्राप्त करने के लिए विद्यार्थी को सदा अध्यापक की आवश्यकता रहती है।

(19) यह विद्यार्थियों को निरीक्षण करने तथा निर्णय पर पहुंचने के योग्य बनाती है।

(20) यह अन्वेषण की प्राकृतिक विधि है।

आगमन विधि के दोष (Demerits of Inductive Method)–आगमन विधि के निम्नलिखित दोष हैं–

(1) यह विधि उच्च कक्षाओं के लिए उपयोगी नहीं है।

(2) इस विधि से छात्र अधिक समय में कम ज्ञान अर्जित करता है। एवं कभी-कभी इसके निर्णय भी पूर्णतया शुद्ध नहीं होते हैं।

(3) इस विधि के द्वारा केवल नियम का ही पता लगता है। समस्या को हल करने की क्षमता का विकास इस विधि द्वारा सम्भव नहीं है।

(4) इस विधि के प्रयोग में शिक्षक को पर्याप्त परिश्रम एवं समय लगाना पड़ता है।

(5) इस विधि का सफल प्रयोग केवल अनुभवी शिक्षक ही कर सकते हैं।

(6) इस विधि से प्राप्त नियम कुछ हद तक ही शुद्ध होते हैं।

(7) इसके द्वारा प्राप्त नियमों या परिणामों की विश्वसनीयता उदाहरणों की संख्या पर निर्भर करती है।

(8) इस विधि में एक सीमा तक संभावना का सहारा लिया जा सकता है।

(9) गणित के सभी प्रकरणों का अवलोकन इस विधि के द्वारा प्राप्त नहीं किया जा सकता।

(ii) निगमन विधि (Deductive Method)–निगमन विधि के अन्तर्गत छात्रों को नियम पूर्व से ही बता दिए जाते हैं, इसके बाद ही समस्या प्रस्तुत की जाती है। दूसरे शब्दों में हम सकते हैं कि इस विधि में नियम या सिद्धान्त की पुष्टि उदाहरणों के माध्यम से ही की जाती है। यह विधि आगमन विधि के विपरीत विधि है। इसमें शिक्षक छात्रों के सामने नियम या सिद्धान्त प्रस्तुत करके उन्हें याद करवा देता है। इसके पश्चात् उदाहरणों के द्वारा उनकी पुष्टि करता है अर्थात् यह विधि सामान्य नियम से विशेष या सूक्ष्म से स्थूल की ओर को इशारा करती है।

परिभाषा (Definition)–विभिन्न विद्वानों के द्वारा निगमन विधि की प्रमुख परिभाषाएँ इस प्रकार दी गई हैं–

(1) एस०के०अग्रवाल के अनुसार–''इस विधि में शिक्षक बालकों को पहले सामान्य नियम बता देता है और फिर एक उदाहरण लेकर उस नियम की सत्यता सिद्ध करता है। अन्य शब्दों में 'सामान्य नियम' को विशेष उदाहरणों में प्रयोग किया है और नियम की सहायता की पुष्टि हो जाती है।''

(2) लेहेन के कथनानुसार–''निगमन विधि के द्वारा शिक्षण से पहले परिभात्रा या नियम सिखाया जाता है, इसके बाद उसके अर्थ का सावधानीपूर्वक स्पष्टीकरण किया जाता है, और अन्त में तथ्यों का प्रयोग करके उसे पूर्णतया स्पष्ट किया जाता है।

निगमन विधि के पद (Steps of Deductive Method)

1. नियम या सिद्धान्त (Laws or Principles)–इसमें सबसे पहले शिक्षक छात्रों को नियम या सिद्धान्त बता देता है।

2. सिद्धान्त या नियम या उदाहरण देना (Principle or Laws or to give Examples)–छात्रों को बताए गए नियम या सिद्धान्त की सहायता सिद्ध करने के लिए अध्यापक छात्रों के समक्ष विभिन्न उदाहरण प्रस्तुत करता है।

3. निष्कर्ष निकालना (To Find out Conclusions)—छात्र उदाहरणों के द्वारा निष्कर्ष प्राप्त करते हैं।

4. सत्यापन (Verification)—उदाहरणों के माध्यम से प्राप्त किए गए निष्कर्ष की सहायता से उसकी सत्यता का परीक्षण करते हैं।

उदाहरण 2 : सात छात्रों का भार क्रमशः 42, 45, 48, 38, 52, 54 एवं 63 किग्रा है, तो औसत भार ज्ञात करो।

हल—इस विधि में औसत का सूत्र

$$\text{औसत} = \frac{\text{राशियों का योग}}{\text{राशियों की संख्या}}$$

$$\text{औसत} = \frac{42 + 45 + 48 + 36 + 52 + 54 + 63}{7} = \frac{340}{7} = 48.57 \text{ किग्रा } \textbf{उत्तर}$$

निगमन विधि के गुण (Merits of Deductive Method)—गणित शिक्षण में निगमन विधि के गुण निम्नलिखित हैं—

(1) इस विधि के पाठन में छात्र परिश्रम अधिक करता है, अतः इसमें ज्ञान की प्राप्ति श्रम के द्वारा होती है और आत्म-विश्वास की जाग्रति होती है।

(2) इस विधि में छात्र एवं शिक्षक दोनों की शक्ति का अपयव्यय नहीं होता है।

(3) यह उचित एवं संक्षिप्त विधि है, क्योंकि इसमें केवल सूत्र द्वारा ही हल प्राप्त किया जाता है।

(4) इस विधि का प्रयोग सभी प्रकरणों में सम्भव है।

(5) यह विधि केवल उच्च कक्षाओं के लिए उचित एवं प्रभावशाली है।

(6) सामूहिक शिक्षण के लिए यह विधि उपयुक्त है।

(7) इस विधि के द्वारा छात्र अशुद्ध नियम नहीं सीखते हैं।

(8) इस विधि से छात्रों में स्वयं करने की आदत का विकास होता है।

(9) यह सभी विद्यार्थियों के लिए प्रायोगिक है।

(10) अध्यापक पर भार कम होता है क्योंकि उसका कार्य केवल सामान्य सिद्धांतों का ज्ञान देना है और विद्यार्थी स्वयं उसका परीक्षण करते हैं।

(11) आगमन विधि की तुलना में इसमें समय कम लगता है क्योंकि विद्यार्थियों को किसी सार्वभौमिक नियम की प्राप्ति के लिए व्याख्या या विश्लेषण की आवश्यकता नहीं होती।

(12) इसके प्रयोग से गति तथा कुशलता में वृद्धि होती है।

(13) गलत या अपूर्ण उत्तर प्राप्ति की संभावनाएँ नहीं रहती।

(14) इस विधि द्वारा नवीन समस्याओं का समाधान किया जा सकता है।

(15) यह स्मरण शक्ति को बढ़ावा देती है।

(16) यह व्यावहारिक जीवन के लिए अधिक उपयोगी है।

(17) यह आगमन की प्रक्रिया को पूरा करता है। आगमन की संभावनाओं को इस विधि से निश्चितता प्रदान की जाती है।

(18) यह अभ्यास या प्रायोगिक स्तर पर अधिक उचित है।
(19) यह विधि अल्प आयु के बालकों के लिए उपयोगी है।
(20) इस विधि की खोज की क्रिया अत्यन्त लम्बी है, छात्र इसमें सूक्ष्म याद नहीं कर पाते हैं।
(21) इस विधि में कम समय में अधिक सीखा जा सकता है। अतएव यह विधि उपयोगी है।
(22) इस विधि से स्मरण शक्ति में वृद्धि होती है, क्योंकि इसके सूत्रों को याद रखना पड़ता है।
(23) इस विधि में छात्र एवं शिक्षक दोनों ही सक्रिय रहते हैं।
(24) जब नियम की खोज करने की प्रक्रिया लम्बी हो तब इस विधि का प्रयोग किया जाता है।
(25) इस विधि में साधारण नियमों की खोज में समय नष्ट नहीं किया जाता है।
(26) आगमन विधि के द्वारा नियम और परिभाषाओं की खोज करने के उपरान्त इनका पुष्टिकरण निगमन विधि के द्वारा किया जाता है।

निगमन विधि के दोष (Demerits of Deductive Method)—निगमन विधि के प्रमुख दोष इस प्रकार हैं—

(1) इस विधि के द्वारा प्राप्त किया गया ज्ञान स्थाई नहीं होता है।
(2) गणित प्रारम्भ करने के लिए यह विधि उपयुक्त नहीं है।
(3) इस विधि से रटने की प्रवृत्ति को अधिक बल मिलता है एवं छात्रों की तर्क एव अन्वेषण शक्ति में वृद्धि नहीं होती है।
(4) छोटी कक्षाओं हेतु यह विधि उपयोगी नहीं है।
(5) इस विधि की सफलता आगमन विधि के साथ प्रयोग करने पर निर्भर करता है।
(6) इस विधि के माध्यम से छात्रों में आत्मनिर्भरता एवं आत्मविश्वास उत्पन्न नहीं होता है।
(7) इस विधि के द्वारा भिन्न-भिन्न तरह के प्रश्नों के लिए अनेक सूत्र याद करने पड़ते हैं, जो एक अत्यन्त कठिन कार्य है। इसमें क्रिया शीलता का सिद्धान्त लागू नहीं होता है।
(8) इस विधि के द्वारा बालक की मानसिक शक्ति का विकास नहीं होता है।
(9) यह विधि सामाजिक नहीं है।

आगमन-निगमन विधियों का तुलनात्मक अध्ययन (Comparative Study of Inductive and Deductive Method)

आगमन और निगमन विधियों का तुलनातमक अध्ययन इस प्रकार है—

आगमन विधि	निगमन विधि
1. यह विधि 'विशिष्ट से सामान्य की ओर' चलती है।	1. यह विधि 'सामान्य से विशिष्ट की ओर' चलती है।

आगमन विधि	निगमन विधि
2. यह विधि 'स्थूल से सूक्ष्म' एवं 'ज्ञात से अज्ञात' की ओर चलती है।	2. यह विधि 'सूक्ष्म से स्थूल' एवं 'अज्ञात से ज्ञात' की ओर चलती है।
3. यह विधि मनोवैज्ञानिक एवं अवबोध पर आधारित है।	3. यह विधि अमनोवैज्ञानिक एवं रटने पर आधारित है।
4. इस विधि में उदाहरणों के माध्यम से नये नियम या सिद्धान्त निकाले जाते हैं।	4. इस विधि में नियम या सिद्धान्त पूर्व में ही बता दिए जाते हैं फिर उदाहरणों के द्वारा हल किया जाता है।
5. यह विधि सामान्यीकरण में सहायक है।	5. इस विधि में छात्र सामान्यीकरण में सहायक नहीं है।
6. यह विधि छोटी कक्षाओं के लिए उपयुक्त है।	6. यह विधि उच्च कक्षाओं के लिए उपयुक्त है।
7. इस विधि में तार्किक शक्ति का विकास होता है एवं आत्मविश्वास जाग्रत होता है।	7. इस विधि में तार्किक शक्ति का विकास नहीं होता है।
8. इससे निरीक्षण शक्ति का विकास होता है।	8. इस विधि से निरीक्षण शक्ति का विकास नहीं होता है।
9. इस विधि में बालक अपनी सूझ के द्वारा ज्ञान प्राप्त करता है।	9. इस विधि में छात्र को रटना पड़ता है।
10. छात्र प्रत्येक पद का महत्व एवं उसे लिखना जानता है।	10. इस विधि में छात्र बहुत से पदों को लिखना सीख जाते हैं।
11. उचित तर्क सहित विषयवस्तु का 'कैसे' और 'क्यों' स्पष्ट हो जाता है।	11. 'कैसे' तथा 'क्यों' का कोई स्पष्टीकरण नहीं होता।
12. यह एक खोज विधि है।	12. यह खोज विधि नहीं है।
13. यह दीर्घ अवधि विधि है।	13. यह अल्प एवं द्रुत विधि है।
14. नवीन ज्ञान का पूर्व ज्ञान से उचित संबंध होता है।	14. नवीन ज्ञान के साथ पूर्व ज्ञान कोई मेल नहीं खाता है।

गणित शिक्षण के लिए दोनों विधियों का प्रयोग आवश्यक है, क्योंकि आगमन विधि विशेष उदाहरणों से सामान्यीकरण या सिद्धांत प्राप्त करती है जबकि निगमन विधि निगमित परिणामों का प्रयोग है। एक-दूसरे के बिना पूर्ण नहीं है, इसलिए गणित शिक्षण में दोनों में संबंध होना चाहिए। कुछ शिक्षाशास्त्रियों का यह मानना है कि यह दोनों एक सिक्के के दो पहलू हैं, इसी कारण एक दूसरे के पूरक हैं। बैगनर (Wagner) के शब्दों में, ''विधि के बारे में प्रतियोगिता का हल आगमन तथा निगमन में से चयन नहीं है अपितु आगमन तथा निगमन को स्वीकार करना है।'' ("The true solution of the contest about method is not to be found in the selection of Induction and Deduction but in the acceptance of both induction and deduction.")

यह विधि संयुक्त रूप से आगमन-निगमन विधि के नाम से जानी जाती है। इस विधि का प्रयोग करते समय पहले आगमन विधि से प्रारंभ किया जाता है और बाद में निगमन विधि

का प्रयोग किया जाता है, निगमन विधि सैद्धांतिक विषय सामग्री के लिए अधिक उपयुक्त है जबकि गणित की प्रायोगिक व्यावहारिकता के लिए आगमन विधि अधिक उपयुक्त है।

(3) परियोजना विधि (Project Method)

परियोजना विधि के प्रवर्तक अमेरिका के प्रसिद्ध शिक्षा शास्त्री जॉन डीवी के शिष्य किलपैट्रिक (Kilpatrick) हैं। ये जॉन डीवी के प्रयोजन वाद से अत्यधिक प्रभावित हुए और इस विधि द्वारा शिक्षा के समस्त अंगों को एकता के सूत्र में बाँधकर शिक्षण को अत्यधिक रूचिकर एवं जीवनोपयोगी बनाने का भरपूर प्रयास किया। 'प्रोजेक्ट' विधि या परियोजना शब्द के अलग-अलग पक्षों को जानने से पहले यह आवश्यक है कि इसके अर्थ को समझने का प्रयास किया जाए।

परियोजना विधि का अर्थ (Meaning of Project Method)

परियोजना (Project) या प्रोजेक्ट शब्द के अर्थ को अनेक शिक्षा शास्त्रियों ने कई प्रकार से पारिभाषित किया है। सभी ने इनकी अलग-अलग व्याख्या की है। जो इस प्रकार से हैं–

(1) पारकर (Parkar) के अनुसार–"यह कार्य की एक इकाई है जिसमें छात्रों को योजना और उद्देश्य निर्धारित करने के लिए उत्तरदायी बनाया जाता है।"

(2) थॉमस तथा लैंग (Thomess & Lang) के अनुसार–"प्रोजेक्ट इच्छानुसार सम्पादित वह कार्य है जिसमें रचनात्मक प्रयास अथवा विचार हों और जिसनें कुछ मूर्त परिणान निकलें।"

(3) बैलर्ड (Ballard) के अनुसार–"प्रोजेक्ट यथार्थ जीवन का ही एक भाग है, जो विद्यालय में प्रयोग किया जाता है।"

(4) किलपैट्रिक (Kilpatrick) के अनुसार–"प्रोजेक्ट वह उद्देश्य पूर्ण कार्य है जिसे लगन के साथ सामाजिक वातावरण में किया जाता है।"

(5) प्रो० स्टीवेन्सन (Prof. Stevenson) के अनुसार–"प्रोजेक्ट एक समस्या मूलक कार्य है। जिसे स्वाभाविक परिस्थितियों में पूर्ण किया जाता है।"

उपरोक्त वर्णित परिभाषाओं के आधार पर 'प्रोजेक्ट का अर्थ है छात्रों के वास्तविक जीवन से सम्बन्धित किसी भी समस्या का हल प्राप्त करने के लिए अच्छी तरह से चयनित हुआ और प्रसन्नतापूर्वक हाथ में लिया जाने वाला वह कार्य जिसको पूर्ण स्वाभाविक परिस्थितियों में सामाजिक वातावरण में ही पूर्ण किया जाता है।

परियोजना विधि के सिद्धान्त (Principles of Project Method)

परियोजना विधि के आधारभूत सिद्धान्त निम्नलिखित हैं–

1. *रोचकता* (*Interest*)–इस प्रणाली में परियोजना का कार्य छात्र स्वयं करते हैं, और उन्हें अपने इस कार्य में रुचि होती है। यह ध्यान रखना चाहिए कि छात्रों के समक्ष प्रस्तुत की जाने वाली समस्याएँ रुचिकर होनी चाहिए।

2. *उपयोगिता* (*Utility*)–प्रत्येक छात्र उपयोगी कार्यों में ही रूचि लेते हैं, और उन्हें वे शीघ्र ही कर लेते हैं। अतएव परियोजना का उपयोगी होना भी अत्यन्त आवश्यक है।

3. *क्रियाशीलता* (*Activity*)–इस विधि में क्रिया को प्रमुखता दी जाती है। इसलिए यह

क्रियाशीलता का सिद्धान्त 'स्वयं करके' विधि पर आधारित है। छात्र का सीखना इस विधि पर आधारित होता है, इसमें वह पूर्णरूपेण सक्रिय रहता है।

4. *उद्देश्यपूर्णकार्य* (*Purposeful Function*)–परियोजना का कुछ न कुछ उद्देश्य होता है। शिक्षक छात्रों के समक्ष उद्देश्यपूर्ण कार्य करता है।

5. *स्वतन्त्रता* (*Liberty*)–इस प्रणाली में छात्रों को स्वयं अपना कार्य करने की पूर्ण स्वतन्त्रता होती है।

6. *वास्तविकता* (*Reality*)–प्रोजेक्ट के माध्यम से जो कार्य कराए जाते हैं, वे वास्तविक परिस्थितियों के अनुकूल होते हैं, जिसके फलस्वरूप छात्रों को प्रेरणा प्राप्त होती है।

7. *सामाजिकता* (*Socialization*)–प्रोजेक्ट विधि के अन्तर्गत जो भी क्रिया की जाती है, उसके द्वारा छात्रों को अनेक अवसर प्रदान किए जाते है, जिनके माध्यम से उनको सामाजिक जीवन का अनुभव हो सके एवं उनके अन्दर सहयोग की भावना का विकास है। अत: छात्र में सामूहिक रूप से कार्य करके सहयोग, सद्भावना और प्रेम जैसे सामाजिक गुणों का विकास होगा।

8. *स्वाभाविक या स्वेच्छापूर्ण* (*Spontaneity*) छात्र स्वाभाविक रूप से कार्य करता है।

9. *मितव्ययी* (*Economical*) यह मितव्ययी है।

परियोजना विधि की कार्य योजना (Working Plan of Project Method)

किसी भी परियोजना के संचालन के लिए निश्चित क्रम के अनुसार निम्नलिखित पदों का वर्णन करना आवश्यक है–

1. *परिस्थिति प्रदान करना* (*Providing a Situation*)–सर्वप्रथम अध्यापक छात्रों की योग्यताओं एवं क्षमताओं के आधार पर उस प्रकार की ही स्थिति प्रदान करें, जिसमें कुछ समस्याएँ भी निहित हों। ये परिस्थितियाँ छात्रों के साथ वार्ताओं के द्वारा प्रदान की जाती है। इस प्रकार की समस्याओं का छात्रों एवं शिक्षकों की रूचियों के अनुसार होना चाहिए। जब छात्रों की रूचि एवं आकर्षण उस प्रोजेक्ट पर केन्द्रित होती है। तभी वह उस योजना को शिक्षा के समक्ष प्रस्तुत करेंगे तथा इस सन्दर्भ में शिक्षक से विचार-विमर्श करेंगे। इस प्रकार की परिस्थितियों का सामना करने के लिए ही छात्रों में अनुकूल प्रोजेक्ट को हाथ में लेने की इच्छा जाग्रत होती है।

2. *चयन और उद्देश्य* (*Selection and Objectives*)–इस चरण के अन्तर्गत शिक्षक छात्रों के द्वारा जिन-जिन परिस्थितियों का चयन किया गया है, वे उनसे सम्बन्धित समस्याओं पर विचार-विमर्श करेंगे और प्रोजेक्ट के रूप में किसी भी ऐसी समस्या का चयन करेंगे, जिसमें कि अधिकांश छात्रों की रूचि हो। विद्यार्थियों पर परियोजना का चयन थोपना नहीं चाहिए। विचार-विमर्श के द्वारा ही शिक्षक को परियोजना के गुण और दोषों से बालकों को अवगत करा देना चाहिए। यदि कोई छात्र गलत परियोजना का चयन करता है तो शिक्षक युक्ति से उनका उचित मार्ग दर्शन कर सकते हैं।

3. *योजना निर्माण* (*Planning*)–चयन की प्रक्रिया के बाद छात्रों को अपने प्रोजेक्ट की विस्तृत जानकारी लेकर योजना तैयार करनी चाहिए। इस कार्य में शिक्षक छात्रों का उचित मार्गदर्शन कर सकता है। लेकिन अपने सुझावों को थोपना नहीं चाहिए। शिक्षक को अपने मन ही मन दो-तीन योजनाएँ तैयार कर लेनी चाहिए। प्रत्येक छात्र को बहस में भाग लेने के लिए

प्रोत्साहित करना चाहिए। प्रत्येक छात्र को चाहिए कि वह योजना को अपनी कॉपी में नोट कर लें। योजना में सभी छात्रों में कार्य का विभाजन किया जाना चाहिए इससे छात्रों में सहकारिता का विकास होता है।

4. *परियोजना कार्यान्वित करना* (*Executing the Project*)—कार्यक्रम बन जाने के पश्चात् प्रत्येक बालक अपना कार्य 'क्रिया के द्वारा सीखना' के आधार पर स्वयं कार्य करता है। सम्पूर्ण छात्र अपनी योग्यता और सामर्थ्य के अनुसार अपने-अपने उत्तरदायित्वों का निर्वहन करते हैं। शिक्षक को उनके कार्य में सहायता, निरीक्षण, प्रोत्साहन एवं आदेश भी देना चाहिए।

5. *कार्य का मूल्यांकन* (*Evaluation of Project*)—जब कार्य पूर्णरूप से समाप्त हो जाये तो सम्पूर्ण कार्य का मूल्यांकन करना चाहिए एवं पाई गयी त्रुटियों को नोट किया जाना चाहिए। छात्रों को देखना चाहिए कि परियोजना के उद्देश्य किसी सीमा तक प्राप्त कर लिए गए हैं। तथा उनमें क्या कमी रह गई है।

6. *कार्यों का लेखा-जोखा रखना* (*Recording*)—परियोजना से संबंधित समस्त रिकॉर्ड रखना चाहिए। रिकॉर्ड परियोजना के समस्त पदों से सम्बन्धित रखा जाना चाहिए। परियोजना की योजना, उसे लागू करने सम्बन्धित नियम, उद्देश्य तथा मूल्यांकन से सम्बन्धित रिकॉर्ड रखा जाना चाहिए। इस रिकॉर्ड में छात्रों को प्रदान किए गए कार्य आदि भी शामिल है। इसी रिकॉर्ड में परियोजना के लिए उपयोग की गई धनराशि, पुस्तकें, चार्ट, मॉडल आदि सम्मिलित किए जाने चाहिए।

7. *सुझाव* (*Suggestions*)—सुझाव परियोजना विधि का अन्तिम चरण है। ये सुझाव योजना पुस्तिका के अन्त में दिए जाते हैं, और जो कमियाँ छात्रों ने अनुभव की, उन कमियों से संबंधित सुझाव छात्र इसमें देते हैं। इन सुझावों से ये लाभ है कि भविष्य में जो अन्य समस्या हम इस विधि से चुनें, उनमें ये कमियाँ न रहें। इसके लिए इनकी भूमिका भी अत्यन्त महत्वपूर्ण होती है।

परियोजना विधि के गुण (Merits of Project Method)—परियोजना विधि का महत्व निम्नलिखित बिन्दुओं के द्वारा स्पष्ट किया जा सकता है—

1. *प्रत्यक्ष अनुभव होना* (*Direct Experience*)—परियोजना विधि के द्वारा छात्रों को स्वयं निरीक्षण, सर्वेक्षण एवं मापन आदि के भरपूर अवसर प्राप्त होते हैं, जिससे उन्हें स्थिति और तथ्यों का प्रत्यक्ष अवलोकन होता है।

2. *मनोवैज्ञानिकता* (*Psychological*)—प्राय: देखा जाता है कि छात्रों में जिज्ञासा या उत्सुकता की प्रवृत्ति उग्र रूप में विद्यमान रहती है। छात्रों में क्रियाशीलता होती है साथ ही रचना की प्रवृत्ति भी जाग्रत होती है।

3. *प्रयोगात्मकता* (*Experimental*)—योजना विधि के द्वारा छात्र स्वयं प्रयोग करके उपकरणों आदि के द्वारा मापन, सर्वेक्षण आदि के आधार पर तथ्यों, घटनाओं एवं विभिन्न परिस्थितियों का भी ज्ञान प्राप्त करते हैं।

4. *करके सीखना* (*Learning by Doing*)—प्रत्येक छात्र स्वयं करके सीखता है, इससे छात्रों में सम्बन्धित विषय के प्रति अधिक उत्साह, रूचि एवं आत्म विश्वास जाग्रत होता है। इस विधि का मूल आधार 'करो और सीखो' है। इसमें यह संकल्पना की जाती है कि अनुप्रयोग के आधार पर ही ज्ञान की उत्पत्ति होती है।

5. *उपयोगिता या व्यवहारिकता* (*Utility or Practicability*)–इस विधि के अन्तर्गत छात्र के द्वारा सीखे गए ज्ञान, तथ्यों एवं नियमों को दैनिक–जीवन की समस्याओं में उपयोग कर सकते हैं। इसमें सामाजिक–व्यवहारिक जीवन से सम्बद्ध समस्या को लेकर सीखे गए ज्ञान का उपयोग कराया जाता है। इस अर्जित किए गए ज्ञान को अन्य स्थितियों में और अन्य समस्याओं में भी उपयोग करना जानते हैं।

6. *मानसिक विकास* (*Mental Development*)–इस विधि में छात्र स्वयं सोचने, निरीक्षण करने एवं परस्पर वाद–विवाद द्वारा किसी समस्या को हल करने का प्रयास करते हैं। इस प्रकार उनका मानसिक विकास उचित दिशा में होता है।

7. *वास्तविकता पर आधारित* (*Based on Reality*)यह विधि पुस्तकीय ज्ञान में विश्वास कम करती है। यह विधि वास्तविकता यथार्थ समस्याओं को हल करना सिखाती है एवं वास्तविकता की शिक्षा के लिए प्रेरित करती है।

8. *उत्तरदायित्व की भावना का विकास* (*Development of Feeling of Responsibility*)–छात्र स्वयं ही प्रायोजना पर कार्य करता है, तथा स्वयं ही पूर्ण करता है, जिससे उत्तरदायित्व की भावना प्रबल होती है।

9. *आत्मविश्वास का विकास* (*Development of Self Confidence*)–परियोजना विधि के अन्तर्गत छात्र अक्सर अपने कार्य हाथ से करते हैं। इसलिए उन्हें हाथ से कार्य को करने का आनन्द प्राप्त होता है। इससे उनके अन्दर आत्मविश्वास की भावना जागृत होती है।

10. *प्रजातांत्रिक भावना का विकास* (*Development of Democratic Feeting*)–परियोजना विधि पूर्णरूप से प्रजातान्त्रिक भावनाओं पर आधारित है। इस पद्धति में विचार–विमर्श, परियोजना चुनने तक कार्य करने की पूर्ण स्वतन्त्रता प्रदान की जाती है। छात्र पारस्पकि सहयोग एवं सामूहिक भावना द्वारा प्रोजेक्ट को पूर्ण करते हैं। इस प्रकार उनमें परस्पर प्रजातान्त्रिक भावना का विकास होता है।

11. *अत्यधिक रुचिपूर्ण* (*More Interesting*)–यह प्रणाली अत्यधिक रुचिपूर्ण है, क्योंकि छात्र समस्या हल करने में आनन्द का अनुभव करते हैं, एवं उद्देश्य की स्पष्टता उन्हें कार्य करने के लिए प्रेरित करती है।

12. *सर्वांगीण विज्ञान में सहायाक* (*Helpful in All Round Development*)–इस प्रणाली से छात्रों का सर्वांगीण विकास होता है। छात्र विभिन्न समस्याओं को हल करने के अपने प्रयास करते हैं। इससे उनमें आत्म–विश्वास की भावना जाग्रत होती है।

परियोजना के गुण (Qualities of a Good Project)–एक अच्छी परियोजना में निम्नलिखित गुण होते हैं–

(1) ऐसी परियोजना जो छात्र एवं शिक्षक दोनों ही को सक्रिय रखे, उत्तम परियोजना कहलाती है। इसमें छात्रों की सक्रियता अत्यधिक आवश्यक है।

(2) एक अच्छी परियोजना का सबसे पहला एवं आवश्यक गुण यह है कि परियोजना उद्देश्यपूर्ण एवं लाभदायक होनी चाहिए।

(3) परियोजना कार्य उपलब्धि के योग्य होना चाहिए।

(4) छात्रों को परियोजना कार्य की स्पष्टता होनी चाहिए।

(5) परियोजना कार्य चुनौती पूर्ण होना चाहिए और छात्रों को प्रयास करने के भरपूर अवसर प्रदान करना चाहिए। परियोजना अधिक कठिन भी नहीं होनी चाहिए और न ही अधिक आसान ही होनी चाहिए।

(6) प्रस्तुत परियोजना समुदाय की आवश्यकता के अनुसार ही होनी चाहिए।

(7) परियोजना से प्राप्त अनुभव लाभकारी होना चाहिए। परियोजना कार्य आवश्यक रूप से पूरा किया जाना चाहिए और आगे ज्ञान प्राप्त करने के लिए परियोजना छात्रों को अधिक प्रोत्साहन प्रदान करे।

(8) परियोजना सस्ती होनी चाहिए और उसमें समय भी कम लगता है।

(9) परियोजना छात्र को मानसिक और शारीरिक रूप से व्यस्त रखे।

(10) एक अच्छी परियोजना उसे माना जाता है जिससे विद्यार्थी-क्रिया को प्रोत्साहन मिले और छात्रों में स्वतन्त्र चिन्तन और योजना को प्रोत्साहन देना चाहिए।

परियोजना विधि के दोष (Demerits of Project Method)–परियोजना विधि के प्रमुख दोष निम्नलिखित हैं–

(1) परियोजना के लिए सुसज्जित प्रयोगशालाएँ होनी चाहिए अत: यह विधि अत्यधिक खर्चीली है।

(2) परियोजना विधि में प्रोजेक्ट को पूरा करने में अत्यधिक समय लगता है।

(3) इस विधि में सम्पूर्ण समय-सारणी को व्यवस्थित करना पड़ता है।

(4) उच्च कक्षाओं का पाठ्यक्रम प्रोजेक्ट के द्वारा पूरा किया जा सकता है।

(5) इस विधि में अध्यापक पर कार्य का अधिक बोझ बढ़ता है। अधिकतर समय योजना बनाने, तैयारी करने एवं मूल्यांकन में ही लगा रहता है।

(6) परियोजना कार्यों में कौशलों के अभ्यास के लिए अवसर प्रदान नहीं किए जाते हैं। जैसे गणित के विषय में अभ्यास अत्यावश्यक है।

(7) परियोजना के लिए सन्दर्भ सामग्री का अभाव रहता है।

(8) विषय का विकास, क्रम से नहीं हो सकता है। शिक्षण कार्य संगठित एवं निरन्तर होता है।

(9) परियोजना के पदों के अनुसार लिखी गई पुस्तकें उपलब्ध नहीं है।

(10) इस विधि से यदि शिक्षा दी जाए तो पूरा पाठ्यक्रम एक वर्ष की अवधि में पूरा नहीं किया जा सकता है।

(11) यह विधि निम्नकक्षाओं के लिए लाभदायक है लेकिन उच्च कक्षाओं में यह कार्य अधिक लाभदायक नहीं होता है।

गणित में प्रोजेक्ट के उदाहरण

(*i*) गणित प्रदर्शनी का आयोजन

(*ii*) गणित संग्रहालय की स्थापना

(*iii*) गणित प्रयोगशाला की स्थापना

(*iv*) गणित संबंधी हस्त निर्मित उपकरणों का निर्माण

(*v*) स्कूल बैंक का क्रियान्वयन

(*vi*) स्कूल बजट का अध्ययन

(*vii*) विभिन्न देशों की मुद्रा का संग्रह एवं अध्ययन

परियोजना विधि में शिक्षक की भूमिका (Role of Teacher in Project Method)—यह विधि छात्र केन्द्रित है, इसलिए इस विधि में छात्र का सक्रिय रहना आवश्यक है। क्योंकि इसकी सक्रियता के अभाव में कार्य सफल नहीं हो सकता है। इसमें छात्र सक्रिय बने रहे, इसके लिए प्रेरित करने के लिए शिक्षक की महत्वपूर्ण भूमिका होती है। इसलिए हम कह सकते हैं कि परियोजना विधि में छात्र एवं शिक्षक दोनों ही की महत्वपूर्ण भूमिका है। छात्रों को प्रेरित करने के लिए शिक्षक की भूमिका इस प्रकार से होनी चाहिए—

(1) प्रत्येक शिक्षक को अपने सभी छात्रों के बारे में पूर्ण ज्ञान होना चाहिए, और उन्हें कार्य सौंपना चाहिए।

(2) शिक्षक को छात्रों के चरित्र एवं व्यक्तित्व के निर्माण एवं विकास में सहायक होना चाहिए, जिससे कि छात्र किसी भी कार्य का उत्तरदायित्व अपने ऊपर ले सकें।

(3) शिक्षक को किसी भी परियोजना के प्रारम्भ से ही सावधान रहना चाहिए जिससे कि प्रदत्त परियोजना कार्य सुचारू रूप से सही दिशा में अग्रसर रहे।

(4) प्रत्येक शिक्षक को चाहिए कि वह कक्षा में छात्रों को स्वतन्त्र बनाए रखे तथा छात्र में व्याप्त भय को दूर करे।

(5) किसी भी परियोजना में शिक्षक एक मार्गदर्शक, सहयोगी एवं मित्र की भूमिका अदा करता है, न कि एक तानाशाही की।

(6) प्रत्येक शिक्षक भी छात्र के साथ अध्ययन करता है।

(7) शिक्षक द्वारा छात्रों में गणित शिक्षण से सम्बन्धित उचित दृष्टिकोणों का विकास किया जाना चाहिए।

(8) शिक्षक का यह भी दायित्व है कि संकोची छात्र एवं कार्य से जी चुराने वाले छात्रों को भी परियोजना कार्य में व्यस्त रखे।

(9) शिक्षक को सम्बन्धित विषय में योग्य होना चाहिए, तथा उसमें पहल करने की भी योग्यता होनी चाहिए।

(4) प्रयोगशाला विधि (Laboratory Method)

विज्ञान शिक्षण की तरह से गणित शिक्षण को भी अत्यधिक रोचक एवं भावपूर्ण बनाने के लिए प्रयोगशाला विधि का प्रयोग किया जाता है। इस विधि के द्वारा छात्र को अपने व्यक्तिगत तरीके से प्रत्यक्ष अनुभवों के द्वारा स्वयं तथ्यों से अवगत होने का भरपूर अवसर प्रदान किया जाता है। यह विधि मुख्य रूप से 'करके सीखना', 'निरीक्षण द्वारा सीखना' एवं 'ज्ञात से अज्ञात की ओर' आदि शिक्षण सूत्रों पर आधारित है।

गणित शिक्षण की इस विधि के लिए एक सम्पूर्ण सुसज्जित प्रयोगशाला की आवश्यकता होती है। जिस प्रकार से विज्ञान में छात्र प्रयोगशाला में विभिन्न प्रयोग करते हैं, ठीक उसी प्रकार से छात्र गणित की प्रयोगशाला में भी प्रयोग करते हैं। गणित की प्रयोगशाला कुछ उपरकण जैसे—ज्यामिति के यन्त्र, सर्वे करने के यन्त्र, ज्यामिति की विभिन्न प्रकार की आकृतियों के मॉडल, गोला, बेलन, प्रिज्म, चार्ट, गत्ता, शीट, ड्राइंग बोर्ड, श्यामपट्ट, स्टेन्सिल, गणना मशीन,

ग्राफ, कागज इत्यादि। इस विधि के द्वारा छात्र गणित के विभिन्न सिद्धान्तों एवं नियमों की खोज भी कुछ प्रयोगों द्वारा ही करता है। इस प्रकार से प्रयोग के दौरान पूरे समय छात्र क्रियाशील बना रहता है। ज्यामिति में पूरी तरह प्रयोगशाला कार्य ही रहता है। जैसे कि रेखा खींचना, कोण बनाना, त्रिभुज या समान्तर चतुर्भुज की रचना करना आदि। इन सभी में ज्यामितीय यन्त्रों की आवश्यकता होती है।

उदाहरण—π(पाई) का मान ज्ञात करना।

सर्वप्रथम छात्र को, 7 इन्च व्यास का गत्ते का वृत्त काटने को शिक्षक कहेगा। इसके पश्चात् यह आदेश दिया जाता है कि उसके किनारे पर एक-चिन्ह लगाकर उसे सीधी लाइन में घुमाएँ जिससे कि एक पूरा चक्कर घूम जाये और उस लम्बाई को नापकर वृत्त की परिधि ज्ञात करे। इसके बाद वृत्त की परिधि को उसके व्यास से भाग देकर भिन्न को ज्ञात करें। इसमें छात्र यह देखेंगे कि यह भिन्न लगभग 22/7 या 3.14 आता है। इस प्रयोग को छात्रों से अलग-अलग व्यास वाले वृत्तों द्वारा दोहराकर निम्नलिखित तालिका के सूत्र में उनके व्यास और परिधि को लिखवाकर उनका अनुपात निकलवाकर मान ज्ञात करते हैं। इस प्रकार छात्र यह नियम ज्ञात कर लेते हैं कि वृत्त का व्यास और उसकी परिधि का अनुपात लगभग 22/7 होता है, जिसको एक ग्रीक अक्षर π (पाई) के द्वारा व्यक्त करते हैं।

वृत्त संख्या	व्यास	परिधि	π = परिधि/व्यास
1	7 सेमी०	22 सेमी०	22/7
2	14 सेमी०	44 सेमी०	44/14 = 22/7
3	21 सेमी०	66 सेमी०	66/21 =22/7
4	28 सेमी०	88 सेमी०	88/28 =22/7

प्रयोगशाला विधि के गुण (Merits of Laboratory Method)—प्रयोगशाला विधि के गुण निम्नलिखित हैं—

(1) यह विधि कम आयु के बच्चों के लिए अधिक उपयोगी है।
(2) इस विधि के प्रयोग से छात्र अपनी तीनों ज्ञानेन्द्रियों आँख, कान एवं हाथ का प्रयोग करके स्थाई ज्ञान को प्राप्त करता है।
(3) इसमें 'सूक्ष्म से स्थूल की ओर', 'ज्ञात से अज्ञात' की ओर तथा 'स्वयं करके सीखो' शिक्षण सूत्रों प्रयोग किया जाता है।
(4) इसमें गुरु एवं शिष्य के मध्य सम्बन्ध मधुर बनते हैं।
(5) यह अन्वेषण करने की प्राकृतिक विधि है।
(6) इस विधि के द्वारा शिक्षण के मुख्य उद्देश्य 'कौशल' को प्राप्त करने में पर्याप्त सहायता प्राप्त होती है।
(7) इसमें गणित के नियमों, सिद्धान्तों एवं परिभाषाओं का स्पष्ट ज्ञान प्राप्त करना सम्भव है।
(8) छात्रों में निरीक्षण एवं तर्क करने की क्षमता का भी विकास होता है।
(9) प्रयोगशाला एवं कक्षा के बाहर गणित के प्रयोग एवं अध्ययन के पर्याप्त अवसर छात्रों को प्राप्त होते हैं।

(10) यह विधि मनोवैज्ञानिक दृष्टि से अत्यन्त उपयोगी है।

(11) यह विधि मनोविज्ञान पर आधारित है। मानसिक क्षमताओं का विकास करती हैं।

(12) इसके अन्तर्गत खोज करने का ढंग प्राकृतिक है, अत: बालक आसानी से सीख जाते हैं।

(13) यह स्थाई ज्ञान प्राप्त करने का साधन है।

(14) इस विधि में बालक स्वयं हाथ से निष्कर्ष प्राप्त करते हैं।

(15) इस विधि से स्पष्ट धारणाओं का सृजन होता है जो स्थाई चित्र, मन, मस्तिष्क पर बनाती है।

(16) इसके प्रयोग से छात्र में वैज्ञानिक दृष्टिकोण उत्पन्न होता है क्योंकि स्वक्रिया द्वारा ही परीक्षण किया जाता है।

(17) कक्षा के समस्त छात्र साथ-साथ कार्य करते हैं। अत: अनुशासन की भावना एवं पारस्परिक समीप आने की सम्भावना अधिक मजबूत होती है।

प्रयोगशाला विधि के दोष (Demerits of Laboratory Method)—प्रयोगशाला विधि में निम्नलिखित दोष हैं—

(1) यह विधि अत्यधिक खर्चीली है, इसलिए सभी विद्यालयों में प्रयोग नहीं की जा सकती है।

(2) कम संख्या के छात्रों की कक्षाओं में ही इस विधि का प्रयोग किया जा सकता है।

(3) इस विधि से शिक्षण कार्य में समय अधिक लगता है। जिससे गणित के विस्तृत पाठ्यक्रम को सीमित समय में पूरा नहीं किया जा सकता है।

(4) यह विधि छोटी कक्षाओं के लिए अधिक उपयोगी नहीं है, क्योंकि उन छात्रों का बौद्धिक एवं मानसिक स्तर इतना विकसित नहीं होता है कि वे स्वयं प्रयोग करके सूत्र अथवा नियमों का सत्यापन कर सकें।

(5) गणित के कुछ प्रकरणों को ही इस विधि द्वारा सीखा जा सकता है।

(6) सभी शिक्षक इस विधि का प्रभावशाली उपयोग नहीं कर सकता है।

(7) सभी गणितीय सिद्धान्तों, नियमों तथा सूत्रों का प्रयोगशाला में सत्यापन करना कोई सरल काम नहीं है।

(8) इस विधि की गति अत्यधिक धीमी है।

इस प्रकार एक विशिष्ट प्रयोगशाला विधि के लाभ एवं सीमाओं को ध्यान में रखते हुए गणित शिक्षण में इनका प्रभावशाली उपयोग कर सकते हैं।

गणित प्रयोगशाला में किए जा सकने वाले प्रयोग

गणित की प्रयोगशाला में विभिन्न गणितीय, नियमों, सूत्रों एवं सिद्धान्तों आदि को सत्यापित किया जा सकता है। गणित से सम्बन्धित कुछ प्रयोग निम्नलिखित हो सकते हैं, जिसे छात्र प्रयोगशाला में आसानी से करके जाँच कर सकते हैं—

(1) माप-तौल की विभिन्न इकाइयों से सम्बन्धित प्रयोग।

(2) चाल, समय, दूरी, काम और औसत से सम्बन्धित प्रयोग।

(3) संख्याओं के वर्गमूल एवं घनमूल की सारणी तैयार करना एवं उनका मान ज्ञात करना।
(4) विभिन्न ज्यामितीय आकृतियों का क्षेत्रफल, आयतन, पृष्ठीय क्षेत्रफल आदि गणना एवं उनके प्रतिमान बनाना।
(5) विभिन्न गणितीय आँकड़ों को लेखा चित्र द्वारा प्रदर्शित करना।
(6) रेखा गणित विभिन्न प्रमेयों को सिद्ध करना तथा उनसे सम्बन्धित प्रतिमान तैयार करना।
(7) गणितीय तथ्यों, सूत्रों, नियमों आदि का संकलन एवं उनकी सारणी या चार्ट बनाना।

निष्कर्ष में हम यह कह सकते हैं कि यह विधि छोटी कक्षाओं के लिए अत्यधिक उपयुक्त है क्योंकि इस स्तर पर पढ़ाना स्थूल से एवं उदाहरणों के द्वारा होना चाहिए। बहुत सारे विषय जैसे ज्यामिति और माप को इस विधि द्वारा सफलता से पढ़ाया जा सकता है। इसमें कोई सन्देह नहीं है कि इस विधि में समय अधिक लगता है और यह एक दीर्घ अवधि विधि है लेकिन यह अवगुण भी दूर किया जा सकता है यदि इसे प्रभावी ढंग से प्रयोग किया जाए। जिन स्कूलों का बजट सामान को खरीदने की अनुमति नहीं देता तो वहां हाथ से सस्ता सामान बनवाना चाहिए।

(5) ह्यूरिस्टिक विधि (अन्वेषण विधि) (Heuristic Method)

इस विधि को अन्वेषण विधि या 'स्वयं ज्ञान' विधि के नाम से भी जाना जाता है। इस विधि के जन्म दाता प्रोफेसर एच०ई० आर्मस्ट्राँग है। सर्वप्रथम इस विधि का प्रयोग शिक्षण में किया गया, लेकिन बाद में इसकी व्यापक उपयोगिता को देखकर इस विधि का प्रयोग अन्य विषयों में भी होने लगा। जैसाकि इस विधि के नाम से स्पष्ट है। यहाँ पर चालक को अन्वेषक की स्थिति में रख दिया जाता है। ह्यूरिस्टिक शब्द ग्रीक भाषा के Heurisco शब्द से निकला है, जिसका अर्थ है–I discover मैंने मालूम किया है। इस शब्द के पीछे एक अन्त: कथा छिपी है। आर्कमिडीज़ ने जब अपने विशिष्ट भार के प्रसिद्ध सिद्धान्त को मालूम कर लिया। वह सड़क पर चिल्लाता भागा था। 'यूरे का यूरे का' अर्थात् मैंने मालूम कर लिया है, मैंने मालूम कर लिया। इस कथा के आधार पर अपने आप सीखने की विधि को अन्वेषण कहते हैं।

इस विधि के अन्तर्गत छात्रों को कम से कम बताना और उनको स्वयं अधिक से अधिक खोज करके सत्य को पहचानने की प्रेरणा प्रदान की जाती है। इस विधि के तथ्यों पर हरबर्ट स्पेन्सर का कथन है कि–"बालकों को जितना सम्भव हो कम से कम बताया जाये और प्रोत्साहित किया जाये।" इस विधि में शिक्षक छात्र को कम से कम बताता है, शिक्षक केवल उनके समक्ष समस्याएँ प्रस्तुत करता है। जिनको वह पुस्तकों एवं यन्त्रों की सहायता से स्वयं के प्रयासों के द्वारा सरल करते हैं। छात्र आवश्यकता पड़ने पर अपने शिक्षकों से मार्गदर्शन प्राप्त करते हैं। इस विधि में छात्र का दृष्टिकोण मात्र एक खोज करने वाले की तरह से होना चाहिए। यहाँ पर छात्र से यह आशा की जाती है कि वह विषय पर बार-बार खोज करे। इसका आशय यह नहीं है कि जो तथ्य उसे पहले ही ज्ञात हो चुके हैं, उनसे वह लाभ न उठाए।" शिक्षक एवं पाठ्य पुस्तक का यह मुख्य कार्य है कि जो काम करना है एवं जो समस्यायें हल करनी है,

उन्हें इस प्रकार से व्यक्त करें कि उसकी खोज छात्र को करनी पड़े, तथा इस बात का भी ध्यान रखा जाना चाहिए कि प्रस्तुत की गई समस्या उसकी शक्ति से बाहर न हों तथा अन्त में वह विषय का एक अच्छा ज्ञान प्राप्त कर सके।'' उक्त कथन प्रोफेसर यंग द्वारा व्यक्त किया गया है।

जब छात्र गणित शिक्षण में ह्यूरिस्टिक विधि को अपनाता है तभी वह गणित के अध्ययन का मूल्य प्राप्त करता है। यह ध्यान रखना चाहिए कि हम इस विधि की आत्मा को त्यागकर उसके शरीर पर जोर न दें। इस विधि के अन्तर्गत 'Practice makes a man Perfect' (अभ्यास एक व्यक्ति को निपुण बनाता है) तथा 'Learning by doing' (करके सीखना) दो प्रमुख शिक्षण सूत्रों का प्रयोग किया जाता है। यह विधि निर्माणात्मक है, सूचनात्मक नहीं।

अन्वेषण विधि को स्पष्ट करते हुए वेस्टोव ने कहा है–''वस्तुत: अन्वेषण विधि का प्रयोजन किसी विधि में उचित प्रशिक्षण दिलाने से है। वहाँ ज्ञान दूसरा पहलू है।''

(Essentially, therefore, the Hearistic Method is intended to Provide a training in Method. Knowledge is a Secondary Consideration altogather.

—*Westaway*)

इस विधि को पारिभाषित करते हुए प्रोफेसर आर्मस्ट्राँग ने कहा है–'' अन्वेषण विधि वह विधि है, जिसमें हम छात्र को अन्वेषक की स्थिति में रखते हैं।''

(Heuristic method of Teaching are methods which involve our Present student as far as Possible in the attitude of discoverers, methods which involved their finding out instead of merely told about things. —*Prof. Armstrong*)

उदाहरण–(Example)

समान्तर चतुर्भुज की विशेषताओं की खोज करना।

उपरोक्त वर्णित समस्या को ह्यूरिस्टिक विधि से हल करने के लिए सबसे पहले शिक्षक अपने छात्रों के समक्ष कागज पर बनी विभिन्न आकार की समान्तर चतुर्भुज की आकृतियाँ प्रस्तुत करेगा। अब छात्रों से यह पूछा जायेगा कि वे अपने प्रयासों के आधार पर इन प्रदत्त समान्तर चतुर्भुज की आकृतियों की विशेषताओं की खोज करने की प्रक्रिया के बारे में विचार व्यक्त करें। स्पष्ट है कि छात्र इन विभिन्न आकृतियों के अंगों एवं अन्य तथ्यों का निरीक्षण एवं मापन करना शुरू कर देगा। प्रयास करने के बाद यदि वे यह निष्कर्ष निकाल सकें कि प्रत्येक आकृति की आमने-सामने की भुजाएँ समान हैं, तथा उनके आमने-सामने के कोणों का योग भी बराबर है, तब छात्र विश्वास के साथ यह कह सकते हैं कि प्रत्येक समान्तर चतुर्भुज के आमने-सामने की भुजाएँ बराबर होती हैं तथा उनके आमने-सामने के कोणों का योग भी बराबर होता है। इस प्रकार छात्र अपने स्वयं प्रयासों के आधार पर सामान्तर चतुर्भुज की विशेषताओं की खोज सफलता से कर लेते हैं। जिससे उनके अन्दर आत्मसंतोष, खुशी एवं आत्मविश्वास की भावना का विकास होता है।

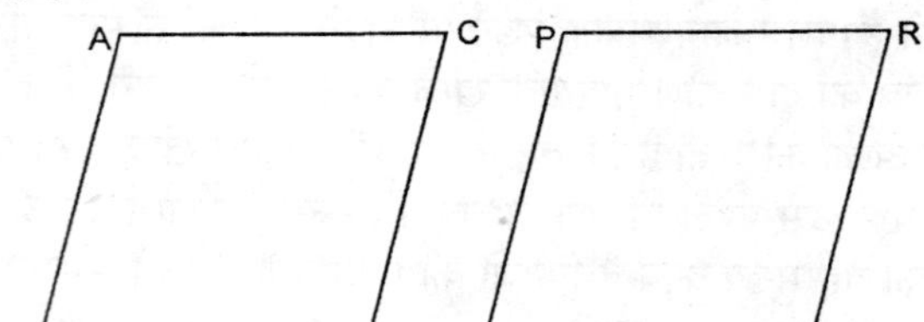

सत्य एवं असत्य ह्यूरिस्टिक विधि (True and False Heuristic Method)

सत्य ह्यूरिस्टिक (True Heuristic)	असत्य ह्यूरिस्टिक (False Heuristic)
1. वर्ग की भुजाओं के बारे में आप क्या जानते हैं?	1. क्या यह सत्य है कि वर्ग की चारों भुजायें समान होती है।
2. वृत्त का क्षेत्रफल निकालने का सूत्र क्या है?	2. क्या वृत्त के क्षेत्रफल πr^2 होता है।
3. ABCD किस प्रकार की आकृति है?	3. क्या ABCD एक समान्तर चतुर्भुज है?
4. ऐसे चित्रों के कर्णों के बारे में तुम क्या जानते हो?	4. क्या यह सही है कि समान्तर चतुर्भुज के कर्ण एक दूसरे को काटते हैं?

ह्यूरिस्टिक विधि की गुण (Merits of Heuristic Methods)—ह्यूरिस्टिक विधि के प्रमुख गुण निम्नलिखित हैं—

(1) इससे छात्रों में सत्य को जानने की उत्सुकता बनी रहती है, तथा वे तथ्यों को ध्यानपूर्वक समझने की आदत बना लेते हैं।

(2) इस विधि में छात्र ज्ञान को एक निष्क्रिय रूप से ही ग्रहण नहीं करता है, बल्कि सीखने में वह सक्रिय भाग लेता है। सीखने की क्रिया के बारे **ड्यूवी** का कथन इस प्रकार हैं—मस्तिष्क एक ब्लॉटिंग पेपर के टुकड़े के समान नहीं है जो किसी द्रव को अपने आप सोख लेता है और धारण करता है। यह तो एक जीवधारी है जिसे अपने भोजन की खोज करनी पड़ती है तथा जो अपनी वर्तमान अवस्था एवं आवश्यकता के अनुसार चुनता है और छोड़ देता है तथा जितना पचा सकता है उतना ही धारण करता है और उसे अपनी शक्ति के रूप में बदल लेता है।"

(The mind is not a piece of Blotting Paper that absorbs and retains automatically. —*Dewey*)

(3) छात्र तथ्यों एवं प्रमाणों को तर्क-विर्तक की कसौटी पर जाँच करने के बाद ही स्वीकार करते हैं।

(4) छात्रों में सही प्रकार से आलोचना करने की क्षमता का भी विकास होता है।

(5) इस विधि के द्वारा छात्रों में आत्म-विश्वास, आत्म-निर्भरता एवं वैज्ञानिक दृष्टि कोण का भी विकास होता है।

(6) इसमें छात्र नवीन ज्ञान की खोज स्वयं करता है। यह ज्ञान स्थाई एवं व्यावहारिक होता है।

(7) इस विधि के अन्तर्गत छात्रों को गृह कार्य देने की आवश्यकता नहीं होती है।

(8) शिक्षक को छात्रों के गुण एवं अवगुणों को जानने के अवसर प्राप्त होते हैं एवं वह उनसे व्यक्तिगत सम्पर्क स्थापित कर सकता है।

(9) इस विधि के द्वारा छात्रों में परिश्रम करने की आदतों का विकास होता है।

(10) विद्यार्थी सीखने की प्रक्रिया में ऐसी अनेक बातें हैं जिनकी वे सही जानकारी प्राप्त कर लेते हैं। जो केवल इस विधि के द्वारा ही सम्भव है।

ह्यूरिस्टिक विधि की सीमाएँ (Limitations of Heuristic Methods)–ह्यूरिस्टिक विधि की कुछ प्रमुख सीमाएँ इस प्रकार से हैं–

(1) इस विधि द्वारा छात्रों में मौलिक खोज की आशा की जाती है, परन्तु उनका मानसिक विकास अपेक्षित स्तर का नहीं होता है कि वे वास्तव में अनुसंधान कर सकें। इसलिए यह विधि प्राय: असफल है।

(2) इस विधि के द्वारा सम्पूर्ण पाठ्यक्रम को नहीं पढ़ाया जा सकता है।

(3) प्रत्येक कक्षा में समान क्षमता के छात्र नहीं होते हैं। इसलिए इस विधि का प्रयोग आधुनिक कक्षाओं के छात्रों के लिए सम्भव नहीं है।

(4) इस विधि में खोज कम तथा समय अधिक बर्बाद होता है।

(5) अध्यापक द्वारा शिक्षण करते समय इस विधि से अनेक कठिनाइयाँ सामने आती हैं। सभी छात्रों के लिए पर्याप्त सामग्री जुटा पाना कठिन ही नहीं बल्कि असम्भव भी है।

(6) कम छात्रों वाली संख्या के लिए यह विधि उपयोगी है।

(7) बालक का मस्तिष्क अपरिपक्व होता है, इसलिए प्राय: वह समस्या का हल प्राप्त नहीं कर पाता है। केवल यह कहना कि 'अपने आप सोचो' (Think yourself) या 'अपने मस्तिष्क का प्रयोग करो' (use Your mind) उचित नहीं है। क्योंकि हम एक औसत बालक से दूसरा यूक्लिड होने की आशा नहीं कर सकते।

ह्यूरिस्टिक प्रणाली का प्रयोग करने के सम्बन्ध में प्रोफेसर यंग द्वारा शिक्षकों को निम्नलिखित राय दी है–

"किसी भी सामग्री को पहले पढ़ाने के ढंग से नहीं बल्कि समस्यात्मक ढंग से समझना चाहिए। जो बात हम ढूँढ़ना चाहते हों तो यह कोशिश करें कि छात्र उसका अधिक से अधिक भाग को खोजकर तुम्हें बताएँ। जो कुछ तुम्हें इस प्रकार छात्र न बताएँ, तो उसे स्वयं अपने आप बता दें। जब कक्षा समाप्त हो तो पुस्तक सन्दर्भ या पुनरावृत्ति, उसे पूरा करने के लिए दी जा सकती है। कक्षा के कालांश में अधिकांश समय ऐसे कार्य दिए जाने चाहिए। कालांश के प्रारम्भिक भाग में पिछले दिवस के कार्य को दोहराना चाहिए। अभ्यासार्थ प्रश्न कक्षा में एवं कक्षा से बाहर के लिए देना चाहिए।"

(6) समस्या समाधान विधि (Problem Solving Method)

रिस्क (Risk) के अनुसार समस्या समाधान का आशय है, कठिनाइयों, उलझनों या समस्याओं का संतोषप्रद समाधान प्राप्त करने के लिए नियोजित रूप से समस्या पर आक्रमण करना। रॉस (Ross) के अनुसार समस्या–समाधान एक शैक्षिक युक्ति है जिसके द्वारा शिक्षक और शिक्षार्थी दोनों सचेत, सोद्देश्य और नियोजित रूप से किसी शैक्षिक दृष्टि से महत्त्वपूर्ण कठिनाई का समाधान या व्याख्या प्राप्त करते हैं।

किसी कार्य को करने में कठिनाई के अनुभव के रूप में समस्या सामने आती है। यह कठिनाई मानसिक या शारीरिक हो सकती है या किसी लक्ष्य की प्राप्ति के मार्ग में अवरोध स्वरूप या गति में बाधा के रूप में हो सकती है। अत: छात्रों को एहसास होता है कि इसका

समाधान होना चाहिए। इसीलिए उसे चुनौती के रूप में समझा जाता है और उसके मुकाबले के लिए तैयार हुआ जाता है।

'समस्या' की विशेषताएँ (Characteristics of a 'Problem')

शैक्षिक संदर्भ में समस्याओं की कुछ स्पष्ट विशेषताएँ होती हैं जिनकी आगे चर्चा की जा रही है :

जीवंत शैक्षिक संदर्भ से उत्पन्न (*Emergence from a Live Educational Setting*)–सामान्यत: समस्या का संबंध जीवन या शिक्षा के साथ होता है और वह छात्रों को सामान्य अनुभव सीमा में होता है।

प्रकृत्या केन्द्रीभूत (*Fucussed in Nature*)–कोई अनुभूत समस्या शिक्षण समस्या से संबंधित है या अधिगम से, यह स्पष्ट होना चाहिए। साथ ही उसे सुनिश्चित, समझने लायक, रुचिकर, छात्रों की आयु–वर्ग से संबंधित, छात्रों की योग्यताओं की सीमा में और उनके ज्ञान की सीमा में भी होना चाहिए और सबसे ऊपर, उसे विचारोत्तेजक भी होना चाहिए।

व्यावहारिक उपयोगिता (*Practical Utility*)–समस्या का व्यावहारिक मूल्य होना चाहिए और उसके समाधान या हल को छात्रों द्वारा उपयोगी समझकर ही स्वीकार किया जाना चाहिए। इसीसे छात्र उसके समाधान को प्राप्त करने के लिए परिश्रम कर सकते हैं और समाधान के प्रयत्नों में निरंतरता बनाए रख सकते हैं।

पाठ्यचर्या से संबंधित (*Curriculum Related*)–सोद्देश्य प्रयत्नों के लिए, समस्या को पाठ्यचर्या का अंग होना चाहिए, जिसके समाधान उद्देश्यों की प्राप्ति के लिए छात्रों के लिए महत्तवपूर्ण होती है।

उपलब्ध संसाधनों और समय सीमा के अनुरूप (*Within in Time Frame and Resources*)–शिक्षण/अधिगम की पद्धति के रूप में समस्या–समाधान की प्रक्रिया को शैक्षिक संस्था की अर्थ व्यवस्था के लिए अनावश्यक भार नहीं बनना चाहिए; साथ ही उसे ऐसा होना चाहिए कि उपलब्ध समय में उसका समाधान हो जाए।

समस्या समाधान के उपागम (Approaches to Problem Solving)

मूलत: समस्या समाधान के दो ही मुख्य उपागम हैं जो भिन्न–भिन्न प्रकार और विरोधी विधियों का अनुसरण करते हैं :

- आगमन विधि (Inductive Method)
- निगमन विधि (Deduction Method)

आगमन विधि में चिंतन प्रक्रिया विश्लेषण स्थिति से सामान्य स्थिति की ओर चलती है। किसी विशेष मूर्त उदाहरण और नियम के आधार पर सामान्यीकृत परिणाम प्राप्त किए जाते हैं। उदाहरण के लिए कह सकते हैं कि विटामिन सी पानी में जल्दी घुल जाता है और गरमी से जल्दी ही नष्ट हो जाता है, इसके आधार पर सामान्यीकरण किया जा सकता है कि विटामिन सी से युक्त सभी आहारों को कम से कम पानी में कम से कम ताप के साथ पकाया जाना चाहिए।

निगमन विधि में विमर्शात्मक चिंतन सामान्य से विशेष की ओर चलता है। उदाहरण के लिए जब छात्र गर्मियों में कूलर द्वारा कमरों को ठंडा होते देखते हैं तो निगमन विधि के अनुसार

वे अनुमान कर सकते हैं कि कूलर में लगे पैडों के पानी का वाष्पीकरण बाहर की गरमी के कारण होता है जिसके कारण गरमी कम होती है और गीले पैडों के माध्यम से गुजरने वाली हवा ठंडी हो जाती जिससे कमरा ठंडा हो जाता है।

समस्या समाधान पद्धति को पुष्ट करने वाले दो और महत्त्वपूर्ण विचार हैं जिनका यहाँ उल्लेख किया जा सकता है :

गवेषणा पद्धति (*Heuristic Method*)–गवेषणा शब्द का प्रचलित अर्थ है 'खोज करना'। इसे समस्या समाधान पद्धति या अनुसंधान-उपागम के लिए महत्त्वपूर्ण माना जाता है। इसका लक्ष्य है, छात्रों को अच्छा निरीक्षक, अधिक कुशल, विचारशील, सही और सत्यान्वेषी बनाना है। इससे छात्रों में स्वाध्याय और जाँच और अनुसंधान की प्रवृत्ति बढ़ती है।

खोज पद्धति (*Discovery Method*)—समस्या समाधान में वैज्ञानिक जाँच-पड़ताल की भावना रहती है जिसका आशय है, ज्ञान और सत्य की खोज करना। समस्या समाधान में भी ज्ञानार्जन की अपेक्षा ज्ञान की खोज पर अधिक बल होता है। वैज्ञानिक पद्धति को शिक्षण-अधिगम का खोजपरक उपागम भी कहा जाता है। इस पद्धति का सूत्रपात स्वीट्ज़रलैंड के पीआज्ये (Piaget) और मैसाचुसेट कैम्ब्रिज के ब्रूनर (Bruner) द्वारा किया गया था।

ब्रूनर ने खोज द्वारा अधिगम के निम्नलिखित चार लाभों की ओर संकेत किया है–

- बौद्धिक शक्ति का विस्तार
- बाह्य पुरस्कार से आंतरिक पुरस्कार की ओर बदलाव
- खोज के तर्कों की समझ
- स्मृति का प्रक्रमण/संसाधन

समस्या समाधान पद्धति के सोपान (Steps of the Problem Solving Method)

समस्या समाधान पद्धति के उपयोग के लिए मुख्यतः निम्नलिखित सोपान हो सकते हैं :

*समस्या का चयन/*पहचान (*Selecting the Problem*): समाधान के लिए समस्या की पहचान करने में शिक्षक को छात्रों की सहायता करनी चाहिए जिसके लिए वह उसके मार्ग में आने वाली विघ्न बाधाओं का विश्लेषण कर सकता है। समस्या के समाधान के लिए छात्रों को यथा-अवसर सावधान करते रहना चाहिए।

समस्या को परिभाषित करना (*Defining the Problem*): चुनी गई समस्या को छात्रों द्वारा भली-भाँति समझा जाना चाहिए। समस्या की प्रकृति उसके समाधान का रास्ता बता सकती है। समाधान की कार्य-योजना की साध्यता छात्रों की क्षमता और आवश्यक संसाधनों की उपलब्धता पर निर्भर रहती है।

किसी समस्या को परिभाषित करने के लिए हलफिश (Hullfish) और स्मिथ (Smith) ने निम्नलिखित प्रश्नों को उठाने का सुझाव दिया है :

- वास्तव में समस्या क्या है? क्या उसे उपसमस्याओं के रूप में बाँटा जा सकता है।
- क्या प्रस्तुत समस्या पहले सामने आई किसी समस्या के समान है?
- मूलतः प्रस्तुत समस्या किस प्रकार अन्य समस्याओं के समान हैं?
- प्रस्तुत समस्या किस प्रकार अन्य समस्याओं से भिन्न है?

- भिन्नताओं का क्या तात्पर्य है—नए उपागम?
- क्या उपर्युक्त के परिप्रेक्ष्य में समस्या को पुन: परिभाषित करना आवश्यक है?

संबंधित सूचना/सामग्री का संकलन और मूल्यांकन (*Collecting and Evaluating the Data*) : छात्रों के साथ समस्या को परिभाषित और परिसीमित करने के पश्चात्, उन्हें समाधान के लिए आवश्यक सूचनाओं की सूची बनाने के लिए प्रेरित करना चाहिए और फिर सूचना-संग्रह की प्रक्रिया को प्रारंभ करना चाहिए। इसे शुरू करने के लिए शिक्षक बता सकता है :

- सूचना-संग्रह के स्रोत यथा पुस्तकें, अभिलेख, प्रतिवेदन आदि
- विशेषज्ञ व्यक्ति और अन्य कार्यकर्त्ता जिनसे परामर्श किया जा सकता है।

इसके पश्चात् संग्रहीत सामग्री की जाँच करनी चाहिए कि–

- क्या सामग्री उपयुक्त और संगत है?
- क्या सामग्री पर्याप्त है?
- क्या प्रस्तुत समस्या की स्थितियों में उनका उपयोग किया जा सकता है?

वैकल्पिक समाधानों का निरूपण और उनमें किसी एक का चयन (*Formulating the Alternative Solutions*) : इसके बाद समस्या के समाधान के लिए विभिन्न संभावित उपागमों को सूचीबद्ध करना चाहिए और फिर उनके पक्ष-विपक्ष के तर्कों पर विचार-विमर्श करना चाहिए। विचार मंथन की इस प्रक्रिया के आधार पर अत्यंत उपयुक्त समाधान की पहचान की जा सकती है और इस तरह अनंतिम समाधान पर पहुँचा जा सकता है।

अंतिम समाधान की प्राप्ति (*Arriving at Final Solution*): अब दूसरा स्वाभाविक सोपान है, सभी संभावित समाधानों को एक साथ रखना। फिर उन पर विभिन्न दृष्टिकोणों से सघन विचार-विमर्श कर अंतिम समाधान प्राप्त किया जा सकता है। इसी समय शिक्षक के गहन ज्ञान और चतुरता की आवश्यकता छात्रों के मार्गदर्शन के लिए होती है जिससे वे उपयुक्त और सटीक निर्णयात्मक अनुमान कर सकें।

प्राप्त समाधान की वैधता का परीक्षण (*Testing the Validy of Solution*): निम्नलिखित की सहायता से अंतिम रूप से प्राप्त समाधान की वैधता निर्धारित की जा सकती है–

- स्थापना या प्रकल्पन (Hypothesis) का नवीन स्थितियों में अनुप्रयोग
- और आगे खोज, प्रयोग और अनुसंधान
- नवीन सूचना प्राप्ति के लिए अतिरिक्त अनुसंधान

समस्या समाधान की सम्पूर्ण प्रक्रिया में शिक्षक की रचनात्मक सहायता और मार्गदर्शन की आवश्यकता रहती है।

समस्या समाधान पद्धति के गुण (Merits of Problem Solving Method)

1. छात्रों के व्यक्तित्व के विकास में विशेष लाभ होता है।
2. छात्रों को स्वयं करके सीखने की प्रवृत्ति को उत्प्रेरित करती है।
3. छात्र सोचना सीखते हैं, तर्कपूर्ण विचार करने लगते हैं और स्वयं कुछ करने की प्रवृत्ति को विकसित करते हैं।
4. उनमें कार्य करने की क्षमता विकसित होती है और आत्मविश्वास और आत्मनिर्भरता भी।

5. उच्च श्रेणी की मानसिक क्षमताओं को बढ़ावा मिलता है।

6. छात्र में आत्मानुशासन का भाव विकसित होता है।

समस्या समाधान पद्धति की सीमाएँ (Limitations of Problem Solving Method)

1. शिक्षक और छात्र दोनों को अधिक समय लगाना पड़ता है।

2. इसका उपयोग व्यापक स्तर पर और बारंबार नहीं किया जा सकता।

3. संसाधनों की कमी भी एक विशेष बाधा है।

4. समस्या समाधान पद्धति के उपयोग के लिए व्यापक तैयारी के साथ जिस एकाग्रता की आवश्यकता होती है, उसके कारण अन्य विषयों या क्रियाकलापों की अत्यंत उपेक्षा होने लगती है जो एक बड़ी शैक्षिक हानि है।

इसीलिए माना जाता है कि शिक्षण की विभिन्न पद्धतियों के उपयोग तथा चुनाव में शिक्षक को स्वयं अपने विवेक का प्रयोग करना चाहिए और व्यावहारिक संतुलन बनाए रखना चाहिए। शिक्षक को सदा समस्याएँ छात्रों से सुलझवानी चाहिए, स्वयं समस्याओं को प्रस्ताव नहीं करना चाहिए।

(7) भाषण युक्त प्रदर्शन विधि (Lecture cum Demonstration Method)

शिक्षण पद्धति के रूप में प्रदर्शन का उपयोग उन विषयों में ही होता है जिनमें प्रयोग करने की आवश्यकता होती है, गणित उनमें से एक विषय है। निदर्शन का प्रयोग अपने आप में या भाषण पद्धति के अंग के रूप में किया जा सकता है।

शिक्षक या छात्रों द्वारा प्रदर्शन का उपयोग किसी प्रक्रिया के उन सोपानों को दिखाने के लिए किया जाता है जिनकी सहायता से कोई कार्य निष्पन्न होता है या जिनसे किसी परिणाम की गुणवत्ता प्रमाणित की जा सकती है। प्रदर्शन के बाद ही कोई व्यक्ति स्वयं प्रयोग करने में सक्षम होता है।

प्रदर्शन की सहायता से हम किसी निष्पादन या व्यावहारिक कार्य की प्रक्रिया में 'क्या करना और क्या न करना' सीख सकते हैं जो विवरण या वर्णन आदि की तुलना में अधिक प्रामाणिक होता है और इससे कोई भी व्यक्ति आश्वस्त हो सकता है।

प्रदर्शन शिक्षण की एक मूल्यवान युक्ति है। अत. जब प्रदर्शन और क्रिया के साथ भाषण दिया जाता है तो उससे उपकरणों, वस्तुओं, चीजों, मशीनों और उपयंत्रों के संबंधों को और उनके उपयोग की प्रक्रिया को हम भली-भाँति जान सकते हैं। हमें उपकरणों की भली-भाँति देखभाल करनी चाहिए और इस प्रकार रखना चाहिए कि आवश्यकता पड़ने पर उन्हें सुविधापूर्वक प्राप्त किया जा सके।

प्रदर्शन के लिए छात्रों के बैठने के लिए इस प्रकार व्यवस्था करनी चाहिए जिससे सभी उसे देख सकें। इसीलिए कक्षाओं को अर्ध चंद्राकार रंगमंच जैस बनाया जाता है जिनमें सीढ़ियों की व्यवस्था होती है।

प्रदर्शन के लिए निर्देशक को विशेष तैयारी करनी चाहिए तथा उसे अपने ज्ञान का पुनरीक्षण करना चाहिए और पहले तथा बाद में किए जाने वाले कार्यों के संबंधों को समझ लेना चाहिए जिससे वह छात्रों के प्रश्नों के उत्तर समुचित रूप से दे सके। इससे प्रदर्शन के रूप में प्रयोग

आदि करके उसका आत्मविश्वास बना रहता है। उसे बड़े उत्साह और जीवंतता के साथ निदर्शन/प्रदर्शन करना चाहिए और तनाव रहित रहते हुए छात्रों के साथ मित्रवत् व्यवहार करना चाहिए।

निदर्शन टेबिल की ऊँचाई 75 से.मी. या 30 ईंच की होनी चाहिए और निदर्शन के अनुरूप उसकी लंबाई और चौड़ाई हो सकती है। सभी ठीक से देख सकें, इसके लिए समुचित प्रकाश की व्यवस्था भी रहनी चाहिए। अच्छा हो यदि निदर्शन का पूर्वाभ्यास कर लिया जाए जिससे निदर्शनकर्त्ता को पता रहे कि कब और क्या बोलना और करना चाहिए। इस दृष्टि से निम्नलिखित सुझाव सहायक हो सकते हैं :

- मौखिक प्रस्तुति की तैयारी
- सरलता से प्राप्त करने के लिए उपकरणों का विन्यास
- बैठने, प्रकाश आदि की व्यवस्था की जाँच
- पूरी कार्य-विधि का पूर्वाभ्यास
- पूछे जाने वाले प्रश्नों की भाषा
- श्यामपट्ट पर लिखे जाने वाले प्रमुख बिन्दु
- महत्त्वपूर्ण बिन्दु और संबंध जिन पर प्रकाश डाला जाना है।

यदि संभव हो तो प्रयोगों में छात्रों को भी सहभागी बनाया जा सकता है। यह शिक्षण विधि उपयोगी सिद्ध हो सकती है। निदर्शनकर्त्ता को छात्रों की शंकाओं का समाधान करते रहना चाहिए जिससे उनके मन में किसी प्रकार की भ्रांति न रहे।

शिक्षण की पद्धति के रूप में प्रदर्शन पद्धति की कुछ सीमाएँ भी हैं। आर्थिक दृष्टि से यह व्ययसाध्य होता है और समय साध्य भी, साथ ही इसमें यह मानकर चला जाता है कि सभी छात्र समान गति से सीखते हैं। अत: प्रस्तावित है कि निदर्शन और छात्रों द्वारा किए जा रहे प्रयोग यथासंभव साथ-साथ चलाए जाएँ।

अध्याय 8

गणित शिक्षण की तकनीकें
(Techniques of Teaching Mathematics)

गणित शिक्षण की प्रमुख तकनीकें निम्नलिखित हैं–1. मौखिक कार्य (Oral Work), 2. लिखित कार्य (Written Work). 3. गणित में अभ्यास कार्य (Drill Work in Mathematics), 4. पर्यवेक्षित अध्ययन (Supervised Study), 5. अभिक्रमित अधिगम (Programmed Learning), 6. ब्रेन स्टॉर्मिंग (Brain Storming)

1. मौखिक कार्य (Oral Work)

गणित शिक्षण के अन्तर्गत मौखिक कार्य का अत्यधिक महत्व है। लेकिन ऐसा देखा जा रहा है कि वर्तमान शिक्षा प्रणाली में मौखिक गणित एवं मौखिक कार्य का स्थान अत्यत महत्वपूर्ण नहीं है। इसका सीधा प्रभाव गणित के कमजोर छात्रों पर पड़ता है। मौखिक गणित को गणित के अध्ययन में गौण स्थान दिया गया है, जिसका प्रभाव प्रत्यक्ष रूप से कमजोर छात्रों पर ही पड़ता है। इनका फल यह है कि आज छात्र छोटी से छोटी गणनाओं को कागज–पेन्सिल के बिना नहीं कर पाते हैं। साथ ही गणित के लिखित कार्य में अनेक साधारण त्रुटियाँ भी करते हैं।

मौखिक गणित से हमारा आशय है कि छात्र गणित की साधारण क्रियाओं को मौखिक स्तर पर बिना कागज पेन्सिल की सहायता से कर सकें। यहाँ पर यह ध्यान देने योग्य तथ्य है कि मौखिक गणित में साधारण प्रक्रियाओं एवं गणना करने की दक्षता को ही पर्याप्त माना जाता है। जोड़, घटाना, गुणा एवं भाग आदि की सरल क्रियाओं को सही करना मौखिक गणित में महत्वपूर्ण उपलब्धि मानी जाती है। मौखिक गणित एवं मानसिक गणित में प्रमुख अन्तर यह है कि मानसिक गणित में समस्याओं के हलों के चरणों को छात्र मौखिक रूप से करते हैं, लेकिन मौखिक गणित में गणना की साधारण क्रियाओं को छात्र मौखिक रूप से करते हैं। मौखिक गणित मानसिक गणित का महत्वपूर्ण भाग है। इस प्रकार से इन दोनों में थोड़ा सा अन्तर है।

गणित के अध्ययन में मौखिक गणित का अपना विशेष महत्व है। छोटी एवं बड़ी कक्षाओं के छात्रों के लिए यह अत्यन्त आवश्यक एवं लाभदायक है। छोटी कक्षाओं के छात्रों को मौखिक गणित करने में आनन्द की प्राप्ति होती है। गणित में यान्त्रिक कुशलता के लिए मौखिक गणित का अभ्यास अत्यन्त आवश्यक हैं। क्योंकि इसके अभ्यास द्वारा छात्र बौद्धिक गणित की ओर अग्रसर किये जा सकते हैं। जीवन के प्रत्येक कदम पर मौखिक कार्य (गणित) का उपयोग

होता है। मौखिक गणित के बिना दैनिक जीवन में अनेक कठिनाइयों का सामना करना पड़ता है। डॉ० सलामत उल्लाह ने मौखिक कार्य को स्पष्ट करते हुए कहा है कि ''मानसिक गणित को प्रभावी जीवन तथा नागरिकता के लिए शिक्षा का आवश्यक भाग समझा जाना चाहिए'' "Mental Arithmetic should be regarded as an essential part of education for citizenship and effective living."

अनेक गणितज्ञों का ऐसा मानना है कि विभिन्न प्रकार की गणितीय समस्याओं को शुद्धता एवं शीघ्रता से हल करने की क्षमता, स्पष्ट चिन्तन, नई-नई परिभाषाओं एवं प्रत्ययों को समझने की योग्यता का सम्पूर्ण विकास होता है। छोटी कक्षाओं में पहाड़ों का अपना अलग लाभ है, क्योंकि इनको याद करने से छात्रों को संख्याओं के सम्बन्धों को समझने के अवसर प्राप्त होते हैं। इसलिए पहाड़ों का पढ़ना संख्याओं के सम्बन्धों को समझने के लिए अत्यन्त आवश्यक है। जब कोई शिक्षक छात्रों से किसी प्रश्न का उत्तर मौखिक रूप से निकालने के लिए बोलता है, तो छात्र शीघ्रता से अपने मन में संचालित क्रिया को ही मौखिक गणित कहते हैं। कक्षा में अध्यापन कार्य करते समय छात्रों को मौखिक गणित को करने के लिए भी प्रोत्साहित करना चाहिए। जिससे कि सभी छात्रों की प्रगति का पता चल सके। छात्रों को मौखिक गणित में उत्तर बोलकर बताने पड़ते हैं। तथा इसमें गणना भी बोलकर की जाती है या फिर गणना का उत्तर बोलकर दिया जाता है। शिक्षक कक्षा में अनेक समस्याओं को हल करवाते समय अनेक प्रश्न करके पदों को श्यामपट्ट पर लिखता है और छात्र उसी प्रकार से मौखिक रूप में शिक्षक के प्रश्नों के उत्तर देता है।

साधारणत: यह कल्पना की जाती है कि मौखिक गणित व लिखित गणित—गणित के पृथक-पृथक भाग हैं। यही कारण है कि अध्यापक पहले लिखित कार्य करते हैं तथा उसके पश्चात् मौखिक गणित। ऐसा करना ठीक नहीं है। वास्तविकता तो यह है कि मौखिक और लिखित गणित में अटूट संबंध है। दोनों की क्रियाएँ एक जैसी हैं। अन्तर केवल इतना है कि लिखित गणित में क्रिया कागज़ पर होती है और मौखिक गणित में मस्तिष्क में। मौखिक गणित लिखित गणित में अत्यन्त सहायक होता है।

गणित के अन्तर्गत मौखिक कार्य समस्याओं को निरन्तर हल करते रहना आवश्यक है, क्योंकि गणित में गणन-क्रियाओं को शुद्धता के साथ करने से मौखिक कार्य अत्यन्त सहायक है। छात्रों में व्याप्त कठिनाइयों के निदान में भी मौखिक कार्य की अत्यन्त महत्वपूर्ण भूमिका है।

मौखिक कार्य के लाभ (Merits of Oral Work)—मौखिक गणित के मुख्य लाभ निम्नलिखित हैं—

(1) मौखिक गणित के द्वारा जब छात्र समस्याओं के हल प्राप्त करते हैं तो इसके लिए उनमें यांत्रिक कुशलता का विकास होता है।

(2) मौखिक गणित से गणना करने में समय कम लगता है एवं छात्र अपनी गलतियों को परखकर उन्हें स्वयं ही ठीक करते हैं।

(3) मौखिक गणित के द्वारा शिक्षकों को छात्रों में हुई प्रगति की जानकारी प्राप्त होती रहती है।

(4) इससे छात्रों की विचार शक्ति को आवश्यक गति मिलती है एवं छात्रों का ध्यान आधारभूत सिद्धान्तों की ओर अग्रसर किया जा सकता है।

(5) गणित के मूल सिद्धान्तों एवं संकल्पनाओं आदि को मौखिक गणित के द्वारा समझाकर उनकी धारणाओं को व्यक्त किया जा सकता है।
(6) मौखिक गणित छात्रों की दैनिक जीवन की समस्याओं को हल करने की क्षमता के विकास में सहायक होता है।
(7) मौखिक गणित के द्वारा पाठ की पुनरावृत्ति भी शीघ्रता से की जा सकती है।
(8) मौखिक गणित के द्वारा छात्रों की योग्यता की जाँच आसानी से की जा सकती है।
(9) मौखिक गणित से छात्रों में गणना प्रक्रियाओं में शुद्धता आती है।
(10) मौखिक गणित द्वारा छात्रों के सोचने के ढंग में हिचकिचाहट, घबराहट एवं संकोच को भी दूर किया जा सकता है।
(11) मौखिक गणित का प्रयोग गणित के आधारभूत सिद्धान्तों एवं नियमों आदि के अभ्यास में अत्यन्त लाभदायक होता है।
(12) लिखित् रूप में गणित की समस्याएँ हल करते समय मौखिक गणित द्वारा अनेक चरणों को शीघ्रता से व आसानी से किया जा सकता है।
(13) इससे पर्याप्त समय की बचत होती है। इसके अन्तर्गत कक्षा में पढाए गए गणित में नियमों तथा विधियों की उचित परख होती है।
(14) इसके द्वारा कठिनाई सरलता से दूर हो जाती है।
(15) दैनिक जीवन में गणित का प्रयोग इसी विधि द्वारा किया जाता है।
(16) इससे बालक तीव्र तथा शीघ्र समझने वाला बन जाता है।
(17) मौखिक गणित का यदि क्रमानुसार अधिक अभ्यास कराया जाए तो बालकों में निश्चयता का भाव आ जाता है जो लिखित गणित में संभव नहीं हो पाता।
(18) यदि बालक मौखिक गणित में निपुण होता है तो वह लिखित गणित को विश्वास और धैर्य के साथ करता है।

कक्षा में मौखिक गणित का अभ्यास करवाते समय ध्यान योग्य तथ्य (Points for Consideration during Oral Maths Practice)—कक्षा में मौखिक गणित का अभ्यास करते समय कुछ प्रमुख तथ्य निम्नलिखित हैं—

(1) मौखिक गणित के प्रश्नों में यथासम्भव छोटी संख्याओं का प्रयोग किया जाना चाहिए।
(2) प्रश्नों का आकार छोटा होना चाहिए जिससे कि हम उन्हें शीघ्रता एवं आसानी से समझ सकें।
(3) मौखिक प्रश्न छात्रों की योग्यता के आधार पर ही पूछे जाने चाहिए।
(4) मौखिक गणित में अत्यधिक बल अभ्यास एवं गणना पर दिया जाना चाहिए।
(5) गणित की पाठ्यपुस्तकों में मौखिक प्रश्नों को भी स्थान दिया जाना चाहिए।
(6) मौखिक प्रश्नों को पूछने के पश्चात् छात्रों को उसके बारे में सोचने का अवसर दिया जाना चाहिए।
(7) मौखिक प्रश्न इस प्रकार के होने चाहिए कि छात्र उनका अनुमान से उत्तर न दे सकें।

(8) मौखिक गणित के द्वारा छात्र व्यक्तिगत रूप में दक्षता प्राप्त करने का प्रयास करे, क्योंकि यह वांछनीय है।

(9) मौखिक प्रश्नों के अन्तर्गत जटिल गणनाओं को कराने का प्रयास नहीं किया जाना चाहिए।

(10) मौखिक प्रश्नों को पूछने का एक निश्चित क्रम होना चाहिए।

(11) मौखिक प्रश्नों को सर्वप्रथम सम्पूर्ण कक्षा के सामने प्रस्तुत करने के उपरान्त किसी एक छात्र विशेष को उत्तर देने के लिए कहना चाहिए।

(12) मौखिक गणित के द्वारा छात्रों में गणितीय सिद्धान्तों के बारे में स्पष्ट ज्ञान प्राप्त हो और उनको रटने की आदत न पड़े।

कक्षा में मौखिक कार्य का उपयोग (Use of Oral Work in the Class)

(1) इसके आधार पर विद्यार्थियों द्वारा तैयार किए गए पाठ के ज्ञान की परख की जाती है।

(2) इसमें आवश्यक तथा महत्वपूर्ण बातों पर बल दिया जा सकता है।

(3) इसके अन्तर्गत बालकों में ध्यान देने की आदत का विकास होता है।

(4) इसके द्वारा पाठ्यक्रम में बालकों की रुचि को विकसित किया जाता है।

(5) इसके द्वारा विद्यार्थियों की त्रुटियों की जानकारी मिलती है।

(6) विद्यार्थी में चिंतन शक्ति का विकास होता है।

(7) विद्यार्थी के मिथ्या बोध में सुधार आता है।

अत: गणित में मौखिक कार्य का प्रयोग अत्यन्त महत्वपूर्ण है और अध्यापक को प्राथमिक कक्षा से ही इसका अभ्यास कराना चाहिए।

2. लिखित कार्य (Written Work)

गणित एक ऐसा विषय है जिसमें समस्याओं का हल केवल मौखिक रूप से प्राप्त नहीं किए जा सकते हैं बल्कि लिखित गणित की भी आवश्यकता है। लिखित एवं नौखिक गणित एक दूसरे के पूरक है। मौखिक गणित के प्रयोग करने की भी कुछ सीमाएँ है, क्योंकि यदि बड़ी एवं कठिन समस्याओं को हम छात्रों के द्वारा कक्षा में ही करवाएँ तो छात्रों को अत्यधिक मस्तिष्क लगाना चाहिए।

जब प्रश्न कठिन, जटिल एवं लम्बे हों तथा उसमें दी गई संक्रियाओं को मौखिक रूप से हल नहीं किया जा सकता है। ऐसी स्थिति में लिखित गणित का प्रयोग किया जाता है। इसे ही हम लिखित गणित कहते हैं। छात्रों को लिखित कार्य करते-करते मौखिक गणित का भी यथा स्थान प्रयोग करना चाहिए। गणित की समस्याओं को लिखित रूप से करने से मस्तिष्क को परिश्रम कम करना पड़ता है और शीघ्रता से ही किसी भी समस्या का हल प्राप्त किया जा सकता है।

लिखित कार्य के बारे में अपने विचार व्यक्त करते हुए एक शिक्षा शास्त्री ने लिखा है–

''पढ़ने से व्यक्ति में पूर्णता आती है, संगोष्ठी से त्वरित और लेखन से शुद्ध कार्य करने वाले व्यक्ति का निर्माण होता है।'' "Reading makes a full man Conference a ready man and writing makes an exact man."

इसमें सीखे गए सिद्धान्तों, नियमों, संकल्पनाओं, सम्बन्धों, प्रक्रियाओं एवं तथ्यों का ध्यान एवं अभ्यास करने के लिए लिखित गणित अति आवश्यक है। जब तक छात्रों को आधारभूत सिद्धान्तों का पूर्णज्ञान न हो, तब तक लिखित गणित नहीं करवाना चाहिए। लिखित गणित करने के लिए मानसिक एवं मौखिक गणित का उपयोग करना आवश्यक है। छोटी कक्षाओं में लिखित गणित के लिए अधिक बल नहीं देना चाहिए। क्योंकि इस स्तर पर जटिल समस्याओं को छात्र अक्सर नहीं कर पाते हैं। लेकिन उच्च कक्षाओं में गणित का प्रयोग अत्यन्त आवश्यक है। लिखित गणित करते समय छात्रों को स्वावलम्बतापूर्वक एकाग्रचित होकर व्यक्तिगत रूप से प्रयास करने के अवसर प्राप्त होते हैं। छात्रों के सही हल प्राप्त करने से उनमें आत्मविश्वास की भावना का विकास होता है। तथा वे कठिन से कठिन समस्याओं को हल करने के सफल प्रयास करने लगते हैं।

गणित में लिखित कार्य अत्यन्त आवश्यक है। समस्याओं में दी हुई स्थिति के अनुसार आकृतियाँ बनाना, रेखाचित्र, सारणी बनाना आदि लिखित गणित के आवश्यक भाग है। लिखित गणित के माध्यम से छात्रों का सही मूल्यांकन सम्भव है।

गणित में लिखित कार्य के लाभ (Merits of Written Word)—गणित में लिखित कार्य के निम्नलिखित प्रमुख लाभ इस प्रकार हैं—

(1) लिखित गणित द्वारा छात्रों के विचारों में क्रमबद्धता आती है तथा तर्क का सही रूप प्रत्यक्ष में आता है।

(2) लिखित गणित के माध्यम से छात्रों को मानसिक गणित तथा मौखिक गणित को करने की क्षमता प्राप्त होती है।

(3) लिखित गणित के द्वारा छात्रों में गति के साथ शुद्धता से काम करने की भावना का विकास होता है।

(4) छात्रों को सजग रखने के लिए लिखित कार्य आवश्यक है।

(5) लिखित गणित से छात्रों में विषय सामग्री प्रस्तुत करने की शैली का विकास होता है।

(6) लिखित गणित के माध्यम से शिक्षक को छात्रों के ज्ञान के स्तर के बारे में सही जानकारी प्राप्त होती है।

(7) लिखित गणित करते समय शिक्षक छात्रों को व्यक्तिगत मार्ग दर्शन देकर सही कार्य विधि का अनुसरण करने के निर्देश दे सकता है।

(8) लिखित गणित द्वारा छात्रों को कक्षा में कार्यरत रखा जा सकता है, तथा प्रत्येक छात्र अपनी क्षमता अनुसार कार्य करने के लिए प्रोत्साहित होता है।

(9) छात्रों में स्वाध्याय को प्रोत्साहन लिखित कार्य से ही मिलता है।

(10) समस्याओं को हल करते समय छात्रों में स्वावलम्बन की भावना का विकास होता है। जिससे वे जटिल से जटिल समस्याओं के हल आत्म-विश्वास के साथ प्राप्त करते हैं।

(11) गणित के लिखित कार्य में छात्र स्वयं अपनी गलतियों को जाँचकर उनको ठीक करता है। तथा इस प्रकार उसकी मौखिक गणित करने की क्षमता का विकास होता है।

(12) लिखित गणित में छात्र अपनी तर्क शक्ति एवं रचनात्मक कल्पना का अधिकाधिक प्रयोग कर सकते हैं।
(13) सीखी गई पाठ्य-सामग्री का सही मूल्यांकन भी लिखित गणित द्वारा ही सम्भव है।
(14) लम्बी एवं बड़ी गणना के लिए लिखित कार्य अति आवश्यक है तथा लिखित गणित में छात्रों को सूत्रों, विधियों आदि का प्रयोग करने के अवसर प्राप्त होते हैं।
(15) किसी भी समस्या को निर्धारित समय में करने की क्षमता भी लिखित गणित द्वारा ही विकसित होती है।

लिखित गणित कार्य में ध्यान योग्य बातें (Points for Consideration during Written Maths Practice)–लिखित गणित का कक्षा में अभ्यास कार्य करवाते समय कुछ प्रमुख बातें हैं जिन्हें ध्यान में रखना चाहिए–

(1) लिखित गणित में छात्रों को हल करने के लिए दी गई विभिन्न समस्याएँ मानव जीवन से सम्बन्धित होनी चाहिए।
(2) कक्षा में छात्रों को इस प्रकार की समस्याएँ देने से पहले उनको मौखिक रूप से सिद्धान्तों एवं नियमों को विधिवत समझा देना चाहिए।
(3) यदि छात्रों द्वारा लिखित कार्य में त्रुटि की जाती है, तो उसमें सुधार छात्रों के समक्ष ही किया जाना चाहिए, जिससे कि छात्र अपनी गलतियों से अवगत हो सकें।
(4) छात्रों को प्रेरित किया जाना चाहिए कि वे लिखित गणित में स्वच्छता, शुद्धता एवं व्यवस्थित ढंग से कार्य करें।
(5) छात्रों द्वारा किए गए लिखित गणित कार्य का अवलोकन आवश्यक रूप से करके संशोधन सुझावों को स्पष्ट रूप से दिया जाना चाहिए।
(6) लिखित गणित का कार्य करने के लिए निर्धारित उत्तर पुस्तिकाएँ होना चाहिए जिससे कि समस्त छात्रों के कार्य को एक साथ ही देखा जा सकें।
(7) गृह कार्य को लिखित गणित का आवश्यक एवं मुख्य अंग माना गया है।
(8) कक्षा में कमजोर छात्रों का उचित मार्गदर्शन अच्छे छात्रों की उत्तरपुस्तिकाओं से करवाना चाहिए।
(9) छात्रों के द्वारा लिखित गणित करते समय मानसिक एवं मौखिक गणित भी करने के लिए प्रोत्साहन दें।
(10) लिखित गणित कार्य से छात्रों को प्रोत्साहन प्राप्त होता है।

इस प्रकार मौखिक कार्य की भांति लिखित कार्य का भी अपना महत्व है। मौखिक रूप से बहुत से तथ्यों को याद करना कठिन होता है। इसलिए लिखित कार्य करना आवश्यक हो जाता है। गणित में जिस स्थान पर प्रश्न के पद तथा किसी समस्या में गणना अधिक होती है, उस स्थिति में हमें लिखित कार्य की सहायता की आवश्यकता होती हे।

3. गणित में अभ्यास कार्य (Drill Work in Mathematics)

गणित एक ऐसा विषय है, जिसमें अभ्यास कार्य की आवश्यकता होती है। अभ्यास के बिना गणित अध्ययन अपूर्ण है। गणित की समस्त शाखाओं से अंकगणित, बीजगणित एवं ज्यामिति की प्रक्रियाओं का स्पष्ट ज्ञान अभ्यास कार्य द्वारा ही सम्भव है। प्रारम्भिक स्तर से लेकर उच्च

स्तर के गणित को सीखने के लिए भी अभ्यास कार्य अत्यन्त आवश्यक है। छात्रों में जोड़ना, घटाना, गुणा एवं भाग आदि सभी क्रियाओं को शुद्ध एवं सही-सही रूप में कर सकने की क्षमता भी एक व्यवस्थित रूप से कराए गए अभ्यास कार्य के द्वारा ही जाग्रत होती है। जब तक अभ्यास कार्य छात्रों को नियमित एवं व्यवस्थित रूप से नहीं कराया जाता है, तब तक छात्रों में वांछनीय क्षमता का विकास नहीं हो सकता है। साथ ही छात्र मानसिक एवं मौखिक स्तर पर इन क्रियाओं का उपयोग नहीं कर सकते हैं।

गणित में विशेष दक्षत: प्राप्त करने के लिए उसी प्रकार अभ्यास कार्य का महत्व है जिस प्रकार से अन्य विषयों एवं क्षेत्रों में कुशलता एवं निपुणता के लिए अभ्यास कार्य आवश्यक एवं उपयोगी है। कोई भी व्यक्ति अपने कार्य या किसी भी क्षेत्र में अभ्यास कार्य के बिना निपुण एवं पारंगत नहीं हो सकता है। गणित के नियमों, सूत्रों, सिद्धान्तों, विधियों, प्रक्रियाओं आदि पर अधिकार प्राप्त करने के लिए लगातार अभ्यास कार्य की अति आवश्यकता है। जैसा कि कहा गया नियमित अभ्यास करने से मूर्ख व्यक्ति भी बुद्धिमान बन जाता है। प्रत्येक कक्षा में जो छात्र गणित विषय में अच्छे होते हैं एवं विषय के सिद्धान्त, नियमों, प्रक्रियाओं आदि को अच्छी तरह से समझते हैं एवं उनका सही-सही उपयोग करते हैं। उनकी इस क्षमता का कारण उनके व्यवस्थित तरीके से अभ्यास करना ही माना जाना चाहिए। किसी भी सिद्धान्त को मानसिक स्तर पर जानना एक बात है एवं उसका सफलतापूर्वक प्रयोग करना दूसरी बात है। नियमित अभ्यास के माध्यम से छात्रों में स्पष्ट ज्ञान एवं इसको प्रयोग करने की क्षमता का उद्‌भव होता है। अक्सर यह देखने को मिलता है कि छात्र गणित की सूक्ष्म से सूक्ष्म गणना नहीं कर पाते हैं। यदि वह गणना करते भी है तो उसमें अशुद्धियाँ करते हैं। अर्थात् हम कह सकते हैं कि अभ्यास कार्य के बिना गणित के कार्य में परिशुद्धता एवं वेग का अभाव बना रहता है।

अन्य शब्दों में अभ्यास कार्य से आशय है कि एक ही कार्य को लगातार करते रहना, और तब तक करना जब तब कि उसमें पूर्णरूप से निपुणता न प्राप्त हो जाए। गणित में किसी एक नियम के अध्यापन के पश्चात् उसी नियम से सम्बद्ध अन्य समस्याओं को छात्रों द्वारा कक्षा में हल करवाएँ एवं गृह-कार्य में देकर करवाना चाहिए।

अभ्यास कार्य का महत्व (Importance of Drill Work)–गणित में अभ्यास कार्य का महत्व निम्नलिखित हैं–

(1) छात्रों में अभ्यास कार्य के द्वारा गणना सम्बन्धी कुशलताओं का विकास किया जा सकता है। मौखिक एवं मानसिक गणित में कुशलता अर्जित करने के लिए अभ्यास कार्य अति आवश्यक है अभ्यास के अभाव में अक्सर छात्र गणित विषय में अत्यधिक कमजोर हो जाते हैं।

(2) वर्तमान समय में छात्रों द्वारा गणित को, एक कठिन एवं नीरस विषय माना जाता है, लेकिन ये सच नहीं है, क्योंकि यदि हम गणित में अभ्यास कार्य को नियोजन एवं वैज्ञानिक विधि से करें तो छात्रों की गणित में रुचि जाग्रत होने लगेगी। अनेक प्रत्ययों एवं सिद्धान्तों के बारे में अस्पष्ट ज्ञान होने से छात्र नये उप-विषय को नहीं सीख पाते हैं, और उनको गणित कठिन एवं नीरस महसूस होता है।

(3) छात्रों द्वारा सीखे गए सिद्धान्तों, नियमों, प्रत्ययों एवं प्रक्रियाओं आदि का प्रयोग

भी अभ्यास कार्य के द्वारा सम्भव है। नहीं तो इन नियमों, सिद्धान्तों, प्रत्ययों आदि का ज्ञान छात्रों के लिए एक भार जैसा रह जायेगा।

(4) छात्र विभिन्न सूत्रों एवं नियमों को रटते हैं जो हानिकारक हैं। इनका प्रयोग अभ्यास कार्य में करके छात्र इन्हें समझ भी सकते हैं, और याद भी कर सकते हैं।

(5) अभ्यास कार्य के द्वारा समस्याओं को वेग एवं परिशुद्धता के साथ करने से क्षमता में वृद्धि होती है। गणित में इनका विशेष स्थान है, और इनका विकास अभ्यास द्वारा ही पूर्णरूपेण सम्भव है।

(6) गणित को अत्यधिक आसानी से सीखने के लिए परिश्रम, लगन, धैर्य, एकाग्रता, चिन्तन, विश्लेषण एवं आत्म-विश्वास आदि गुणों का होना अत्यन्त आवश्यक है। यदि अभ्यास का नियोजन छोटी-छोटी कक्षाओं में करायें तो छात्रों में धीरे-धीरे वैयक्तिक गुणों का भी विकास कर सकते हैं। उच्च गणित को अत्यन्त आसानी से सीखने के लिए इन गुणों का होना अत्यन्त आवश्यक है।

(7) यदि गणित को सीखना है, तो सीखने के लिए तर्क एवं चिंतन करने की योग्यता का होना अत्यन्त आवश्यक है। अभ्यास कार्य के द्वारा छात्रों को सही रूप में सीखना एवं तर्क करना सिखाया जा सकता है।

(8) नियमित रूप से अभ्यास करना ही गणित के उद्देश्यों की प्राप्ति में सहायक है।

(9) अभ्यास के प्रश्नों को हल करने से छात्रों में सफलता, आत्म-सन्तोष एवं आनन्द की प्राप्ति होती है। गणित के विषय को सीखने के लिए इन अनुभूतियों के द्वारा छात्रों को प्रोत्साहन मिलता है।

(10) गणित के अभ्यास के द्वारा छात्रों को विद्यालय, घर एवं समाज में नियम, स्वच्छता, व्यवस्था आदि से रहने की आदत पड़ जाती है।

अभ्यास कार्य का संचालन (How to Conduct Drill Work)–गणित शिक्षण में अभ्यास कार्य का संचालन अत्यधिक सावधानीपूर्वक करना चाहिए। नहीं तो इससे छात्रों को लाभ नहीं हो सकता है। ये सावधानियाँ निम्नलिखित हैं–

(1) अभ्यास कार्य करने से पूर्व यह निश्चित कर लेना चाहिए कि छात्र आधारभूत सिद्धान्तों, नियमों, सम्बन्धों आदि को अच्छी तरह से समझ पाए या नहीं। जैसे-ब्याज से सम्बद्ध प्रश्नों को हल करवाने के पूर्व छात्रों को ब्याज ज्ञात करने का सूत्र–मूलधन × दर × समय/100 बता देना चाहिए।
विभिन्न प्रकार के अन्य सूत्रों को भी प्रयोग करने के पहले ही छात्रों को इनका अर्थ स्पष्ट कर देना चाहिए। क्योंकि बगैर स्पष्टता के अभ्यास कराने से छात्रों को कोई लाभ नहीं होगा।

(2) गणित के छात्रों के अभ्यास कार्यों में आपसी सामंजस्य स्थापित किया जाना चाहिए। कक्षा कार्य, गृह कार्य एवं अभ्यास कार्य के मध्य सामंजस्य स्थापित करके ही इनको उपयोगी बनाया जा सकता है। कक्षा में किए गए कार्य के आधार पर छात्र को गृह कार्य दिया जाना चाहिए।

(3) गणित में अभ्यास कार्य को करते समय छात्रों को समस्याओं के उत्तर प्राप्त होने चाहिए, जिससे कि वे अपनी सफलता का मूल्यांकन कर सकें। ज़ब छात्र को अपने द्वारा किए गए परिश्रम का फल मिल जाता है। तो वह अपने कार्य में प्रगति बनाए रखता है। गणित में इस प्रकार का प्रोत्साहन आवश्यक है।

(4) अभ्यास कार्य छात्रों के लिए बोझ न रहे, इस बात का पूर्ण ध्याान रखना चाहिए। यदि किसी छात्र को क्षमता से अधिक अभ्यास कार्य करने को दिया जायेगा, तो वे उसे नहीं करेंगे। नियमित अभ्यास कार्य करवाने से छात्र रूचि लेगें। छात्रों को एक समय एक ही बार में एक ही प्रकार का अभ्यास कार्य दिया जाना चाहिए।

(5) यदि गणित के किसी उपविषय को पढ़ाते समय हम उसकी उपयोगिता एवं उसके महत्व के बारे में सम्पूर्ण कक्षा को प्रमुख तथ्यों को बता दें, तो छात्र इनसे सम्बन्धित अभ्यास कार्य में रूचि लेने लगेंगे।

(6) अभ्यास कार्य का संचालन करते समय छात्रों की वैयक्तिक भिन्नताओं को विशेष रूप से ध्यान रखा जाना चाहिए। छात्रों को अभ्यास कार्य देते समय उनकी योग्यता, स्तर एवं पृष्ठ भूमि का भी ध्यान रखना चाहिए। सामान्य एवं प्रखर बुद्धि के छात्रों की आवश्यकताओं को ध्यान में रखते हुए अभ्यास कार्य दिया जाना चाहिए।

(7) अभ्यास कार्य को अध्यापन एवं सीखने का एक हिस्सा मानकर नियोजित करना चाहिए। छोटी कक्षाओं के छात्र अधिक समय तक अभ्यास कार्य नहीं कर सकते हैं, साथ ही उच्च कक्षाओं के छात्रों की भी कुछ सीमाएँ होती है। छात्रों को अभ्यास कार्य देते समय इस बात का भी ध्यान करना चाहिए कि इसको करते समय छात्रों को थकावट का अनुभव न हो।

(8) प्रत्येक शिक्षक को छात्रों को कराए गए अभ्यास कार्य का लेखा-जोखा भी रखना चाहिए।

(9) कक्षा में कभी-कभी कुछ छात्र अभ्यास कार्य में पीछे रह जाते हैं, तो उनको कुछ विशेष प्रयासों द्वारा अन्य छात्रों के स्तर के समकक्ष लाने का प्रयास करना चाहिए। अधिक अनुपस्थित रहने वाले छात्रों का भी विशेष ध्यान रखना चाहिए।

इस प्रकार गणित शिक्षण में अभ्यास कार्य का प्रयोग अति महत्वपूर्ण है, क्योंकि इसके बिना गणित के प्रश्नों को हल करना असंभव सा प्रतीत होता है। गणित के सूत्रों को समझने के लिए तथा उन्हें आत्मसात् करने के लिए अभ्यास कार्य किया जाना आवश्यक होता है। अभ्यास कार्य से प्राप्त किया गया ज्ञान स्थाई बन जाता है।

गणित में गृह कार्य (Home Assignment in Mathematics)

गणित में गृह कार्य का अत्यधिक महत्व है। इसको अधिगम अनुभवों का साधन माना जाता है। गृह कार्य की रचना इस प्रकार करनी चाहिए कि इससे अधिकाधिक शिक्षण उद्देश्यों की प्राप्ति की जा सके। अनेक शिक्षा शास्त्रियों का ऐसा मानना है कि छात्रों में कक्षा शिक्षण की क्रियाओं के द्वारा उत्पन्न अधिगम अनुभवों को एकत्र करने के लिए गृह कार्य देना अधिक आवश्यक एवं महत्वपूर्ण है। इस प्रकार हम कह सकते हैं कि गृहकार्य अनुभवों के अभ्यास एवं पुनर्बलन का कार्य करता है। कक्षा शिक्षण के अन्तर्गत छात्र जो अनुभव प्राप्त करते हैं, उनको अपने तरीके

से सीखने एवं उसे स्थाई बनाने के लिए गृह कार्य वह साधन है, जो छात्रों को स्वयं अभ्यास करके सीखने के पर्याप्त अवसर प्रदान करता है। यह अधिगम अनुभवों का एक प्रमुख अंग है।

गृह कार्य के द्वारा छात्र को सीखे हुए गणित के विभिन्न सूत्रों, नियमों, सिद्धान्तों आदि का अभ्यास करने का पर्याप्त अवसर प्राप्त होता है। अभ्यास के द्वारा अर्जित किया ज्ञान और अधिक स्थाई एवं स्पष्ट हो जाता है। गणित में गृह कार्य विषय वस्तु के पुनर्संगठन की दृष्टि से भी आवश्यक है, क्योंकि शिक्षक के द्वारा कक्षा में शिक्षण सीमित परिस्थितियों में किया जाता है। गृह कार्य के माध्यम से अर्जित किए गये ज्ञान को अलग-अलग परिस्थितियों में उपयोग करने के पर्याप्त अवसर मिलते हैं। इन सबके लिए शिक्षक गणितीय चिन्तन करता है एवं उससे उत्पन्न हुए विचारों को वह अपने शब्दों में प्रकट करता है, जिससे वह सीखे गए अनुभवों को संगठित करता है।

अर्थात् यह कह सकते हैं कि गृह कार्य का आशय उस कार्य से है जो कि छात्र द्वारा अपने घर पर किया जाता है।

(Home work assignment or work mean the task to be done at home by the students)

गृह कार्य को कुछ विद्वानों ने इस प्रकार से परिभाषित किया है—

लारेन फॉक्स (Lorene Fox) के मतानुसार— "गृह कार्य छात्रों के लिए चुनौती पूर्ण होना चाहिए।"

गैंद एवं शर्मा (Gaind and Sharma) के अनुसार, "शिक्षक एवं नैतिक दृष्टिकोण से गृह कार्य का अधिक महत्व है।"

इस प्रकार से गृह कार्य कक्षा शिक्षण का पूरक होता है। गणित एक ऐसा विषय है, जिसकी सम्पूर्ण समस्याएँ कक्षा में हल नहीं की जा सकती है। ऐसी स्थिति में गृह कार्य अत्यधिक आवश्यक हो जाता है। गृह कार्य एक सेतु की भांति शिक्षक एवं अभिभावक के मध्य कार्य करता है। जागरूक एवं शिक्षित अभिभावक अपने-अपने बच्चों के गृह कार्य में रूचि लेते हैं। यदि कोई छात्र दिए गए अपने गृहकार्य को आसानी से सफलतापूर्वक कर लेते हैं, तो यह मान लिया जाता है कि सम्बन्धित समस्या सूत्र या नियम उसको सही रूप में समझ में आ गया है।

गृह कार्य के प्रमुख सिद्धान्त (Main Principles of Home Assingnment)—गृह कार्य के प्रमुख सिद्धान्त निम्नलिखित हैं—

(1) शुद्धता का सिद्धान्त (Principle of Accuracy)
(2) रुचि का सिद्धान्त (Principle of Interest)
(3) स्पष्टता का सिद्धान्त (Prinicple of clearness)
(4) उपयुक्तता का सिद्धान्त (Principle of Relevence)
(5) मितव्ययता का सिद्धान्त (Principle of Economy)
(6) क्रमबद्धता का सिद्धान्त (Principle of sequence)

गृह कार्य का महत्व (Importance of Homework)—गृह कार्य का अत्यधिक महत्व है। इसे निम्नलिखित बिन्दुओं के अन्तर्गत स्पष्ट किया जा सकता है—

(1) *वैयक्तिक विभिन्नताओं के अनुरूप अध्ययन* (*Study in accordance with Individual Difference*)–छात्रों के अन्दर वैयक्तिक विभिन्नताएँ मानसिक क्षमता, सीखने की गति, स्मृति आदि में पाई जाती है। गृह कार्य एक ऐसा साधन है जिसके द्वारा छात्रों को उसकी व्यक्तिगत विभिन्नताओं के अनुरूप अध्ययन करने का अवसर प्राप्त होता है। प्रतिभाशाली एवं कुशाग्र–बुद्धि वाले छात्रों को गृहकार्य अधिक एवं पिछड़े एवं मन्द बुद्धि के छात्रों को गृहकार्य अधिक एवं पिछड़े एवं मन्द बुद्धि के छात्रों को गृहकार्य कम दिया जा सकता है, जिससे वे अपनी क्षमताओं के अनुसार सरलता से अपना कार्य कर सकते हैं।

(2) *गणित में रूचि उत्पन्न करना* (*Creating Interest in Mathematics*)–छात्रों में गणित विषय के प्रति रूचि एवं सकारात्मक दृष्टिकोण गृह कार्य के द्वारा ही सम्भव है। क्योंकि जब कोई भी छात्र स्वयं ही गणितीय समस्याओं को हल करता है, तब उसे अपनी इस सफलता में आनन्द की अनुभूति होती है। साथ ही वह गणित अध्ययन में विशेष रूप से रूचि लेने लगता है। अतएव एक अच्छे स्तरीय एवं सन्तुलित गृह कार्य द्वारा छात्रों में गणित विषय के प्रति रूचि विकसित की जा सकती है।

(3) *मनोवैज्ञनिक आवश्यकताओं की पूर्ति में सहायक* (*Helpfull in Fulfilling Psychological Needs*)–प्रत्येक बालक में किसी भी समस्या को हल करके उसका हल तलाश करने की जिज्ञासा, खोज करने की प्रवृत्ति जैसे गुणों का समावेश होता है। यदि उसे गणित के विषय में इस प्रकार से गृहकार्य दिया जाए और उसका हल ज्ञात करना हो या फिर कोई रचना करनी हो तो इसके द्वारा उसकी मनोवैज्ञानिक आवश्यकताओं की पूर्ति की जा सकती है।

(4) *समय का सदुपयोग* (*Proper Utilization of Time*)–बालकों के लिए गृह कार्य अत्यावश्यक है, क्योंकि स्कूल के पश्चात् घर पर वह फालतू समय में अपना गृह कार्य करते हैं। गृह कार्य के अभाव में वे अपना यह समय घूमने–फिरने में ही व्यर्थ गँवा देते हैं।

(5) *अभ्यास कार्य के पर्याप्त अवसर* (*Enough Chances for Drill Work*)–छात्रों को दिया जाने वाला गृहकार्य उनके द्वारा सीखे गए गणितीय सूत्र या नियमों पर ही आधारित होता है। कक्षा में समय कम होता है जिससे छात्रों को अभ्यास के लिए पर्याप्त समय नहीं प्राप्त हो पाता है। अतएव गृह कार्य ही एक ऐसा माध्यम है, जिसके द्वारा छात्रों को अभ्यास करने का पर्याप्त समय मिलता है।

(6) *मौलिक चिन्तन का विकास* (*Development of Original Thinking*)–जब छात्र किसी विषय में दिए गृह कार्य को करते समय एकाग्रचित्त होकर किसी समस्या का हल निकालने के लिए उस पर चिन्तन करता है, तो उसके अन्दर अनेक नवीन विचारों की उत्पत्ति होती है। अतः इससे स्पष्ट है कि गृह कार्य मौलिक चिन्तन के विकास में अत्यधिक सहायता प्रदान करता है।

(7) *नियमित रूप से कार्य करने की आदत का विकास* (*Development of Regular Study Habit*)–गृह कार्य को नियमित रूप से करते रहना चाहिए इससे नियमित कार्य करने की आदत का विकास होता है। यदि छात्र अपना गृह कार्य प्रतिदिन नहीं करता है तो वह कक्षा कार्य में पिछड़ जाता है। इसी कारण से वह अपने गृह कार्य को प्रतिदिन नियमित रूप से करते

हैं। इस प्रकार गृह कार्य द्वारा छात्र में नियमित अध्ययन एवं कार्य करने की आदत का विकास होता है।

(8) यदि विद्यार्थी पूर्ण समय गृह कार्य करने में ही व्यस्त रहे तो उसके स्वास्थ्य पर बुरा प्रभाव पड़ता है।

(9) कई घरों का वातावरण बच्चों के गृह कार्य करने के लिए उपयुक्त नहीं होता।

(10) अधिक गृह कार्य बालक में स्कूल जाने की रोचकता तथा उत्साह को समाप्त कर सकता है।

(11) कई अध्यापक गृह कार्य की जांच उचित ढंग से नहीं करते जिससे बालक गलत कार्य को भी सही मान लेते हैं।

(12) कभी-कभी गृह कार्य से बच्चों में भावनात्मक तनाव पैदा हो जाता है।

गृह कार्य संचालन में सावधानियाँ (Precautions in Conducting Home Assignment)–गणित शिक्षण में गृह कार्य का संचालन अत्यधिक सावधानी से करना चाहिए। नहीं तो छात्रों को इससे लाभ की अपेक्षा हानि अधिक होगी। ये सावधानियां निम्नलिखित हैं–

(1) गृह कार्य विद्यार्थियों की योग्यता और रुचि के अनुसार होना चाहिए न कि अध्यापक की इच्छा के अनुसार।
(2) यह दंड के रूप में नहीं होना चाहिए।
(3) यह कक्षा में पढ़ाए गए पाठ से संबंधित होना चाहिए।
(4) इसकी प्रतिदिन जांच करनी चाहिए।
(5) गलती पर अध्यापक के द्वारा सुझााव दिए जाने चाहिए।
(6) गृह कार्य के विभिन्न तत्वों के महत्व का स्पष्टीकरण करना चाहिए।
(7) वैयक्तिक प्रतिभाओं तथा मौलिक अभिव्यक्ति को प्रोत्साहन दिया जाना चाहिए।
(8) गृह कार्य की समय सारणी पहले से ही बना लेनी चाहिए। प्रत्येक विषय को समय सारणी में एक जैसा महत्व देना चाहिए।

4. पर्यवेक्षित अध्ययन (Supervised Study)

पर्यवेक्षित अध्ययन से आशय है–अध्यापक की देख-रेख में छात्रों द्वारा किया जाने वाला अध्ययन। पर्यवेक्षित अध्ययन छात्रों द्वारा स्वाध्याय अथवा समूह अध्ययन दोनों में से किसी भी रूप में किया जा सकता है। छात्र अलग-अलग व्यक्तिगत रूप से या फिर समूह बनाकर जैसे चाहें अध्ययन कर सकते हैं, लेकिन अपने द्वारा किए गए अध्ययन से शिक्षक को समय-समय पर अवगत कराते रहना चाहिए। छात्रों द्वारा किए गए सम्पूर्ण कार्य की पूर्ण जानकारी (निगरानी) या देख रेख शिक्षक को ही रखनी पड़ती है। इस कार्य में शिक्षक एक पर्यवेक्षक के रूप में कार्य करता है। उसे प्रत्यक्ष या अप्रत्यक्ष रूप से छात्रों का मार्ग दर्शन करना पड़ता है। साथ ही उनके रास्ते में आने वाली समस्त कठिनाइयों को दूर करने के लिए अपनी योग्यताओं एवं शक्तियों के आधार उनके समाधान खोजने का काम करता है। समय-समय पर शिक्षक अपने छात्रों द्वारा किए गए कार्यों की जाँच भी करता रहता है जिससे कि छात्र अध्ययन करते समय अपने विषय से दूर न चले जाएँ या फिर कार्य में लापरवाही न बरतें। इस प्रकार के अध्ययन क्रम में विद्यार्थियों को भी स्वयं अपनी समस्याओं के हल से अथवा सामूहिक रूप से शिक्षक

को अवगत कराते रहना चाहिए। गणित में इस प्रकार के अध्ययन क्रम में आम तौर पर कुछ निम्नलिखित रूप हो सकते हैं–

(1) छात्रों को गणित से सम्बद्ध सम्पूर्ण साहित्य के बारे में अध्ययन करने के लिए कहा जा सकता है। छात्र व्यक्तिगत या सामूहिक रूप से अपना-अपना कार्य वितरण करके अध्ययन प्रारम्भ कर सकते हैं।

(2) प्रयोगशाला विधि या खोज विधि का प्रयोग करके शिक्षक अपने छात्रों को गणित सम्बन्धी विशेष तथ्यों, नियमों तथा सिद्धान्तों की खोज में लगा सकता है।

(3) छात्रों द्वारा सीखे गए नियमों एवं सिद्धान्तों के प्रयोग से अच्छी तरह से परिचित होने के लिए छात्र उन पर आधारित अलग-अलग समस्याओं को स्वयं अपने हाथ में ले सकते हैं। इन समस्याओं के हल की खोज करते समय शिक्षक उनको आवश्यकतानुसार परामर्श एवं सहायता दे सकता है।

(4) गणित के ज्ञान को व्यवहारिक जीवन में किस प्रकार प्रयोग में लाया जाता है, इसके सही अभ्यास के लिए छात्र विभिन्न योजनाओं को अपने हाथ में ले सकते हैं। अध्यापक इन योजनाओं की प्रगति में आवश्यकतानुसार परामर्श एवं सहयोग दे सकता है तथा उनके द्वारा किए जाने वाले सम्पूर्ण कार्य की निगरानी रख सकता है।

सैद्धान्तिक आधार (Theoretical Basis)–पर्यवेक्षण अध्ययन प्रमुख रूप से निम्नलिखित सिद्धान्तों पर आधारित है–

(1) पर्यवेक्षण अध्ययन छात्रों की व्यक्तिगत भिन्नता के मनोवैज्ञानिक सिद्धान्तों पर आधारित है।

(2) छात्र अपनी स्वत: क्रियाओं तथा अध्ययन से अधिक सीखते हैं, क्योंकि उन्हें प्रत्यक्षीकरण के भरपूर अवसर प्राप्त होते हैं।

(3) शिक्षण के अन्तर्गत छात्रों की आवश्यकताओं एवं स्तर को ध्यान में रखकर अध्ययन व्यवस्था की जाती है।

(4) शिक्षण में विविध प्रकार की सहायक सामग्री एवं पाठ्यवस्तु के अध्ययन को महत्व दिया जाता है।

पर्यवेक्षण अध्ययन के द्वारा बौद्धिक व्यवहारों के विकास के अत्यधिक अवसर प्रदान किए जाते हैं। इसके द्वारा छात्रों में सामान्यीकरण, सूझबूझ एवं समस्याओं के पूर्ण समाधान के लिए क्षमताओं का विकास होता है। इसमें बौद्धिक व्यवहारों को प्रोत्साहन दिया जाता है। छात्र एवं शिक्षक दोनों ही इसमें क्रियाशील रहते हैं।

पर्यवेक्षण अध्ययन का स्वरूप (Structure of Supervised Study)–पर्यवेक्षण अध्ययन की प्रविधि में निम्नलिखित तथ्यों को ध्यान में रखना चाहिए–

(1) इस प्रविधि में छात्रों की व्यक्तिगत आवश्यकताओं को विशेष रूप से ध्यान में रखा जाता है।

(2) इसमें अध्ययन की विभिन्न प्रकार की सामग्री-मानचित्र, चार्ट, मॉडल आदि के समयानुसार प्रयोग को ध्यान में रखा जाता है।

(3) अध्ययन सामग्री के विभिन्न स्तरों पर प्रयोग को ध्यान में रखा जाता है।

(4) पाठ्य-वस्तु को प्रभावशाली तरीके से प्रस्तुत करने का ध्यान रखा जाता है।

(5) पर्यवेक्षण अध्ययन के अन्तर्गत छात्रों को उनकी योग्यताओं के अनुसार उनको तीन समूहों–उच्च, सामान्य और निम्न स्तरों में विभक्त किया जाता है तथा उनकी योग्यताओं के अनुसार ही अध्ययन सामग्री के उपयोग का परामर्श दिया जाता है।

(6) पर्यवेक्षण अध्ययन के लिए अध्ययन की सामग्री की व्यवस्था समुचित रूप से की जाती है।

(7) इस प्रविधि में छात्रों की पूर्णयोग्यताओं को भी ध्यान में रखा जाता है।

(8) पर्यवेक्षण अध्ययन के लिए कालांश निर्धारित कर लिया जाता है।

(9) शिक्षक आवश्यक सूचनाओं एवं कठिनाइयों को भी ध्यान में रखकर उनके लिए निर्देशन की व्यवस्था करता है।

(10) छात्रों के अध्ययन की क्रियाओं का पर्यवेक्षण शिक्षक द्वारा किया जाता है और वह उनके लिए निर्देशन की व्यवस्था करता है।

(11) छात्रों की अध्ययन क्रियाओं का छात्र भी आपस में ही निरीक्षण करते हैं, एवं सुझाव भी देते हैं।

पर्यवेक्षण अध्ययन के गुण (Merits of Supervised Study)–पर्यवेक्षण अध्ययन के प्रमुख गुण निम्नलिखित हैं–

(1) पर्यवेक्षण अध्ययन की सहायता से छात्रों में पाठ्य-वस्तु की गहनता का विकास होता है।

(2) पर्यवेक्षण अध्ययन के समय छात्रों की व्यक्तिगत क्रियाओं को अधिक प्रधानता प्रदान की जाती है।

इस प्रकार से अध्ययन व्यवस्था में प्रत्येक छात्र को उसकी आवश्यकताओं के अनुसार अध्ययन के अवसर दिए जाते हैं।

(3) पर्यवेक्षण अध्ययन कालांश में छात्रों को पुस्तकालय, प्रयोगशाला तथा क्षेत्र में अधिक से अधिक कार्य करने के अवसर दिए जाते हैं। इसमें छात्रों को गृह कार्य भी दिया जाता है।

(4) पर्यवेक्षण अध्ययन के अन्तर्गत शिक्षक एवं छात्रों को अधिक क्रियाशील रहना होता है। शिक्षण की मुख्य भूमिका छात्रों की सहायता करना एवं उनको अध्ययन हेतु निर्देशन प्रदान करना होता है। शिक्षक के द्वारा छात्रों की क्रियाओं का पर्यवेक्षण करता है कि वे अपनी-अपनी क्रियाएँ समुचित तरीके से करते हैं या नहीं।

(5) पर्यवेक्षण अध्ययन का मूल उद्देश्य अनेक सम्बन्धों के आधार पर कराना होता है, जिसके द्वारा छात्र पाठ्य-वस्तु को गहनता से आत्मसात कर सके।

(6) पर्यवेक्षण अध्ययन का अन्तिम लक्ष्य पाठ्य-वस्तु क स्वामित्व कराना होता है। इस प्रकार के अन्त में स्वामित्व का परीक्षण किया जाता है। यदि छात्र इस परीक्षा को उत्तीर्ण नहीं कर पाते हैं, तब उन्हें शिक्षक अध्ययन का पुन: अवसर देता है और शिक्षक इस बार अधिक सार्थकता बरतता है।

(7) शिक्षक छात्रों की प्रगति से परिचित होते रहते हैं।

(8) छात्रों को सही समय पर छात्रों को आवश्यकतानुसार मार्ग निर्देशन मिलता रहता है।

(9) इस विधि द्वारा काम न करने वाले छात्र एवं आलसी छात्रों को नियन्त्रण में रखा जा सकता है।

पर्यवेक्षण अध्ययन के दोष (Demerits of Supervised Study)–पर्यवेक्षण अध्ययन में निम्नलिखित दोष हैं–

(1) पर्यवेक्षण अध्ययन में मुख्य दोष यह है कि इसके द्वारा छात्रों के मानवीय व्यवहारों के विकास पर ध्यान नहीं दिया जाता है। इसमें केवल पाठ्य-वस्तु के स्वामित्व को ही विशेष महत्व प्रदान किया जाता है।

(2) शिक्षक का पाठ्य वस्तु में तल्लीन एवं तन्मय होना छात्रों को प्रेरणा देता है। यहाँ पर मनोवैज्ञानिक एवं सामाजिक अभिप्रेरणा का प्रयोग नहीं किया जाता है, जबकि इस प्रकार की प्रेरणा अधिक प्रभावशाली होती है।

(3) पर्यवेक्षण अध्ययन शिक्षण व्यवस्था के अन्तर्गत भावात्मक एवं क्रियात्मक पक्षों के विकास को महत्व कम दिया जाता है। इसमें केवल छात्रों के ज्ञानात्मक पक्ष का ही विकास किया जाता है।

(4) इस शिक्षण व्यवस्था का उपयोग प्राथमिक एवं माध्यमिक कक्षाओं के लिए उपयोगी नहीं है। यह केवल उच्चकक्षाओं के लिए ही उपयोगी है।

(5) इस शिक्षण व्यवस्था में छात्र केवल निर्देशन पर ही आश्रित रहते हैं। छात्र स्वयं कोई निर्णय नहीं लेते हैं। वे प्रत्येक समस्या के लिए समाधान शिक्षक से ही पूछते हैं।

(6) इस प्रकार की अध्ययन व्यवस्था के अन्तर्गत शिक्षक को अत्यधिक क्रियाशील रहना पड़ता है एवं समय भी अधिक लगता है। साथ ही शिक्षक को अत्यधिक परिश्रम करना पड़ता है।

(7) विद्यालयों में पाठ्य-वस्तु सम्बन्धी सामग्री, पुस्तकें तथा प्रयोगशालाओं में पर्याप्त सुविधाएँ उपलब्ध नहीं होती है कि सभी छात्रों को व्यवस्थित तरीके से कार्य करने की सुविधाएँ एवं अवसर प्रदान किये जा सकें।

(8) यह अधिकतर विद्यार्थियों के प्रोत्साहन तथा जागरुकता पर निर्भर करता है, जिसका विद्यार्थी प्राय: प्रदर्शन नहीं करते।

(9) कुछ का यह भी मानना है कि इस प्रविधि में तीव्र बुद्धि वाले विद्यार्थियों के विकास में बाधा उत्पन्न होती है।

(10) इससे विद्यार्थियों में आत्म-विश्वास की कमी आ जाती है।

(11) इससे केवल वाद-विवाद तथा विचार-विमर्श की आदतों का विकास होता है।

(12) इस प्रविधि के प्रयोग के लिए कुशल तथा अनुभवी शिक्षक की आवश्यकता होती है।

पर्यवेक्षण अध्ययन के प्रभावी प्रयोग के सुझाव (Suggestions for Effective Use of Supervised Study)–पर्यवेक्षण अध्ययन की व्यवस्था को अत्यधिक प्रभावी बनाने के लिए निम्नलिखित बातों को ध्यान में रखना चाहिए–

(1) पर्यवेक्षण अध्ययन की व्यवस्था करने से पहले हमको यह देखना चाहिए कि प्रत्येक छात्र के लिए अलग-अलग प्रकरण उपलब्ध कराये जा सकें।

(2) पर्यवेक्षण अध्ययन के लिए शिक्षक को छात्रों को ऐसे प्रकरण देना चाहिए, जिसके हल के लिए पुस्तकालय में पर्याप्त मात्रा में साहित्य उपलब्ध हों, एवं प्रयोगशाला में इसके लिए पर्याप्त सुविधाएँ भी उपलब्ध हों।

(3) पर्यवेक्षण अध्ययन को अत्यधिक प्रभावशाली ढंग से प्रयोग करने के लिए प्रकरण की रूपरेखा या समीक्षा तथा इनकी पाठ्य-पुस्तकों की सूची में भी देनी चाहिए।

(4) छात्रों के पूर्वज्ञान के आधार पर ही शिक्षक को प्रकरणों की समीक्षा करनो चाहिए। समीक्षा का समय भी निश्चित होना चाहिए। समीक्षा के दौरान छात्रों की क्रियाओं का निरीक्षण करना भी अत्यन्त आवश्यक है।

(5) शिक्षक को पर्यवेक्षण अध्ययन के समय कम से कम निर्देश देना चाहिए। छात्रों को स्वयं ही समस्याओं के समाधान के अवसर देना चाहिए।

(6) पर्यवेक्षण अध्ययन का कालांश भी निश्चित होना चाहिए। छात्रों को यह कहना चाहिए कि वे अध्ययन की समीक्षा एवं आलेख तैयार करें।

(7) पर्यवेक्षण अध्ययन में छात्रों को दिए जाने वाले गृह कार्य का स्वरूप प्रत्येक छात्र के लिए पृथक-पृथक होना चाहिए, जिससे कि वे एक-दूसरे की नकल न कर सकें, साथ ही उन्हें व्यक्तिगत अध्ययन के पर्याप्त अवसर प्राप्त हो सकें।

(8) शिक्षक को अपने समीक्षाकाल में भावात्मक पक्ष के विकास पर भी भरपूर बल देना चाहिए। शिक्षक अपने व्यक्तिगत व्यवहार से भी छात्रों में मानवीय व्यवहारों एवं गुणों का भी विकास कर सकता है।

इस प्रकार पर्यवेक्षण अध्ययन प्रविधि की सफलता बहुत कुछ पर्यवेक्षक के अपने परिश्रम तथा उसकी योग्यता एवं व्यावहारिक अनुभवों पर निर्भर करती है। एक कुशल शिक्षक पर्यवेक्षित अध्ययन व्यवस्था को इस प्रकार उचित ढंग से आयोजित करके अपने काम में लग सकता है कि उसके द्वारा उसको अपना कार्यभार अधिक बढ़ा हुआ मालूम न हो तथा विद्यार्थियों को भी आवश्यकतानुसार उचित परामर्श एवं सहयोग मिलता रहे। उसके पर्यवेक्षण के द्वारा न तो विद्यार्थियों के स्वतंत्र चिंतन में बाधा उपस्थित हो और न ही किसी विद्यार्थी को कोई मार्ग न सूझने पर अधिक देर तक में भटकना पड़े। गणित में इसके उचित प्रयोग के द्वारा अध्ययन क्रम को एक रचनात्मक मोड़ प्रदान किया जा सकता है।

5. अभिक्रमित अधिगम (Programmed Learning)

अर्थ (Meaning)—शिक्षण-प्रक्रिया के मुख्य रूप से दो महत्वपूर्ण अंग होते हैं, जिनमें से एक शिक्षक तथा दूसरा छात्र, इन दोनों में ही किसी एक का स्थान प्रमुख एवं दूसरे का गौण बन जाता है। ऐसी स्थिति में असन्तुलन उत्पन्न हो जाता है, जो कि विघटनकारी होता है। इससे व्यक्तित्व का सर्वांगीण विकास नहीं हो पाता है। इसके लिए प्रत्येक युग के शिक्षाविद् इस असन्तुलन के स्थान पर सन्तुलित स्थिति को उत्पन्न करने की ओर हमेशा सजग एवं प्रयत्नशील रहे हैं। जिसके कारण आज हमारी शिक्षण प्रक्रिया के अनेक रूप विभिन्न शिक्षण विधियों के रूप में हमारे समक्ष विद्यमान हैं। अभिक्रमित अध्ययन में शिक्षण प्रक्रिया का एक आधुनिक स्वरूप है। जो शिक्षक और छात्र के बीच एक सहज एवं सन्तुलित स्थिति की स्थापना करती है।

अर्थात् अभिक्रमित अध्ययन एक ऐसी शिक्षण विधि, प्रक्रिया या तकनीक है, जिसमें सीखने योग्य विषयवस्तु को छोटे-छोटे पदों के रूप में इस प्रकार अभिक्रमित किया जाता है कि छात्र अपने स्वप्रयत्न एवं स्वगति से सक्रिय रहकर निरन्तर ज्ञात से अज्ञात की ओर अग्रसर होता रहता है। इसमें उसके द्वारा किए गए प्रयासों में कार्य की फौरन ही पुष्टि कर दी जाती है। प्रत्येक

पद पर उसे सफलता के आनन्द की अनुभूति करवायी जाती है। जिससे कि उसके प्रयास को बल प्राप्त हो। स्वाध्याय से यह प्रक्रिया छात्र के मनोबल को कायम रखती है। उसके आत्मविश्वास को और अधिक मजबूती प्रदान करती है। इसीलिए इसे "ऑटो इन्ट्रक्शनल मैथड" के नाम से जाना जाता है। इसमें शिक्षक द्वारा किए जाने वाले शिक्षण विषयक कार्य अभिक्रमित अध्ययन सामग्री को हस्तान्तरित कर दिया जाता है।

अभिक्रमित अध्ययन तकनीकी को वर्तमान स्वरूप में विकसित करने में अमेरिका के ओहायो स्टेट विश्व विद्यालय के मनोवैज्ञानिक सिडनी में एल०प्रेसी० (1926) ने अत्यधिक योगदान दिया है। उसने टीचिंग मशीन का उपयोग करके अधिकतर शिक्षाविदों को एक नया मार्ग बताया है। सन् 1954 ई० में हारवर्ड विश्वविद्यालय के बी०एफ० स्किनर ने अपने सहयोगी जेम्स०जी० हालैण्ड के साथ प्रेसी के अनुभवों को साकार किया। जिसके फलस्वरूप "प्रोग्रेम्ड लर्निंग" का उद्भव हुआ। यह नाम वास्तव में बी०एफ० स्किनर का ही दिया हुआ है। अतएव हम कह सकते हैं कि स्किनर इसके जन्मदाता है।

अभिक्रमित अधिगम को प्रमुख विद्वानों ने कुछ इस प्रकार से परिभाषित किया है–

1. सुसन मार्कल के कथनानुसार–"अभिक्रमित अनुदेशन पुनः प्रस्तुत की जा सकने वाली क्रियाओं की श्रृंखला को संरचित करने की वह विधि है जिसकी सहायता से व्यक्तिगत रूप से प्रत्येक विद्यार्थी के व्यवहार में मापनीय और विश्वसनीय परिवर्तन लाया जा सके।"

2. कोरे ने अभिक्रमित अधिगम को पारिभाषित करते हुए कहा है–"अभिक्रमित अनुदेशन एक ऐसी शिक्षण प्रक्रिया है जिसमें बालक के वातावरण को सुव्यवस्थित कर पूर्व-निर्धारित व्यवहारों को उसमें विकसित कर लिया जाता है।"

3. अभिक्रमित अधिगम के बारे में स्मिथ और मूरे ने कहा है–"अभिक्रमित अनुदेशन किसी अधिगम सामग्री को क्रमित पदों की श्रृंखला में व्यवस्थित करने वाली एक प्रक्रिया है और प्राय: इसके द्वारा किसी विद्यार्थी को उसकी परिचित पृष्ठ भूमि से प्रत्ययों, सिद्धान्तों एवं बोध के एक जटिल और नवीन स्तर पर लाया जाता है।"

अभिक्रमित अधिगम के सिद्धान्त (Principles of Programmed Learning)– अभिक्रमित अधिगम के प्रमुख सिद्धान्त निम्नलिखित हैं–

(1) *लघु पदों का सिद्धांत (Principle of Small Steps)*–कुछ व्यक्ति विशेष रूप से प्रखर बुद्धि वाले होते हैं, जो किसी भी विषयवस्तु को एक ही नजर में अवलोकित करके उसे समझने में सक्षम होते हैं। लेकिन सामान्य व्यक्तियों की संख्या अधिक होती है, वे निरन्तर अभ्यास करके किसी भी तथ्य को सीखते हैं। सीखने की यह प्रक्रिया 'सरल से कठिन' एवं 'ज्ञात से अज्ञात' के सिद्धान्तों का पालन करती हुई निरन्तर चलती रहती है। इससे जो भी कुछ सीखा जाता है वह स्थाई होता है। विषयवस्तु को छोटे-छोटे पदों में छात्रों के समक्ष प्रस्तुत करने से छात्र उसे बड़ी ही आसानी से ग्रहण करता है। विषय के पदों का आकार सीखने वाले की क्षमता पर निर्भर करता है। अभिक्रमित अध्ययन सामग्री के छोटे पदों में इस बात का ध्यान अवश्य रखा जाता है कि वह बालक और वयस्क की क्षमतानुसार हों। अत: यह सामग्री प्रत्येक वय, योग्यता और क्षमता वाले व्यक्तियों के लिए अत्युत्तम एवं उपयोगी साबित हुई है।

विषय वस्तु के छोटे-छोटे पद परस्पर एक जंजीर की कड़ियों की तरह जुड़े रहते हैं। जिस

प्रकार से जंजीर की एक कड़ी के विलुप्त होने पर उसका महत्व कम हो जाता है, ठीक उसी प्रकार से अभिक्रमित अध्ययन सामग्री का एक पद भी सीखने की प्रक्रिया में अर्थहीन बन जाता है। इन पदों के परस्पर इस प्रकार से जुड़े रहने के कारण ही इस तकनीक को अभिक्रमित अध्ययन के नाम से जाना जाता है।

(2) *क्रिया का सिद्धांत (Principle of Activity)*—अभिक्रमित अध्ययन सामग्री का निर्माण करते समय यह ध्यान रखा जाता है कि सामग्री के प्रत्येक पद में उत्प्रेरक, रिक्त स्थान और शुद्ध प्रत्युत्तर आदि की व्यवस्था की जानी चाहिए। इस व्यवस्था के परिणामस्वरूप ही सीखने वाले को सीखने की प्रक्रिया में लगातार सक्रिय रखा जाता है। शिक्षण को अनेक विधियों में सीखने वाले का सक्रिय सहयोग प्राप्त करने का जिक्र आवश्यक रूप से किया गया है लेकिन इस सिद्धान्त का उपयोग अभिक्रमित अध्ययन तकनीक में किया गया है, उसका शतांश भी अन्य विधियों में नहीं किया गया है।

(3) *प्रतिपुष्टि का सिद्धांत (Principle of Reinforcement)*—सक्रिय सहयोग के लिए इस तकनीक में यह अत्यन्त आवश्यक है कि सीखने वाले के मनोबल को हमेशा बनाए रखा जाए। इस तथ्य को ध्यान में रखना चाहिए और उत्प्रेरकों की सहायता से रिक्त स्थानों की शुद्धता से पूर्ति भी उससे करवाई जाए। रिक्त स्थानों पर लिखे गए शब्द/वाक्य शुद्ध हैं या नहीं, इसका भी ज्ञान सीखने वाले को तुरन्त ही कराया जाता है। मनोवैज्ञानिक दृष्टि से अभिक्रमित अध्ययन तकनीक की तुरन्त पुष्टि का सिद्धान्त अत्यधिक महत्वपूर्ण है। आपके द्वारा किए गए कार्य का परिणाम जितनी देर से आयेगा आपका उस कार्य की ओर आकर्षण भी कम हो जायेगा। लेकिन उस कार्य के परिणाम से तुरन्त अवगत करा दिया जाये, तो यह निश्चित है आपका आकर्षण उस कार्य में और अधिक बढ़ जाता है तथा आप नयी उमंग के साथ उसको क्रियान्वित करने में लग जायेंगे। इसी प्रकार से यदि छात्रों का परीक्षा परिणाम परीक्षा के फौरन बाद घोषित कर दिया जाये या फिर एक या दो माह बाद घोषित किया जाये, तो दोनों ही स्थितियों पर पर्याप्त अन्तर आ जायेगा। अभिक्रमित अध्ययन तकनीकी के तुरन्त पुष्टि के सिद्धान्त को ही सीखने की प्रक्रिया से जुड़े सीखने वालों के लिए अत्यन्त ही महत्वपूर्ण माना गया है।

(4) *स्व:गति का सिद्धांत (Principle of Self Pacing)*—छोटे-छोटे पदों की व्यवस्था, उत्प्रेरकों की मदद, सक्रिय सहयोग एवं तुरन्त पुष्टि के द्वारा अभिक्रमित अध्ययन तकनीक में सीखने वाले को धीरे-धीरे स्वयं योग्यता एवं क्षमता और गति से ज्ञात से शुरू करके अज्ञात की ओर धीरे-धीरे अग्रसर होने के अवसर प्रदान किए जाते हैं। इस स्व:गति के सिद्धान्त का निर्वाहन अन्य विधियों द्वारा इतनी आसानी से नहीं किया जा सकता है। इसीलिए सीखने वालों के लिए यह तकनीक नवीन ज्ञान को सीखने में अत्यधिक महत्वपूर्ण साबित हुई है। सीखने वालों को इसका अधिक लाभ होता है कि किसी भी एक प्रकरण का अध्ययन इस प्रकार करने के पश्चात् उसकी उपलब्धि की जाँच करने पर 90 प्रतिशत छात्र 90 प्रतिशत अंक प्राप्त करने में सक्षम होते हैं। यह उपलब्धि पर्याप्त है। अतएव तकनीकी की यह आवश्यकता है जिसे प्राप्त करने की ओर अनेक विद्वान प्रयासरत रहे हैं। स्किनर के इस महान योगदान की प्रशंसा जितनी की जाए उतनी ही कम होगी।

(5) *सतत् मूल्यांकन का सिद्धांत (Principle of Continuous Evaluation)*—उपरोक्त

वर्णित सिद्धान्तों के आधार पर जब उनके लिए 'ज्ञात से अज्ञात की ओर' अग्रसर होने का मार्ग प्रशस्त किया जाता है, तब इस तकनीक में मूल्यांकन की प्रक्रिया को नहीं, भुलाया जा सकता है। सतत् मूल्यांकन इस तकनीक की यह विशेषता है, जो अन्य विधियों में मिलना कठिन है। समस्या के प्रत्येक पद में मूल्यांकन समाहित होता है, और प्रत्येक छात्र के लिए मूल्यांकन ऐसे प्रस्तुत किया जाता है, कि उसे इसका पता ही नहीं लगता है कि उसकी जाँच की जा रही है। वह तो यह समझता है कि वह अपने प्रयासों के द्वारा कुछ नये-नये तथ्यों को सीख रहा है। मूल्यांकन का इतना सतत्, सरल, सहज एवं व्यापक स्वरूप अन्य शिक्षण विधि में मिल पाना अत्यन्त कठिन है। सतत् मूल्यांकन अभिक्रमित अध्ययन तकनीक की एक विशेषता इसलिए भी मानी गई है कि वर्तमान युग में जब तक किसी तथ्य को आंका, जाँचा और परखा नहीं जाता है तब तक उसमें विश्वास नहीं किया जाता है, क्योंकि कसौटी पर कसने एवं खरा उतरने पर ही सोना ही सोना कहलाता है। और यह विधि मूल्यांकन की इस कसौटी पर खरी उतरती है।

(6) *सुखद अनुभूति का सिद्धांत (Principle of Gaiety)*–मूल्यांकन से प्राप्त सफलता से व्यक्ति में जो प्रसन्नता प्राप्त होती है, वैसी प्रसन्नता उसे अन्य किसी बात से प्राप्त नहीं हो सकती है। परीक्षा में प्राप्त की गई सफलता अत्यन्त आनन्ददायक एवं सुखद होती है। इस सफलता का स्तर जितना ऊँचा होता है, उसका सुख भी उसी अनुपात में होता है। जिस प्रकार से प्रथम श्रेणी में परीक्षा उत्तीर्ण करने वाले छात्र की प्रसन्नता की तुलना तृतीय श्रेणी में उर्त्तीण छात्र की प्रसन्नता से नहीं की जा सकती है। अभिक्रमित अध्ययन तकनीक के अन्तर्गत प्रत्येक छात्र को सीखने की प्रक्रिया के प्रत्येक चरण पर सफलता का ज्ञान करवाकर ऐसी सुखद अनुभूति करने के पर्याप्त अवसर भी प्रदान किए जाते हैं।

(7) *अनुपात बनाए रखने का सिद्धांत (Principle of Maintaining Ratio)*–प्रत्येक छात्र को स्व:गति से अध्ययन करने के अवसर प्रदान करके और प्रत्येक चरण पर उसको सफलता प्राप्ति का सुखद अनुभव कराना उसी समय ही सम्भव हो सकता है जब एक शिक्षक एवं एक छात्र की आदर्श स्थिति उत्पन्न की जा सके। शिक्षक को ऐसा होना चाहिए कि वह अपने शिष्य की मनोवृत्ति, योग्यता, अभिरूचि एवं क्षमता का पूर्ण रूप से ध्यान रखकर उसे रूचिपूर्ण एवं ग्रहण योग्य सामग्री दे सके। अभिक्रमित अध्ययन तकनीक पर आधारित अभिक्रमित अध्ययन सामग्री ऐसे ही शिक्षक का काम करती है। प्रत्येक छात्र को जब ऐसा योग्य शिक्षक प्राप्त हो जाता है तो निश्चित ही उस छात्र की उपलब्धि भी उच्च होगी।

अभिक्रमित अध्ययन के मनोवैज्ञानिक आधार (Psychological Bases of Programmed Learning)–अभिक्रमित अध्ययन तकनीक जिन मनोवैज्ञानिक तथ्यों पर आधारित है वे निम्नलिखित हैं–

(1) *वैयक्तिक भिन्नता (Individual Differences)*–प्रत्येक व्यक्ति में योग्यता, रूचि एवं क्षमता अलग-अलग होती हैं। इन तथ्यों को न समझकर शिक्षक अपनी तैयारी एवं रूचि से कक्षा में अध्यापन कार्य करते हैं, इससे सम्पूर्ण छात्रों को लाभ प्राप्त नहीं होता है बल्कि कुछ छात्र ही इससे आंशिक लाभ प्राप्त करते हैं। वर्तमान परिस्थितियों में अभिक्रमित अध्ययन तकनीक वैयक्तिक भिन्नता के सिद्धान्त का पालन करती है। अतएव इनकी उपलब्धि में

अत्यधिक वृद्धि होती है। इसे प्रयोगों की कसौटी पर भी परखा एवं जाँचा जा सकता है।

(2) *अभ्यास के नियम पर आधारित (Based on Law Exercise)*—थार्नडाइक का ऐसा मानना है कि किसी भी कार्य को करने के लिए व्यक्ति को जितना अधिक अभ्यास कराया जायेगा, वह व्यक्ति उस कार्य में उतनी ही अधिक कुशलता प्राप्त करेगा। इस सन्दर्भ में हमारे प्रमुख विद्वानों ने भी कहा है कि–"करत-करत अभ्यास ते जड़मति होत सुजान।" उक्त कहावत के आधार पर नियमित रूप से अभ्यास करते रहने से मूर्ख व्यक्ति भी विद्वान बन जाता है। अभिक्रमित अध्ययन में इसी नियम का पालन करते हुए विषय वस्तु को विभिन्न स्थितियों में सीखने वाले के सम्मुख प्रस्तुत करके पर्याप्त अभ्यास कराया जाता है। इससे जहाँ एक तरफ तो छात्र उस विषयवस्तु के प्रत्येक पक्ष को अच्छी तरह समझ लेता है तथा दूसरी तरफ उसके द्वारा सीखा गया ज्ञान स्थायित्व को भी ग्रहण करता जाता है। इस ज्ञान को वह वर्तमान की तरह नहीं भूलता है।

(3) *सफलता की अनुभूति (Feeling of Success)*—मानव को जिन कार्यों को करने से सुख की प्राप्ति होती है, उसे वह बार-बार करना चाहता है। यह सिद्धान्त थार्नडाइक के द्वारा प्रतिपादित किया था। लेकिन यह भी देखा जाता है कि मनुष्य उन कार्यों से बचता है जो कष्ट प्रद होते हैं। अभिक्रमित अध्ययन तकनीक में इस सिद्धान्त को इस रूप में अपनाया गया है कि सीखने की प्रक्रिया के अन्तर्गत यदि छात्र को लगातार सफलता की अनुभूति कराई जाए तो इसके द्वारा उसके आत्म विश्वास एवं मनोबल में वृद्धि होती है। आत्म विश्वास और मनोबल के साथ किया गया कार्य भी उच्च कोटि का होगा। ये दोनों ही गुण व्यक्तित्व के निर्माण में अत्यन्त आवश्यक एवं महत्वपूर्ण है।

(4) *त्रुटियों को कम करना (To Reduce Errors)*—महान विद्वान स्किनर का यह मानना था कि छात्रों को यदि आप त्रुटियाँ करने के लिए मौका नहीं देंगे, तो वे कभी भी त्रुटि नहीं करेंगे। क्योंकि यदि त्रुटियों की दर में वृद्धि होती है तो छात्र का मनोबल स्वत: ही गिरता जाता है। इसलिए त्रुटि सुधार पर विशेष ध्यान देना चाहिए। अभिक्रमित अध्ययन तकनीक पर आधारित पठन सामग्री में इस बात का विशेष ध्यान रखा जाता है। त्रुटि दर को कम करने के लिए इसमें प्रेरक संकेतों का उपयोग किया जा सकता है।

(5) *पुनर्बलन के सिद्धान्त का पालन करना (To Follow Reinforcement)*—अभिक्रमित अध्ययन का मूल आधार ही पुनर्बलन का सिद्धान्त है। इस सन्दर्भ में स्किनर का कहना है कि वे व्यवहार ही पुनर्बलित होते हैं जिनकी आवृत्ति बार-बार होती है। सीखने में पुनर्बलन का अत्यधिक महत्व है। इस सिद्धान्त के आधार पर स्किनर ने अपनी मनोवैज्ञानिक प्रयोगशाला में कबूतरों को अंग्रेजी के 8 के आकार से नाँचने और पिंग-पोंगे का खेल खेलने जैसी जटिल प्रक्रियाओं को भी सिखा दिया है। इन प्रयोगों से उनका मत दृढ़ बना कि शिक्षा में इस सिद्धान्त का उपयोग करने से कठिन से कठिन विषय वस्तु को आसानी से सिखाया जा सकता है। इसी सिद्धान्त को आधार मानकर उसने अभिक्रमित अध्ययन-सामग्री का निर्माण किया जो कसौटी पर पूरी-पूरी खरी उतरी।

(6) *लक्ष्य की ओर धीरे-धीरे बढ़ाया जाये (To Proceed Towards Goal Gradually)*—'ज्ञात से अज्ञात की ओर' के सिद्धान्त का पालन करते हुए लक्ष्य की ओर धीरे-धीरे बढ़ने

से निश्चित ही परिणाम अच्छे निकलते हैं। लेकिन इसमें धैर्य की आवश्यकता होती है। अभिक्रमित अध्ययन तकनीक के छोटे-छोटे पदों का सिद्धान्त इसी मनोवैज्ञानिक तथ्यों पर आधारित है।

(7) *प्रेरकों को धीरे-धीरे कम करने का सिद्धांत (Principle of Reducing Feeding Gradually)*–छात्रों में आत्म-विश्वास जाग्रत करने के लिए आवश्यक है कि उसे सहारा दिया जाना आवश्यक है, और धीरे-धीरे सहारा भी हटा लिया जाता है, तब छात्रों में आत्म-विश्वास की भावना जागृत होती है। इसी सिद्धान्त के आधार पर अभिक्रमित अध्ययन सामग्री के पदों में से प्रेरकों का प्रयोग किया जाता है, और धीरे-धीरे प्रेरकों को हटा दिया जाता है, और एक स्थिति यह आती है कि एक भी प्रेरक का प्रयोग नहीं करने से भी स्थिति में मूल और मौलिक आवश्यकताओं की पूर्ति होती है तथा सीखने पर प्रतिकूल प्रभाव नहीं पड़ता है।

अभिक्रमित अनुदेशन के प्रकार (Types of Programmed Instruction)– अभिक्रमित अनुदेशन के मुख्य प्रकार निम्नलिखित हैं–

(अ) रेखीय अभिक्रमित अनुदेशन (Linear Programming)

(ब) शाखीय अभिक्रमित अनुदेशन (Branching Programming Instruction)

(स) अवरोह अभिक्रमित अनुदेशन (Methetics Programming)

(अ) रेखीय अभिक्रमित अनुदेशन (Linear Programming)

रेखीय अभिक्रमित अनुदेशन को शृंखला अभिक्रमित अधिगम भी कहते हैं। इसके प्रवर्तक हार्वड विश्वविद्यालय के प्रोफेसर बी०एफ० स्किनर 'एवं' साथी होलेण्ड है। इसके अन्तर्गत विषय वस्तु को छोटे-छोटे पदों के रूप में क्रमबद्ध तरीके से प्रस्तुत किया जाता है। इसमें प्रत्येक पद पर छात्र को अनुक्रिया करनी पड़ेगी। इस प्रकार से धीरे-धीरे अन्तिम व्यवहार अथवा वांछित व्यवहार की गति को बढ़ाया जाता है। इसमें छात्र एक के बाद एक फ्रेम को पढ़ता चला गया और अन्त तक पढ़ता जाता है। छात्र पहला पद पढ़ने के उपरान्त अनुक्रिया करता है एवं अपने द्वारा की गई अनुक्रिया की जाँच करता है और देखता है कि वह गलत है या सही। सही करने के बाद वह दूसरे पद को पढ़ता है। इससे उसे प्रतिपुष्टि प्राप्त होती है। इस अधिगम प्रक्रिया को एक सीधी रेखा या शृंखला द्वारा प्रकट किया जाता है। इसलिए इसे रेखीय अनुदेशन कहते हैं।

इस प्रकार से प्रोग्रामिंग के अन्तर्गत प्रत्येक छात्र को एक रचना के अनुसार एक समान रास्ता तय करना पड़ता है। नीचे दिए चित्रों से इसे स्पष्ट रूप से समझा जा सकता है।

फ्रेम

प्रथम फ्रेम   द्वितीय फ्रेम   तृतीय फ्रेम   चतुर्थ फ्रेम   पंचम फ्रेम

↑   अधिगम पथ   ↑

पूर्वव्यवहार ⟶ ⟶ ⟶ अंतिम व्यवहार

इस प्रकार से अनुदेशन के अन्तर्गत अध्ययन सामग्री का निर्माण करते समय कुछ प्रमुख नियम इस प्रकार से है, जिन्हें ध्यान में रखना चाहिए–

(1) इसमें प्रत्येक सही उत्तर का पुनर्बलन किया जाना चाहिए।

(2) अनुक्रिया प्रत्यक्ष होनी चाहिए।

(3) त्रुटियाँ कम से कम होनी चाहिए।

(4) क्रमबद्ध तरीके से छोटे पदों में प्रगति की जाए।

(5) विद्यार्थी का व्यवहार नियन्त्रित होना चाहिए।

(6) इसमें प्रत्येक छात्र को अपना सहयोग लिखित रूप में देना चाहिए।

रेखीय अभिक्रमित अनुदेशन की मान्यताएँ (Assumptions of Linear Programming)–रेखीय अभिक्रमित अनुदेशन निम्नलिखित मान्यताओं पर आधारित हैं–

(1) कोई छात्र केवल सक्रिय रहकर ही कुछ सीख सकता है। इसका मतलब है कि किसी तथ्य को सीखने के पश्चात् छात्र को उसकी एक निश्चित एवं तरीके बद्ध क्रिया करनी पड़ती है।

(2) जब कोई छात्र सही दिशा में अग्रसर होकर सही तरह से कदम उठाता है, या फिर ऐसा करने को कहा जाए तो वह छात्र ऐसी स्थिति में अधिक बेहतर सीखता है।

(3) यदि विषय वस्तु को छोटे–छोटे पदों में विभक्त कर दिया जाए तो छात्र अधिक अच्छी तरह से सीखता है।

(4) कार्य को इस प्रकार से व्यवस्थित किया जाना चाहिए कि कोई भी व्यक्ति इसका सत्यापन कर सके।

(5) इस अभिक्रमित अनुदेशन के अन्तर्गत शिक्षण की कोई गुंजाइश नहीं है। इसके लिए शाखा अभिक्रमित अनुदेशन है।

रेखीय अभिक्रमित अनुदेशन का स्वरूप (Structure of Linear Programme)–इसमें पाठ्य–वस्तु को छोटे–छोटे पदों में क्रमबद्ध रूप में प्रस्तुत किया जाता है। इसका प्रत्येक नया पद छात्र को नवीन ज्ञान प्रदान करता है। छात्र प्रत्येक पद पर सही अनुक्रिया करता है जिसका सीधा सम्बन्ध अंतरिम व्यवहार से होता है। प्रत्येक छात्र एक समय में जितना अध्ययन करता है, उसे ही पद कहते हैं। 'सभी पदों में परस्पर आरोही क्रम में सम्बन्ध' होता है, प्रत्येक पद के तीन पद होते हैं–

(*i*) *उद्दीपन (Stimulus)*–रेखीय अभिक्रमित अनुदेशन व्यवहारवादी मनोविज्ञान के सिद्धान्तों पर पूर्ण रूपेण आधारित है। इसलिए अधिगम की प्रक्रिया की उद्दीपन अनुक्रिया के रूप में व्याख्या की जाती है। इसके अन्तर्गत वातावरण एवं परिस्थितियों को प्रधानता प्रदान की जाती है। उद्दीपन पाठ्य–पुस्तक के रूप में प्रस्तुत किया जाता है। इसे स्वतन्त्र चर कहा जाता है। उद्दीपन अनुक्रिया के लिए परिस्थिति उत्पन्न का कार्य पाठ्य–वस्तु करता है। यदि अपेक्षित अनुक्रिया के लिए यह पर्याप्त नहीं होता है, तो इसके लिए अतिरिक्त उद्दीपन प्रदान किया जाता है। इससे छात्रों को सही अनुक्रिया करने में सहायता प्राप्त होती है। इनको उभारक एवं अनुबोधक कहा जाता है।

(*ii*) *अनुक्रिया (Response)*–प्रत्येक छात्र को अपेक्षित अनुक्रिया उद्दीपन के अनुसार करनी होती है। इसे आश्रित चर कहते हैं। अनुक्रिया उद्दीपन पर निर्भर करती है। सही एवं सफल अनुक्रिया करने से छात्र को ज्ञान प्राप्त होता है। प्रत्येक अनुक्रिया नये व्यवहार का विकास करती है। इस प्रकार से रेखीय अभिक्रमित अनुदेशन की अनुक्रियाओं में निम्नलिखित विशेषताएँ हैं–

(*i*) अनुक्रिया से छात्र को नया ज्ञान प्राप्त होता है।
(*ii*) अनुक्रिया का सम्बन्ध अन्तिम व्यवहारों से होता है।
(*iii*) अनुक्रिया की पुष्टि छात्र को पुनबर्लन प्रदान करती है।

इस अनुदेशन में दो प्रकार की अनुक्रियाओं को अवसर प्रदान किया जाता है, जो इस प्रकार हैं–

(क) *रचनात्मक अनुक्रिया (Constructive Response)*–प्रत्येक पद के लिए छात्र को अनुक्रिया करनी पड़ती है। यह अनुक्रिया छात्र के लिए एक नया व्यवहार होता है। इसे रचनात्मक अनुक्रिया कहा जाता है। रेखीय अभिक्रमित अनुदेशन के अन्तर्गत इसी तरह की अनुक्रियाओं के लिए अधिक से अधिक परिस्थितियाँ उत्पन्न की जाती हैं।

(ख) *विभेदीकृत अनुक्रिया (Discriminative Response)*–कुछ पदों में अनुक्रिया के लिए दो विकल्प दिए जाते हैं, जिसमें से एक सही अनुक्रिया होती है। पदों का अध्ययन करते समय छात्र को सही अनुक्रिया का चुनाव करना पड़ता है। इसको विभेदीकरण अनुक्रिया कहा जाता है। प्रत्येक छात्र दिए गए पदों का अध्ययन करता है और उसकी अनुक्रिया को अपनी उत्तर-पुस्तिका में नोट करता है तथा इस अनुक्रिया का अवलोकन भी किया जा सकता है। इसे बाह्य अनुक्रिया के नाम से जाना जाता है। इससे छात्र परम्परागत पुस्तकों की तरह से अपनी ही अनुक्रिया को बिना लिखे भी पढ़ सकता है, लेकिन यदि रिक्त स्थान आते हैं तो अनुक्रिया के लिए सोचना पड़ेगा एवं उसकी पुष्टि भी करनी पड़ेगी। इस तरह की अनुक्रिया को आन्तरिक अनुक्रिया कहते हैं। इन दोनों अनुक्रियाओं को भी दो-भागों में विभक्त किया गया है। इस तरह से रेखीय अभिक्रमित अनुदेशन में कुल चार प्रकार की अनुक्रियाएँ की जाती हैं–

(अ) रचनात्मक बाह्य अनुक्रिया,
(ब) रचनात्मक आन्तरिक अनुक्रिया,
(स) विभेदीकृत बाह्य अनुक्रिया,
(द) विभेदीकृत आन्तरिक अनुक्रिया।

(*iii*) *पुनर्बलन (Reinforcement)*–इसमें छात्रों को अपनी अनुक्रियाओं की जाँच स्वयं ही करनी पड़ती है तथा सही उत्तर पदों के साथ ही दिया जाता है। इस अनुदेशन में विषय-वस्तु को छोटे-छोटे पदों में विभक्त नहीं करते हैं, बल्कि उसका अध्ययन सम्पूर्ण विषय-वस्तु के एक प्रत्यय के रूप में व्यक्त किया जाता है। इसके अन्तर्गत छात्रों को एक पद अध्ययन के लिए दिया जाता है।

(ब) शाखीय अभिक्रमित अनुदेशन (Branching Programmed Instructions)

शाखीय अभिक्रमित अनुदेशन का विकास सर्वप्रथम अमेरिका के प्रसिद्ध मनोवैज्ञानिक नॉर्मन ए०काउडर ने किया था। इस तरह के अनुदेशन में विषय-वस्तु को छोटे-छोटे पदों में विभक्त न करके सम्पूर्ण विषय-वस्तु को एक प्रत्यय के रूप में छात्र के समक्ष प्रस्तुत किया जाता है। इसमें छात्र को एक पद स्वयं अध्ययन करने के लिए दिया जाता है जिसके तीन या चार संभावित उत्तर दिए जाते हैं। इनमें से एक विकल्प सही होता है। इसमें छात्र को एक सही विकल्प का चयन करना पड़ता है। एक पद का सही उत्तर प्राप्त कर लेने के बाद छात्र को

अगले पद को पढ़ने के लिए कहा जाता है। इसका गलत उत्तर का चयन करने पर उसका निदान करने के लिए उसे अनेक शाखाओं से गुजरना पड़ता है। शाखीय अभिक्रमित अनुदेशन की इस प्रक्रिया को निम्नलिखित प्रवाह-चार्ट के द्वारा स्पष्ट किया जा सकता है।

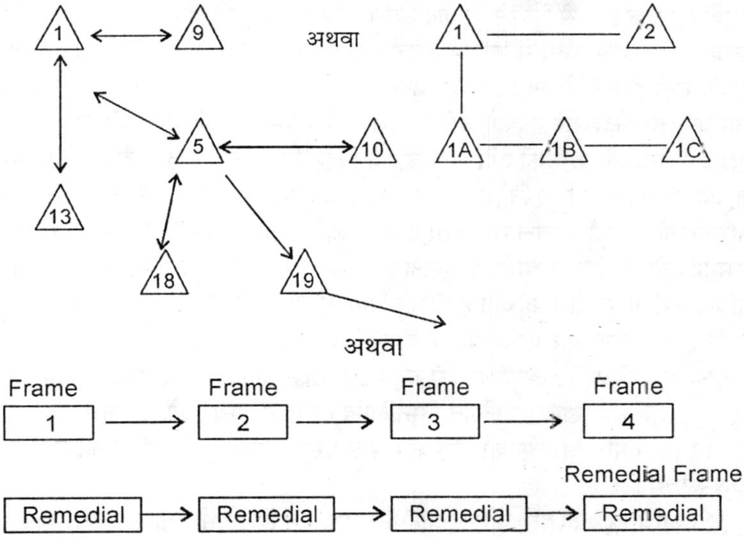

क्राउडर (Crowder) के अनुसार– "It is defined as a Programme which adapts to the need of the Student without the medium of Extrinstic device such as Computer."

शाखीय अभिक्रमित अनुदेशन के सिद्धान्त (Principle of Branching Programming)–शाखीय अभिक्रमित अनुदेशन के कुछ मुख्य सिद्धान्त इस प्रकार है–

(1) *कार्य विश्लेषण (Task Analysis)*–कार्य विश्लेषण के अन्तर्गत कार्य को उसमें निहित तत्वों के आधार पर विभक्त किया जाता है। इन तत्वों को एक निश्चित क्रम के अनुसार व्यवस्थित कर लेना चाहिए, जिससे कि अधिगम का हस्तान्तरण अत्यन्त ही आसानी से किया जा सके।

(2) *प्रस्तुति (Exposure)*–इस नियम के अनुसार किसी भी कार्य को छात्रों के समक्ष विस्तृत रूप में या फिर एक व्यापक यूनिट के रूप में प्रस्तुत किया जाता है। इसलिए इसे एक्सपोजिटरी प्रोग्राम भी कहते हैं।

(3) *निदान (Diagnosis)*–एक्सपोजीशन के पश्चात् छात्रों में व्याप्त कमजोरियों को पहचानने का भरपूर प्रयास किया जाता है। तकनीकी लोगों की नजर से इसे फाल्ट लोकेशन कहा जाता है। बिना निदान का कोई प्रिस्क्रिप्शन नहीं दिया जा सकता है।

(4) *उपचार (Treatment)*–इसमें निदान के पश्चात् सभी समस्याओं का उपचार किया जाता है। अर्थात् उसमें व्याप्त कमियों को दूर किया जाता है। ये सभी सिद्धान्त शिक्षण अधिगम में भी प्रयोग किए जाते हैं।

शाखीय अभिक्रमित की प्रक्रिया (Process of Branching Programme)–शाखीय अभिक्रमण में एक पैरा या दो पैरा या फिर पूरे एक पेज पर फ्रेम दिया जाता है। यह रेखीय प्रोग्रामिंग की अपेक्षा अत्यधिक बड़ा होता है। इसमें छात्रों को क्रमशः एक-एक फ्रेम से होकर गुजरना पड़ता है। छात्रों को एक फ्रेम से गुजरने के बाद उससे सम्बद्ध बहुविकल्पीय प्रश्नों के उत्तर देने पड़ते हैं। छात्र को दिए गए उत्तरों में एक सही उत्तर का चयन करना होता है। उसके द्वारा दिया गया उत्तर यदि सही होता है तो वह आगे को बढ़ता है और यदि उसका उत्तर गलत है, तो उसे समुचित उपचार के लिए निर्देश प्रदान किए जाते हैं। इसके लिए इसे मूल अंश की विशिष्ट रूप से तैयार की गई उपचारात्मक फ्रेम की ओर जाने का भी निर्देश दिया जाता है तथा दोबारा उसी फ्रेम पर आना, और उत्तर देने के लिए निर्देश दिया जाता है। छात्र के द्वारा सही उत्तर न देने तक यह प्रक्रिया निरन्तर चलती रहती है। केवल सही उत्तर प्राप्त हो जाने पर ही उसे आगे बढ़ने के लिए कहा जाता है। इस प्रक्रिया में कमजोर छात्रों की तुलना में होशियार एवं प्रतिभाशाली छात्र अन्तिम पद तक अत्यधिक शीघ्रता के साथ पहुँचता है। इस प्रक्रिया में छात्रों की त्रुटियों को दूर करने की अपेक्षा उनके निदानात्मक उपचार पर अत्यधिक दबाव दिया जाता है।

शाखीय अभिक्रमित अनुदेशन की मान्यताएँ (Assumptions of Branching Linear Programming)–शाखीय अनुदेशन निम्नलिखित प्रमुख मान्यताओं पर निर्भर हैं–

(1) इसमें पाठ्यपुस्तक को व्यापक रूप से प्रस्तुत किया जाना चाहिए न कि छोटे-छोटे पदों के रूप में।

(2) अधिगम कर्ता द्वारा की गई त्रुटियाँ अधिगम में किसी भी प्रकार का व्यवधान उत्पन्न नहीं करती हैं, बल्कि ये उपचारात्मक शिक्षण के लिए आधार जरूर प्रदान करती हैं। अर्थात् कहने का अर्थ है कि यह थार्नडाइक तथा स्किनर की मान्यताओं से तालमेल नहीं खाती हैं।

(3) इसमें अधिगमकर्ता की आवश्यकता को सन्तुष्ट करके व्यक्तिगत विभिन्नताओं का ध्यान रखा जाता है। यहाँ पर अधिगमकर्ता की आवश्यकता सबसे प्रमुख है। वह अपनी आवश्यकता के अनुसार शाखीय पथ का चयन करता है।

(4) शाखीय अधिगम के अन्तर्गत पदों को पृष्ठों के रूप में प्रस्तुत किया जाता है। इसके अन्तर्गत दो प्रकार के पृष्ठ होते हैं–गृह पृष्ठ तथा त्रुटि पृष्ठ।

(5) गृह पृष्ठ पर पढ़ाई जाने वाली विषय-वस्तु की व्याख्या की जाती है तथा त्रुटि पृष्ठ पर निदानात्मक एवं उपचारात्मक निर्देश प्रदान किए जाते हैं।

शाखीय अभिक्रमित अनुदेशन के प्रकार (Types of Branching Programming)–शाखीय अभिक्रमित अनुदेशन के प्रश्नों की प्रकृति के आधार पर निम्नलिखित पाँच प्रकार बतलाए गए हैं–

(i) बहुनिर्वचन प्रश्न पर आधारित–शाखीय अनुदेशन के इस रूप में सर्वप्रथम सूचना एवं अन्त में बहुविकल्पीय प्रश्न दिए जाते हैं। जिसमें प्रत्येक प्रश्न के अनेक सम्भावित उत्तर दिए जाते हैं, उनमें से केवल एक उत्तर सही होता है। प्रत्येक छात्र को एक सही विकल्प को चुनना पड़ता है। यदि छात्र सही विकल्प का चयन करता है तो उसके समक्ष अंकित संख्या के प्रश्न से उसकी पुष्टि हो जाती है। गलत अनुक्रिया करने पर उसके समक्ष अंकित संख्या के पृष्ठ पर उपचार संबंधी अनुदेशन प्रदान किए जाते हैं।

(*ii*) *रचनात्मक अनुक्रिया प्रश्न पर आधारित*–रेखीय अनुदेशन में सूचना के अन्त में प्रश्न दिए जाते हैं और उनके लिए विकल्प नहीं दिए जाते हैं। इसमें दिए गए प्रश्नों के उत्तर छात्रों को स्वयं ही देने पड़ते हैं। छात्र अपनी अनुक्रिया की शुद्धता की जाँच स्वयं ही करता है एवं गलत अनुक्रिया के लिए उसे उपचारात्मक अनुदेशन प्रदान नहीं किए जाते हैं। केवल छात्र दी गई सूचना को दोहरा सकता है।

(*iii*) *रचनात्मक निर्वचन प्रश्न पर आधारित*–इस शाखीय अनुदेशन के अन्तर्गत छात्रों को प्रश्नों के उत्तर स्वयं लिखने होते हैं। तथा छात्र अपने पृष्ठ को पलटकर अनुक्रिया करता है, और उसकी पुष्टि करता है। लेकिन जब छात्र अगले पृष्ठ पर पहुँचता है तब वहाँ उसे उपचारात्मक अनुदेशन प्रदान किए जाते हैं; क्योंकि इस पृष्ठ पर सही अनुक्रिया के लिए विकल्प दिए जाते हैं। प्रत्येक विकल्प के लिए उपचारात्मक अनुदेशन प्रदान किए जाते हैं। यहाँ पर छात्र की अनुक्रिया जिस विकल्प से मेल खाती है उसी के उपचारात्मक अनुदेशन का छात्र द्वारा अध्ययन किया जाता है। गलत अनुक्रिया के लिए उपचारात्मक अनुदेशन की सहायता प्रदान की जाती है।

(*iv*) *पुंज प्रश्नों पर आधारित*–इस शाखीय अनुदेशन का रूप एक अपठित विषय-वस्तु की तरह होता है। इसके प्रस्तुतीकरण में छात्र को पर्याप्त सूचना प्रदान की जाती है और उससे सम्बन्धित कई प्रश्नों के उत्तर उसको देने होते हैं। शुरूआत में इस प्रकार के पदों की रचना नहीं की जाती है, क्योंकि इसमें कई प्रकार के प्रश्न छात्रों के द्वारा पूछे जाते हैं। इसमें छात्र की अनुक्रिया की भी पुष्टि नहीं की जाती है और न ही गलत अनुक्रिया के लिए उपचारात्मक अनुदेशन ही प्रदान किया जाता है। इस प्रकार के पदों का उपयोग केवल परीक्षणों के लिए किया जाता है।

(*v*) *रेखीय क्रम*–उपरोक्त वर्णित चार प्रकार के रूपों के अतिरिक्त इस अनुदेशन का एक अन्य रूप रेखीय क्रम है। कभी-कभी शाखीय अनुदेशन में एक रेखीय क्रम की भी आवश्यकता पड़ती है। ये आवश्यकता तब पड़ती है जब छात्रों को तथ्यों एवं प्रत्ययों का पुनःस्मरण कराया जाता है। शाखीय अनुदेशन में गृह-पृष्ठ की सूचनाओं को सीखने के क्रम में व्यवस्थित किया जाता है। इसमें छात्र द्वारा यदि सही अनुक्रिया का चयन किया जाता है, तो वह रेखीय क्रम का अनुसरण करता है।

उपरोक्त वर्णित सभी प्रकार की अनुक्रियाओं को छात्र स्वयं आन्तरिक रूप से नियमित करते हैं। इसकी अनुक्रिया के लिए छात्र पूर्ण रूप से स्वतन्त्र रहते हैं। इसके विपरीत शृंखला अनुदेशन के अन्तर्गत छात्रों को अनुक्रिया करने की पूर्णरूपेण स्वतन्त्रता नहीं होती है एवं अभिक्रमिक अनुदेशन छात्रों की अनुक्रिया को नियन्त्रित करती है। मानव अधिगम के लिए शाखीय अनुदेशन अपेक्षाकृत अत्यधिक उपयोगी प्रतीत होती है।

(स) अवरोही-अभिक्रमित अनुदेशन (Methetics of Programming)

उत्पत्ति (Origin)–थॉमस एफ० गिलबर्ट के द्वारा सन् 1962 में मैथटिक्स का भौतिक प्रत्यय दिया गया है। इनके द्वारा 'मैथटिक्स' नामक पत्रिका प्रकाशित की गई थी, और उसमें इस प्रत्यय का सर्वप्रथम वर्णन किया गया था। मैथटिक्स को यूनानी भाषा के शब्द 'मैथीन' से लिया गया है, जिसका अर्थ है सीखना। यद्यपि इस प्रकार के अभिक्रमित अनुदेशन का प्रयोग सर्वप्रथम

संयुक्त राज्य अमेरिका में गणित विषय के प्रत्ययों के अनुदेशन के लिए किया है। लेकिन इस प्रकार के अनुदेशन का उपयोग स्कूलों में अन्य विषयों के शिक्षण में भी किया जा सकता है। इस अभिक्रमित अनुदेशन में विषय के स्थायित्व पर अत्यधिक जोर दिया जाता है।

परिभाषा एवं अर्थ (Meaning and Definition)–मैथटिक्स अनुदेशन एक नवीन प्रत्यय है, इसमें तकनीकी का प्रयोग किया गया है, और इस अनुदेशन का प्रारम्भ अधिक प्रेरणादायक कार्यों से होता है। इसमें कार्य का स्वरूप ऐसा होता है, जिसे कि क्रमबद्ध किया जा सके और इसकी अन्तिम प्रक्रिया के द्वारा किसी कार्य की पूर्णता की सम्भावना अधिक से अधिक हो। मैथटिक्स या अवरोह अभिक्रमित अनुदेशन के प्रतिमान में सीखने वाला सभी प्रकार की निष्पत्तियों को क्रियाओं के माध्यम से सीखता है। इसमें व्यवहार में विभेदीकरण, सामान्यीकरण एवं शृंखला को ही महत्व प्रदान किया जाता है। सभी प्रकार के अनुदेशन में इन तीनों व्यवहारों का शिक्षण किया जाता है। इसके अन्तर्गत पाठ्यवस्तु को एक शृंखला के रूप में व्यवस्थित किया जाता है। इसमें छात्रों को विशिष्ट अनुक्रियाएँ करनी पड़ती है। लेकिन ये सभी अनुक्रियाएँ अवरोह क्रम में की जाती है अर्थात् इसमें अंतिम क्रिया को पहले करना पड़ता है और प्रथम क्रिया को सबसे अन्त में करना पड़ता है। इसमें मैथटिक्स को अवरोह शृंखला अनुदेशन भी कहते हैं। इसलिए इसमें अवरोह शृंखला का प्रयोग किया जाता है, जबकि शृंखला अनुदेशन में आरोह क्रम के अनुसार किया जाता है।

गिलबर्ट ने 'अवरोह अनुदेशन' या मैथटिक्स की परिभाषा कुछ इस प्रकार से दी है– "मैथटिक्स जटिल व्यवहार शृंखला के निर्माण एवं विश्लेषण के लिए पुनर्बलन के सिद्धान्तों का एक व्यवस्थित रूप से प्रयोग है जो पाठ्य वस्तु स्वामित्व के ज्ञान एवं कौशल को प्रदर्शित करता है।"

उपरोक्त वर्णित तथ्यों या परिभाषाओं से एकदम स्पष्ट है कि जटिल व्यवहारों के शृंखला विकास के लिए उद्दीपन एवं अनुक्रिया की सहायता ली जाती है जिससे छात्रों को पुनर्बलन प्राप्त होता है और वह अपने पाठ्य-वस्तु पर स्वामित्व प्राप्त करता है।

अवरोह अभिक्रमित अनुदेशन की आवधारणायें (Assumptions of Methetics Programming)–अवरोह अभिक्रमित अनुदेशन की मुख्य धारणाएँ निम्नलिखित है–

(1) अधिक प्रेरणादायी क्रियाओं के लिए यह अनुदेशन अत्यधिक प्रभावशाली है।
(2) पाठ्य-वस्तु के स्थायित्व के लिए अवरोह शृंखला अधिक उपयोगी होती है।
(3) अन्तिम पद को सबसे पहले प्रस्तुत करने से पाठ्य-वस्तु के स्वामित्व में अधिक सहायता मिलती है।
(4) अधिगम की परिस्थिति के अन्तर्गत विभेदीकरण, सामान्यीकरण एवं शृंखला अधिगम प्रभावशाली है।
(5) उद्दीपन तथा अनुक्रिया ही पाठ्य-वस्तु के स्वरूप को निर्धारित करते है।
(6) शृंखला अधिगम के लिए अवरोह अनुदेशन अधिक उपयोगी होता है।
(7) कार्य की पूर्ति छात्रों को पुनर्बलन प्रदान करती है। प्रस्तुतीकरण में प्रत्येक उद्दीपन पुनर्बलन प्रदान करता है।

अवरोह अभिक्रमित अनुदेशन के सिद्धान्त (Principle of Methetics Programming)– अवरोह अभिक्रमित अनुदेशन का मुख्य उद्देश्य पाठ्य-वस्तु का स्वामित्व प्रदान करता है जिसमें

प्रस्तुतीकरण को अत्यधिक महत्व दिया जाता है। इस प्रस्तुतीकरण में निम्नलिखित तीन नियमों को विशेष रूप से ध्यान में रखा जाता है–

(अ) *शृंखला का नियम (Law of Chaining)*–शृंखला का प्रयोग उन क्रियाओं में किया जाता है जहाँ स्वामित्व प्रदान करने वाली क्रियाओं की व्यवस्था एक क्रम में की जा सकें। पाठ्य वस्तु का विश्लेषण करके उनके तत्वों को उद्दीपन अनुक्रिया के रूप में प्रस्तुत किया जा सकता है। यहाँ पर प्रत्येक अनुक्रिया अपने से अगले पद के लिए उद्दीपन का कार्य करती है। शृंखला के स्वरूप को संकेतों की मदद से निम्नलिखित प्रकार से प्रस्तुत किया जा सकता है।

उद्दीपन$_1 \rightarrow$ अनुक्रिया $_1 \rightarrow$ उद्दीपन$_2 \rightarrow$ अनुक्रिया$_2 \rightarrow$ उद्दीपन$_3 \rightarrow$ अनुक्रिया$_3$

या $S_1 \rightarrow R_1 \rightarrow S_2 \rightarrow R_2 \rightarrow S_3 \rightarrow R_3$

यहाँ पर शृंखला के सम्पादन के लिए उद्दीपन एवं अनुक्रिया की व्यवस्था इस प्रकार की जाती है कि एक पुंज में प्रथम पद की अनुक्रिया द्वितीय पद के लिए उद्दीपन का कार्य करे और दूसरे पद की अनुक्रिया तीसरे पद के लिए उद्दीपन का कार्य करे। अनुक्रिया का सम्बन्ध स्वामित्व व्यवहार से होता है।

(ब) *विभेदीकरण का नियम (Law of Discrimination)*–जहाँ पर उद्दीपन एवं अनुक्रियाएँ अलग-अलग प्रकार की होती हैं, ऐसी परिस्थिति में ही विभेदीकरण का प्रयोग किया जाता है। विभेदीकरण तभी होता है जब प्रत्येक उद्दीपन अनुक्रिया अलग-अलग तरह की होती है। निम्नसंकेतों द्वारा विभेदीकरण को व्यक्त किया जा सकता है–

उद्दीपन	$\rightarrow$	अनुक्रिया	Fe	$\rightarrow$	लोहा
उद्दीपन	$\rightarrow$	अनुक्रिया	Cu	$\rightarrow$	ताँबा
उद्दीपन	$\rightarrow$	अनुक्रिया	Zn	$\rightarrow$	जस्ता

इसमें प्रत्येक उद्दीपन अनुक्रिया स्वतन्त्र होती है। छात्रों के समक्ष अलग-अलग उद्दीपन प्रस्तुत करने पर अनुक्रियाएँ भी अलग-अलग होती है। विभेदीकरग के सम्पादन के लिए भी अलग-अलग अनुक्रियाएँ होती हैं।

(स) *सामान्यीकरण का नियम (Law of Generalization)*–जहाँ पर अनेक उद्दीपनों के लिए एक ही अनुक्रिया की जा सके, वहाँ पर यभा सम्भव परिस्थितिनुसार विभेदीकरण का प्रयोग किया जाता है। अनेक उद्दीपनों के समान तत्व होने पर एक ही अनुक्रिया पर्याप्त होती है। इसे ही सामान्यीकरण कहा जाता है। सामान्यीकरण को उद्दीपन अनुक्रिया के रूप में निम्न प्रकार से प्रकट किया जा सकता है–

उद्दीपन
उद्दीपन
उद्दीपन $\rightarrow$ अनुक्रिया
उद्दीपन

एक अन्य उदाहरण के द्वारा सामान्यीकरण को पूर्ण रूप से स्पष्ट कर सकते हैं–

लाल		एल्यूमिनियम	
काला	$\rightarrow$ रंग	जस्ता	$\rightarrow$ धातु
नीला		लोहा	

प्रथम तीनों उद्दीपनों के लिए रंग एक अनुक्रिया है तथा दूसरी परिस्थिति के लिए अनुक्रिया धातु सामान्यीकरण के आधार पर ही की जा सकती है।

अवरोह अभिक्रमित अनुदेशन की सामग्री के निर्माण में शृंखला, विभेदीकरण एवं सामान्यीकरण का ही उपयोग किया जाता है और अधिगम के लिए उद्दीपन अनुक्रिया की सहायता से समुचित अधिगम परिस्थिति भी उत्पन्न की जाती है।

अवरोही अभिक्रमित अनुदेशन का स्वरूप (Structure of Methetics Programming)–इस प्रकार के अनुदेशन में स्वामित्व इकाई को छोटे-छोटे पदों में विभाजित किया जाता है, और इन्हें सीखने के क्रम में व्यवस्थित भी किया जाता है। पहले पद में प्रत्यय की व्याख्या की जाती है। छात्र के द्वारा कोई अनुक्रिया नहीं कराई जाती है। इसके बाद ही समस्त तत्वों का प्रदर्शन किया जाता है लेकिन स्वामित्व तत्व के लिए छात्र अनुक्रिया करते हैं। तीसरे पद में समस्त तत्वों का भी प्रदर्शन किया जाता है तथा अन्तिम दो तत्वों के लिए छात्र अनुक्रियाएँ करते हैं। ठीक इसी प्रकार से पहले तत्व की भी अनुक्रिया छात्र करते हैं, लेकिन अन्त में। इसलिए इसको अवरोही शृंखला भी कहा जाता है। एक स्वामित्व इकाई के सभी पदों को एक पुंज कहा जाता है। इस प्रकार के अनुदेशन के रूप को एक उदाहरण के द्वारा और अधिक स्पष्ट रूप से जाना एवं समझा जा सकता है।

उदाहरण–

(1) अंक 5 से समाप्त होने वाले दो अंकों की संख्या का वर्ग ज्ञात करना।
- (य) संख्या के पहले अंक को उससे अगले अंक से गुणा कीजिए।
- (र) इस गुणनफल के दायीं ओर 25 लिख दीजिए।
- (ल) किसी भी अनुक्रिया की आवश्यकता नहीं होती है।

(2) संख्या 35 का वर्ग ज्ञात करना है।
- (य) संख्या के पहले अंक (3) को इससे अगले अंक (4) से गुणा कीजिए–
  $3 \times 4 = 12$
- (र) गुणनफल 12 के दाहिनी ओर 25 लिख दीजिए।
- (ल) संख्या 35 का वर्ग 1225 है।

(3) संख्या 45 का वर्ग ज्ञात करना है।
- (य) संख्या के पहले अंक 4 को उससे अगले अंक 5 से गुणा कीजिए।
  $4 \times 5 = 20$
- (र) गुणनफल 20 के दाहिनी ओर 25 लिखिए।
- (ल) संख्या 45 का वर्ग 2025 है।

(4) संख्या 75 का वर्ग ज्ञात करो
- (य) संख्या के पहले अंक 7 को अगले अंक 8 से गुणा कीजिए।
  $7 \times 8 = 56$
- (र) गुणनखण्ड 56 के दाहिनी ओर 25 लिखिए।
- (ल) संख्या 75 का वर्ग 5625 है।

(5) निम्नलिखित संख्याओं के वर्ग क्या हैं ?

(य) 85 (र) 75 (ल) 15 (ब) 35

उत्तर – (य) 7225 (र) 5625 (ल) 225 (ब) 1225

उपरोक्त उदाहरण से स्पष्ट है कि स्वामित्व के लिए पूर्ण श्रृंखला को हर बार दोहराया जाता है। प्रत्येक प्रक्रिया को सम्मिलित किया जाता है। छात्र जैसे-जैसे आगे बढ़ता है उसे अधिक क्रियाशील होना पड़ता है सूचनाओं को कम किया जाता है। मौलिक रूप से तीन पदों को ही सम्मिलित किया गया है।

इसकेअन्तर्गत शिक्षण करते समय प्रथम फ्रेम में प्रत्यय, सूत्र या नियम आदि की व्याख्या की जाती है। यहां छात्रों से कोई अनुक्रिया नहीं करवाई जाती है। दूसरे फ्रेम में सभी पदों का प्रदर्शन किया जाता है। लेकिन अन्तिम पद के लिए अनुक्रिया छात्र ही करते हैं। तीसरे फ्रेम में सभी पदों का प्रदर्शन किया जाता है लेकिन अन्तिम दो पदों के लिए अनुक्रिया करते हैं। चतुर्थ फ्रेम में प्रथम दो पदों का प्रदर्शन किया जाता है तथा अंतिम तीन पदों के लिए छात्र अनुक्रिया करते हैं। जैसे-उदाहरण–यदि किसी भी समस्या को पाँच पदों में हल किया जाता है, तो उसके लिए अवरोही क्रम का प्रारूप इस प्रकार होगा–

पद	**समस्या के पद**				
Frame	**प्रथम**	**द्वितीय**	**तृतीय**	**चतुर्थ**	**पंचम**
फ्रेम 1	D	D	D	D	D
फ्रेम 2	D	D	D	D	P
फ्रेम 3	D	D	D	D	E
फ्रेम 4	D	D	P	E	E
फ्रेम 5	D	D	E	E	E
फ्रेम 6	P	E	E	E	E
फ्रेम 7	E	E	E	E	E

जहाँ पर D = Demonstrations, P = Prompts, E = Exercise.

अवरोह अभिक्रमित अनुदेशन की विशेषताएँ (Merits of Methetics Programme)– अवरोह अभिक्रमित अनुदेशन की प्रमुख विशेषताएँ निम्नलिखित हैं–

(1) अनुदेशन की यह एक ऐसी व्यूह रचना है, जो पाठ्य-वस्तु के स्वामित्व को महत्व प्रदान करती है।

(2) अधिगम प्रक्रिया में श्रृंखला, विभेदीकरण एवं सामान्यीकरण का प्रयोग किया जाता है।

(3) इसके अन्तर्गत छात्रों को अपनी अनुक्रियाओं से सीखने के पर्याप्त अवसर प्रदान किए जाते हैं। इसके द्वारा छात्र अध्ययन के समय तत्पर भी रहते हैं।

(4) इस व्यूह रचना में अधिगम परिस्थितियों, अपेक्षित व्यवहारों एवं पाठ्य-वस्तु के स्वामित्व को समान महत्व दिया जाता है।

(5) स्वामित्व पद अधिगम की श्रृंखला में कहीं भी आ सकता है, इसलिए यह व्यूह रचना अत्यधिक लचीली है।

(6) प्रत्येक कार्य की पूर्णता को ही पुनर्बलन का साधन माना जाता है। छात्रों की स्वयं की अनुक्रियाओं की पुष्टि करने से पुनर्बलन प्राप्त होता है।

(7) इस अनुदेशन की पाठ्य-सामग्री में नियम-उदाहरण एवं उदाहरण-नियम दोनों ही प्रविधियों का प्रयोग किया जाता है।

(8) इसमें पाठ्य-वस्तु को छोटे-छोटे पदों के रूप में प्रस्तुत किया जाता है, जिनको छात्र आसानी से बोधगम्य कर लेते हैं।

(9) इस अनुदेशन के द्वारा छात्र बिना शिक्षक की उपस्थिति के पाठ्य-वस्तु का स्वामित्व प्राप्त कर लेते हैं।

(10) इसमें अवरोह श्रृंखला क्रम का प्रयोग किया जाता है जो स्वामित्य पद के लिए अत्यधिक उपयोगी एवं प्रभावशाली होता है।

अवरोह अभिक्रमित अनुदेशन के दोष (Demerits of Methetics Programme)-- अवरोह अभिक्रमित अनुदेशन के प्रमुख दोष निम्नलिखित हैं—

(1) अवरोह अभिक्रमित अनुदेशन का प्रयोग केवल सीमित पाठ्य-वस्तुओं के लिए किया जा सकता है क्योंकि अवरोह श्रृंखला क्रम से सभी प्रकार की पाठ्य-वस्तु को प्रस्तुत नहीं किया जा सकता है।

(2) इसके अध्ययन में छात्रों को अनुक्रिया करने की स्वतंत्रता नहीं होती है। छात्रों को अन्तिम क्रिया को पहले करने में केवल कठिनाई होती है।

(3) इसमें छात्रों की आवश्यकताओं को ध्यान में नहीं रखा जाता है। समस्त छात्रों को एक ही क्रम में अध्ययन करना पड़ता है।

(4) इस प्रकार के अनुदेशन का निर्माण करना अत्यधिक कठिन होता है।

(5) अवरोह अभिक्रमित अनुदेशन के अन्तर्गत छात्रों की कठिनाइयों एवं उनकी कमजोरियों को दूर करने की कोई भी व्यवस्था नहीं की जाती है।

(6) इसके अन्तर्गत केवल मनोवैज्ञानिक अभिप्रेरणा ही दी जाती है तथा सामाजिक अभिप्रेरणा को महत्व नहीं दिया जाता है।

(7) उच्च उद्देश्यों की प्राप्ति इस प्रकार के अनुदेशन से नहीं की जाती है।

(8) इसका प्रयोग प्रत्ययों तथा नियमों की बोधगम्यता के लिए प्रभावशाली तरीके से नहीं किया जा सकता है।

अभिक्रमित अध्ययन तकनीक की विशेषताएँ (Characeteristics of Programmed Learning Technique)–इस तकनीक को अपनाकर अभिक्रमित अध्ययन सामग्री की सहायता से छात्रों को अध्ययन के भरपूर अवसर प्रदान करने से अनेक लाभ प्राप्त होते हैं। अभिक्रमित अध्ययन तकनीक की प्रमुख विशेषताएँ निम्नलिखित हैं :–

(1) यह विधि मनोवैज्ञानिक सिद्धान्तों पर आधारित है।

(2) इसमें वैयक्तिक भिन्नता का पूर्ण ध्यान रखा जाता है। क्योंकि इसमें सामग्री के प्रयोग में एक शिक्षक-एक शिष्य की आदर्श स्थिति उत्पन्न की जाती है। इसलिए प्रत्येक छात्र को उसकी स्वयं की गति, क्षमता एवं योग्यता से पढ़ने के पर्याप्त अवसर उपलब्ध कराए जा सकते हैं।

(3) इस तकनीक में छात्र अत्यधिक क्रियाशील रहते हैं।

(4) इसके द्वारा छात्रों में स्वाध्याय की प्रवृत्ति का विकास किया जा सकता है। इस तकनीक को प्रारम्भिक कक्षाओं में उपयोग करने पर छात्रों में स्वाध्याय की प्रकृति को विकसित करने में भरपूर सहायता प्राप्त हो सकती है।

(5) वर्तमान में शिक्षक का सम्पूर्ण समय छात्रों को पढ़ाने में ही व्यय हो जाता है। यदि अभिक्रमित अध्ययन सामग्री के माध्यम से शिक्षण कार्य किया जाये तो शिक्षक को छात्र के व्यक्तित्व के विभिन्न पक्षों को भी विकसित करने के पर्याप्त अवसर प्राप्त हो सकते हैं।

(6) इसके द्वारा देश के योग्य एवं श्रेष्ठ शिक्षकों का लाभ प्रत्येक छात्र को उपलब्ध कराया जा सकता है। अभिक्रमित अध्ययन सामग्री का निर्माण भी श्रेष्ठ शिक्षकों द्वारा करवाकर सभी को लाभान्वित कराया जा सकता है।

(7) इसमें छात्रों के समक्ष विषय-वस्तु को छोटे-छोटे पदों के रूप में प्रस्तुत किया जाता है, जिसको छात्र आसानी से सीख जाते हैं।

(8) इसमें छात्रों को उनकी गति एवं क्षमता के अनुसार भी सीखने के पर्याप्त अवसर प्राप्त होते हैं।

(9) इसकी सहायता से कठिन प्रत्ययों, नियमों या सिद्धान्तों को आसानी से समझा जा सकता है।

(10) इस तकनीक में पदों को एक निश्चित एवं तार्किक रूप में व्यवस्थित किया जा सकता है।

(11) इसमें अनुक्रिया की तत्काल ही जाँच करने की व्यवस्था रहती है जिससे छात्र हमेशा सीखने के लिए अत्यधिक तत्पर रहते हैं।

अभिक्रमित अध्ययन तकनीक की सीमाएँ (Limitations of Programmed Learning Technique)–उपरोक्त वर्णित विशेषताओं के अतिरिक्त अभिक्रमित अधिगम तकनीक की कुछ प्रमुख सीमाएँ निम्नलिखित हैं–

(1) इसमें छात्रों की रूचि एवं आवश्यकताओं पर कोई ध्यान नहीं दिया जाता है।

(2) इस तकनीक में अधिगम नियमित परिस्थितियों में ही कराया जाता है।

(3) इस तकनीक का प्रयोग करने के लिए प्रत्येक शिक्षक को एक विशेष प्रशिक्षण प्राप्त करने की आवश्यकता होती है।

(4) इस तकनीक में मेधावी छात्र अत्यधिक प्रभावित होते हैं।

(5) इस तकनीक के द्वारा उच्च उद्देश्यों को प्राप्त करना असम्भव तो नहीं है लेकिन जटिल कार्य अवश्य है।

(6) इस तकनीक के अन्तर्गत उचित फ्रेम या पद तैयार करना एक कठिन कार्य है।

(7) इस तकनीक के द्वारा निदान करना तो सम्भव है, लेकिन उपचारात्मक शिक्षण की व्यवस्था करना इतना सरल कार्य नहीं है।

6. मस्तिष्क उद्वेलन (ब्रेन स्टॉर्मिंग) (Brain Storming)

इस विधि की अवधारणा यह है कि एक बालक की अपेक्षा एक बालकों का समूह अधिक उत्तम विचार प्रस्तुत कर सकता है। इस शिक्षण प्रविधि का प्रारूप समस्या-केन्द्रित (Problem Centred) होता है। इसके अन्तर्गत विद्यार्थियों को सामूहिक रूप से एक समस्या दे दी जाती है जिस पर समस्या पर वाद-विवाद करने को कहा जाता है। वाद-विवाद के दौरान जो विचार उनके मस्तिष्क में आये उनको स्वतन्त्र रूप से प्रस्तुत करने का प्रयास करने के लिए उत्साहित

किया जाता है। यह आवश्यक नहीं है कि विद्यार्थियों द्वारा प्रस्तुत सभी विचार पूर्णरूप से सार्थक हों। इस प्रविधि में समूह की गतिविधियों को प्रोत्साहन दिया जाता है और समूह के द्वारा ही उस समस्या का विश्लेषण संश्लेषण तथा मूल्यांकन किया जाता है।

दूसरे शब्दों में हम कह सकते हैं कि–"ब्रेन स्टॉर्मिंग इस सिद्धान्त पर आधारित है कि बालकों को अन्त:क्रिया द्वारा अधिक से अधिक ज्ञान प्रदान किया जा सकता है। अत: इस प्रविधि का उपयोग करते समय ऐसे साधनों का प्रयोग किया जाता है जो कि बालकों के मस्तिष्क को सामूहिक रूप से विचार विमर्श (परामर्श) के लिए गति प्रदान कर सकें।"

(This method is based on the principle that the pupil can be provided with more and more knowledge through interaction. Hence, while using this strategy, such means are used which create movement in the minds of the pupil for mutual consultation.)

यह आव्यूहरचना विद्यार्थी के संज्ञानात्मक पक्ष (Cognitive Domain) के विकास में अधिक सहायक होती है। इसमें विद्यार्थी का मस्तिष्क पूर्णरूप से सक्रिय रहता है जिससे उसे अपनी मानसिक शक्तियों को विकसित करने का अवसर मिलता है। इसके द्वारा विद्यार्थी के भावात्मक पक्ष (Affective Domain) का भी विकास सम्भव होता है क्योंकि इसमें बालक एक समूह में रह कर समस्या के सम्बन्ध में विचार-विमर्श करनते हैं। ब्रेन स्टॉर्मिंग के द्वारा बालकों में आत्मविश्वास (Self Confidence), वास्तविकता (Originality) तथा सृजनात्मकता (Creativity) आदि गुणों का विकास करने में सहायता मिलती है। छात्रों में सामूहिक रूप से सोचने तथा कार्य करने की आदत का भी विकास होता है। गणित शिक्षण में ब्रेन स्टॉर्मिंग आव्यूहरचना का विशेष महत्व है।

अध्याय 9

अंकगणित, त्रिकोणमिति, ज्यामिति एवं बीजगणित का शिक्षण

(Arithmetic, Trignometry, Geometry and Algebra —Methodology of Teaching)

"Mathematics is the queen of the sciences and Arithemetic, the queen of mathematics."

—C.F. Gauss

अंकगणित (Arithmetic) गणित की तीन बड़ी शाखाओं में से एक है। अंकों तथा संख्याओं की गणनाओं से सम्बन्धित गणित की शाखा को अंकगणित कहा जाता हैं। यह गणित की मौलिक शाखा है तथा इसी से गणित की प्रारभ्भिक शिक्षा का आरम्भ होता है। प्रत्येक मनुष्य अपने दैनिक जीवन में प्राय: अंकगणित का उपयोग करता है। अंकगणित के अन्तर्गत जोड़, घटाना, गुणा, भाग, भिन्न, दशमलव आदि प्रक्रियाएँ आती हैं। अंकगणित हमारी संख्या प्रणाली की प्रंशसात्मक सूझ की स्थापना व संख्या से सम्बन्धित अनुभवों का समाजीकरण है।

अंक

शून्य से लेकर नौ को प्रदर्शित करने वाले संकेतों को अंक कहते हैं। अंक ही गणित का मूल है। दैनिक जीवन के अधिकां कार्यों में अंकों का प्रयोग होता है। 0, 1, 2, 3, 4, 5, 6, 7, 8, 9.

संख्या

एक से अधिक अंकों को एक के पास रखने से संख्या बनती है। अंक केवल दस होते हैं किन्तु संख्याएँ अनन्त हैं।

अंकगणित की मूल प्रक्रियाएँ

अंकगणित की मुख्य चार मूल प्रक्रियाएँ होती हैं

- जोड
- घटाना
- गुणा
- भाग

जब किसी संख्या या अंक में एक या एक से अधिक संख्या या अंक को मिलाया जाता है तो उसे जोड़ (*en: Addition*) कहते हैं। जोड़ को + चिह्न से प्रदर्शित किया जाता है।

उदाहरण: 14 + 6 = 20

जोड़ने की प्रक्रिया के विरुद्ध प्रक्रिया को घटाना (*en: Subtraction*) कहा जाता है। जब किसी संख्या अथवा अंक से किसी दूसरी संख्या या अंक को कम किया जाता है तो उसे घटाना कहा जाता है। घटाने को– चिह्न से प्रदर्शित किया जाता है।

उदाहरण: 14 – 6 = 8

जब किसी संख्या अथवा अंक में उसी संख्या अथवा अंक को एक या एक से अधिक बार जोड़ जाता है तो उसे गुणा (*en: Multiplication*) कहते हैं। संख्या अंक को जितनी बार जोड़ा जाता है वह उतनी ही बार गुणा होता है। गुणा को × चिह्न से प्रदर्शित किया जाता है।

उदाहरण: 2 × 4 = 8

गुणा करने की प्रक्रिया के विरुद्ध प्रक्रिया को भाग कहा जाता है। जब किसी संख्या अथवा अंक में किसी संख्या अथवा अंक को एक से अधिक बार घटाया जाता है तो उसे भाग कहते हैं। संख्या अथवा अंक को जितनी बार घटाया है, उतनी ही बार भाग देना होता है। भाग को / चिह्न से प्रदर्शित किया जाता है।

उदाहरण: 4/2 = 2

चिह्न अंकन में प्रक्रियाएँ:– चिह्न अंकन में मुख्यत: तीन प्रक्रियाएँ सम्मिलित होती है,

(i) उसने संख्या को पहचान कर उसके नाम का विचार बनाना है।
(ii) उसने नाम के साथ उचित चिह्न को जोड़ना है।
(iii) उसने इस चिह्न का अंकन कर देना है। या इसको लिखित रूप दे देना है।

अंक गणित शिक्षण की सरलता के लिए माध्यमिक स्तर पर प्रमुख आधार:–

(i) गणितिय समस्याओं के लिए समाधान खोजने कें लिए पर्याप्त उत्साह होना चाहिए।
(ii) प्रभावी मौखिक अंकगणित का उपयोग होना चाहिए।
(iii) विद्यार्थियो का प्राथमिक स्तर के अंकगणित में पारंगत होना।
(iv) विद्यार्थियों के लिए विश्लेषण क्षमता का होना।
(v) विभिन्न अंक पद्धतियों के गुणों की विस्तृत जानकारी।

अंकगणित का पाठ्यक्रम

(i) संख्या पद्धतियाँ (ii) प्रतिशत (iii) लाभ–हानि
(iv) अनुपात–समानुपात (v) बट्टा (vi) चक्रवृद्धि ब्याज
(vii) क्षेत्र–मापन (viii) मेन्सुरेशन (ix) ओरख और औसत
(x) सांख्यिकीय आंकड़ो का प्रबन्धन।

अंक गणित विद्यार्थी में गणितिक प्रकार की विचार और सूझ को विकसित करने में सहायक होता है। यह बच्चे में उसके वातारण की दुनिया के संख्यात्मक पक्ष के प्रति रूचि जागृत करने और इस संख्यात्मक पक्ष को अपने रहन–सहन के साधन के तौर पर प्रयुक्त योग्य बनाने में सहायक होता है।

Arithmetic is the science of number and the art of computation. Historically, arithmatic developed out of a need for a system of counting. It is considered to be essential for effecient and successful living".

अंकगणित, अंकों का शास्त्र है। इसका सम्बन्ध संख्याओं के विभिन्न प्रारम्भिक पक्षों से है। इसमें मूल रूप से संख्यात्मक मापन तथा आंकलन सम्मिलित है। योग, व्यवकलन, गुणज और भाग अंकगणित के हिस्से हैं। अंकगणित का विज्ञान बहुत पुराना है। आज से लगभग पाँच हजार वर्ष पूर्व मेसोपोटामिया की सुमेरियन सभ्यता में संख्या पद्धति प्रचलित थी। अंकगणित अध्यापन में विद्यार्थी में गणितीक प्रकार की विचार और सूझ विकसित करना ताकि वह कथनों को समझ सके। उसका सही ढंग से विश्लेषण कर सके। सही निर्णयों पर पहुँचना इससे ही सम्भव है। बुनियादी प्रक्रियाओं के सरल परिकलन में शुद्धता और सुविधा पैदा करना। अंक गणित उच्च गणित की शिक्षा के लिए भूमिका तैयार करता है।

माध्यमिक अंकगणित शिक्षण की विधियाँ
(Methods of Secondary Arithmetic Teaching)

प्रथम एक संख्या = 1

'n' प्राकृत संख्याओं के योग का सूत्र याद करने के लिए प्रक्रिया निम्नलिखित है;

संख्याओं का अनुक्रम 1, 2, 3,...................., n+1, n.

प्रथम संख्या = 1

प्रथम दो संख्यों का योग = 1 + 2 = 3.

प्रथम तीन संख्याओं का योग = 1 + 2 + 3 = 6.

S (n संख्याओं का योग) = $1 + 2 + 3 + ... n - 1 + n$.

$$S = n + n - 1 + ...3 + 2 + 1.$$

$$2S = (n + 1) + (n + 1) + (n + 1) + ...(n + 1) + (n + 1).$$

$$S = \frac{(n+1) \times n}{2}$$

$$S = \frac{n \times (n+1)}{2}$$

यदि $n = 5$ तो, $S = \frac{5 \times (5+1)}{2} = \frac{5 \times 6}{2} = \frac{30}{2} = 15$

यदि $n = 13$ तो, $S = \frac{13 \times (13+1)}{2} = \frac{13 \times 14}{2} = 91$

चार प्रारम्भिक नियमों का अध्यापन–विद्यार्थी को शिक्षा के प्रारम्भिक वर्षों में गणित के चार प्रारम्भिक नियम जोड़, घटाव, गुणा तथा भाग सीखने की प्रक्रिया से परिचित कराया जाना बहुत आवश्यक है।

जोड़–जब जोड़ का विचार आता है तो उसके साथ ही घटाव का विचार आता है। क्योंकि यह एक दूसरे के उल्टक्रम है।

7 + 3 = 10

जैसेः-	1	1	1	1	1	1	1	1	1	1
	0	1	2	3	4	5	6	7	8	9
	1	2	3	4	5	6	7	8	9	10

बराबर जोड़ने की विधि—यह विधि गणित के साधारण सिद्धांत पर आधारित है कि यदि असमान राशियों में कोई एक ही राशि जोड़ दी जाए तो उनका पहला अन्तर स्थिर रहता है।

8 – 14 = 18 – 14 = 108 – 104 इत्यादि।

(क) 5467 में से 37 89 घटाने हैं:-

5467	=	5000	+	1400	+	160	+	17
3789	=	4000	+	800	+	90	+	9
घटाव	=	1000	+	600	+	70	+	8

पूरक जोड़ विधि—यह विधि घटाव के प्रश्न को जोड़ के प्रश्न के रूप में लेती है। दो संख्याओं का अन्तर ढूँढ़ने के लिए छोटी राशि में ऐसी संख्या जोड़ दी जाती है जो उसको बड़ी के बराबर बना दे।

इसलिए 9 – 4 की हालत में हम छोटी संख्या की कमी पूरी करते हैं और पता कर लेते हैं कि अन्तर 5 आता है।

घटावः-

2	3	4	5	6	7	8	9	10	11	12
2	2	2	2	2	2	2	2	2	2	2
0	1	2	3	4	5	6	7	8	9	10

घटाव की आवश्यकता तब पैदा होती है जब हमने दो संख्याओं का अन्तर पता करना हो। अन्तर पता करने की आवश्यकता कई प्रकार से उत्पन्न होती है परन्तु हम इसको दो वर्गों में बाँट सकते हैं।

पृथक्करण विधि—इस विधि में ऊपर वाली अर्थात् बड़ी संख्या के अंको का पृथक्करण कर लिया जाता है। यह विधि आजकल प्रचालित है। अध्यापक 345 में से 259 घट के प्रश्न की इस प्रकार व्याख्या करेगा।

5 में से 9 नहीं घटाया जा सकता, इस तरह 4 में से 5 नदी घटाया जा सकता। ऊपर वाली राशी के संख्या चिह्नों को नीचे वाली राशि के सम्बन्धित चिह्नों से अधिक बनाने के लिए उनका पृथक्करण कर लिया जाता है।

345 को लिखेंगे	1	13	15
259 को लिखेंगे	2	5	9
उत्तर :-		8	6

त्रिकोणमिति का शिक्षण

(Teaching of Trigonometry)

Trigonometry a branch of mathematics that studies triangles, particularly right triangles. Trigonometry deals with relationship between the sides and the angles of triangles, and with trigonometric functions, which describe those relationships and angles in general, and the motion of waves such as sound and light waves.

त्रिकोणमिति गणित की वह शाखा है जिसमें त्रिभज और त्रिभुजों से बनने वाले बहुभुजों का अध्ययन होता है। त्रिकोणमिति का शब्दिक अर्थ है त्रिभुज का मापन। त्रिकोणमिति में सबसे अधिक महत्त्वपूर्ण है समकोण त्रिभुज का अध्ययन। त्रिभुजों और बहुभुजों की भुजाओं की लम्बई और दो भुजाओं के बीच के कोणों का अध्ययन करने का मुख्य आधार यह है कि समकोण त्रिभुज की किन्ही दो भुजाओं (आधार, लम्ब व कर्ण) का अनुपात उस त्रिभुज के कोणों के मान पर निर्भर करता है। त्रिकोणमिति की प्रसिद्ध बौधायन प्रमेय (पायथागोरस प्रमेय) से गहरा सम्बन्ध है।

एक समकोण त्रिभुज की तीन भुजाओं; कर्ण, लम्ब व आधार की लम्बई के आपस में अनुपातों को त्रिकोणमितीय अनुपात कहा जाता है। तीन प्रमुख त्रिकोणमितीय अनुपात हैं:

ज्या (θ) (sin θ) = लम्ब/कर्ण
कोज्या (θ) (cosine θ) = आधार/कर्ण
स्पर्शज्या (θ) (tan θ) = लम्ब/आधार

बाकी तीन अनुपात ऊपर के अनुपातों का व्युत्क्रम होते हैं:

व्युज्या (θ) (cosec θ) = कर्ण/लम्ब
व्युकोज्या (θ) (sec θ) = कर्ण/आधार
कोस्पर्शज्या (θ) (cot θ) = आधार/लम्ब

कोण θ आधार और कर्ण के बीच के कोण का मान है। त्रिकोणमिति की लगभग सभी गणनाओं में त्रिकोणमितीय अनुपातों का प्रयोग किया जाता है। स्पर्शज्या (θ) (tan θ) = ज्या (θ)/कोज्या (sin θ/cos θ) (θ) कोस्पर्शज्या (θ) (cot θ) = कोज्या (θ)/ज्या(θ) (cos θ/sin θ)

त्रिकोणमित्तिय फलनों की परिभाषा कोण के 'सामने की भुजा', 'संलग्न भुजा' एवं कर्ण के अनुपातों के रूप में याद करने से कभी 'लम्ब' या 'आधार' का भ्रम नहीं रहता। नीचे opp = सामने की भुजा; adj = संलग्न भुजा तथा hyp = कर्ण

$$\sin A = \frac{\text{opp}}{\text{hyp}} = \frac{a}{c} \qquad \cos A = \frac{\text{adj}}{\text{hyp}} = \frac{b}{c} \qquad \tan A = \frac{\text{opp}}{\text{adj}} = \frac{a}{b}$$

त्रिकोणमितीय अनुपात और बौधयन प्रमेय

बौधयन प्रमेय के अनुसार: कर्ण^2 = लम्ब^2 + आधार^2

इस प्रकार किसी भी कोण θ के लिये : ज्या2 (θ) + कोज्या2 (θ) = 1

बौधयन प्रमेय से यह भी स्पष्ट है कि किसी भी कोण के लिये ज्या और कोज्या का धनात्मक मान 0 और 1 के बीच ही हो सकता है।

कुछ कोणों का त्रिकोणमितीय मान

निम्नलिखित तालिका कुछ प्रमुख कोणों का त्रिकोणमितीय मान दर्शाती है:

θ	ज्या	कोज्या	स्पर्शज्या	कोस्पर्शज्या	व्युकोज्या	व्युज्या
0°	0	1	0	∞	1	∞
30°	$1/2$	$\sqrt{3}/2$	$1/\sqrt{3}$	$\sqrt{3}$	$2/\sqrt{3}$	2
45°	$1/\sqrt{2}$	$1/\sqrt{2}$	1	1	$\sqrt{2}$	$\sqrt{2}$
60°	$\sqrt{3}/2$	$1/2$	$\sqrt{3}$	$1/\sqrt{3}$	2	$2/\sqrt{3}$
90°	1	0	∞	0	∞	1

Law of sines

The **law of sines** (also known as the "sine rule") for an arbitrary triangle states:

$$\frac{a}{\sin A} = \frac{b}{\sin B} = \frac{c}{\sin C} = 2\text{R}$$

where R is the radius of the circumscribed circle of the triangle:

$$\text{R} = \frac{abc}{\sqrt{(\text{a}+b+c)(a-b+c)(b+c-a)}}.$$

Another law involving sines can be used to calculate the area of a triangle. If you know two sides and the angle between the sides, the area of the triangle becomes:

$$\text{Area} = \frac{1}{2}ab\sin C.$$

Law of cosines

The law of cosines (known as the cosine formula, or the "cos rule") is an extension of the Pythagorean theorem to arbitrary triangles:

$$c^2 = a^2 + b^2 - 2ab\cos C,$$

or equivalently:

$$\cos C = \frac{a^2+b^2-c^2}{2ab}$$

Law of tangents

The law of tangents:

$$\frac{a-b}{a+b} = \frac{\tan\left[\frac{1}{2}(A-B)\right]}{\tan\left[\frac{1}{2}(A+B)\right]}$$

ज्यामिति का शिक्षण

(Teaching of Geometry)

"Geometry (Ancient Greek: *geo-* "earth", *-metri* "measurement")" Earth-measuring" is a part of mathematics concerned with questions of size, shape, relative position of figures, and the properties of space.

ज्यामिति या रेखागणित (Geometry) गणित की तीन विशाल शाखाओं में से एक है। इसमें बिन्दुओं, रेखाओं, तलों, और ठोस चीज़ों के गुणस्वभाव, मापन और उनके अन्तरिक्ष में सापेक्षित स्थिति का अध्ययन किया जाता है। ज्यमिति, ज्ञान की सबसे प्राचीन शाखाओं में से एक है।

प्रमेय

प्रमेय (Theorem) का शाब्दिक अर्थ है–ऐसा कथन जिसे प्रमाण द्वारा सिद्ध किया जा सके। इसे साध्य भी कहते हैं।

गणित में (और विशेषकर रेखागणित में) बहुत से प्रमेय हैं। प्रमेयों की विशेषता है कि उन्हें स्वयंसिद्धों (axioms) एवं सामान्य तर्क (deductive logic) से सिद्ध किया जा सकता है।

ज्यामिति के प्रमुख प्रमेय

- जब दो सरल रेखायें एक दूसरे को काटतीं हैं तो इस प्रकार बने शीर्षभिमुख कोण (opposite angles) बराबर होते हैं।
- जब दो समान्तर रेखाओं को एक तिर्यक रेखा काटती है, तो:
  - संगत कोण (corresponding angles) बराबर होते हैं:
  - एकान्तर कोण बराबर होते हैं।
- किसी त्रिभुज के तीनों कोणों का योग 180 अंश होता है।
- किसी n भुजाओं वाले बहुभुज के सभी अन्त: कोणों का योग $(2n-4)*90$ के बराबर होता है।
- किसी त्रिभुज में बड़ी के सामने का कोण छोटी भुजा के सामने के कोण से बड़ा होता है।
- किसी त्रिभुज की दो भुजाओं का योग तीसरी भुजा से बड़ा होता है। (त्रिभुज असमिका)

  $AB + BC > AC$ या, $AC - AB < BC$
- किसी समकोण त्रिभुज में विकर्ण (Hypotneus) का वर्ग शेष दो भुजाओं के वर्गों के योग के बराबर होता है। (बौद्धायन प्रमेय या पाइथागोरस प्रमेय)
- किसी वृत में किसी जीवा केन्द्र पर बना कोण, शेष परिधि पर बने कोण के **दोगुना** होता है।
- एक ही वृत्तखण्ड के कोण बराबर होते हैं।
- किसी चक्रीय चतुभुज (cyclic quadriateral) के सम्मुख कोणों का योग 180 अंश होता है।

निर्मेय

ज्यामिति में निर्मेय किसी ज्यामितिय रचना से सम्बन्धित समस्या को कहते हैं। उदाहरण के लिये कुछ निर्मेय नीचे दिये गये हैं:

- पटरी और परकार (ruler-and-compass) की सहायता से किसी सरल रेखा को समद्विभाजित करना, अर्थात् इस रेखा-खण्ड का मध्य बिन्दु ज्ञात करना।
- पटरी और परकार की सहायता से किसी कोण को दो बराबर भागों में बाँटना।

- यदि किसी त्रिभुज की दो भुजाएँ और उनके बीच का कोण दिया हो तो उसकी रचना करना।

सरल रेखा

सरल रेखा गणित में शून्य चौड़ाई वाला अनन्त लम्बाई वाला एक आदर्श वक्र होता है, यूक्लिडीय ज्यामिति (Eucliden Geometry) के अन्तर्गत दो बिन्दुओं से होकर एक और केवल एक ही रेखा जा सकती है। एक सरल रेखा दो बिन्दुओं के बीच की लघुत्तम दूरी प्रदर्शित करती है। सरल रेखा बिन्दुओं का सरलतम बिन्दुपथ होता है।

किसी द्वी-विमीय समतल पर दो सरल रेखाएं या तो समानान्तर होंगी अथवा प्रतिछेदी। इसी प्रकार त्रिविम में दो रेखाएं परस्पर समानान्तर, प्रतिछेदी या skew (न प्रतिछेदी न ही समानान्तर) हो सकती हैं।

त्रिभुज

परिभाषा: तीन सरल रेखाओं से घिरी बंद आकृति को त्रिभुज कहते हैं। यानेए एक त्रिभुज में तीन भुजाएं और तीन कोण होते हैं। इन भुजाओं और कोणों के माप के आधार पर त्रिभुज में तीन भुजाएं और तीन कोण होते हैं। इन भुजाओं और कोणों के माप के आधार पर त्रिभुज का विभिन्न प्रकार से वर्गीकरण किया गया है।

भुजाओं के आधार पर

समबाहु त्रिभुज- यदि किसी त्रिभुज की तीनों भुजाएं बराबर होती हैं तो वो समबाहु त्रिभुज कहलाता है। समबाहु त्रिभुज के तीनों कोण 60 अंश के होते हैं।

समद्विबाहु त्रिभुज- यदि किसी त्रिभुज की कोई दो भुजाएं बराबर होती हैं तो वो समद्विबाहु त्रिभुज कहलाता है। समद्विबाहु त्रिभुज के समान भुजाओं के आमने सामने के कोण भी बराबर होते हैं।

कोण की माप के आधार पर

न्यून कोण त्रिभुज-यदि किसी त्रिभुज के तीनों कोण 90 अंश से कम के हों

अधिक कोण त्रिभुज- यदि किसी त्रिभुज का कोई एक कोण 90 अंश से अधिक हो

सम कोण त्रिभुज- यदि किसी त्रिभुज का कोई एक कोण 90 अंश का हो

किसी त्रिभुज के तीनों कोणों का योग हमेशा 180 अंश होता है।

किसी एक निश्चित बिन्दु से समान दूरी पर स्थित बिन्दुओं का बिन्दु पथ वृत कहलाता है। यह निश्चित बिन्दु, वृत्त का केंद्र कहलाता है। और केंद्र और बिन्दु पथ की दूरी वृत्त की त्रिज्या कहलाती है वृत्त एक प्रकार का शांकव होता है जिसकी उत्केंद्रता 0 होती है अर्थात् नियता समतल में अनंत पर स्थित होती है

प्रमुख गुण

1. किसी वृत के व्यास द्वारा उसके एक तरफ़ बनाया गया कोण हमेशा 90 डिग्री का होता है।
2. जीवा पर केन्द्र द्वारा डाला गया लम्ब उसका समद्विभाजक भी होता है।
3. चक्रीय चतुर्भुज के सम्मुख कोणों का योग 360 अंश होता है।

4. किसी बाह्य बिन्दु से एक वृत्त पर खींची दो गई स्पर्श रेखाएं बराबर होती हैं।

चतुर्भुज चार सरल रेखाओं से घिरी बंद आकृति को कहते हैं।

परिभाषा: यदि किसी चतुर्भुज की चारों भुजाएं बराबर हों और एक दूसरे को 90 अंश के कोण पर काटती हों तो उसे वर्ग कहते हैं।

वर्ग का क्षेत्रफल

यदि भुजा की लम्बाई 'क' इकाई है तो क्षेत्रफल = 'क' X 'क'

यदि किसी चतुर्भुज की आमने सामने की दो-दो भुजाएं बराबर हों और सभी भुजाएं एक दूसरे को 90 अंश के कोण पर काटती हों तो उसे आयत कहते हैं।

आयत का परिमाप

यदि एक भुजा की लम्बाई 'अ' इकाई है और दूसरी की लम्बाई 'ब' इकाई, तो परिमाप = 2 X (अ + ब)

आयत का क्षेत्रफल

यदि एक भुजा की लम्बाई 'अ' इकाई है और दूसरी भुजा की लम्बाई 'ब' इकाई, तो क्षेत्रफल = 'अ' X 'ब'

बीजगणित का शिक्षण
(Teaching of Algebra)

Algebra is the branch of mathematics concering the study of the rules of operations and relations, and the constructions and concepts arising from them, including terms, polynomials, equations and algebraic structures.

बीजगणित (Algebra) गणित की वह शाखा जिसमें अंको के स्थान पर चिह्नों का प्रयोग किया जाता है।

बीजगणित चर तथा अचर राशियों के समीकरण को हल करने तथा चर राशियों के मान निकालने पर आधारित है। बीजगणित के विकास के फलस्वरूप निर्देशांक ज्यमिति व कैलकुलस का विकास हुआ जिससे गणित की उपयोगिता बहुत बढ़ गयी। इससे विज्ञान और तकनीकी के विकास को गति मिली। महान गणितज्ञ भास्कर द्वितीय ने कहा है- पूर्व प्रोक्तं व्यक्तमव्यक्तं वीजं प्राय: प्रश्ननोविनव्यक्त युक्या। ज्ञातुं शक्या मन्धीमिर्नितान्त:

यस्मान्तस्यद्विच्मि वीज क्रियां च। अर्थात् मंदबुद्धि के लोग व्यक्ति (अंकगणित) की सहायता से जो प्रश्न हल नहीं कर पाते हैं, वे प्रश्न अव्यक्त गणित (बीजगणित) की सहायता से हल कर सकते हैं। दूसरे शब्दों में, बीजगणित से अंकगणित की कठिन समस्याओं का हल सरल हो जाता है।

बीजगणित से साधारणत: तात्पर्य उस विज्ञान से होता है, जिसमें अंकों को अक्षरों द्वारा निरूपित किया जाता है। परन्तु संक्रिया चिह्न वही रहते हैं, जिसनका प्रयोग अंकगणित में होता है। मान लें कि हमें लिखना है कि किसी आयत का क्षेत्रफल उसकी लंबाई तथा चौड़ाई के गुणनफल के समान होता है तो हम इस तथ्य को निम्न प्रकार निरूपित करेंगे-

$$\text{क्ष} = \text{ल} \times \text{च}$$

बीजगणिति केक आधुनिक संकेतवाद का विकास कुछ शताब्दी पूर्व ही प्रारंभ हुआ है; परन्तु समीकरणों के साधन की समस्या बहुत पुरानी है। ईसा से 2000 वर्ष पूर्व लोग अटकल लगाकर समीकरणों को हल करते थे। ईसा से 300 वर्ष पूर्व तक हमारे पूर्वज समीकरणों को शब्दों में लिखने लगे थे और ज्यामिति विधि द्वारा उनके हल ज्ञान कर लेते थे। आज बीजगणित में केवल समीकरणों का ही समावेश नहीं होता, इसमें बहुपद,, [सतत भिन्न, अनंत गुणनफल, संख्या अनुक्रम, रूप, सारणिक, श्रेणिक आदि अनेक प्रकरणों का अध्ययन किया जाता है।]

इतिहास

बीजगणित के जिस प्रकार में अनिर्णीत समीकरणों का अध्ययन किया जाता है, उसका पुराना नाम 'कुट्टक' है। हिंदू गणितज्ञ ब्रह्मगुप्त ने उक्त प्रकरण के नाम पर ही इस विज्ञान का नाम सन् 628 ई० में 'कुट्टक गणित' रखा। बीजगणित का सबसे प्राचीन नाम यही है। सन् 860 ई० में पृथ्दक स्वामी ने इसका नाम 'बीजगणित' रखा। 'बीज' का अर्थ है 'तत्त्व'। अत: 'बीजगणित' के नाम से तात्पर्य है 'वह विज्ञान, जिसमें तत्त्वों द्वारा परिगणन किया जाता है'।

अंकगणित में समस्त संकेतों का मान विदित रहता है। बीजगणित में व्यापक संकेतों से काम लिया जाता है, जिसका मान आरंभ में अज्ञात रहता है। इसलिए इन दोनों विज्ञानों के अन्य प्राचीन नाम व्यक्ति गणित और अव्यक्त गणित भी हैं। अंग्रेजी में बीजगणित को अलजब्रा (Algebra) कहते हैं। यह नाम अरब देश से आया है। सन् 825 ई० में अरब के गणितज्ञ 'अल् ख्वारिज्मी' ने एक गणित की पुस्तक की रचना की, जिसका नाम था 'अलजब्र-वल-मुकाबला'। अरबी में 'अल-जब्र' और फारसी में 'मुकाबला' समीकरण को ही कहते हैं। अत: संभवत: लेखक ने अरबी तथा फारसी भाषाओं के 'समीकरण' के पर्यावाची नामों को लेकर पुस्तक का नाम 'अल-जब्र-वल-मुकाबला' रखा। यूनानी गणित के स्वर्णिम युग में अलजब्रा का आधुनिक अर्थ में नामोनिशान तक नहीं था।

बीज गणित का शिक्षण (Teaching of Algebra)

The word Algebra is derived from the Arabic word. Altebr-At muga bulah. In Arabic system of mathematics it was a device of solving the sums by force, with the passege of time it has assumed new dimensions and new concepts.

- बीजगणित को अंक गणित का व्यापक रूप माना जाता है।
- बीजगणित को रेखागणित से जोड़ना भी उचित है क्योंकि बीजगणित तो केवल रेखा गणित का लिखित रूप है और रेखा गणित बीज गणित का चित्रित रूप है।
- बीजगणित ने शिक्षार्थी के लिए अंक गणित के प्रश्नों को सरल बना दिया है।
- बीजगणित से विश्लेषण योग्यता का विकास होता है।
- बीजगणित शिक्षार्थी में आत्म विश्वास विकसित करने में सहायक सिद्ध होता है।
- बीज गणित में (+) धन; – (ऋण); धनात्मक संख्याओं को (+) से दर्शाया जाता है: ऋणात्मक संख्याओं को (–) से दर्शाया जाता है। (+) व (–) को संख्या रेखा पर दर्शाया जा सकता है।

  –6 –5 –4 –3 –2 –10 1 2 3 4 5 6

- बीज गणित का शिक्षण उच्च माध्यमिक स्तर पर आरम्भ किया जाता है।
- बीज गणित शिक्षण में विद्यार्थियों की अवसाधारणात्मक पृष्ठभूमि का विस्तार करना, जो कि उच्चत्तर बीजगणित के लिए आधार बन कर सहायक होता है।

यूनानी लोग बीजगणित के अनेक कठिन प्रश्नों को हल करने की योग्यता तो रखते थे, परंतु उनके सभी हम ज्यामितीय होते थे। वहाँ बीजगणित हम सर्वप्रथम डायफ्रैंटस (लगभग 275 ई०) के ग्रंथों में देखने को मिलते हैं; जबकि इस काल में भारतीय लोग बीजगणित के क्षेत्र में अन्य राष्ट्रों से बहुत आगे थे। ईसा से 500 वर्ष पूर्व गणित के विकास नें जैनाचार्यों का श्रलाघनीय योगदान रहा है। इस काल की प्रमुख कृत्तियाँ 'सूर्य' प्रज्ञप्ति' तथा 'चंद्र प्रज्ञप्ति जैन धर्म के प्रसिद्ध धर्मग्रन्थ हैं। इन ग्रन्थों की संख्या लेखक पद्धति भिन्नराशिक व्यवहार तथा मिश्रानुपात, बीजगणित समीकरण एवं इनके अनुप्रयोग, विविध श्रेणियाँ, क्रमचय-संचय, घातांक, लघुगणक के नियम, समुच्चय सिद्धांत आदि अनेक विषयों पर विशद् प्रकाश डाला गया है। जॉन नेपियर (1550-1617 ई०) के बहुत पहले लघुगणक का अविष्कार एवं विस्तृत अनुप्रयोग भारत में हो चुका था, जो सार्वभौम सत्य है।

पूर्व-मध्यकाल (500 ई० पू० से 400 ई० तक) में भक्षाली गणित, हिन्दू गणित की एकमात्र लिखित पुस्तक है, जिसका काल ईसा की प्रारंभिक शताब्दी माना गया है। इस पुस्तक में इष्टकर्म में अव्यक्त राशि कल्पित की गई है। गणितज्ञों की मन्यता है कि इष्टकर्म ही बीजगणित के विस्तार का अदि-स्रोत है। 628 ई० काल में ब्रह्मस्फुट सिद्धांत के 25 अध्यायों में से 2 अध्यायों में गणितीय सिद्धांतों एवं विधियों का विस्तृत वर्णन किया है। उन्होंने गणित की 20 क्रियाओं तथा 8 व्यवहारों पर प्रकाश डाला है। बीजगणित में समीकरण साधनों के नियमों का उल्लेख किया तथा अनिर्णीत द्विघात समीकरण (Indeterminate quadratic equations) का समाधान भी बताया, जिसे आयलर (Eluer) ने 1764 ई० में और लांग्रेज ने 1768 ई० प्रतिपादित किया। मध्ययुग के अंतम तथा अद्वितीय गणितज्ञ भास्कराचार्य द्वितीय ने अपनी प्रसिद्ध पुस्तक शिरोमणि (लीलावती, बीजगणित, गोलाध्याय, ग्रहगणितम्) एवं करण कुतूहल में गणित की विभिन्न शाखाओं तथा अंकगणित, बीजगणित, त्रिकोणमिति आदि को एक प्रकार से अंतिम रूप दिया है।

वेदों में जो सिद्धान्त सूत्र रूप में थे, उनकी पूर्ण अभिव्यक्ति भास्कराचार्य की रचना में हुई है। इनमें ब्रह्मगुप्त द्वारा बताई गई 20 प्रक्रियाओं और 8 व्यवहारों का अलग-अलग विवरण और उनमें प्रयोग में लाई जानेवाली विधियों का प्रतिपादन सुव्यवस्थिति और सुसाध्य रूप से किया गया है। लीलावती में संख्या पद्धति का जो आधारभूत एवं सृजनात्मक प्रतिपादन किया गया है, वह आधुनिक अंकगणित तथा बीजगणित की रीढ़ है।

अध्याय 10

गणित में पाठ-योजना
(Lesson Plan in Mathematics)

"Lesson plan is the outline of the important points of a lesson arranged in order in which they are to be presented to students by the teacher."

–International Dictionary of Education

पाठ-योजना का अर्थ (Meaning of Lesson Plan)

किसी भी कार्य को क्रमबद्ध तरीके से एवं सफलतापूर्वक करते हुए निर्धारित उद्देश्य एवं लक्ष्य को प्राप्त करने के विभिन्न साधनों को ही योजना कहते हैं। योजनाबद्ध तरीके से कोई कार्य करना अत्यन्त ही सुविधाजनक एवं आसान हो जाता है। योजना से कार्य करने पर उस कार्य की अनुमानित रूपरेखा के बारे में मार्गदर्शन प्राप्त होता है। इसीलिए शिक्षण एवं प्रशिक्षण को उद्देश्य सहित बनाने के लिए योजनाबद्ध तरह से कार्य करना आवश्यक तो है, अपितु महत्वपूर्ण भी है। गणित-शिक्षण में योजनानुसार कार्य करने से गणित के ज्ञान को अत्यधिक सरल एवं प्रभावशाली एवं अधिक सार्थक बनाया जा सकता है।

पाठयोजना का उद्‌भव गेस्टाल्ड मनोविज्ञान में हुआ है। पाठयोजना के अर्थ को स्पष्ट करते हुए आई०के०डेविस ने कहा है कि–''शिक्षण व्यवस्था के समस्त पहलुओं के व्यवहारिक रूप का लेखा-जोखा ही पाठयोजना कहलाती है। कक्षा अन्तर्गत शिक्षण का करने से पूर्व यह बनाई जाती है।'' इसी प्रकार से पाठयोजना को पारिभाषित करते हुए बाइनिंग एवं बाइनिंग ने कहा है–''दैनिक पाठयोजना की रचना में व्यवहारिक उद्देश्यों को पारिभाषित करना, पाठ्य-वस्तु को चुनना तथा उसे क्रमबद्ध विधि से व्यवस्थित करना और प्रस्तुतीकरण की विधियों, तकनीकों एवं प्रक्रियाओं का निर्धारण करना है।''

वस्तुतः पाठयोजना एक शिक्षक के उन कार्यों का समूह है जिन्हें उसे कक्षा में क्रियान्वित करना होता है। एक अच्छे, सफल एवं प्रभावी शिक्षण के लिए पाठयोजना का निर्माण करना अत्यन्त ही आवश्यक है। एक कुशल कारीगर की भाँति शिक्षक को भी अपने छात्रों में वाँछित सुधार लाने के लिए अपने उपकरणों का चयन अधिक सावधानी से करना पड़ता है। अन्य शब्दों में कह सकते है कि पाठयोजना शिक्षक के लिए एक खिड़की का काम करती है। जिससे वह झाँक कर अपने छात्रों के अन्दर व्याप्त विशेषताओं एवं क्षमताओं को पहचानने का प्रयास करता है। इसीलिए किसी विद्वान ने सही लिखा है कि– "Lesson Plan is teacher's mental and emotional visualisation of class room activities." पाठयोजना को पारिभाषित करते

हुए बोक्सिंग ने कहा है–"पाठ-योजना उस कथन को शीर्षक दिया जाता है जो यह वर्णन करता है कि क्या उपलब्धियाँ प्राप्त करनी हैं और किन साधनों द्वारा इन्हें कक्षा की क्रियाओं के परिणामस्वरूप प्राप्त किया जा सकता है।"

पाठ-योजना की आवश्यकता (Need for Lesson Planning)

पाठ-योजना की आवश्यकता निम्नलिखित हैं–

(1) पाठ-योजना कक्षा में उचित शैक्षिक वातावरण निर्मित करना एवं प्रभावी शिक्षण के लिए अनिवार्य है।

(2) पाठ-योजना शिक्षण कार्य को नियमित एवं सुसंगठित बनाती है।

(3) पाठ-योजना के द्वारा पाठ्य-वस्तु का संगठन अच्छी तरह से हो जाता है।

(4) पाठ-योजना प्रतिदिन के कार्य को स्पष्ट दिशा-निर्देश देती है।

(5) शिक्षक आत्म विश्वस के साथ कक्षा में अप्रत्याशित स्थितियों का मुकाबला करता है।

(6) पाठ-योजना चिन्तन में क्रमबद्धता एवं विकास के लिए भी अत्यावश्यक है।

(7) पाठ-योजना शिक्षक के लिए एक पथ-प्रदर्शक एवं मित्र का कार्य करती है।

(8) पाठ-योजना के माध्यम से शिक्षक उचित सोपान एवं समय पर सहायक सामग्री का उपयोग करता है।

(9) छात्रों के मानसिक स्तर के अनुकूल गृहकार्य देने की व्यवस्था रहती है।

(10) प्रश्नोत्तर प्रविधि एवं उदाहरणों के विकास में सहायता मिलती है।

पाठ-योजना के विभिन्न सोपान (Steps Involved in a Lesson Plan)

जे०एफ०हरबर्ट ने पाठ-योजना के पाँच मुख्य सोपान बताए हैं, जिन्हें हरबर्ट की पंच-पद प्रणाली के नाम से जाना जाता है। पाठ-योजना के पद निम्नलिखित हैं –

(1) तैयारी (Preparation)

(2) प्रस्तुतीकरण (Presentation)

(3) तुलना (Comparison)

(4) सामान्यीकरण (Generalisation)

(5) अनुप्रयोग (Application)

(6) पुनरावृत्ति (Recapitulation)

(7) मूल्यांकन (Evaluation)

(1) तैयारी (Preparation)–इस सोपान के अन्तर्गत अध्यापक छात्रों को नवीन ज्ञान देने के लिए भूमिका बनाता है। उसे अपने छात्रों को इस प्रकार से उत्तेजित करना चाहिए कि वे नया ज्ञान सीखने की आवश्यकता का पूर्ण अनुभव करें। यह कार्य उनके पूर्व ज्ञान सम्बन्धी प्रश्नों का मूल्यांकन करके, मौखिक प्रश्न पूछकर, कहानियों के माध्यम से अथवा चार्ट्स, मॉडल, पिक्चर्स आदि का प्रयोग करके किया जाता है। प्रस्तावना को आकर्षक तरीके से प्रस्तुत करना चाहिए जिससे कि छात्रों की पाठ में रूचि शीघ्र जाग्रत की जा सके।

(2) प्रस्तुतीकरण (Presentation)–इस सोपान के अन्तर्गत छात्र तथ्यों का अवलोकन एवं निरीक्षण करता है, साथ ही तथ्यों के बीच सम्बन्ध भी स्थापित करता है। इन सम्बन्धों के आधार

पर फिर सामान्य नियम, सूत्र एवं निष्कर्ष निकालता है। छात्रों को नवीन ज्ञान सरलतम एवं परम्परागत सुविधाजनक तरीके से दिया जाना चाहिए। विषय प्रस्तुतीकरण की इस प्रक्रिया का विकास छात्रों के सक्रिय सहयोग से किया जाना चाहिए। प्रश्नों के पूछने में शिक्षक को प्रश्नों की उपयुक्तता, छात्रों का मानसिक स्तर, प्रश्नों की सरल एवं स्पष्ट भाषा तथा प्रश्नों के समान वितरण आदि बातों का ध्यान दिया जाना चाहिए। समय-समय पर सहायक सामग्री का भी प्रयोग किया जाना चाहिए एवं श्यामपट्ट सारांश भी साथ-साथ लिखते जाना चाहिए।

(*3*) *तुलना* (*Comparison*)—छात्र जो भी ज्ञान प्राप्त करते है उस ज्ञान से सत्यता को परखकर वे प्राप्त ज्ञान को समान परिस्थितियों में रखते हैं। परिणम स्वरूप, नवीन ज्ञान उनके चरित्र का स्थाई अंग बन जाता है।

(*4*) *सामान्यीकरण* (*Generalization*)—सामान्यीकरण का प्रयोग आगमन एवं निगमन विधियों के प्रयोग से हल की जाने वाले समस्याओं में किया जाता है। उदाहरणस्वरूप π का मान ज्ञात करना, त्रिभुज के तीनों अन्त: कोणों का योग दो समकोण के बराबर होता है। साधारण ब्याज का सूत्र = मूलधन × दर × समय/100, वृत्त की परिधि एवं व्यास में सम्बन्ध आदि। सामान्यीकरण की प्रक्रिया में छात्रों का सक्रिय सहयोग प्राप्त करते हुए किसी सूत्र, नियम अथवा सिद्धान्त की स्थापना की जानी चाहिए।

(*5*) *अनुप्रयोग* (*Application*)—पढ़ाए गए पाठ के ज्ञान को एक स्थाई अंग बनाने के लिए 'सीखने का हस्तान्तरण' की दृष्टि से प्रस्तुतीकरण के बाद अनुप्रयोग के लिए अभ्यासार्थ कक्षा कार्य देना चाहिए शिक्षक को निरीक्षण कार्य शीघ्रता से करना चाहिए। छात्रों द्वारा की गई सही क्रियाओं की प्रशंसा करनी चाहिए, ऐसा करने से उन्हें प्रोत्साहन मिलता है तथा उनमें परस्पर स्पर्द्धा की भावना का विकास होता है। शिक्षक द्वारा छात्रों की गलतियों को भी ध्यान से देखा जाना चाहिए तथा यथा सम्भव छोटी-छोटी गलतियों को छात्रों के पास जाकर एवं बड़ी गलती को श्यामपट्ट पर लिखकर हल कर देना चाहिए। गणित जैसे विषय में अध्यापक इस बात पर अत्यधिक जोर न दें कि विद्यार्थी गलती न करें। गणित में गलती की अपेक्षा बचाव अधिक अच्छा नहीं होता है। जीवन की वास्तविक संख्याओं के हल में भी प्राप्त गणितीय ज्ञान का प्रयोग करने के लिए छात्रों को प्रेरित करना चाहिए।

(*6*) *पुनरावृत्ति* (*Recapitulation*)—पाठ-योजना का यह अन्तिम सोपान है। इसके द्वारा शिक्षक को यह जानने में सफलता प्राप्त होती है कि उसके छात्रों ने क्या सीखा? उनके बौद्धिक स्तर में कहाँ तक विकास हुआ? तथा स्वयं छात्रों में अपेक्षित व्यवहारिक सुधारों के लाने में कहाँ तक सफलता प्राप्त हुई है? पुनरावृत्ति का मुख्य उद्देश्य शिक्षण की सफलता का पता लगाना है। प्रकरण की प्रमुख बातें संक्षेप में प्रश्न पूछकर दोहराई जा सकती है।

(*7*) *मूल्यांकन* (*Evaluation*)—बी०एस० ब्लूम के द्वारा प्रतिपादित शिक्षा जगत को एक नया उपागम प्राप्त हुआ है। जिसका नाम मूल्यांकन उपागम है। इससे तात्पर्य है कि छात्रों के व्यवहार में जो अपेक्षित परिवर्तन होता है, उसके लिए साक्ष्यों का एकत्रित करना तथा उन सभी की समुचित व्यवस्था करने की प्रक्रिया से है। इससे समस्त क्रियाएँ उद्देश्य केन्द्रित होती हैं। शिक्षण-प्रशिक्षण संस्थाओं में छात्राध्यापक लिखित रूप में कक्षा शिक्षण से पूर्व पाठ-योजना निर्माण करते हैं। और उसे अपने व्याख्याता या विषय शिक्षक से जाँच कराकर पुनः शिक्षण प्राप्त करते हैं।

एक अच्छी पाठ योजना की कसौटी (Criteria of a Good Lesson Plan)

एक अच्छी पाठ योजना की कसौटी निम्न प्रकार से हैं–

(1) एक अच्छी पाठ-योजना को अनावश्यक तरीके से नीली-पीली रोशनाई एवं पत्तियों के द्वारा अधिक आकर्षक बनाने की कोशिश नहीं करनी चाहिए।

(2) पाठ-योजना की भाषा सरस, सरल एवं आकर्षक होनी चाहिए।

(3) पाठ-योजना की प्रश्नोत्तर प्रणाली अत्यधिक प्रभावी होनी चाहिए।

(4) एक अच्छी पाठ-योजना के अन्तर्गत व्यक्तिगत ध्यान की भी पर्याप्त व्यवस्था होनी चाहिए।

(5) एक अच्छी एवं आदर्श पाठ-योजना छात्रों के सक्रिय सहयोग पर आधारित होनी चाहिए।

(6) एक अच्छी पाठ-योजना शिक्षण विधियों, लक्ष्यों, प्रविधियों, सहायक सामग्री आदि के दृष्टिकोण से पूर्ण रूपेण विस्तृत होनी चाहिए।

(7) पाठ-योजना से सम्बन्धित सामान्य एवं विशिष्ट उद्देश्यों को स्पष्ट रूप से लिखा जाना चाहिए।

(8) उचित समय एवं व्यवस्था के आधार पर सहायक सामग्री का प्रयोग किया जाना चाहिए।

(9) मूल्यांकन की सुविधा के आधार पर एक अच्छी पाठ-योजना को शिक्षक के कार्य में सहायक होना चाहिए।

(10) किसी भी प्रकरण का चयन कर लेने के उपरान्त तथ्यों को क्रमबद्ध एवं उचित शीर्षकों के अन्तर्गत ही संगठित किया जाना चाहिए।

(11) छात्रों में जिज्ञासा उत्पत्ति एवं बुद्धि के लिए अच्छी पाठ-योजना का आधार पूर्व ज्ञान को ही बनाया जाना चाहिए।

(12) श्यामपट्ट पर आवश्यक पूर्तियाँ आकर्षण तरीके से की जानी चाहिए।

(13) कक्षा में शिक्षण के समय सामान्य अनुशासन के प्रति भी शिक्षक को पूरी तरह से सजग रहना चाहिए।

पाठ-योजना सम्बन्धी कुछ अन्य महत्वपूर्ण बातें (Some other Important Points Regarding Lesson Plan)

शिक्षक को पाठ्य योजना की पूर्णता के लिए निम्नलिखित महत्वपूर्ण तथ्यों पर ध्यान देना चाहिए–

(1) शिक्षक को विषय का पूर्ण ज्ञाता होना चाहिए।

(2) शिक्षक में व्यवहारगत प्राप्य उद्देश्यों को सही-सही लिखने की क्षमता होनी चाहिए जिससे कि उसका मूल्यांकन सम्भव हो सके।

(3) शिक्षक में यह गुण होना चाहिए कि वह कक्षा में उचित वातावरण का निर्माण कर सके।

(4) उसे शिक्षण कौशल में पूर्ण होना चाहिए।

(5) पाठ-योजना को कक्षा में कैसे पूरा किया जायेगा ? तथा कठिनाई आने पर कैसे सामना किया जायेगा, यह कौशल उसे पूर्ण रूप से आना चाहिए।

(6) मूल्यांकन के प्रश्नों का निर्माण करना चाहिए।

(7) पाठ-योजना का प्रयोग एक साधन के रूप में करना चाहिए। इसे लक्ष्य मानकर न चला जाए। पाठ-योजना को केवल मार्गदर्शक ही समझना चाहिए। आँखे बन्द करके 'लकीर के फकीर' बनकर के अक्षरश: पालन करना उचित नहीं है।

(8) कक्षा में पाठ-योजना का ज्यों का त्यों उपयोग करना कठिन है। पाठ-योजना के अनुकरण में शिक्षक एक भौरें के समान कमल में फँसकर न रह जाए, बल्कि आवश्यकता के अनुसार अपनी बुद्धि के उपयोग से कठिन समस्याओं को भी सरल तरीके से हल करने में दक्षता प्राप्त करें।

पाठ-योजना की सीमाएँ (Limitations of Lesson Plan)

पाठ-योजना की कुछ प्रमुख सीमाएँ निम्नलिखित हैं–

(1) छात्रों की रूचियों, आयु, योग्यता, क्षमता एवं आवश्यकताओं की उपेक्षा करना।
(2) छात्रों में जिज्ञासा उत्पन्न करने की दृष्टि से प्रश्नों का क्रम प्रभावपूर्ण रहना चाहिए।
(3) सर्वोत्तम शिक्षण विधि के चयन की समस्या।
(4) पाठ-योजना में छात्रों का सक्रिय सहयोग प्राप्त न करना।
(5) महत्वपूर्ण शिक्षण बिन्दुओं को ठीक से न पहचान पाना।
(6) उपयुक्त सहायक सामग्री के प्रयोग का अभाव एवं प्रभावशाली ढंग से प्रस्तुत न कर पाना।
(7) पाठ-योजना का व्यापक न होना।
(8) गृहकार्य की उपयुक्तता का पूर्ण अभाव।
(9) विशिष्ट उद्देश्यों की प्राप्ति में असफलता।
(10) श्यामपट्ट कार्य अस्पष्ट एवं असंतोष जनक होना।
(11) विभिन्न प्रकरणों में सह-सम्बन्ध का अभाव।
(12) विभिन्न सोपानों की पुनरावृत्ति के उचित अवसर न प्राप्त होना।

पाठ-योजना की रूपरेखा (Specimen Proforma for Lesson Plan)

पाठ योजना संख्या..............

दिनांक..............	विषय..............	कक्षा..............
	उपविषय..............	कलाँश..............
विद्यालय का नाम..............	प्रकरण..............	समय..............

(1) सहायक सामग्री (Material Aids Used)
(2) सामान्य उद्देश्य (General Aims)
(3) विशिष्ट उद्देश्य (Specific Objectives)
(4) पूर्वज्ञान (Previous Knowledge)
(5) प्रस्तावनात्मक प्रश्न (Introductory Question)
(6) उद्देश्य कथन (Statement of Aim)
(7) आदर्श प्रश्न प्रस्तुतीकरण (Model Question Presentation)
(8) कक्षा कार्य (Class Work)

(9) निरीक्षण (Observation)
(10) गृह-कार्य (Home Assignment)

इकाई योजना
(Unit Planning)

इकाई योजना का अर्थ (Meaning of Unit Planning)

मनोवैज्ञानिक सिद्धान्त के अनुसार समान प्रकृति की विषय वस्तु को एक ही क्रम में पढ़ाने से छात्रों को प्रत्ययों एवं संकल्पनाओं का ज्ञान आसानी से हो जाता है। मस्तिष्क की यह एक विशेषता होती है कि वह समान विशेषताओं वाले ज्ञान के पारस्परिक सम्बन्धों एवं तथ्यों को सम्पूर्ण रूप से प्राप्त करना चाहता है। गणित जैसे विषयों के लिए इकाई योजना का महत्व और भी अधिक बढ़ जाता है, क्योंकि गणित वस्तुतः प्रत्ययों, सम्बन्धों, संकल्पनाओं आदि का विषय है। इन्हें आपस पें सम्बन्धित किए बिना तथा बिना निश्चित क्रम में रखे प्रभावशाली ढंग से नहीं पढ़ाया जा सकता।

इकाई योजना की परिभाषाएँ (Definitions of Unit Plan)

कुछ प्रमुख शिक्षाविदों ने इकाई योजना को निम्न प्रकार से पारिभाषित किया है–

(1) *जेरोलिमेक (Jerolimek)* के कथनानुसार–"इकाई शिक्षण के उद्देश्य के लिए वांछित सामग्री को सुव्यवस्थित करने का एक साधन है जो कि महत्वपूर्ण विषय सामग्री अर्थात् जिसमें छात्र शारीरिक एवं मानसिक क्रियाओं के माध्यम से सीखने की क्रियाओं में संलग्न रहने का प्रयोग करते हैं तथा उनके व्यवहारों में इस सीमा तक सुधार आता है, जिससे कि वे नवीन समस्याओं एवं परिस्थितियों का अधिक कुशलता से सामना कर सकें।"

(2) *ई०बी० बेस्ले (E.B.Wesle)* के अनुसार–"इकाई सूचना तथा अनुभवों के उस संगठन को कहते हैं, जो सीखने वाले के लिए महत्वपूर्ण परिणाम उत्पन्न करने में सहायक हो।"

(3) *पेस्टन (Peston)* के अनुसार–"एक इकाई, सम्बन्धित विषय वस्तु का विद्यार्थी द्वारा एक निश्चित समयाविधि में आत्मसात किया जाने वाला भाग है।"

(4) *एच०सी०मॉरीसन (H.C Morrison)* के अनुसार– "इकाई किसी संगठित विज्ञान, कला अथवा आचरण के पर्यावरण का व्यापक एवं महत्वपूर्ण अंग है, जिसको समझ लेने से व्यक्तित्व में अनुकूलता आती है।"

(5) *NCERT* के अनुसार–"इकाई एक निर्देशात्मक युक्ति है जो छात्रों को समवेत रूप में ज्ञान प्रदान करती है।"

(6) *हिन्ना, हेगमन एवं पोटर (Henna, Hageman and Potter)* के अनुसार–"इकाई को उद्देश्यपूर्ण सीखने के अनुभव के रूप में पारिभाषित किया जाता है। यह महत्वपूर्ण सामाजिक ज्ञान की ओर संकेत करती है जो सीखने वाले के व्यवहार में सुधार लाती है तथा उसे जीवन की परिस्थितियों में प्रभावशाली ढंग से समायोजन करने के योग्य बनाती है।"

इकाई योजना के उद्देश्य (Objectives of Unit Planning)

इकाई योजना के प्रमुख उद्देश्य निम्नलिखित हैं–

(1) पाठ्य-वस्तु को जीवनोपयोगी तथा व्यवहारिक बनाना।

(2) किसी एक समस्या, विचार, प्रयोजन पर केन्द्रित पाठ्य-वस्तु को विभिन्न घटकों में विभाजित करना। छात्रों को ज्ञानोपार्जन के अवसर प्रदान करना।

(3) विद्यार्थियों की आवश्यकताओं एवं अभिरुचियों के अनुसार पाठ्य-वस्तु को संगठित करना।

(4) पाठ्य-वस्तु की इकाइयों के आधार पर उद्देश्य, शिक्षण विधि, सहायक सामग्री, गृहकार्य एवं मूल्यांकन प्रविधि सुनिश्चित करना।

(5) दैनिक पाठ-योजनाओं का सुनियोजित आधार प्रस्तुत करना।

(6) इकाइयों की समाप्ति पर प्रत्येक इकाई के लिए निर्धारित छात्रों की संप्राप्ति का मूल्यांकन करना।

एक अच्छी इकाई योजना की विशेषताएँ (Characterstics of a Good Unit)

एक अच्छी इकाई योजना में निम्नलिखित विशेषताएँ हैं–

(1) अच्छी इकाई योजना के उद्देश्य स्पष्ट एवं ठीक तरह से पारिभाषित होने चाहिए।

(2) *हेनसन (Hanson)* के अनुसार–"कक्षा के उद्देश्यों को ठीक प्रकार से समझाने के लिए शिक्षण प्रक्रिया के दौरान सहायक सामग्री की विविधता अत्यन्त आवश्यक है।"

(3) प्रत्येक इकाई को सम्भावित उप-इकाइयों में बाँटना चाहिए।

(4) अच्छी योजना में मूल्यांकन पक्ष एक महत्वपूर्ण अंग है।

(5) अच्छी इकाई योजना का संगठन भी विशिष्ट होना चाहिए।

(6) अच्छी इकाई योजना में छात्रों को स्वयं कार्य करने के पर्याप्त अवसर प्राप्त होते हैं। वे केवल मूक दर्शक की स्थिति में नहीं बैठे रहते हैं।

(7) अच्छी इकाई योजना का सह सम्बन्ध जीवन एवं पाठ्यक्रम के अन्य विषयों से होता है।

(8) इकाई योजना की व्यापकता छात्रों की पहुँच के अन्दर होती है।

(9) इकाई योजना में छात्रों की वैयक्तिक विभिन्नताओं का आदर किया जाता है।

(10) अच्छी इकाई योजना के अन्तर्गत फील्ड ट्रिप्स, पर्यटन, शैक्षिक यात्राओं आदि का भी समावेश किया जाता है।

(11) स्कोरटिंग के अनुसार–"एक अच्छी इकाई योजना के अन्तर्गत छात्र विभिन्न प्रकार की योजनाओं के बनाने एवं उनके कार्यन्वयन में स्वतन्त्र होते हैं।"

इकाई योजना निर्माण के पद (Step Involved in Developing a Unit)

इकाई योजना का निर्माण निम्न संकेतों के आधार पर किया जाता है–

(1) तैयारी (Preparation)–इकाई पाठ-योजना का मुख्य उद्देश्य छात्रों का ध्यान पाठ विशेष की ओर केन्द्रित करना है। इसलिए छात्रों का शिक्षण प्रारम्भ करने से पूर्व उन्हें विभिन्न उपायों

से प्रेरित एवं प्रोत्साहित किया जाता है। छात्रों के पूर्वज्ञान की परीक्षा भी इसी उद्देश्य से ली जाती है। जिससे कि प्रदत्त नवीन ज्ञान को पूर्वज्ञान के साथ आसानी से जोड़ा जा सके तथा इसके साथ ही छात्रों की रूचि सम्पूर्ण शिक्षण प्रक्रिया के दौरान बराबर बनाई रखी जा सके।

(2) पूर्व ज्ञान परीक्षा (Previous Knowledge Test)–किसी भी नये प्रकरण को शुरू करने से पहले बालक के कुछ न कुछ पूर्व अनुभवों को भी देखना चाहिए। इसके अभाव में प्रकरण का विकास अर्थहीन हो जायेगा। और यह ठीक उसी प्रकार से होगा जिस प्रकार से एक संस्कृत के पंडित को न्यूक्लियर फिजिक्स का भाषण सुनने के बाबत बिठा दिया गया हो। शिक्षक अपनी पाठ–योजना सही रूप से नहीं बना सकता यदि उसे इस बात का ज्ञान नहीं है कि उसके छात्रों को प्रारम्भ किये जाने प्रकरण की पूर्व जानकारी कितनी है। यहाँ पर इस तथ्य को नहीं भुलाया जा सकता है कि छात्रों को पूर्व ज्ञान पर आधारित प्रश्नों के उत्तर देने में भी आसानी मिलनी चाहिए। लेकिन इस तर्क से पूर्वज्ञान के इस सोपान का महत्व कम नहीं हो जाता है। नवीन ज्ञान के लिए पूर्व ज्ञान को ही आधार बनाना पड़ेगा।

(3) प्रस्तुतीकरण (Presentation)–कक्षा में छात्रों को प्रेरित करना एवं उनका ध्यान पाठ की ओर केन्द्रित करने के लिए शिक्षक को स्वयं अनेक रूचिकर तरीकों की योजना बनानी पड़ती है। सम्पूर्ण शिक्षण प्रक्रिया के दौरान छात्रों की रूचि को बनाए रखना एक अत्यन्त मुश्किल एवं कलापूर्ण कार्य है। क्योंकि कुछ छात्र कक्षा में ही बैठे–बैठे दिवास्वप्न मे खोए रहते हैं। शिक्षक छात्रों को उनकी इस दुनिया से अलग करके उनका ध्यान पाठ की ओर केन्द्रित करता है या प्रयास करता है। प्रत्येक शिक्षक को यह नहीं भूलना चाहिए कि छात्र उसके प्रहर के अलावा दूसरे विषय का प्रहर पढ़कर आ रहे हैं, या फिर खेल मैदान से, कैंटिन से, हँसी–मजाक मुद्दे से आ रहे हैं, ऐसी स्थिति में उनकी इस तन्द्रा को भंग करके नवीन ज्ञान की ओर रूचि उत्पन्न कर देना एक कठिन कार्य है। इसलिए शिक्षक को विषय के प्रस्तुतीकरण में अत्यन्त सावधानी एवं धैर्य से काम लेना चाहिए।

(4) संक्षिप्तीकरण (Summarization)–प्रत्येक पाठ का समापन होने पर विषय वस्तु का सार प्रस्तुत किया जाता है। विषय–वस्तु की विशिष्ट बातों को अत्यन्त आकर्षक एवं प्रभावी तरीके से ही प्रस्तुत किया जाना चाहिए। सेक्शनल सार संक्षेप में दिए जा सकते हैं।

(5) अभ्यास प्रश्न (Drill or Recapitulation)–गणित विषय में अभ्यास कार्य का अत्यधिक महत्व है। और गणित के लिए ये पूर्णरूपेण सत्य है। शिक्षक के लिए यह सम्भव नहीं होता है कि वह बहुत से प्रश्नों का अभ्यास छात्रों को कक्षा में ही करवा दें। इसलिए पाठयोजना को ठीक तरह से समझने के लिए छात्रों को घर पर करने के लिए पुनरावृत्ति प्रश्न भी दिए जाने चाहिए।

(6) मूल्यांकन (Evaluation)–मूल्यांकन को शिक्षण प्रक्रिया का एक अत्यावश्यक अंग माना जाता है। जहाँ मूल्यांकन प्रक्रिया एक और अध्यापक को छात्रों के वांछित व्यवहारिक परिवर्तनों से अवगत कराती है, वहीं शिक्षक स्वयं अपने शिक्षण सम्बन्धी दोषों की भी जानकारी हासिल करके उन्हें करके उन्हें दूर करने का प्रयास करता है। छात्रों के अभिभावक भी अपने बच्चों की प्रगति से अवगत हो जाते हैं। मूल्यांकन के लिए प्रश्नावली अथवा परीक्षा का प्रयोग किया जाता है।

योजना के स्तर (Levels of Unit)

इकाई योजना के प्रमुख तीन स्तर हैं–

(1) वार्षिक योजना (Yearly Plan)

(2) मासिक योजना (Monthly Plan)

(3) साप्ताहिक योजना (weekly Plan)

वार्षिक योजना का प्रारूप अत्यधिक सावधानी एवं विस्तार से तैयार करने पर उसे अत्यन्त सरलतापूर्वक मासिक एवं साप्ताहिक योजनाओं के अन्तर्गत परिवर्तित किया जा सकता है। वार्षिक योजना का निर्माण करते समय सम्पूर्ण पाठ्यक्रम की सामग्री को विभिन्न इकाइयों में विभक्त कर लेना चाहिए। इसके बाद प्रत्येक इकाई को विभिन्न उपइकाइयों में अपेक्षित शैक्षिक उद्देश्यों के सन्दर्भ में बाँट लेना चाहिए। उदाहरणस्वरूप वार्षिक योजना का प्रारूप निम्नानुसार है–

वार्षिक पाठ योजना का प्रारूप (Proforma of Yearly Unit Plan)

विषय.................. कक्षा..................

इकाई का नाम..................

कालखण्डों की संख्या..................

नीचे दर्शायी गई सारणी से स्पष्ट है कि सम्पूर्ण वर्ष में गणित की कुल छः इकाइयाँ जो निम्न हैं–वर्गमूल, लाभ-हानि, अनुपात, साधारण ब्याज, प्रतिशत एवं वृत्त। इन सबके विशिष्ट उद्देश्यों की पूर्ति करते हुए पढ़ाना है। यदि विद्यालय समय विभाजन चक्र में गणित पढ़ाने के लिए 60 प्रतिशत कालांश दिए गए हों तो इकाइयों एवं उद्देश्यों के लिए पृथक-पृथक कालखण्डों का वितरण निम्न तरीके से किया जायेगा। उदाहरणार्थ, बाद की तीन यूनिटों को वर्ष भर में क्रमशः 19, 9, तथा 10 कालांश मिलेंगे। इकाइयों को निम्न प्रकार से अधिक स्पष्ट किया गया है–

उद्देश्य	*इकाई*	*इकाई*	*इकाई*	*इकाई*	*इकाई*	*इकाई*	*कालखण्ड*
	1	2	3	4	5	6	
ज्ञान	1	2	2	7	4	2	18
अवबोध	2	3	3	4	2	1	15
प्रयोग	1	–	1	2	1	3	8
दक्षता	2	1	1	3	2	1	10
रूचि	1	1	1	1	–	2	6
अभिवृत्ति	–	–	–	2	–	1	3
	7	7	8	19	9	10	60

इकाई IV (साधारण ब्याज)

कुल कालखण्ड–19	कालखण्ड
उपइकाई (अ) साधारण ब्याज एवं मिश्रधन ज्ञात करना	3
उपइकाई (ब) मूलधन ज्ञात करना	4
उपइकाई (स) दर ज्ञात करना	2
उपइकाई (द) समय ज्ञात करना	3
उपइकाई (य) ब्याज सम्बन्धी विभिन्न समस्यायें	7
	कुल कालखण्ड–19

इकाई V (प्रतिशत)

कुल कालांश–9	कालखण्ड
उपइकाई (अ) प्रतिशत का अर्थ	1
उपइकाई (ब) प्रतिशत को साधारण भिन्न में बदलना	1
उपइकाई (स) साधारण भिन्न को प्रतिशत में बदलना	1
उपइकाई (द) प्रतिशत को दशमलव में बदलना	1
उपइकाई (य) दशमलव को प्रतिशत में बदलना	1
उपइकाई (र) प्रतिशत सम्बन्धी सरल एवं कठिन समस्याओं का हल	4
	कुल कालखण्ड– 9

इकाई VI वृत्त

कुल कलांश 10	कालखण्ड
उपइकाई (अ) वृत्त की परिभाषा एवं विशेषताएँ	1
उपइकाई (ब) वृत्त का क्षेत्रफल ज्ञात करना	1
उपइकाई (द) वृत्त की परिधि एवं व्यास में सम्बन्ध स्थापित करना	2
उपइकाई (य) वृत्त पर आधारित कठिन प्रश्न	5
	कुलकालखण्ड–10

प्रत्येक शिक्षक वार्षिक योजना निर्माण के बाद इकाई योजना का निर्माण करता है। इकाई योजना के द्वारा शिक्षक को यह पता रहता है कि उसे इकाई के अन्दर कितनी पाठ्य-वस्तु का ज्ञान छात्रों को देना है। पाठ्य-वस्तु के अन्तर्गत किन-किन शिक्षण बिन्दुओं पर अधिक बल देना है तथा किन विशिष्ट उद्देश्यों को प्राप्त करना है।

इकाई योजना
Unit Plan

इकाई वृत्त | **समय 40 मिनट**
कक्षा–I | **कालखण्ड–द्वितीय**

पाठ्यवस्तु	विशिष्ट उद्देश्य एवं आपेक्षित व्यवहारिक परिवर्तन	शिक्षक क्रियाएं	छात्र क्रियाएं	सहायक सामग्री एवं श्यामपट्ट कार्य	मूल्यांकन
शब्दावली वृत्त, केन्द्र, परिधि व्यास, अर्ध-व्यास आदि	(अ) छात्र वृत्त, केन्द्र परिधि आदि को पहचानते हैं। (ब) छात्र वृत्त संबंधी अनेक सम्बन्धों का पुनः स्मरण करते हैं।	शिक्षक श्यामपट्ट पर अनेक वृत्तों की आकृतियाँ खीचकर वृत्त की व्याख्या करेगा।	उत्तर देना सुनना उत्तर देना	विभिन्न प्रकार के गत्ते के वृत्त	प्रश्न पत्र द्वारा
सम्बन्ध 1. परिधि पर स्थित कोई बिन्दु केन्द्र से समान दूरी पर स्थित होता है। 2. वृत्त की परिधि / वृत्त का व्यास = 22/7 = 3.14	(अ) छात्र वृत्त के विभिन्न सम्बन्धों के उदाहरण प्रस्तुत करते हैं। (ब) वृत्त संबंधी विभिन्न संबंधों की तुलना करते हैं। (स) वृत्तीय सम्बन्धों की व्याख्या करते हैं।	शिक्षक छात्रों में विभिन्न गत्ते के वृत्तों को देगा तथा छात्रों द्वारा परिधि एवं क्षेत्रफल के सूत्रों का निर्धारण करायेगा।	सुनना	ज्यामितीय उपकरण	मौखिक प्रश्न
प्रत्यय 1. वृत्त एक बिन्दु पथ है जो केन्द्र से समान दूरी पर होता है। 2. एक ही केन्द्र से विभिन्न त्रिज्याओं के अनेक वृत्त खीचे जा सकते हैं।	**अनुप्रयोग** (अ) समस्या के तथ्यों में परस्पर सम्बन्ध स्थापित करता है। (ब) समस्या के हल के लिए उचित विधि एवं सूत्र का चयन करता है। (स) समस्या के हल का सत्यापन तथा सामान्य निष्कर्ष निकालता है।	शिक्षक बिन्दु पथ के अर्थ को विभिन्न उदाहरणों से स्पष्ट करता है।	छात्र देखते हैं।	बिन्दु पथ सम्बन्धित अनेक आकृतियाँ	मौखिक प्रश्न
सूत्र निर्धारण 1. परिधि = $2\pi r$ 2. परिधि = $\pi \times$ व्यास 3. $\pi =$	(अ) छात्र उचित एवं स्पष्ट आकृति बनाते हैं।	अध्यापक छात्रों से वृत्त सम्बन्धी अनेक स्पष्ट आकृतियों को	(अ) छात्र वृत्त सम्बन्धी अनेक समस्याओं का हल करते हैं।	जीवन के तथ्यों पर आधारित अनेक	प्रश्न पत्र द्वारा

परिधि/व्यास 4. वृत्त का क्षे० $= \pi r^2$ 5. अर्द्धव्यास = $\sqrt{\frac{\text{वृत्त का क्षे०}}{\pi}}$	(ब) गणनाएं शीघ्रता एवं शुद्धता से करते हैं।	बनाने को कहेगा।	(ब) सूत्रों का सही प्रयोग सीखते हैं। (स) स्पष्ट आकृतियाँ बनाते हैं।	समस्यायें प्रस्तुत की जाती हैं।

इकाई पाठ-योजना
Unit Lesson Plan

इकाई योजना के निर्माण के पश्चात शिक्षक इकाई पाठ योजना का निर्माण करता है। एक इकाई को पूरा करने के लिए अनेक पाठ-योजनाएँ होती हैं। इसे इकाई पाठ योजना कहते हैं।

इकाई पाठ-योजना प्रारूप (Proforma of Unit lesson Plan)

पाठ योजना संख्या.........

दिनांक — विषय......... — कक्षा.........

उपविषय......... — कालखण्ड.........

प्रकरण......... — समय.........

पाठ्यवस्तु	विशिष्ट उद्देश्य एवं अपेक्षित व्यवहारिक परिवर्तन	शिक्षक क्रियाएँ	छात्र क्रियाएँ	विधि/प्रविधि सहायक सामग्री एवं श्याम पट्ट कार्य	मूल्यांकन

गृह कार्य

इकाई योजना के लाभ (Advantages of Unit Planning)

इस योजना के प्रमुख लाभ निम्नलिखित हैं–

(1) इससे सामान्य एवं विशिष्ट उद्देश्यों के स्पष्टीकरण में सहायता मिलती है।

(2) इकाई योजना के द्वारा छात्रों में ज्ञान का विस्तार, रूचियों, कौशलों तथा अभिवृत्तियों का विकास होता है।

(3) आधुनिक वातावरण में छात्रों की व्यक्तिगत विभिन्नताओं को ध्यान में रखते हुए शिक्षा सम्बन्धी समस्त सुविधाएँ दी जाती हैं।

(4) इस योजना के अन्तर्गत छात्रों की क्रियाशीलता पर अत्यधिक बल दिया जाता है।

(5) इसमें छात्रों की आवश्यकताओं पर पर्याप्त एवं उचित ध्यान दिया जाता है।

(6) इस योजना से समय की भी बचत होती है।
(7) इस योजना में महत्वपूर्ण परिणामों की ओर ध्यान केन्द्रित किया जाता है।
(8) छात्र का आत्म-विश्वास, धैर्य, साधन सम्पन्नता उन्नत होता है।

इकाई योजना की सीमाएँ (Limatation of Unit Planning)

इकाई योजना की प्रमुख सीमाएँ निम्नलिखित हैं–

(1) इकाई योजना के अनुसार पढ़ाने से शिक्षण यंत्रवत हो जाता है।
(2) पाठ्यक्रम की पाठ्य-वस्तु को अपने आप में पूर्ण एवं सार्थक इकाइयों एवं उपइकाइयों में विभक्त करने का कार्य सरल नहीं है।
(3) इसके अनुसार पढ़ाने के लिए पूर्ण प्रशिक्षित शिक्षक की आवश्यकता होती है।
(4) इकाई योजना में सहायक सामग्री तथा अन्य उपकरणों के प्रयोग पर बल दिया जाता है। इसलिए इसमें अत्यधिक धन की आवश्यकता होती है।
(5) यह योजना छात्रों को तर्कशक्ति, स्मरण शक्ति एवं निरीक्षण शक्ति आदि का विकास नहीं कर पाती है।

आदर्श पाठ-योजनाएँ
(Model Lesson-Plan)

पाठ-योजना–1

छात्राध्यापक का नाम......................... **दिनांक.................**
विद्यालय का नाम......................... **कक्षा – 9**
विषय – गणित **कालखण्ड.............**
प्रकरण – छात्रों को प्रतिशत दर ज्ञात करना सिखाना **समयविधि.............**

व्यवहारगत उद्देश्य–

(1) इसमें छात्र प्रतिशत दर का अर्थ समझेंगे।
(2) छात्र मूलधन, समय एवं दर में अन्तर कर सकेंगे।
(3) सम्बन्धित प्रश्नों को हल करने में इनका प्रयोग कर सकेंगे।
(4) प्रश्नों की गणना में त्रुटि का पता लगाकर संशोधन कर सकेंगे।

सहायक सामग्री–चॉक बोर्ड, रोलर बोर्ड चॉक, डस्टर आदि।

पूर्व ज्ञान–छात्र साधारण ब्याज की गणना करना जानते हैं।

प्रस्तावना–शिक्षक छात्रों से पूर्वज्ञान पर आधारित विभिन्न प्रश्न करेगा–

शिक्षक क्रिया	छात्र क्रिया
1. 6% ब्याज का अर्थ क्या है?	1. 100 रुपए का 1 वर्ष का 6 रुपए ब्याज या ब्याज दर 6 प्रतिशत वार्षिक।
2. 50 रुपए का 1 वर्ष का ब्याज 3 रुपए है तो 100 रुपए का 1 वर्ष का ब्याज क्या होगा?	2. 100 रुपए का 1 वर्ष का ब्याज 6 रुपए होगा।
3. 100 रुपए का 1 वर्ष का ब्याज है, तो दर प्रतिशत क्या होगी?	3. दर = 5% वार्षिक
4. ब्याज की दर ज्ञात करने के लिए हमें क्या ज्ञात होना चाहिए?	4. किसी भी मूलधन का किसी समय का ब्याज ज्ञात होना चाहिए।

पाठ्योपस्थापन—शिक्षक निम्नलिखित प्रश्न को लपेट श्यामपट्ट पर लिखकर रखेगा और उचित समय आने पर कक्षा में प्रस्तुत करेगा।

एक व्यक्ति ने 250 रुपए उधार लिए और 1 वर्ष 6 माह के बाद 280 रुपए देकर अपना कर्ज अदा किया। तो बताइए कि उस व्यक्ति ने किस दर से रुपए उधार लिए?

प्रस्तुतीकरण-विश्लेषण विधि का प्रयोग—

प्रश्न (शिक्षक क्रिया)	छात्र क्रिया (संभावित उत्तर)
1. प्रश्न में क्या दिया है?	1. प्रश्न में मूलधन = 250 रुपए, समय 1 वर्ष 6 माह एवं मिश्रधन = 280 रुपए।
2. हमें क्या ज्ञात करना है?	2. हमें ब्याज की दर ज्ञात करना है।
3. ब्याज की दर हम कैसे ज्ञात करेंगे?	3. 250 रुपए का 1 वर्ष 6 माह का ब्याज ज्ञात करना है।
4. 250 रुपए का 1 वर्ष 6 माह का ब्याज हम कैसे ज्ञात करेंगे?	4. ब्याज ज्ञात करने के लिए मिश्रधन 280 रुपए में मूलधन 250 रुपए को घटाकर।
5. मूलधन 250 रुपए का 1 वर्ष 6 माह का ब्याज ज्ञात हो जाने पर दर प्रतिशत कैसे ज्ञात करेंगे?	5. 100 रुपए मूलधन पर 1 वर्ष का ब्याज ज्ञात करके।

संश्लेषण विधि का प्रयोग—

शिक्षक छात्रों की सहायता से प्रश्न को श्यामपट्ट पर लिखकर हल करेगा।

ब्याज = मिश्रधन − मूलधन

ब्याज = 280 − 250 = 30 रुपए।

समय = 1 वर्ष 6 माह = 1½ वर्ष = 3/2 वर्ष

$\because$ 250 रुपए का 3/2 वर्ष का ब्याज = 30 रुपए

$\therefore$ 1 रुपए का 1 वर्ष का ब्याज = $\frac{30 \times 2}{3 \times 250}$ रुपए

$\therefore$ 100 रुपए का 1 वर्ष का ब्याज

$$= \frac{30 \times 2 \times 100}{250 \times 3} = 8\% \text{ वार्षिक}$$

अभ्यास कार्य–

1. यदि 1500 रुपए का 2 वर्ष का मिश्रधन 1775 रुपए है। तो ब्याज दर ज्ञात कीजिए।
2. 1000 रुपए का 3 वर्ष का ब्याज 331 रुपए है, तो ब्याज दर प्रतिशत ज्ञात कीजिए।

गृह कार्य–

3. किस ब्याज दर से 500 रुपए का 3 वर्ष का मिश्रधन 650 रुपए हो जायेगा।
4. रोहन ने 300 रुपए उधार लिया और 5 वर्ष के बाद 375 रुपए देकर कर्ज अदा किया। ब्याज की दर ज्ञात कीजिए।

हस्ताक्षर शिक्षक **हस्ताक्षर पर्यवेक्षक** **हस्ताक्षर छात्राध्यापक**

पाठ–योजना–2

छात्राध्यापक का नाम...............................

विद्यालय का नाम............................... **दिनांक**...............................

विषय – गणित **कक्षा – 9**

प्रकरण – सजातीय एवं विजातीय व्यंजकों का योग ज्ञात करना। **कालखण्ड**...............................

समयावधि...............................

पाठ के उद्देश्य एवं शिक्षण पक्षों का स्पष्टीकरण

ज्ञान	1. छात्र चर एवं अचर राशियों का प्रत्यास्मरण कर सकेंगे।
	2. बीज गणितीय पदों का पृत्याभिज्ञान कर सकेंगे।
अवबोध	1. छात्र चर एवं अचर राशियों अन्तर स्पष्ट कर सकेगें।
	2. छात्र सजातीय एवं विजातीय राशियों में भी अन्तर स्पष्ट कर सकेंगे।
ज्ञानोपयोग	1. छात्र सजातीय ओर विजातीय व्यंजकों का जोड़ भी कर सकेगें।
	2. छात्र बीज गणितीय व्यंजकों का योग करने की विधि का सामान्यीकरण भी कर सकेंगे।
कौशल	1. छात्र बीज गणितीय व्यंजकों के योग ज्ञात करने के कौशल भी प्राप्त कर सकेंगे।

सहायक सामग्री– रोलर वोर्ड, चॉक, डस्टर आदि।

पूर्वज्ञान–छात्र चर एवं अचर राशियों के बारे में जानते हैं एवं अंकों का साधारण योग भी ज्ञात कर सकते हैं।

प्रस्तावना–

प्रश्न 1. $2a - b$ एवं $3a - 6b$ का योग ज्ञात कीजिए।

उत्तर– 5a – 7b

प्रश्न 2. (2a + 3b) में a तथा b किस प्रकार की राशियाँ है ?

उत्तर– चर राशियाँ

प्रश्न 3. (2a + 3b) में 2a तथा 3b क्या कहलाते हैं ?

उत्तर– पद

प्रश्न 4. इन पदों के योग या घटाना से प्राप्त राशियों को क्या कहते हैं ?

उत्तर– छात्र सम्भावित उत्तर देंगे।

उद्देश्य कथन–छात्रों आज हम सजातीय एवं विजातीय व्यंजकों का योग ज्ञात करने की विधि का अध्ययन करेंगें।

प्रस्तुतीकरण

शिक्षण बिन्दु	व्यवहारगत परिवर्तन	अध्ययन एवं अध्यापन प्रक्रिया
सजातीय विजातीय व्यंजकों का अर्थ	सजातीय एवं विजातीय व्यंजक में भेद करना।	1. $2x$ में चर संख्या क्या है ? **उत्तर** – x 2. $2x, 3x, 5x, 6x$ पदों की संख्या कैसी है ? **उत्तर** – समान 3. इस प्रकार की राशियों को क्या कहते है ? **उत्तर** – छात्र सम्भावित उत्तर देते हैं। **शिक्षक कथन**–ऐसी राशियाँ जिनके चार पद समान होते हैं, सजातीय व्यंजक कहते हैं। जिन राशियों के पद की अचर राशियाँ असमान होती है, वह विजातीय व्यंजक कहलाती हैं।
सजातीय व्यंजक	बीज गणितीय व्यंजकों का योग ज्ञात करना।	1. $2x, 7x, 5x$ किस प्रकार की राशियाँ है ? **उत्तर** – सजातीय 2. $2x$ से क्या तात्पर्य है ? **उत्तर** – $2 \times x$
	बीजगणितीय व्यंजकों का योग ज्ञात करने का कौशल प्राप्त करना।	3. यदि x का मान 2 है तो $2x$ मान क्या होगा ? **उत्तर** – 4 4. $2x$ और $7x$ का योग क्या होगा ? **उत्तर** – छात्र सम्भावित उत्तर देते हैं। **शिक्षक कथन**–सजातीय पदों का योग अंक के योग के समान ही होता है। प्रत्येक राशि के अचर पदों के गुणांक को इन सजातीय राशियों का योगफल कहते हैं। **श्यामपट्टकार्य**– $7x + 5x + 2x = (7 + 5 + 2)x = 14x$

विजातीय राशियों योग	**ज्ञानोपयोग** विजातीय व्यंजकों का योग ज्ञात करना।	**विकासात्मक प्रश्न** 1. $6a + 3b$ अंक में कौन-कौन सी अचर राशियाँ हैं ? **उत्तर** – a और b
प्रथम विधि	**कौशलात्मक** विजातीय व्यंजकों का योग ज्ञात करने का कौशल।	2. इन व्यंजकों को क्या कहते हैं ? **उत्तर** – विजातीय व्यंजक 3. इन राशियों का योग कैसे ज्ञात करते हैं ? **उत्तर** – छात्र सम्भावित उत्तर देते हैं। **शिक्षक कथन**–विजातीय राशियों को क्रमागत इस प्रकार से लिखा जाता है कि उनका समान पद एक-दूसरे के नीचे आये। अब प्रत्येक पद का योग ज्ञात किया जाता है। इस प्रकार प्राप्त योगफल दी हुई विजातीय राशियों का योग होता है। **चॉकबोर्ड कार्य**– $6a + 4b + c$ $4a - 3b + 4c$ $5a + 7b - 2c$ $15a + 8b + 3c$
द्वितीय विधि	**ज्ञानोपयोग** विजातीय राशियों का योग ज्ञात करना। **कौशलात्मक** विजातीय व्यंजकों का योग ज्ञात करना।	1. $4P - 3K + R$, $7P - 9K + 2R$ और $2P - 2K - 2P$ किस प्रकार के व्यंजक हैं ? **उत्तर** – विजातीय 2. इनको कोष्ठक में किस प्रकार से व्यवस्थित किया है ? **शिक्षक कथन**–इस विधि में सर्वप्रथम सभी व्यंजक को कोष्ठकों में लिखकर उनके बीच घन का चिन्ह लगाते हैं। योग की क्रिया में साहचर्य गुण धर्म क्रियान्वित होता है। अत: सजातीय पदों का एक ही कोष्ठक में व्यवस्थित किया जाता है तथा प्रत्येक कोष्ठक का मान ज्ञात करके कुल योग ज्ञात करते हैं। **चॉकबोर्ड कार्य**– $(4P - 3K + R) + (7P - 9K + 2R) + (2P - 2K - 2R) = (4P + 7P + 2P) + (-3k - 9k - 2k) + (R + 2R - 2R) = (13P - 14K + R)$

मूल्यांकन—सजातीय राशियों के पद चर राशियों के होते हैं।

2. $2K + 3K + 8K$
3. $4b - 5b - 3b$
4. योग ज्ञात करो—
   $3a + 3b, 2a - 2b$

गृहकार्य—

1. $2a + 6b - 5c,$
   $6a + b - 5c$ और $2b - 7a + 6c$

हस्ताक्षर निरीक्षक **हस्ताक्षर पर्यवेक्षक** **हस्ताक्षर छात्राध्यापक**

पाठयोजना—3

छात्राध्यापक का नाम... **दिनांक.............................**
विद्यालय का नाम... **कक्षा** — 9
उपविषय — त्रिकोणमिति **कालखण्ड...........................**
प्रकरण — ऊँचाई एवं दूरी **समय** — 40 मिनट

सामान्य उद्देश्य—

(1) छात्रों में गणित की उपयोगिता की जानकारी देना।
(2) छात्रों में अनुशासन स्थापित करने के गुणों का विकास करना।
(3) छात्रों में संस्कृति के संरक्षण के गुणों का विकास करना।
(4) छात्रों में मानसिक एवं बौद्धिक विकास के गुणों का विकास करना।
(5) छात्रों में गणित की मनोरंजनात्मक समस्याओं से अवगत कराना।

विशिष्ट उद्देश्य—छात्रों को त्रिकोणमिति के सूत्रों का प्रयोग करके ऊँचाई और दूरी ज्ञात करने की समस्याओं के बारे में जानकारी देना।

सहायक सामग्री—रोलर बोर्ड, डस्टर एवं चॉक आदि।

शिक्षण बिन्दु पद— $\sin\theta$, $\cos\theta$, $\tan\theta$ की भुजाओं के अनुपात।

प्रत्यय— $\sin\theta$, $\cos\theta$, $\tan\theta$, की भुजाओं के अनुपात।

सूत्र—$\tan\theta$ = लम्ब/आधार का प्रयोग करना।

प्रक्रिया—$\tan\theta$ का प्रयोग कर वांछित अज्ञात राशि का मान ज्ञात किया जाता है।

पूर्वज्ञान—

(1) छात्रों को $\sin\theta$, $\cos\theta$, $\tan\theta$ की जानकारी है।
(2) छात्रों को इनके विभिन्न कोणों के मान की जानकारी है।
(3) छात्र ऊँचाई और दूरी का प्रत्यय भी जानते हैं।

प्रस्तावना–

शिक्षक क्रियाएँ	छात्र क्रियाएँ
1. tan θ कौन-सी भुजाओं का अनुपात होता है ?	1. tan θ = लम्ब/आधार भुजाओं का अनुपात है।
2. tan 45° का मान कितना होता है ?	2. tan 45° का मान 1 होता है।
3. उन्नत कोण से क्या आशय है ?	3. उन्नत कोण का ऊपर की ओर समतल से बना होता है।
4. अवनति कोण से क्या आशय है ?	4. अवनति कोण समतल से नीचे की ओर झुका हुआ होता है।
5. किसी मीनार की ऊँचाई ज्ञात करने के लिए हमें कौन-कौन सी बातों को ध्यान में रखना चाहिए ?	5. समस्यात्मक प्रश्न

उद्देश्य कथन–छात्रों आज हम मीनार की ऊँचाई ज्ञात करने के बारे में अध्ययन करेंगे।

प्रश्न–किसी मीनार के ऊपरी सिरे पर उसकी 80 मीटर लम्बी परछाईं के अन्तिम बिन्दु से 45° का उन्नत कोण बनता है तो मीनार की ऊँचाई ज्ञात कीजिए।

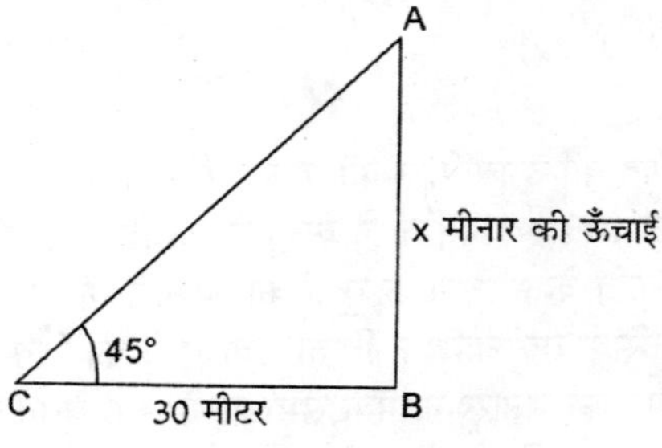

प्रस्तुतीकरण–

छात्राध्यापक क्रियाएँ	छात्र क्रियाएँ	श्यामपट्ट कार्य
1. प्रश्न में क्या दिया है ?	1. प्रश्न में मीनार की परछाई की लम्बाई और उसके अन्तिम बिन्दु से मीनार के शिखर का उन्नयन कोण दिया है।	परछाई की लम्बाई = 30 मीटर उन्नयन कोण = 45°
2. प्रश्न में क्या ज्ञात करना है ?	2. मीनार की ऊँचाई ज्ञात करना है।	
3. ऊँचाई कब ज्ञात हो सकती है ?	3. जब मीनार की ऊँचाई तथा परछाई में कोई सम्बन्ध ज्ञात हो।	
4. चित्र में मीनार की ऊँचाई कौन-सी है ?	4. चित्र में मीनार की ऊँचाई AB = x है।	शिक्षक चित्र की ओर इशारा करते हुए।

5. चित्र में परछाई कौन–सी है।	5. चित्र में परछाई BC = 30 मीटर है।	
6. इन दोनों भुजाओं का अनुपात त्रिकोणमिति में किसके बराबर होता है।	6. त्रिकोणमिति में लम्ब और आधार भुजाओं का अनुपात tan θ होता है।	tan θ = लम्ब/आधार
7. परछाई के सिरे से मीनार के शिखर का उन्नयन कोण कितने अंश है।	7. मीनार के शिखर का 45° का है।	tan θ = 45°
8. दोनों भुजाओं का अनुपात कैसे लिखेंगे?	8. tan θ = लम्ब/आधार	
9. लम्ब किसे मानेंगे?	9. मीनार की ऊँचाई लम्ब होगी।	AB
10. आधार किसे मानेंगे?	10. मीनार की परछाई आधार होगी।	BC
11. मान रखने पर क्या आयेगा?	11. लम्ब/आधार = tan θ	
12. tan θ = 45°?	12. tan θ = 45° = 1 होता है।	tan 45° = 1
13. तब x का मान क्या होगा?	13. x = 30 मीटर होगी।	AB = x मीटर
14. मीनार की ऊँचाई क्या क्या होगी?	14. मीनार की ऊँचाई 30 मीटर होगी।	BC = 30 मीटर $\tan\theta = \frac{\text{लम्ब}}{\text{आधार}}$ $\tan 45° = \frac{x}{30}$ $\frac{1}{1} = \frac{x}{30}$ x = 30 मीटर

निरीक्षण कार्य—छात्रों के द्वारा चॉकबोर्ड कार्य को कॉपी पर लिखा जायेगा, तब शिक्षक उसका निरीक्षण करेगा एवं आवश्यक हुआ तो छात्रों को सहायता देगा।

अभ्यास कार्य—किसी स्थान से एक मीनार–100 मीटर दूर हैं। इस स्थान से चोटी का उन्नयन कोण 60° है। यदि स्थान तथा मीनार का निचला सिरा एक ही धरातल पर हो, तो मीनार की ऊँचाई ज्ञात कीजिए।

गृह कार्य– एक व्यक्ति एक पेड़ से 50 मीटर दूर खड़ा है। वह देखता है कि उसकी आँख पर पेड़ की चोटी की उन्नययन कोण 45° है। यदि व्यक्ति की ऊँचाई 2 मीटर हो तो पेड़ की ऊँचाई ज्ञात करो।

हस्ताक्षर पर्यवेक्षक **हस्ताक्षर मूल्यांकनकर्ता** **हस्ताक्षरछात्राध्यापक**

अध्याय 11

गणित शिक्षण में सहायक सामग्री
(Material Aid in Mathematics Teaching)

"Matural and is all material used in the classroom or in other teaching situations to facilitate understanding of the written or spoken word." —*E.C. Dent*

छात्रों में गणित के अध्ययन में रूचि उत्पन्न करने एवं ज्ञान को स्थाई बनाने के लिए गणित शिक्षक को अनेक प्रकार के साधनों का प्रयोग करना पड़ता है। वे साधन जो शिक्षक की उद्देश्य पूर्ति में सहायक होते हैं, सहायक शिक्षण सामग्री कहलाते हैं। इन्हें श्रव्य-दृश्य सामग्री (Audio-visual Aids) के नाम से भी जाना जाता है। श्रव्य-दृश्य शिक्षण सामग्री के द्वारा छात्रों को गणित के विभिन्न सूत्रों, सिद्धान्तों, सम्बन्धों तथा प्रत्ययों को समझने तथा सीखने में आसानी होती है। इसके साथ ही शिक्षक भी इनके माध्यम से अपने कार्य को अत्यधिक प्रभावशाली बना सकता है। इस प्रकार से गणित में पाठ को अत्यधिक रूचिकर, उपयोगी एवं प्रभावशाली बनाने के लिए श्रव्य-दृश्य सामग्री या शिक्षण-सहायक सामग्री का प्रयोग करना अत्यधिक आवश्यक हो जाता है।

भारतीय शिक्षा आयोग (1964–66) के अनुसार–"शिक्षण की गुणवत्ता में सुधार लाने के लिए प्रत्येक विद्यालय में सहायक सामग्री उपलब्ध करना अत्यन्त आवश्यक है। सहायक सामग्री वास्तव में शैक्षिक क्रान्ति ला सकती है।"

गणित में श्रव्य-दृश्य सामग्री प्रतिभाशाली और मन्दबुद्धि दोनों ही बालकों के लिए अति आवश्यक है। सहायक सामग्री के प्रयोग से प्रतिभाशाली छात्रों में गति एवं स्पष्टता आती है। साथ ही बालकों में गणित के सूक्ष्म प्रत्ययों, सूत्रों आदि को स्थूल रूप में समझने की क्षमता का विकास होता है। इस प्रकार से प्राप्त किया गया ज्ञान अधिक स्थाई होता है। शिक्षक एवं शिक्षण विधियों की सफलता भी उपयुक्त श्रव्य-दृश्य सामग्री के समुचित उपयोग कर निर्भर करती है।

सहायक सामग्री की आवश्यकता एवं महत्व
(Need and Importance of Material Aids)

गणित शिक्षण में सहायक सामग्री की आवश्यकता एवं महत्व के बारे में एक चीनी कहावत है कि–"एक बार का देखना हजारों बार के सुनने से बेहतर होता है।"

"Once seeing is better than thousands times hearing."

गणित शिक्षण में सहायक सामग्री का महत्व दो प्रकार से हैं

(1) छात्र को व्यक्तिगत रूप से अपने अध्ययन को सफलतापूर्वक चलाने के लिए।

(2) सामूहिक रूप से अध्ययन की सुचारूता को बनाए रखने के लिए।

इस प्रकार की सहायक शिक्षण सामग्री के अन्तर्गत पाठ्यक्रम-पुस्तक, लिखित सामग्री, साधारण चित्र, ज्यामिति बॉक्स, नोट बुक, पेन्सिल एवं रबर आदि।

गणित शिक्षण में सहायक सामग्री का प्रयोग बहुत पहले से होना आ रहा है। बहुत पहले से प्रभावशाली शिक्षक अपने शिक्षण के अन्तर्गत, चार्ट, मॉडल, उपकरण, ड्राइंग आदि का प्रयोग करते रहे हैं। क्योंकि गणित के शिक्षण में समस्त विचार मात्र मौखिक वर्णन के द्वारा व्यक्त नहीं होते हैं। सहायक सामग्री के प्रयोग से छात्रों का ज्ञान निश्चित हो जाता है। इनके प्रयोग से छात्रों की स्मरण शक्ति एवं निरीक्षण शक्ति का भी विकास होता है। शिक्षक स्वयं अपने आप में भी श्रेष्ठ सामग्री है, क्योंकि वह विषय को सरल बनाता है, अच्छी तरह से समझाने का भी प्रयास करता है। ऐसा करके भी वह अपने आप में पूर्ण नहीं है। इसलिए सहायक सामग्री का प्रयोग शिक्षक के लिए ऐच्छिक ही नहीं बल्कि अनिवार्य भी है। ''दृश्य-श्रव्य सामग्री वे उपकरण एवं युक्तियां हैं, जिनकी सहायता से अनेक शिक्षण अधिगम परिस्थितियों में व्यक्तियों एवं समूहों के मध्य विचारों का आदान-प्रदान अत्यधिक सरल बन जाता है।''

सहायक सामग्री की आवश्यकता एवं महत्व इस प्रकार है-

(1) *शिक्षक के लिए सरलता (Easy for Teacher)*-शिक्षण सामग्री का उपयोग जहाँ शिक्षक के लिए विषय को सरल एवं सुगम बनाता है, वहाँ शिक्षक को भी शिक्षण कार्य अत्यधिक सरल एवं सफल बनाने में सहायता मिलती है। जिन बातों को शिक्षक छात्रों को स्पष्ट करने में कठिनाई अनुभव करता है वही बातें शिक्षण सहायक सामग्री का उपयुक्त रूप से उपयोग करके सरलता से छात्रों के समक्ष स्पष्ट की जा सकती है। इससे शिक्षक का श्रम भी कम हो जाता है और शिक्षण कार्य भी अधिक प्रभावी बनता है।

(3) *बालक के व्यवहार में वांछित परिवर्तन (Desired Change in Pupili's Behaviour)*-छात्रों के व्यवहार में अपेक्षित परिवर्तन लाने के लिए यह अत्यन्त ही आवश्यक है कि कक्षा में शिक्षक की अपेक्षा छात्र अत्यधिक क्रियाशील बने रहें। सहायक सामग्री के प्रयोग से छात्र शारीरिक एवं मानसिक रूप से अत्यधिक क्रियाशील एवं सक्रिय रहते हैं।

(4) *वैज्ञानिक दृष्टिकोण का विकास (Development of Scientific Attitude)*-सहायक सामग्री के प्रयोग से छात्रों में वैज्ञानिक दृष्टिकोण का भी पूर्ण विकास होता है एवं विषय के प्रति भी उचित दृष्टिकोण उत्पन्न हो जाता है। इसके साथ ही छात्र अनेक प्रकार के उपकरणों का प्रयोग करके परीक्षण, निरीक्षण एवं स्मरण शक्ति का विकास करके अत्यन्त महत्वपूर्ण एवं उपयोगी निष्कर्ष प्राप्त कर लेते हैं।

(5) *एकाग्रता शक्ति में वृद्धि (Increase in Concentration Power)*-किसी विषय अथवा पाठ की ओर छात्रों का ध्यान केन्द्रित कराने में सहायक शिक्षण सामग्री का अत्यधिक महत्व है। किसी भी नमूने, चित्र, या आकृति को देखकर आसानी से छात्रों के ध्यान को उस ओर केन्द्रित किया जा सकता है, और यदि वह अत्यन्त ही आकर्षक रूप में बनाई गई हो तो

उसके प्रति एकाग्रता भी छात्रों में आ जाती है। जिससे सम्बन्धित विषय या पाठ का ज्ञान छात्रों को सुगम एवं सुग्राहय हो जाता है।

(6) *रोचक एवं मनोरंजक (Interesting and Recreative)*—किसी विषय या पाठ का शिक्षण कराते समय उसमें शिक्षण सहायक सामग्री का उपयोग करने से वह रोचक एवं मनोरंजक बन जाता है। गणित जैसे अप्रिय एवं नीरस विषय के लिए तो यह और भी आवश्यक हो जाता है कि उपयुक्त सहायक सामग्री के प्रयोग से पाठ को अत्यधिक रोचक बनाया जाए जिससे छात्रों में विषय के प्रति नीरसता एवं अरुचि आदि उत्पन्न न हो।

(7) *स्पष्ट और स्थाई (Clear and Permanent Knowledge)*—कक्षा में छात्रों को जो भी ज्ञान प्रदान किया जाये उसके प्रति छात्रों की धारणा या परिकल्पना स्पष्ट एवं स्थाई तभी हो सकती है जबकि उस ज्ञान को हम छात्रों के सामने स्थूल अथवा प्रत्यक्ष रूप से रखें। छात्रों को जितना अधिक प्रत्यक्षीकरण का अवसर प्रदान किया जायेगा उतनी ही स्पष्ट एवं स्थायी धारणा भी उनको विषय के प्रति गहन होगी। अतएव इस दृष्टि से शिक्षण सहायक सामग्री का प्रयोग किया जाना अत्यावश्यक एवं महत्वपूर्ण है।

अच्छी सहायक सामग्री के गुण (Qualities of Good Material Aid)

एक अच्छी सहायक सामग्री में निम्नलिखित गुणों का होना अत्यन्त आवश्यक है—

(1) सहायक सामग्री पाठ की आवश्यकता के अनुरूप होनी चाहिए और उसका प्रयोग केवल उसी स्थिति में किया जाना चाहिए जबकि वास्तव में उसकी आवश्यकता महसूस हो।

(2) सहायक सामग्री छात्रों के अनुकूल होनी चाहिए।

(3) सहायक सामग्री सुन्दर, आकर्षक एवं रुचिकर होनी चाहिए। लेकिन इतनी अधिक आकर्षक एवं सुन्दर भी न हो कि छात्र उसकी सुन्दरता में ही विलीन हो जाए और अपने मूल उद्देश्य से भटक जाएँ।

(4) सहायक सामग्री अधिक महंगी नहीं होनी चाहिए।

(5) शिक्षक द्वारा निर्मित चित्र, रेखाचित्र, चार्ट एवं मॉडल में केवल उन्हीं तथ्यों को दर्शाना चाहिए जिनका विषय सामग्री से सम्बन्ध हो।

(6) सहायक सामग्री का आकार इतना एवं स्पष्ट होना चाहिए कि कक्षा में प्रत्येक स्थान पर बैठे छात्र उसे ठीक तरह से देख एवं समझ सकें।

(7) सहायक सामग्री ऐसी हों कि इससे छात्रों पर वांछित प्रभाव पड़े एवं शिक्षक के उद्देश्यों की भी पूर्ति हो सके। अनावश्यक रूप से सहायक सामग्री का प्रयोग नहीं करना चाहिए।

(8) यथासम्भव स्वनिर्मित सहायक सामग्री का ही उपयोग करना चाहिए।

(9) सहायक सामग्री को दिखाने एवं उसके प्रयोग करने में अधिक समय नहीं लगाना चाहिए, नहीं तो छात्रों का मूलपाठ अधूरा रह जायेगा।

सहायक सामग्री के प्रकार (Kinds of Material Aids)

सहायक सामग्री की आवश्यकता एवं महत्व के आधार पर इसका विभाजन निम्नप्रकार से कर सकते हैं—

(1) श्रृव्य सामग्री (Audio Aids)—सहायक सामग्री के रूप में वह साधन है जिनको

कि कानों से सुना जाता है, जैसे-रेडियो, टेप रिकॉर्डर, रिकॉर्ड, ग्रामोफोन, भाषा फोन आदि सभी श्रृव्य सामग्री के अन्तर्गत आते हैं किसी एक कुशल शिक्षक द्वारा शिक्षण कार्य के लिए तैयार किया गया रिकॉर्ड, ग्रामोफोन एवं टेपरिकॉर्डर की सहायता से छात्रों को अथवा प्रशिक्षण प्राप्त कर रहे छात्राध्यापकों को भी सुनवाया जा सकता है। गणित शिक्षण में इस प्रकार की सामग्री का प्रयोग अक्सर नहीं हो पाता है।

(2) दृश्य सामग्री (Visual Aids)–गणित की ऐसी सहायक सामग्री जिसको छात्र आँखों से देखकर उपयोग कर सकें, जैसे–चित्र, आकृति या चार्ट। शिक्षक श्यामपट्ट पर सुन्दर एवं रंगीन चॉक की सहायता से आवश्यकतानुसार चित्र या फिर कोई आकृति की रचना स्वयं करे या श्यामपट्ट या कागज पर अलग से चित्र या आकृति बना कर लाएँ। इसके अलावा दृश्य सामग्री के अन्तर्गत एक विस्तृत क्षेत्र आदि आता है जैसे-फिल्म स्ट्रिप एवं मैजिक लालटेन के द्वारा चित्र आदि पर्दे पर दिखाना एवं अन्य कोई युक्ति जिसमें छात्र देखकर ज्ञान प्राप्त कर सकें।

(3) दृश्य-श्रव्य सामग्री (Audio-Visual Aids)–इस प्रकार की शिक्षण सामग्री जिसमें छात्र सुन एवं देख दोनों सकते हैं अर्थात् आँख और कान दोनों का एक ही साथ उपयोग हो सके। जैसे टेलीविजन, चलचित्र, फिल्म प्रोजेक्टर द्वारा परदे पर दिखाये जा सकने वाले ध्वनियुक्त चित्र आदि। गणित में इस प्रकार की सहायक सामग्री के उपयोग के अवसर बहुत ही कम हैं। गणित की कुछ क्रियाएँ या उनके कुछ पद व्यवस्थित रूप से तर्क पूर्ण एवं विवेचन-विश्लेषण के आधार पर व्यक्त किए जा सकते हैं और इसका प्रदर्शन इस तरह की दृश्य-श्रव्य सामग्री द्वारा कराया जा सकता है।

गणित शिक्षण में प्रयुक्त होने वाली सहायक सामग्री–गणित शिक्षण में सहायक सामग्री के रूप में प्रयोग की जाने वाली सहायक सामग्री निम्नलिखित हो सकती हैं–

1. चॉकबोर्ड (Chalkboard)

गणित शिक्षण को अत्यधिक प्रभावशाली एवं उपयोगी बनाने में चॉकबोर्ड अत्यन्त आवश्यक है। चॉकबोर्ड रंगदार एवं चिकना होना चाहिए जिससे उस पर चॉक द्वारा लिखे गए अक्षर छात्रों को स्पष्ट रूप से दिखाई दें। चॉकबोर्ड के प्रयोग के अभाव में गणित शिक्षण कभी भी सफल नहीं हो सकता है। चॉकबोर्ड का प्रयोग गणित की शिक्षा प्रारम्भ होने से ही शुरू हो जाता है। शिक्षक जब गणित में प्रदर्शन कार्य करता है तो चॉकबोर्ड उसकी अत्यधिक सहायता करता है। गणित की कक्षा में खिसकाने वाले चॉकबोर्ड का प्रयोग करना चाहिए। क्योंकि इसके द्वारा गणितीय विभिन्न आकृतियों एवं समस्याओं को सही प्रकार से चिन्हित किया जा सकता है। यदि कक्षा में चॉकबोर्ड न हो तो गणितीय तथ्यों, प्रत्ययों, नियमों, सूत्रों, प्रमेयों आदि को सही रूप से व्यक्त करना कठिन हो जाता है।

गणित शिक्षण में चॉकबोर्ड का महत्व (Importance of Chalkboard in Mathematics Teaching)–गणित शिक्षण के अन्तर्गत चॉकबोर्ड के महत्व को इस प्रकार से व्यक्त किया जा सकता है–

(1) गणित से सम्बन्धित चित्र या आकृति बनाकर किसी भी वस्तु को स्पष्ट किया जा सकता है।

(2) कक्षा में जो विषय वस्तु पढ़ाई गई है, उसका सारांश ठीक तरह से चॉकबोर्ड पर लिखा जा सकता है।

(3) चॉकबोर्ड का उचित उपयोग करने पर यह एक प्रेरणादायक स्रोत भी बन सकता है।

(4) चॉकबोर्ड पर इस प्रकार से बनाए गए चित्रों के माध्यम से सम्पूर्ण कक्षा का ध्यान पाठ की ओर केन्द्रित किया जा सकता है।

(5) गणित के विभिन्न सूत्रों, नियमों एवं सूत्र सम्बन्धों को चॉकबोर्ड पर लिखने से प्रत्येक छात्र इसका प्रयोग सरलता से कर सकता है।

(6) रेडियो पाठ, दूरदर्शन, फिल्म प्रदर्शन, ओवर हैड प्रोजेक्टर जैसे श्रृव्य-दृश्य सामग्री में भी चॉकबोर्ड की अधिक आवश्यकता होती है।

(7) कक्षा में पढ़ाई गई विषय-वस्तु के प्रमुख बिन्दुओं को चॉकबोर्ड पर दोहरा करके छात्रों को ध्यान आकर्षित किया जा सकता है।

(8) चॉकबोर्ड ही एक ऐसी सामग्री है जो कि कक्षा में हर समय उपलब्ध रहती है।

चॉकबोर्ड उपयोग में सावधानियाँ (Precautions)–कक्षा में श्यामपट्ट का उपयोग करते समय निम्नलिखित बातों को ध्यान में रखना चाहिए–

(1) चॉकबोर्ड पर की जाने वाले कार्यवाही पूर्णरूपेण स्पष्ट होनी चाहिए।

(2) चॉकबोर्ड पर लिखते समय ध्यान रहे कि पंक्तियाँ सीधी होनी चाहिए।

(3) चॉकबोर्ड को ऐसे स्थानों पर लगाया जाना चाहिए जहाँ से छात्र सुविधापूर्वक देख सकें।

(4) चॉकबोर्ड पर जो भी लिखा जाए, वह स्पष्ट एवं साफ शब्दों में लिखा जाना चाहिए।

(5) चॉकबोर्ड पर लिखते समय कक्षा अनुशासन का विशेष ध्यान रखा जाना चाहिए।

(6) चॉकबोर्ड पर लिखते समय बोलते भी जाना चाहिए।

(7) प्रश्नों को व्यवस्थित क्रमबद्ध रूप से चॉकबोर्ड पर हल करना चाहिए।

(8) चॉकबोर्ड पर गलत बात एवं जिस पर शिक्षक को निश्चित ज्ञान न हो, नहीं लिखना चाहिए।

(9) विद्यार्थियों को श्यामपट्ट पर लिखने एवं प्रश्नों को हल करने का अवसर प्रदान करना चाहिए।

(2) मॉडल (Models)

गणित का संसार वास्तव में संकेतमय है और इस संकेतमय संसार में यथार्थता का पुट मॉडलों के प्रयोग से ही दिया जा सकता है। ज्यामिति पढ़ाते समय मॉडल की अधिक आवश्यकता प्रतीत होती है। जैसे पाइथागोरस प्रमेय को समझाने के लिए मॉडल की सहायता से यदि विद्यार्थी समकोण त्रिभुज के आधार एवं लम्ब पर बने वर्गों को उसके कर्ण पर बने वर्ग पर रखकर प्रत्यक्ष रूप से देख लें कि वह बराबर है तो उनको इस प्रमेय का क्रियात्मक रूप से ज्ञान हो जाता है। इसी प्रकार से खेतों का क्षेत्रफल या त्रिभुज के प्रकार आदि समस्याएँ विभिन्न प्रकार के मॉडल प्रस्तुत करने से छात्र उसे आसानी से समझ जाते हैं। साध्यों को हम तर्क द्वारा सिद्ध करते हैं। ठोस ज्यामिति में मॉडल की आवश्यकता और भी अधिक होती है, क्योंकि ये तीन क्षेत्रीय होते हैं। इनको मात्र कल्पना मात्र से नहीं समझा जा सकता है।

इसलिए यदि कक्षा में धन, पिरामिड, प्रिज्म, गोले, बेलन, शंकु आदि के मॉडल दिए जायें, तो छात्र शीघ्रता से उसके बारे में ज्ञान प्राप्त कर लेते हैं। विशेषताओं के बारे में यथा शीघ्र समझ में आ जाता है। चित्रों की अपेक्षा मॉडल अधिक लाभदायक होते हैं। क्योंकि इनमें लम्बाई, चौड़ाई एवं मोटाई तीनों प्रत्यक्ष दिखाई पड़ते हैं। कक्षा में जो मॉडल कक्षा में प्रस्तुत किए जाये वे अत्यधिक सुन्दर एवं आकर्षक होने चाहिए, साथ ही उन्हें मूल वस्तु से रंग, रूप, रचना आदि में पूर्णरूप से एक जैसे ही होने चाहिए, और उनमें सही अंगों की प्रधानता दी जानी चाहिए, जो समस्या या मूलपाठ से सम्बन्धित हों।

मॉडल के प्रयोग में सावधानियाँ (*Precautions in use of Models*)–जब गणित शिक्षण में चार्टों, मॉडलों, चित्रों एवं रेखाचित्रों का प्रयोग किया जाये तब शिक्षक को निम्नलिखित तथ्यों को ध्यान में रखना चाहिए–

(1) ये वस्तुएँ इतनी सरल एवं रूचिकर होनी चाहिए, जिससे छात्र इनको देखकर स्वयं ही इनके बारे में समझ जाएँ।

(2) एक ही चार्ट, चित्र, मॉडल आदि में अनावश्यक भीड़ एकत्र नहीं करना चाहिए। इनके बीच में पर्याप्त स्थान छोड़ा जाना चाहिए और चित्र इतने बड़े होने चाहिए कि छात्र उनको दूर से भी देख सकें।

(3) चार्ट, चित्र, मॉडल एवं रेखाचित्र आदि का प्रदर्शन सही एवं वैज्ञानिक तरीके से होना चाहिए।

(4) जिस स्थान पर इनको प्रयोग किया जाना है, उस स्थान पर उचित प्रकाश एवं छात्रों के बैठने की व्यवस्था होनी चाहिए, जिससे सभी छात्र सहायक सामग्री को सही तरह से अवलोकित कर सकें।

(5) इस प्रकार की सहायक सामग्री अत्यधिक रूचिकर भी होनी चाहिए। इसमें आकर्षक रंग, साधारण डिजाइन आदि का प्रयोग कर इन्हें रूचिकर बनाया जा सकता है।

(6) चित्रों को अत्यधिक आकर्षक बनाने के लिए पदार्थ या चित्र की उपयुक्तता की ओर ध्यान देना भी अत्यन्त आवश्यक है। दूसरे अभाव में चार्ट या मॉडल आकर्षक होने पर भी अर्थहीन होंगे।

(7) ये ध्यान रहे कि ये चित्र, चार्ट, मॉडल इत्यादि स्वयं में ही समस्या बनकर न रह जायें।

(8) चार्ट, चित्र, रेखाचित्र एवं मॉडलों को विषय से सम्बन्धित एवं सही होने चाहिए।

मूल्यांकन (*Evaluation*)–गणित शिक्षण को अत्याधिक रूचिकर बनाने में प्रयोग की जाने वाली सहायक सामग्री को मूल्यांकन करते समय निम्नलिखित बातों की ओर ध्यान देना अति आवश्यक है–

(1) कक्षा में प्रदर्शित चित्रों, रेखाचित्रों, चार्ट एवं मॉडलों आदि से पूर्ण विवरण प्राप्त हो रहा है या नहीं।

(2) प्रयोग की जाने वाली सामग्री छात्रों के मानसिक स्तर के अनुकूल है या नहीं।

(3) क्या सामग्री को पहली बार देखने से ही छात्रों को यह स्पष्ट हो जाता है कि चित्र, रेखाचित्र, चार्ट, मॉडल आदि किससे सम्बन्धित हैं ?

(4) प्रस्तुत चित्र, रेखाचित्र, चार्ट एवं मॉडल आदि स्पष्ट रूप से समझने योग्य हों, उनके अस्पष्ट होने के कारण छात्रों को समझ पाने में बाधा उत्पन्न होती है।

(5) क्या ये चित्र, रेखाचित्र, चार्ट, मॉडल आदि उत्तेजक तथा उपयुक्त आकार के हैं?
(6) क्या इन चित्रों, रेखाचित्रों, चार्टो, मॉडलों आदि में प्रयुक्त विभिन्न रंगों से मुख्य बिन्दुओं को उभारने में सहायता मिली है?
(7) यह सामग्री कक्षा में पढ़ाये गए पाठ से सम्बन्धित है या नहीं?
(8) क्या इस प्रकार की सामग्री पर लिख हुए शब्द आसानी से पढ़े जा सकते हैं?
(9) यह सामग्री उद्देश्यपूर्ण है या नही?
(10) क्या यह सामग्री साधारण है?

(3) चार्ट या आरेख (Chart or Graph)

यह शिक्षण में सर्वाधिक प्रयोग होने वाली दृश्य सामग्री है। इसका निर्माण संकेत, शब्द, चित्र एवं रेखा के सम्मिश्रण से होता है। इसमें गणितीय विचारों, सूत्रों या नियमों को एक क्रमबद्ध तरीके से प्रस्तुत किया जा सकता है। शिक्षण प्रक्रिया को अत्यधिक सफल बनाने के लिए अधिकांशत: चार्ट का ही प्रयोग किया जाता है।

वेबस्टर्स शब्दकोष के अनुसार–''गणितीय या वैज्ञानिक प्रयोजनों के लिए बनाए गए रेखांकनों, यांत्रिक रेखाचित्र या ज्यामिति चित्र को रेखाचित्र कहते हैं।'' वास्तविक रूप में देखा जाये तो रेखाचित्र किसी वस्तु या प्रक्रिया का कंकाल है। गणित में दशमलव, अनुपात, भिन्न, प्रतिशत, समय एवं दूरी, काम एवं समय, चाल एवं समय आदि से सम्बन्धित प्रश्नों पर चित्र या चार्ट बनाये जा सकते हैं। छोटी कक्षाओं में चार्ट द्वारा अभ्यास कार्य भी कराया जा सकता है। चार्ट विभिन्न प्रकार के होते हैं।

चार्टों के प्रकार (Kinds of Charts)–चार्ट निम्न प्रकार के होते हैं–

(1) चित्र चार्ट (Pictorial Chart)
(2) संगठनात्मक चार्ट (Organisation chart)
(3) प्रवाह चार्ट (Flow Chart)
(4) समय सारणीबद्ध चार्ट (Time Table chart)
(5) लाइन एवं छड़ चार्ट (Line and Bar Chart)

चार्ट का प्रयोग करते समय ध्यान देने योग्य बातें (Precautions Whole Using Chart)–कक्षा में शिक्षण के दौरान चार्टों का प्रयोग करते समय ध्यान देने योग्य बातें निम्नलिखित हैं–

(1) चार्ट का आकार ऐसा होना चाहिए, जिससे कि वह कक्षा में सभी छात्रों को स्पष्ट रूप से दिखाई दे सकें।
(2) चार्ट स्पष्ट एवं चमकीले रंगों से बनाने चाहिए।
(3) कक्षा में प्रदर्शन हेतु उचित एवं पर्याप्त स्थान होना चाहिए।
(4) कक्षा के छात्रों के समक्ष चार्ट का प्रयोग करते समय संकेतक का प्रयोग करना चाहिए।
(5) कक्षा में चार्ट पर प्रस्तुत जाने वाली वस्तु, आकृति या रंग में वास्तविक वस्तु के अनुपात में बराबर होनी चाहिए।
(6) सही तरह से चार्ट का निर्माण करना चाहिए।
(7) चार्ट तथ्य निरूपण में सहायक होना चाहिए।
(8) एक चार्ट से एक ही तथ्य का प्रदर्शन किया जाना चाहिए।

(9) विषयवस्तु को सुबोध एवं सरल बनाने में सहायक हों।
(10) चार्टों को सही तरह से प्रदर्शित किया जाना चाहिए।

(4) बुलेटिन बोर्ड (Bulletin Board)

बुलेटिन कार्ड पर मैंगजीन, समाचार पत्रों आदि के द्वारा गणित से सम्बद्ध मुख्य समस्याओं, गणित से सम्बन्धित समाचारों, आकर्षक एवं रूचिपूर्ण चित्रों, ग्राफों, पोस्टरों, लेखों को वयक्त करके कक्षा में छात्रों का ध्यान उसकी ओर आकर्षित किया जा सकता है। छात्रों को इन्हें समझने से गणित के अध्ययन को प्रोत्साहन मिलता है। इस बुलेटिन बोर्ड पर गणित की आकृतियाँ तथा चित्र इत्यादि को देखकर उनके अन्दर जिज्ञासा प्रबल होती है तथा इस विषय के अध्ययन में उनकी रूचि भी उत्पन्न होती है। बुलेटिन बोर्ड गणित कक्षा के अन्दर एवं बाहर लगाए जा सकते हैं। कुछ अन्य विषयों से सम्बद्ध विज्ञापन पत्रों को भी जिनको बुलेटिन बोर्ड पर प्रदर्शित किया जा सकता है। ये निम्नलिखित हो सकते हैं–

(1) हमारे लिए गणित का अध्ययन करना क्यों आवश्यक है।
(2) अन्य विषयों से गणित की समस्याओं का सम्बन्ध।
(3) गणना की संक्षिप्त विधि।
(4) ग्राफ की उपयोगिता।

सावधानियाँ (Precautions)–बुलेटिन बोर्ड का उपयोग कर पूरा-पूरा लाभ लेने के लिए निम्नलिखित बातों को ध्यान में रखना चाहिए–

(1) कक्षा में बुलेटिन बोर्ड को छात्रों की औसत ऊँचाई के अनुसार ही टाँगना चाहिए जिससे कि उसे सभी छात्र आसानी से देख सकें।
(2) बुलेटिन बोर्ड छात्रों के आकर्षण का केन्द्र होना चाहिए।
(3) बुलेटिन बोर्ड पर दर्शायी गई सामग्री का कक्षा कार्य से सम्बन्ध भी होना चाहिए।
(4) छात्रों को रूचि के अनुसार ही बुलेटिन बोर्ड पर साम्ग्री दर्शायी जाना चाहिए।
(5) बुलेटिन बोर्ड ऐसे स्थानों पर टाँगना चाहिए जहाँ पर उस कक्षा के उस कक्षा के छात्र अधिक जाते हों और वे उसे सुविधापूर्वक देख सकें। यदि इसे गणित कक्षा के बाहर लटकाया जाय तो अच्छा होगा।
(6) वर्तमान समय में प्रचलित समस्याओं को बुलेटिन बोर्ड पर विशेष महत्व दिया जाना चाहिए।

(5) जादुई लालटैन (Magic Lantern)

जादुई लालटैन के शैक्षिक महत्व को सभी शिक्षाशास्त्रियों के द्वारा स्वीकार किया गया है। इसके माध्यम से शिक्षण में प्रभावपूर्णता एवं सजीवता लाई जा सकती है। अनेक गूढ़ तथ्यों को बोधगम्य बनाने का यह एक अमूल्य साधन है।

जादुई लालटैन को प्रयोग में लाने के लिए स्लाइड्स की सहायता लेनी पड़ती है, साथ ही इस यन्त्र का प्रयोग करते समय निम्नलिखित सावधानियाँ रखनी चाहिए–

(1) छात्रों में व्याप्त भ्रान्तियों, अस्पष्ट विचारों एवं उलझनों को हल करने के लिए शिक्षक द्वारा प्रस्तुत पाठ पर विस्तार से व्याख्या करना आवश्यक है और यह कार्य स्लाइड को दिखाने के बाद ही होना चाहिए।

(2) छात्रों को स्लाइड दिखाते समय उस पर कुछ व्याख्या भी कर देनी चाहिए, जिससे कि छात्रों को विषय का ज्ञान ग्रहण करने में आसानी हो जाती है।

(3) स्लाइड का प्रयोग करते समय कठिन स्थलों पर धारावाहिक टिप्पणियों का आयोजन करना चाहिए।

(5) पाठ की पुनरावृत्ति के रूप में स्लाइड्स का प्रयोग कर सकते हैं।

(6) स्लाइड्स का प्रयोग करने से पहले प्रस्तावना के रूप में उससे सम्बन्धित टिप्पणी देना उचित रहता है।

(7) छात्रों की अभिव्यंजना शक्ति में विकास लाने के लिए स्लाइड्स के द्वारा प्रदर्शित चित्रों के सम्बन्ध में उनकी प्रतिक्रियाएँ ज्ञात करनी चाहिए।

(8) चित्र प्रदर्शक यन्त्र को प्रयोग में लाते समय छात्रों में ध्यानपूर्वक इसे देखने की शक्ति को विकसित करने का भरपूर प्रयास करते रहना चाहिए।

(6) चित्र-विस्तारक (Epidiascope)

चित्र विस्तारक यंत्र के द्वारा रेखाचित्र, मानचित्र, ग्राफ एवं पुस्तकों के पृष्ठों को दीर्घ रूप में प्रदर्शित किया जा सकता है। इस यंत्र के द्वारा छोटे-छोटे चित्रों को बड़ा रूप दिया जाता है। विभिन्न विषयों की शैक्षणिक क्रियाओं के अन्तर्गत इसके प्रयोग ने अपना अत्यन्त महत्वपूर्ण स्थान प्राप्त किया है। विभिन्न राष्ट्रों में इस यन्त्र का प्रयोग अत्यधिक हो रहा है। यहाँ तक कि अमेरिका जैसे राष्ट्र के प्रत्येक विद्यालय में विस्तारक यन्त्रों की उचित व्यवस्था की गई है। लेकिन हमारे देश में आर्थिक अभाव के कारण प्रत्येक विद्यालय में इस यन्त्र की व्यवस्था नहीं हो सकी है। यही मुख्य कारण है कि हमारे यहाँ के छात्र इसका लाभ प्राप्त नहीं कर पाते हैं।

चित्र-विस्तारक यन्त्र की उपयोगिता (*Utility of Epidiascope*)

(1) इस प्रकार का चित्र जिसे कोई भी महान कलाकार भी विस्तृत रूप नहीं दे पाता उनको यह यन्त्र दीर्घ रूप दे देता है।

(2) यह छोटे-छोटे चित्रों को विस्तृत रूप प्रदान करता है।

(3) यह यन्त्र पाठ्य वस्तु को अत्यधिक रोचक एवं स्पष्ट बनाता है।

(4) इस यंत्र की सहायता से रेखाचित्र, मानचित्र एवं पोस्टर तथा कार्टून आदि को अच्छी प्रकार से स्पष्ट बनाया जा सकता है।

(7) फिल्म स्लाइड (Film Strip)

विश्व के पश्चिमी क्षेत्रों में फिल्म स्लाइडों का उपयोग अत्यधिक होता है। फिल्म स्लाइडों को जिस यंत्र की सहायता से प्रक्षेपित किया जाता है, उस यन्त्र को फिल्म प्रोजेक्टर कहते हैं। फिल्म प्रोजेक्टर के द्वारा मुख्य रूप से पारदर्शी वस्तुओं का प्रदर्शन ही सम्भव हैं। यही मुख्य कारण है फिल्म स्लाइड को सेल्यूलाइड से बनाया जाता है। ये काँच की तरह टूटने वाली वस्तु नहीं है, इसको आसानी से लपेटा भी जा सकता है। इस यंत्र एवं फिल्म स्लाइड को एक स्थान से दूसरे स्थान तक लाने ले जाने में कोई कठिनाई नहीं होती है। फिल्म खण्डों के चित्रों की रील होती है, जिनको चलचित्रों की भाँति और भी मनोरंजक बनाया जा सकता

है। फिल्म प्रोजेक्टरों के चित्रों को आगे-पीछे किया जा सकता है। इससे मुख्य लाभ यह होता है कि शिक्षक अपनी आवश्यकता के अनुसार अनेक चित्रों को दोबारा उपस्थित किया जा सकता है, और उनकी इन विशेषताओं पर प्रकाश डाला ज सकता है।

केन्द्रीय सरकार अच्छी फिल्म स्क्रीप्ट (script) तैयार करने के क्षेत्र में प्रयासरत है। लेकिन आवश्यकता इस बात की है कि फिल्म स्क्रीप्ट क्षेत्रीय भाषाओं में तैयार किए जायें जिससे कि सभी क्षेत्रों के समस्त बालक इस साधन के द्वारा अधिक से अधिक लाभ अर्जित कर सकें। प्रसिद्ध शिक्षा शास्त्रियों की सहायता से पाठ टिप्पणियाँ भी तैयार करनी चाहिए, तभी फिल्म स्ट्रिप उपयोगी सिद्ध हो सकते हैं।

(8) टेलीविजन (Television)

दूरदर्शन शिक्षा के क्षेत्र में शिक्षण का एक आधुनिक नवीन एवं सशक्त साधन है, इसमें रेडियो एवं चलचित्र दोनों ही गुण विद्यमान हैं। इस सन्दर्भ में थट तथा डोरबेरिच के कथनानुसार– ''यह सर्वाधिक आशापूर्ण दृश्य-श्रव्य उपकरण है, क्योंकि दूरदर्शन में रेडियों एवं चलचित्र के सभी गुण मिश्रित हैं। जहाँ पर प्रशिक्षित शिक्षकों एवं व्यवस्थित प्रयोगशालाओं का अभाव है, वहाँ पर टेलीविजन द्वारा प्रर्याप्त मात्रा में काम किया जा सकता है। वर्तमान में दूरदर्शन से अनेक ज्ञानवर्धक प्रसारण होते हैं, जिनके द्वारा छात्र अपने ज्ञान में वृद्धि कर सकते हैं।

टेलीविजन के लाभ (*Advantages of Television*)–टेलीविजन प्रमुख लाभ निम्नलिखित हैं–

(1) दूरदर्शन के प्रयोग से सन्तोषजनक एवं सौन्दर्यात्मक अनुभव होता है।
(2) यह अत्यधिक उपयोगी एवं कम खर्चीला साधन है इसके द्वारा छात्रों की एक बड़ी संख्या का शिक्षण एक ही साथ हो सकता है।
(3) यह दृश्य-श्रव्य साधन है जिसमें छात्र प्रत्येक कार्यक्रम को एक साथ देख एवं सुन सकते हैं।
(4) इस प्रकार के प्रयोग जो अत्यधिक खर्चीले एवं खतरे से मुक्त होते हैं, इन्हें कक्षा में दिखाना कठिन होता है। दूरदर्शन के द्वारा अत्यन्त आसानी कार्यक्रम दिखाए जा सकते हैं।
(5) वस्तुओं के वास्तविक आकार को इसके द्वारा छोटा या बड़ा किया जा सकता है।
(6) दूरदर्शन में प्रसारित कार्यक्रमों को रिकॉर्ड किया जा सकता है, और आवश्यकतानुसार कक्षा में दिखाया जा सकता है।
(7) इसके प्रयोग से शिक्षण में गतिमय सार्थकता आ जाती है।
(8) दूरदर्शन के द्वारा अतीत एवं दूरी के और नजदीक लाया जा सकता है।
(9) इससे किसी भी क्रिया या कार्य में लगने वाला सम्य बच जाता है।
(10) छात्रों का ध्यान आकर्षित करने के लिए यह एक अति महत्वपूर्ण साधन है।

(9) चलचित्र (Films)

चलचित्र शिक्षण का एक महत्वपूर्ण साधन है, इसके द्वारा प्राप्त किया गया ज्ञान स्थाई होता है। इससे छात्रों का ध्यान विषयवस्तु पर केन्द्रित करने में विशेष सहायता प्राप्त होती है। ज्ञान

के समस्त क्षेत्रों में चलचित्रों का निर्माण किया जाता है और इन्हें सफलतापूर्वक शिक्षण में अभिकरण के रूप में प्रकट किया जा सकता है। कुछ प्रगतिशील देशों में चलचित्रों को स्कूली वातावरण में अधिकांश रूप में प्रयोग किया जाता है।

चलचित्र के लाभ (Advantages of Films)

(1) गणित शिक्षण में चलचित्र का उपयोग भाषा क्री सीमाओं के परे भी सफलता से किया जा सकता है।

(2) चलचित्र में ध्वनि और रंग के समावेश ने इसका उपयोग और प्रभाव बढ़ा दिया।

(3) यह एक अत्यन्त मँहगी सहायक सामग्री है, इसलिए इसका प्रयोग तभी उपयोगी है जब पाठ्य वस्तु के सही ज्ञान के लिए–

  (*i*) प्रक्रिया दिखाना अति आवश्यक है।

  (*ii*) ऐसे अनुभव देने हो जो दूसरे किसी माध्यम से सम्भव हों।

  (*iii*) किसी प्रत्यय को दृश्य-श्रृव्य सामग्री के रूप में प्रस्तुत करना है।

(4) चलचित्र एक ऐसा साधन है, जिसकी सहायता से क्रिया और व्यवहार को अत्यधिक वास्तविक एवं जीवन्त रूप में प्रस्तुत किया जा सकता है।

(5) शोधकर्ता के लिए चलचित्र विशेष महत्व रखते हैं, क्योंकि इसके माध्यम से प्रक्रिया की गति और विकास की पुनरावृत्ति की जा सकती है।

(6) प्रकृति में कुछ अत्यधिक तेज प्रक्रियाएँ है, जैसे-गुरुत्वाकर्षण के प्रभाव से किसी वस्तु का पृथ्वी पर गिरना एवं कुछ बहुत सी मन्द प्रक्रियाएँ है, जैसे-दही जमना, पौधे को बढ़ना आदि। इन सबको भी चलचित्र के माध्यम से दृश्य रूप में प्रस्तुत किया जा सकता है।

(7) चलचित्रों का उपयोग किसी भी विषय का ज्ञान जन सामान्य तक पहुँचाने के लिए बड़ी आसानी से किया जा सकता है। इसके उपयोग को अति विस्तृत भी किया जा सकता है।

(8) साथ-साथ होने वाली अनेक घटनाओं का सारांश फिल्मों द्वारा प्रस्तुत किया जा सकता हैं।

(9) फिल्म प्रचार का एक ही बड़ा प्रभावकारी साधन है। किसी अभियान या आन्दोलन को अत्यधिक लोकप्रिय बनाने के लिए चलचित्रों का उपयोग किया जाता है।

(10) फिल्म एक सर्वोत्तम दृश्य-श्रृव्य सामग्री है, जिसके द्वारा किसी गति एवं प्रक्रिया को बार-बार प्रदर्शित किया जा सकता है।

(10) रेडियो (Radio)

रेडियो एक महत्वपूर्ण साधन है। रेडियो को सुनकर छात्र एवं शिक्षक विषय की नवीन प्रगति से आसानी से परिचित सकते हैं। आकाशवाणी केन्द्र तथा बी०बी० सी लन्दन आदि, यहाँ से अनेक गणितीय महत्व के व्याख्यान, वाद-विवाद एवं नाटकों के बारे में पूर्व सूचना भी प्रसारित करते हैं। छात्रों की रूचि एवं उनकी आवश्यकता को ध्यान में रखकर पाठ्यक्रम से सम्बद्ध कार्यक्रमों का चयन किया जा सकता है। इसलिए रेडियो का शैक्षणिक महत्व होते हुए भी

हमारे देश में इसका उपयोग आवश्यकता के अनुरूप नहीं हो रहा है और न ही विद्यालय की समय सारणी में इसके लिए कोई भी विशेष प्रावधान है।

(11) टेपरिकॉर्डर (Tape Recorder)

टेपरिकॉर्डर एक आधुनिक विद्युत उपकरण है। इसके अन्दर एक चुम्बकीय टेप लगा होता है, जिसका उपयोग आवाज को रिकॉर्ड करने के लिए किया जाता है। यह आवाज किसी भी रूप में जैसे गाने, भाषण, व्याख्यान या विचार-विमर्श या फिर किसी अन्य रूप में हो सकती है। एक बार इससे रिकॉर्ड की गई आवाज को किसी समय कभी भी रिकॉर्ड सुना जा सकता है। इसमें रिकॉर्ड की गई आवाज को मिटाकर पुनः दूसरी आवाज को रिकॉर्ड किया जा सकता है। व्याख्या, वार्ताएँ एवं विचार विमर्श आदि को भी किया जा सकता है, और इसे भविष्य के लिए सुरक्षित रखा जा सकता है। विद्वान शिक्षकों, प्रोफेसरों आदि के द्वारा कक्षा में दिए गए पूर्व रिकॉर्डिंग व्याख्यान एवं वार्ताएँ छात्रों के लिए पर्याप्त उत्साहपूर्वक एवं प्रेरणादायक होते हैं। टेप रिकॉर्डर का प्रयोग 'स्लीप लर्निंग' आँकड़ों को भी एकत्रित करके रखने, संगीत तैयार करने, ऐतिहासिक घटनाओं को रिकॉर्ड करने आदि में भी किया जाता है। भाषा प्रयोगशाला के क्षेत्र में टेपरिकॉर्ड को सर्वप्रथम प्रयोग में लाया गया। इसका प्रयोग संगीत की कक्षाओं, अंग्रेजी साहित्य की कक्षाओं, व्याख्यान मालाओं एवं अन्य स्कूल एवं कॉलेजों की विभिन्न क्रियाओं में भी किया जाता है। टेपरिकार्डर को प्रभावशाली तरीके से उपचारात्मक शिक्षण, कौशल अधिगम, अभ्यास कार्य तथा पुनर्बलन के क्षेत्र में प्रयोग किया जाता है। शिक्षण प्रक्रिया के अन्य तरीकों की अपेक्षा यह सामग्री कम खर्चीली एवं प्रभावपूर्ण है।

टेपरिकार्डर के लाभ (Advantages of Tape Recorder)–शिक्षण प्रक्रिया में टेपरिकॉर्डर के निम्नलिखित लाभ हैं–

(1) टेप रिकॉर्डर के प्रयोग से समय की बचत होती है।

(2) प्राथमिक कक्षाओं के लिए इसका प्रयोग अधिक उपयोगी होता है।

(3) इसमें महान विभूतियों के द्वारा दिए गए भाषण एवं प्रेरणादायक विचार सुरक्षित रहते हैं।

(4) एक बार रिकॉर्ड किया गया टेप प्रयोग में नहीं आ रहा है तो उसे मिटाकर उस पर पुनः उपयोगी जानकारी रिकॉर्ड किया जा सकता है।

(5) टेपरिकॉर्डर के प्रयोग से शिक्षण में गतिमय सार्थकता आती है।

(6) टेपरिकॉर्डर का प्रयोग करना अत्यन्त आसान है।

(7) इसके माध्यम से विचित्र तथ्यों, विचारों, घटनाओं आदि के पारस्परिक सम्बन्ध का ज्ञान होता है।

(8) एक बार रिकॉर्ड की गई बातों या तथ्यों को बार-बार कभी सुना जा सकता है।

(9) इसके प्रयोग से छात्रों की अनुशासन हीनता को भी किसी सीमा तक कम किया जा सकता है।

(10) टेपरिकॉर्डर से शिक्षण करते समय शिक्षक उसे कहीं भी रोककर छात्रों को विषय-वस्तु के बारे में समझा सकता है।

टेपरिकॉर्डर की सीमाएँ (Limitations of Tape Recorder)–टेपरिकॉर्डर की प्रमुख सीमाएँ निम्नलिखित हैं–

(1) ये केवल ध्वनि पर आधारित होते हैं।
(2) दृश्य टेपों की तुलना में इनका प्रयोग अधिक रूचिकर एवं प्रभावशाली प्रतीत नहीं होता है।
(3) इनके अन्तर्गत पृष्ठ पोषण एवं अन्त: क्रिया की व्यवस्था नहीं है।
(4) ये केवल एकमार्गी संचार प्रणाली के अन्तर्गत आते हैं।
(5) इसमें यह व्यवस्था नहीं होती है कि छात्र प्रश्न पूछ सकें तथा उनका स्पष्टीकरण कर सकें।

टेपरिकॉर्डर के प्रयोग में आने वाली बाधाएँ (Obstacles in the Use of Tape Recorder)–टेपरिकॉर्डर के प्रयोग में निम्नलिखित बाधाएँ आती हैं–

(1) शिक्षक टेप-रिकॉर्डर के प्रयोग को अतिरिक्त कार्य भार के रूप में ग्रहण करता है, एवं इसके प्रयोग से अपने आपको बचाने का प्रयास करता है।
(2) शिक्षा से सम्बन्धित कैसेटें मन्दबुद्धि एवं मेधावी छात्रों के लिए एक समान उपयोगी नहीं होते हैं।
(3) शिक्षाप्रद कैसेटों का बाजार में अभाव रहता है, तथा जो उपलब्ध हैं वे भी अत्यन्त महँगे होते हैं।
(4) धन के अभाव के कारण प्रत्येक विद्यालय इसे खरीदने में सक्षम नहीं होते हैं।
(5) कैसेटों का निर्माण छात्रों एवं शिक्षकों की रूचियों को ध्यान में रखकर नहीं किया जाता है।

(12) वी०सी०आर० (वीडियो कैसेट रिकॉर्डर V.C.R.)

पूर्व में रिकॉर्ड किए गए वीडियो टेप्स कक्षाओं में टी०वी या कम्प्यूटर स्क्रीन के माध्यम से आसानी से दिखाए जा सकते हैं। वीड़ियो फिल्म ऑडियो फिल्म की तरह ही होती है। इसमें अन्तर केवल यह होता है कि वीडियो फिल्म में पिक्चर्स तथा गति को एक साथ प्रकट किया जा सकता है। वीडियो फिल्म 'शिक्षण-अधिगम के उद्देश्य से बहुत ही' आसान एवं उपयोगी होती है। संचार के ये सशक्त माध्यम है। इनसे छात्रों को शिक्षा भी प्राप्त होती है तथा मनोरंजन भी होता है। ये शिक्षा के आसान एवं रूचिकर माध्यम है।

वीडियो कैसेट्स का एक सबसे बड़ा गुण यह है कि इस मशीन पर शिक्षक का पूर्ण नियन्त्रण रहता है। इसे कहीं भी किसी भी समय प्रयोग में लाया जा सकता है। इस प्रकार से इसके माध्यम से स्व-अधिगम को अत्यधिक आसान एवं सम्भव भी बनाया जा सकता है। दूरस्थ शिक्षा के बारे में शैक्षिक कार्यक्रमों पर आधारित वीडियों कैसेट्स अत्यधिक उपयोगी होते हैं। कौशल से सम्बन्धित प्रशिक्षण कार्यक्रमों जैसे शिक्षक प्रशिक्षण, प्रबन्धन प्रशिक्षण, आदि में इसका अत्याधिक महत्व है। इस प्रकार ज्ञान के क्षेत्र ऐसा कोई क्षेत्र नहीं है, जहाँ वीडियो कैसेट्स, वीडियो फिल्म्स, वीडियो टेप्स का शैक्षिक कार्यक्रमों को अत्यधिक समृद्धशाली करने में प्रयोग न होता हो।

यदि इसमें कोई टेलीविजन संलग्न है तो वह विभिन्न अवसरों पर वीडियो रिकॉर्डिंग करके इसके महत्व को और अधिक बढ़ा देती है और यदि वह टेप को पुनः प्रयोग में लाना चाहे तो इसे साफ करके दोबारा प्रयोग में ला सकते हैं। इसके द्वारा शिक्षण में सजीवता, वास्तविकता एवं तथ्यात्मकता आ सकती है।

(13) स्लाइड (Slide)

स्लाइड प्रोजेक्टर, फिल्म स्ट्रिप प्रोजेक्टर का एक उन्नत रूप है। फिल्म स्ट्रिप प्रोजेक्टर में एक फिल्म होती है जिसमें एक ही स्ट्रिप में बहुत से फोटोग्राफ होते हैं जबकि स्लाइड प्रोजेक्टर में संबंधित प्रकरणों पर अलग-अलग आँकड़ों, डायग्राम, स्कैच, फोटोग्राफ तथा संदेश आदि अलग-अलग स्लाइडों पर अंकित किये जाते हैं। आवश्यकतानुसार इन स्लाइडों को एक-एक करके पर्दे पर प्रक्षेपित किया जाता है तथा सम्बन्धित विषय-वस्तु की व्याख्या की जाती है।

स्लाइड प्रोजेक्टर की संरचना : इसके निम्न मुख्य भाग होते हैं : (क) विद्युत व्यवस्था, (ख) प्रक्षेपी लेन्स, (ग) प्रक्षेपी बल्ब, (घ) स्लाइड ट्रे एवं (ङ) प्रक्षेपण पटल।

स्लाइड प्रोजेक्टर्स की विशेषताएँ

1. स्लाइड प्रोजेक्टर में एक साथ 120 स्लाइडें आ जाती हैं, जिन्हें हाथों से या स्वयं-चालित (Automatic) सुविधा से आगे-पीछे सरलता से किया जा सकता है।
2. इनमें रिमोट कन्ट्रोल (Remote Control) स्विच, फोकस (Focus) करने की तथा जूमिंग (Zooming) की सुविधाएँ हैं।
3. इसमें स्लाइड प्रदर्शन के लिए स्वचालित मैकेनिज्म है, जिसमें स्लाइडें अपने आप निश्चित समय पर स्वयं आगे बढ़ जाती हैं।
4. स्लाइड प्रदर्शन के साथ रिकॉर्ड की गई कमैन्ट्री भी साथ-साथ चलने की सुविधा है।

प्रयोग में सावधानियाँ : (i) स्लाइड को रखने बदलने तथा घुमाने में सावधानी बरतनी चाहिए। (ii) जो कुछ दिखाया जाए वह सार्थक तथा उद्देश्यपूर्ण होना चाहिए। (iii) दिखाई जाने वाली वस्तु को उसी समय दिखाया जाना चाहिए जब विषय-वस्तु को अधिक स्पष्ट करने या समझाने के लिए उसकी आवश्यकता का अनुभव किया जाए। (iv) कन्डेन्सर लैन्स तथा प्रोजेक्शन लैन्स आदि को सावधानी से निकालकर साफ करते रहना चाहिए। (v) स्विच को खोलने तथा बंद करने में पर्याप्त सावधानी रखनी चाहिए। (vi) ठंडा करने वाले पंखे का उपयोग समय पर और सावधानीपूर्वक किया जाना चाहिए।

(14) ओवरहैड प्रोजैक्टर अथवा शिरोपरि प्रोजेक्टर (Overhead Projector–OHP)

जैसा कि नाम से स्पष्ट है, इसमें दर्शायी जाने वाली सामग्री का प्रतिबिम्ब (Image) दिखाने वाले के पीछे तथा उसके सिर के ऊपर से आता है।

ओवरहैड प्रोजेक्टर शिक्षा के क्षेत्र में एक सम्प्रेषण की उत्तम विधि है। इसमें गणित से सम्बन्धित विषय-वस्तु पर विभिन्न ट्रान्सपेरेन्सीज (Transparencies) तैयार की जाती हैं और इन्हें पर्दे पर या दीवार पर प्रक्षेपित किया जाता है। प्रोजेक्टर को कक्षा में प्रदर्शन मेज पर रखा जाता है। शिक्षक छात्रों की ओर उन्मुख होकर प्रोजेक्टर में तैयार ट्रान्सपेरेन्सीज रखता है और प्रोजेक्टर का संचालन करता है।

ओवरहैड प्रोजेक्टर समस्त प्रक्षेपित होने वाले प्रोजेक्टर्स में सबसे सरल प्रक्षेपति होने वाला प्रोजेक्टर है। इसके द्वारा 18 cm × 22.5 cm आकार की तैयारी ट्रान्सपेरेन्सीज को बड़ा करके प्रक्षेपण 1.5 m × 1.5 m आकार में सरलता से लाया जा सकता है। इसमें शिक्षक छात्रों के सामने रहता है। ट्रान्सपेरेन्सीज हाथ से भी बनाई जा सकती है, उन पर सन्देश, डायग्राम तथा स्कैच आदि विवरण अंकित किया जाता है। आवश्यकता पड़ने पर इन्हें टाइप कराकर फोटोकॉपीयर (जीरोक्स मशीन) द्वारा भी तैयार किया जा सकता है।

ओवरहैड प्रोजेक्टर में उपयोग की जाने वाली ट्रान्सपेरेन्सीज में अंकित संदेश/विवरण/चित्र आदि की छवि (Image) साफ, पठन योग्य तथा स्पष्ट होनी चाहिए। इसके लिए निम्न बातों का ध्यान रखना चाहिए :

1. ट्रान्सपेरेन्सीज पर लिखे शब्दों का आकार कम से कम 6 cm अवश्य होना चाहिए।
2. अंकित लाइनें थोड़ी मोटी होनी चाहिए।
3. कक्षा में यदि 1 मीटर का पर्दा लगाया गया है तो कक्षा में छात्रों की अंतिम लाइन और पर्दे के मध्य 6 मीटर से अधिक दूरी नहीं होनी चाहिए।
4. ट्रान्सपेरेन्सीज पर लिखने के लिए 'मार्कर पैन' का प्रयोग करना चाहिए। साधारण स्कैच पैन इस पर काम नहीं करते, उनसे लिखा हुआ, हाथ लगने पर मिट जाता है।
5. शिक्षक को कक्षा में ओवरहैड प्रोजेक्टर का प्रयोग करने से पूर्व पूर्वाभ्यास (रिहर्सल) करना आवश्यक है।
6. प्रक्षेपण शीशे तथा लैंस की बाहरी सतह को ब्रुश से साफ कर लेना चाहिए।
7. लैंस को हाथ से छूना नहीं चाहिए।
8. वोल्टेज (Voltage) को स्थिर रखने के लिए वोल्टेज स्टेबलाइजर का प्रयोग करना चाहिए।
9. ओवरहैड प्रोजेक्टर का प्रयोग लगातार लम्बे समय तक नहीं करना चाहिए।

शिरोपरि प्रोजेक्टर के लाभ : 1. श्यामपट्ट पर लिखी या चित्रित किसी भी सामग्री के स्पष्टीकरण के लिए अध्यापक को बार-बार उसके निकट जाने की जरूरत पड़ती है, परंतु यहाँ अध्यापक इस परेशानी से बच सकता है। वह यहाँ प्रक्षेपित सामग्री के ऊपर किसी पेंसिल या संकेतक का प्रयोग कर यह कार्य अच्छी तरह कर सकता है।

2. इस उपकरण के प्लेटफार्म का उपयोग विभिन्न प्रकार की शिक्षण सामग्री के प्रदर्शन हेतु किया जा सकता है। रंगीन प्लास्टिक के ऊपर विभिन्न चित्रात्मक सामग्री उभारी जा सकती है तथा फिर उसे इस उपकरण द्वारा आसानी से प्रक्षेपित किया जा सकता है।

3. इस प्रोजेक्टर में आकृति का प्रक्षेपण (Projection) अध्यापक के कन्धे के ऊपर से होता है। अत: वह पढ़ाते समय कक्षा के विद्यार्थियों का स्वाभाविक रूप से सामना कर सकता है, उनकी क्रियाओं तथा गतिविधियों का अवलोकन कर सकता है तथा उनके प्रति अपनी अनुक्रिया व्यक्त करने में समर्थ हो सकता है।

4. यह प्रोजेक्ट प्रकाशयुक्त कमरे में भी काम कर सकता है।

5. इस प्रकार के प्रोजेक्टर का संचालन भी बड़ा सरल होता है। विद्युत बटन को दबाना, प्रोजेक्शन मंच पर स्लाइड या दृश्य सामग्री को रखना तथा पर्दे पर आकृति को फोकस करना

ये तीनों कार्य ही यहाँ सम्पन्न करने होते हैं और इनका संचालन भी आसान ही होता है।

6. स्लाइड कैरियर की व्यवस्था भी इस उपकरण में अच्छी तरह की जाती है। अध्यापक द्वारा स्लाइडों के प्रक्षेपण को पर्दे पर देखा भी इस तरह जा सकता है जैसे कि विद्यार्थी देखते हैं।

(15) गणित संग्रहालय (Math Museum)

प्रत्येक विद्यालय में एक गणित संग्रहालय भी स्थापित होना चाहिए, क्योंकि गणित शिक्षण में इसका अत्यधिक महत्व है। इसके द्वारा गणित के शिक्षण को रोचक एवं सजीव बनाया जा सकता है। ठोस ज्यामिति की आकृतियों को बालकों को मॉडल आदि दिखाकर सहजता से ज्ञान कराया जाता है। इसके अतिरिक्त इससे छात्रों में संग्रह करने की भी प्रवृत्ति जागृत होती है। छात्रों की इस प्रवृत्ति का संग्रहालय के द्वारा विकास एवं इसका सदुपयोग किया जा सकता है। संग्रहालय में गणित से सम्बद्ध अनेक प्रकार के मॉडल होने चाहिए। इसमें से कुछ मॉडल जैसे, बेलन, प्रिज्म, शंकु आदि क्रय किए जा सकते हैं, एवं कुछ मॉडल छात्रों से भी बनवाए जा सकते हैं। इसके अन्तर्गत गणित से सम्बन्धित विभिन्न प्रकार की आकृतियों तथा गणितज्ञों जैसे–रामानुज, पाइथागोरस, आर्किमिडीज, आर्यभट्ट, महावीराचार्य, यूक्लिड आदि के चित्र एवं मूर्तियों का समावेश होना चाहिए। इसके अलावा गणित से सम्बन्धित उपकरण जैसे-परकार, सेट स्क्वायर, फीता, स्केल आदि तथा गणित से सम्बन्धित मशीनें जैसे-गणना करने वाली मशीन, क्षेत्रफल ज्ञात करने वाली मशीन आदि भी संग्रहालय में होनी चाहिए।

(16) गणित परिषद (Mathematics Association)

गणित शिक्षण में गणित परिषद का महत्वपूर्ण स्थान है। शिक्षण के अनेक तथ्य ऐसे होते हैं जो कि कक्षा शिक्षण में सम्भव नहीं हो पाते हैं, उन्हें गणितीय परिषद के माध्यम से किया जा सकता है। गणित परिषद में छात्र अपने विचारों को एक दूसरे के समक्ष रखते हैं और स्वतन्त्र सम्बन्ध बनाते हैं। विभिन्न समस्याओं पर विचार विमर्श भी करते हैं, साथ ही यदि आवश्यक हुआ तो शिक्षक से भी सम्पर्क करते हैं। ऐसा होने से जहाँ एक ओर शिक्षक अपने छात्रों में व्याप्त गुणों की जाँच करता है, वहीं दूसरी ओर छात्र में आत्म संतोत्र, आत्म-विश्वास एवं अपने शिक्षक के प्रति निष्ठा भाव भी और अधिक प्रबल हो जाती है।

गणित परिषद की स्थापना गणित शिक्षक के संरक्षण में छात्रों द्वारा कराई जाती है। इसमें गणित शिक्षक संरक्षक के रूप में कार्य करता है, इसके अतिरिक्त छात्रों में से अध्यक्ष, उपाध्यक्ष, क्रोषाध्यक्ष एवं पुस्तकालयाध्यक्ष चुने जाते हैं। इसके प्रत्येक सदस्य से मासिक या फिर वार्षिक चन्दा एकत्र किया जाता है। गणित एक अनिवार्य विषय है, अतः गणित परिषद की सदस्यता प्रत्येक छात्र के लिए खुली रखनी चाहिए जिससे कि परिषद को आर्थिक लाभ भी होगा और छात्र भी इसका अधिक से अधिक लाभ प्राप्त कर सकेगें। गणित परिषद की बैठक एक माह में कम से कम 1–2 बार तो आवश्यक रूप से होनी चाहिए। इस बैठक को माह के दूसरे या अन्तिम सप्ताह में रखा जा सकता है। प्रत्येक बैठक में गणित के किसी विषय पर जैसे-कि किसी महान गणितज्ञ का जीवन परिचय एवं योगदान, गणित सम्बन्धी खेल, पाइथागोरस प्रमेय की विभिन्न उपपत्तियाँ, गणित का दैनिक जीवन में उपयोग, शून्य की अवधारणा आदि उपविषयों

पर भाषण होने चाहिए। इन बैठकों में छात्रों को बोलने का अवसर भी दिया जाना चाहिए। प्रत्येक छात्र को विषय पूर्व में ही बता दिया जाना चाहिए, जिससे कि उसे तैयारी करने का पर्याप्त समय प्राप्त हो सके। अपने विद्यालय में अन्य विद्यालयों के शिक्षक एवं प्रोफेसरों को आमंत्रित करके उनके भाषण करवाये जाने चाहिए। इस परिषद में छात्रों से उनकी रूचि के अनुसार चित्र, रेखा चित्र, चार्ट एवं मॉडल भी तैयार कराए जा सकते हैं। वर्ष में एक बार गणित प्रदर्शनी का भी आयोजन किया जाना चाहिए, जिसमें छात्रों द्वारा तैयार किए हुए चित्र, रेखा-चित्र, चार्ट, मॉडल एवं उनके द्वारा एकत्रित किया गया गणित सम्बन्धी साहित्य, प्रश्नों को हल करने के नये-नये तरीके, प्रमेय को सिद्ध करने की विभिन्न उपपत्तियों आदि को भी रखना चाहिए। ऐसा करने से छात्रों का उत्साह भी बढ़ता है।

(17) गणितीय कक्ष (Mathematics Room)

प्रत्येक विद्यालय में गणितीय कक्ष होना अत्यन्त आवश्यक है, क्योंकि गणित कक्ष की व्यवस्था एवं सामग्री अध्यापन को अत्यधिक प्रभावशाली एवं क्रियात्मक हो सकती है। जबकि गणित प्रयोगात्मक विज्ञान नहीं है, लेकिन फिर भी इसका अन्य विषयों जैसे-कॉमर्स, उद्योग, अर्थशास्त्र एवं इंजीनियरिंग आदि में अत्यधिक एवं महत्वपूर्ण उपयोग है। इन उपयोगों को इस प्रकार से चुनना एवं निर्मित किया जाना चाहिए कि ये जिन सिद्धान्तों पर यह निर्मित हैं, उन पर विशेष रूप से बल दिया जा सके।

कक्षा भवन को इस प्रकार से सजाना चाहिए कि उससे शिक्षण कार्य अत्यधिक आसान हो जाए एवं छात्र की पाठ्य-पुस्तक लेखन एवं ड्राइंग से सम्बन्धित सामग्री को भी रखा जा सके। शिक्षण कार्य करने के लिए एक स्वच्छ एवं बड़ा श्याम पट्ट हो तथाएक श्याम पट्ट निर्देशांक भी होना चाहिए। श्यामपट्ट पर कार्य करने के लिए सफेद एवं रंगीन चॉक, बड़े चाँदे, परकार एवं पैमाने, धागा निर्देशक आदि भी होने चाहिए। ठोस ज्यामितीय कार्य के लिए श्यामपट्ट गोलाकार होना चाहिए।

गणितीय कक्ष में प्रयोगात्मक उपकरणों को रखने के लिए एक बड़ी मेज एवं छात्रों को सामूहिक कार्य करने के लिए अलग से मेज होनी चाहिए। बुलेटिन बोर्ड, पुस्तकों एवं पत्रिकाओं के लिए अलमारियाँ, चार्टों के लिए अलमारियाँ, विभिन्न उपकरण एवं यन्त्रों को संग्रह करने का स्थान, उपयोगी कागजों एवं परीक्षा-कार्य के लिए फाइले, विभिन्न प्रकार के यन्त्रों एवं मॉडलों के प्रदर्शन हेतु समुचित स्थान आदि अत्यन्त ही आवश्यक है।

इसमें एक गणितीय पुस्तकालय की भी व्यवस्था होनी चाहिए जिसमें विभिन्न प्रकार की छात्रोपयागी सहायक गणित की पुस्तकें होनी चाहिए। गणित का इतिहास एवं प्रगति एवं उपयोगिता से संबंधित तस्वीरों से गणितीय कक्ष की शोभा और बढ़ जाती है। इससे गणित विषय को एक अच्छे एवं स्वतंत्र वातावरण में अध्ययन करने का पर्याप्त अवसर प्राप्त होता है।

(18) स्वनिर्मित उपकरण (Improvised Apparatus)

गणित शिक्षण का एक प्रमुख उद्देश्य है छात्रों में इसमें आने वाली विभिन्न कठिनाइयों के समाधान के लिए अभिरूचि जाग्रत करना। छात्रों के इस उद्देश्य की पूर्ति प्रायोगिक कार्य के द्वारा ही सम्भव है। जब तक छात्र प्रयोगात्मक रूप से जानकारी प्राप्त नहीं करते हैं, तब तक

वे विषय से सम्बन्धित तथ्यों, नियमों एवं सिद्धान्तों के व्यवहारिक ज्ञान को प्राप्त करने में सक्षम नहीं होते हैं। इसलिए यह आवश्यक है कि छात्र अपनी रूचि एवं योग्यता के आधार पर सैद्धान्तिक ज्ञान प्राप्त कर उपकरण निर्माण, प्रयोग एवं सुधार द्वारा अपने ज्ञान को स्थाई बना सकें।

वर्तमान समय में सरकारी विद्यालयों की आर्थिक स्थिति अच्छी नहीं होती है, जिससे गणित प्रयोगशालाओं में आधुनिक उपकरण एवं सामान क्रय नहीं किए जा सकते हैं। इसलिए शिक्षक को चाहिए कि वह छात्रों के सहयोग से अधिक से अधिक मात्रा में उपकरण स्वयं निर्मित करायें और अपने विषय को प्रभावी एवं रोचक बनाए। उपलब्ध संसाधनों एवं अनुपयोगी वस्तुओं से छात्रों को स्वनिर्मित उपकरण बनाने के लिए शिक्षक को प्रोत्साहित करना चाहिए। इस प्रकार से साधारण एवं आसानी से उपलब्ध कम खर्च वाली सामग्री से बने उपकरणों द्वारा गणितीय क्रिया, सिद्धान्तों एवं नियमों का प्रदर्शन, गणित अध्ययन-अध्यापन प्रभावी रंग से किया जा सकता है।

इस प्रकार के उपकरणों को आशुरचित या स्वनिर्मित उपकरण कहलाते हैं।

स्वनिर्मित उपकरणों के निर्माण के सोपान (Steps of Constructing Improvised Apparatus)

स्वनिर्मित उपकरणों का निर्माण किसी योजना के अन्तर्गत किया जाता है। वर्तमान में ऐसी अनेकों पुस्तकें उपलब्ध है जिनमें उपकरणों के चित्र, नाप एवं डिजाइन दिए गए हैं, और उनके निर्माण में प्रयुक्त आवश्यक सामग्री एवं निर्माण की योजना बताई गई हैं।

स्वनिर्मित उपकरणों को बनाने के लिए स्वयं की योजना इस प्रकार से बनानी चाहिए–

(1) उपकरणों के निर्माण से पूर्व योजना का अच्छी तरह से अध्ययन करना चाहिए। निर्मित किए जाने वाले उपकरण के लिए कौन-कौन सी सामग्री आवश्यक होगी, उनको सूची बनाएँ। यदि सामग्री उपलब्ध नहीं हो सकती है, तो उसके स्थान पर उपलब्ध साधनों का प्रयोग किस प्रकार से हो सकेगा। इस पर विचार करके योजना को अच्छी प्रकार से समझना चाहिए।

(2) यदि किसी उपकरण के निर्माण में लकड़ी की आवश्यकता हो तो इस प्रकार की लकड़ी का चयन करना चाहिए जिसको काटना, चीरना, एवं रंदा लगाना आसान हो। यदि लकड़ी का प्रयोग करना है तो नापकर निशान लगाकर टुकडे काट लें, आवश्यकतानुसार छेद, आदि कर लें। लकड़ी को रेगमार से साफ करना चाहिए। हार्ड बोर्ड का उपयोग कई उपकरणों में अधिक सुविधाजनक रहता है। इस लकड़ी पर वार्निश कर लेनी चाहिए।

(3) योजनानुसार इन उपकरणों को कीलों, बोल्ट या फेवीकोल से जोड़ देना चाहिए।

(4) उपकरण में प्रयुक्त किए जाने वाले धातु के, प्लास्टिक के, रबड या काँच के भाग निर्मित करायें और उनको उपकरण में जोड़कर सम्पूर्ण उपकरण बनाकर तैयार करें।

(5) स्वयं बनाए गए उपकरण की जाँच कर लें कि वह अपना कार्य सही-सही कर रहा है या नहीं। यदि उपकरण में कोई कमी रह गई हो तो उसे दूर करें।

(6) कभी-कभी सम्पर्क ठीक न होने के कारण विद्युत काम नहीं करती है। घर्षण अधिक पर गति नहीं होती है। इस प्रकार की सामान्य कमियों को थोड़ा सा ध्यान देकर दूर किया जा सकता है।

स्वनिर्मित उपकरणों की उपयोगिता (Utility of Improvised Apparatus)

छात्रों के द्वारा उपकरण बनवाने के कई लाभ है। इनको बनाने में उनकी समस्त इन्द्रियों एवं माँस पेशियों का उपयोग होने पर उनमें कौशल विकसित होता है। इसके द्वारा सीखी गई विषय-वस्तु का ज्ञान स्थाई बन जाता है। इसके प्रमुख लाभ इस प्रकार हैं–

(1) *आर्थिक उपयोगिता (Economical Utility)*–इसको निर्मित करने में खर्च कम होता है। स्वनिर्मित उपकरण बाजार से खरीदे गए उपकरणों की अपेक्षा अत्यधिक सस्ते होते हैं। इस प्रकार जिन वस्तुओं को हाथ से बनाया जाता है उनके लिए धन की व्यवस्था की अधिक आवश्यकता नहीं पड़ती अर्थात् स्वनिर्मित उपकरण निर्माण में आर्थिक भार बिल्कुल कम होता है।

(2) *मनोरंजनात्मक उपयोगिता (Recreational Utility)*–इन उपकरणों का मनोरंजन सम्बन्धी मूल्य भी कुछ कम नहीं है। नये-नये उपकरणों को अपने आप तैयार करने में बालकों को अत्यधिक प्रसन्नता होती है। विशेष कर जब अपना बनाया हुआ उपकरण प्रयोग में लाते हैं, तब छात्र अपनी सफलता पर अत्यधिक प्रसन्न होते हैं और स्वयं कार्य करने में आनन्द का अनुभव करते हैं। अत: सृजनात्मक एवं रचनात्मक कार्यों में प्रसन्नता पूर्वक अपने फुर्सत के क्षणों का उपयोग करके अपना मनोरंजन करते हैं।

(3) *शैक्षिक उपयोगिता (Educational Utility)*–शिक्षा के दृष्टिकोण से इसका अत्यधिक महत्व है। अनेक महान अनुसंधानकर्ताओं ने यह सिद्ध कर दिया है कि ज्ञान हाथों से दिमाग की ओर जाता है। जब कोई छात्र अपने हाथों से चीजें बनाता है तो वे इनके अन्तनिर्हित नियमों का ज्ञान प्राप्त कर लेता है। हाथ और मस्तिष्क का समन्वय होने के कारण जटिल से जटिल तथ्यों को आसानी से समझा जा सकता है।

(4) *मनोवैज्ञानिक उपयोगिता (Psychological Utility)*–प्रत्येक छात्र स्वयं करके ही हमेशा सीखता है, और वह स्वाभाविक रूप से क्रियाशील रहता है। विभिन्न प्रकार के उपकरणों के निर्माण में छात्रों को क्रियात्मक कार्य करने के अवसर भी प्राप्त होते हैं। इस प्रकार से छात्रों की स्वाभाविक रूचियों एवं मनोवृत्तियों का पूर्णरूपेण विकास होता है तथा उनकी शक्तियों एवं सामर्थ्य को भी उचित मोड़ मिल जाता है। इस तरह छात्रों में कुछ नये निर्माण से सृजन की अनुभूति होती है। परिणामस्वरूप बालक की रूचि अध्ययन के लिए पूर्ण उत्साह से बढ़ती है।

(5) *सामाजिक उपयोगिता (Social Utility)*–छात्रों द्वारा स्वयं बनाए गए उपकरण सामाजिक दृष्टि से भी अत्यधिक उपयोगी हैं, क्योंकि इसके निर्माण से छात्र श्रम का महत्व समझने लगते हैं और श्रम के प्रति निष्ठा बढ़ती है। बिना भेदभाव के मिलजुलकर कार्य करने से सामूहिकता व सहकारिता की भावना को बढ़ावा मिलता है।

(6) *गणितीय प्रतिभा की खोज (Mathematical Talent Search)*–छात्र स्वनिर्मित उपकरण का निर्माण शिक्षक के निर्देशन में करते हैं, जिससे छात्र अपने शिक्षकों के अत्यधिक समीप आ जाते हैं। छात्र अच्छी तरह से जान सकता है कि किस छात्र में विशेष गणितीय प्रतिभा एवं यांत्रिक योग्यता विद्यमान है। ऐसे प्रतिभाशाली छात्रों को स्वयं अपनी प्रतिभा को और अधिक सँवारने एवं चमकाने के अवसर प्रदान किए जाते हैं। इससे शिक्षक छात्रों की प्रतिभा का पता लगा सकता है कि छात्र किस सीमा तक निर्देशों को समझा और उनमें कितनी गणितीय प्रतिभा

है। ऐसे छात्रों को उचित अवसर भी प्रदान कर उनकी प्रतिभा को बढ़ाया जा सकता है।

सहायक सामग्री के कार्य (Functions of Material Aid)–सहायक सामग्री के कुछ प्रमुख कार्य निम्नलिखित हैं–

(1) ज्ञानेन्द्रियों का अधिकाधिक प्रयोग (Maximum use of Sense Organs)–सहायक सामग्री के प्रयोग से छात्र अपनी समस्त इन्द्रियों का प्रयोग क़रते हैं। इससे अधिगम अत्यधिक प्रभावशाली होता है।

(2) ध्यान केन्द्रित करना (Cocentration)–सहायक सामग्री छात्रों के मन और ध्यान को शिक्षण की ओर केन्द्रित करने का कार्य करती है। जब कक्षा में छात्रों का ध्यान इधर-उधर भटकने लगता है, उस समय इस प्रकार की सहायक सामग्री का प्रयोग किया जा सकता है जिससे कि छात्र अपनी मूल स्थिति में आ जायें।

(3) स्थाई ज्ञान (Permanent Knowledge)–सहायक सामग्री का उपयोग अत्यन्त महत्वपूर्ण है क्योंकि इसके प्रयोग से रटने की क्रिया पर अंकुश लगता है। छात्र सहायक सामग्री के द्वारा प्रत्येक चीज को समझने का भरपूर प्रयास करते हैं। इससे छात्र द्वारा प्राप्त किया गया ज्ञान भी स्थाई होता है।

(4) अभिप्रेरणा (Motivation)–शिक्षण में सहायक सामग्री छात्रों को अधिगन के लिए अभ्रिप्रेरित भी करती है। जिस प्रकार से सहायक सामग्री के रूप में यदि शिक्षक कोई नया मॉडल या उपकरण लाता है तो कक्षा के समस्त छात्र उसको देखने के लिए उत्सुक होते हैं। और इनके प्रयोग से छात्र पाठ को ध्यानपूर्वक सुनते हैं और आसानी से सीख लेते हैं।

(5) स्पष्टता (Clarity)–सहायक सामग्री के समुचित प्रयोग से कभी कभी जटिल से जटिल सिद्धान्त भी स्पष्ट हो जाते हैं। इन कार्यों में मॉडलों, चित्रों एवं चार्टों का भी अत्यधिक योगदान होता है। गणित शिक्षण के लिए शिक्षक के लिए श्यामपट्ट अत्यन्त ही आवश्यक है।

(6) समय और श्रम की बचत (Saving of Time and Energy)–सहायक सामग्री के प्रयोग से छात्रों एवं शिक्षकों को समय एवं श्रम दोनों ही की बचत होती है।

(7) अनुशासन हीनता पर नियन्त्रण (Control on Indiscipline)–सहायक सामग्री का कक्षा में प्रयोग होने से छात्रों को व्यस्तता आ जाती है। इससे खाली बैठे छात्रों को कक्षा में अनुशासन हीनता करने का समय ही नहीं मिल पाता है।

(8) क्रिया करने का अवसर (Opportunity to Act)–सहायक सामग्री के प्रयोग करने से छात्रों को विभिन्न प्रकार की क्रियाएँ करने के अवसर प्राप्त होते हैं। जिस प्रकार से कोई चलचित्र दिखाने के बाद छात्र उस पर वाद-विवाद भी करते हैं।

(9) शब्दावली में वृद्धि (Increase in Vocubulary)–त्रिभिन्न प्रकार की सहायक सामग्री के प्रयोग से जैसे रेडियो, दूरदर्शन आदि पर पाठों को सुनकर छात्रों की शब्दावली का विकास होता है।

(10) गणितीय मनोवृत्ति का विकास (Development of Mathematical Attitude)–कक्षा में हार्डवेयर आदि के प्रयोग से एवं तकनीकी सिद्धान्तों पर आधारित अन्य सामग्री के विधिवत त्रयोग से छात्रों के अन्दर गणितीय मनोवृत्ति का पूर्णरूप से विकास होता है।

(11) शिक्षण में कुशलता (Efficiency in Teaching)–अच्छी सहायक सामग्री के प्रयोग से शिक्षण में कुशलता आती है, साथ ही शिक्षकों में भी आत्मविश्वास की भावना जाग्रत होती है। इनके प्रयोग से पाठ रूचिकर बनता है।

(12) अधिगम के स्थानान्तरण में सहायक (Helpful in Transfer of Leaning)–कक्षा के अन्तर्गत सीखा गया या अर्जित किया गया ज्ञान अन्य परिस्थितियों में प्रयोग करने से स्थायी होता है। इसे अधिगम का स्थानान्तरण कहते हैं। सहायक सामग्री के प्रयोग से यह स्थानान्तरण और अधिक होता है।

(13) सार्थक अनुभव (Meaningful Experiments)–सहायक सामग्री के द्वारा छात्रों को सार्थक अनुभव प्रदान किए जाते हैं। इसमें छात्र प्रत्येक सामग्री को पास से देखकर सुखद अनुभव करते हैं।

(14) साधनों की कमी को पूरा करना (Fulfillment of Lack of Resources)–सहायक सामग्री उन क्षेत्रों में स्कूलों आदि की कमी को पूरा करती है और इसके द्वारा विषय विशेषज्ञों की कमी को पूरा करती है। जैसे कि अच्छे शिक्षकों के रेडियो पाठों का प्रसारण, गणित के पाठों का दूरदर्शन पर प्रसारण।

(15) छात्रों को पुनर्बलन प्रदान करना (Provide Reinforcement in Students)–अच्छी सहायक सामग्री के द्वारा छात्रों को पुनर्बलन भी प्राप्त होता है। छात्र जो कुछ सिद्धान्त रूप में पढ़ते हैं, जब उन्हें प्रयोगात्मक रूप में बतलाया जाता है, तो उनके सैद्धान्तिक ज्ञान का मूल्यांकन भी हो जाता है। इससे छात्रों को पुनर्बलन प्राप्त होता है।

(16) कक्षा अन्त: क्रिया को बढ़ाना (Increase in Class Ineraction)–सहायक सामग्री के प्रयोग से शिक्षक–छात्रों की कक्षा में अन्त:क्रिया को अधिक प्रोत्साहित कर सकता है, जिससे सभी छात्र इसमें भाग ले सकते हैं। शिक्षण अधिगम प्रक्रिया की सफलता भी इस प्रकार की अन्त: क्रिया पर निर्भर करती है।

इस प्रकार गणित शिक्षण को अधिक प्रभावी बनाने के लिए आवश्यक है कि विभिन्न प्रकार की सहायक सामग्री का उचित समय व उचित स्थान पर प्रयोग किया जाए।

अध्याय 12

गणित का पाठ्यक्रम
(Curriculum of Mathematics)

"Curriculism embodies all the experiences which are utilized by the school to attain the aims of education."

—*Munese*

पाठ्यक्रम का अर्थ (Meaning of Curriculum)

पाठ्यक्रम वह साधन है जिसके द्वारा शिक्षा एवं जीवन के लक्ष्यों की प्राप्ति की जाती है। शिक्षा एक त्रिमुखी प्रक्रिया है जिसके तीन अभिन्न अंग हैं–(1) अध्यापक (2) छात्र (3) पाठ्यक्रम।

इसमें पाठ्यक्रम का स्थान भी अध्यापक तथा छात्र से किसी भी रूप में कम नहीं है। पाठ्यक्रम के अभाव में न तो शिक्षक उचित शिक्षा प्रदान कर सकता है और न ही छात्र उचित रूप से शिक्षा प्राप्त कर सकता है। पाठ्यक्रम के अभाव में छात्र अन्धकार में पड़े हुए नि:सहाय व्यक्तियों की तरह से इधर-उधर भटकते रहते हैं। शिक्षक कक्षा में छात्रों को सीखने के पर्याप्त अवसर प्रदान करते हैं तथा उनका समुचित एवं सर्वांगीण विकास करके अध्यापन के उद्देश्यों की प्राप्ति करते हैं। इन सीखने के अनुभवों को नियोजित, क्रमबद्ध तथा श्रेणीबद्ध रूप में व्यवस्थित करने को ही पाठ्यक्रम कहा जाता है।

'पाठ्यक्रम' एक व्यापक शब्द है, जिसमें पाठ्य विवरण तथा शाला के वातावरण के समस्त प्रभावी तत्वों का समावेश होता है। छात्रों को 'क्या' और 'कितना' पढ़ाया जाये ? इसका उत्तर प्राप्त करने के लिए पाठ्यक्रम का निर्माण अत्यन्त आवश्यक है।

पाठ्यक्रम को अंग्रेजी भाषा में 'क्यूरीकुलम' (curriculum) कहते हैं। परन्तु 'क्यूरीकुलम' लैटिन भाषा का शब्द है, जिसका अर्थ होता है "दौड़ का मैदान" (Race Course)। शिक्षा के अन्तर्गत इसका अर्थ है, 'छात्रों का कार्यक्षेत्र' अथवा 'छात्रों का दौड़ का मैदान'। यहाँ पर दो शब्द दौड़ और मैदान प्रयुक्त किए गए हैं। 'मैदान' का अर्थ पाठ्यक्रम एवं दौड़ का अर्थ छात्रों द्वारा अनुभव एवं उनकी क्रियाओं से हैं। शिक्षक पाठ्यक्रम की सहायता से अपनी शिक्षण क्रियाओं का सम्पादन करता है, जिसमें छात्र अनुभव तथा क्रियाएँ करके अपना विकास करते हैं। साथ ही अपने गन्तव्य स्थान तक पहुँच जाते हैं। इस प्रकार छात्र मैदान में दौड़ करके अपने लक्ष्य तक पहुँचने में सफलता प्राप्त करते हैं।

शिक्षा की दृष्टि से पाठ्यक्रम एक दिशा एवं साधन है जिसका अनुसरण करके वह शिक्षा के लक्ष्यों को प्राप्त करने का भरपूर प्रयास करता है। पाठ्य वस्तु के व्यवस्थित रूप को ही पाठ्यक्रम का नाम दिया गया है जिसे छात्रों की आवश्यकता की पूर्ति के लिए निर्मित किया जाता है।

पाठ्यक्रम की परिभाषा (Definition of Curriculm)

(1) कनिंघम (Cunningham) के अनुसार–"पाठ्यक्रम कलाकार (शिक्षक) के हाथों में एक साधन है, जिससे वह पदार्थ (शिक्षार्थी) को अपने आदर्श उद्देश्य के अनुसार अपने स्टूडियो (स्कूल) में ढ़ाल सके।"

(2) फ्रोबेल (Froebel) के अनुसार–"पाठ्यक्रम को मानव जाति के सम्पूर्ण ज्ञान तथा अनुभवों का सार समझना चाहिए।"

(3) मुनरो (Munroe) के कथनानुसार–"पाठ्यक्रम में वे सब क्रियाएँ सम्मिलित हैं, जिनका हम शिक्षा के उद्देश्यों की प्राप्ति के लिए विद्यालय में उपयोग करते हैं।"

(4) हार्न (Horn) के अनुसार–"पाठ्यक्रम वह है जो छात्रों को पढ़ाया जाता है। यह पढ़ने या लिखने से अधिक है। इसमें उद्योग, व्यवसाय, ज्ञानोपार्जन, अभ्यास और क्रियाएँ सम्मिलित हैं।"

(5) सेलर एवं अलेक्जेंन्डर (Saylar and Alexander)–"वांछित परिणामों को पाने के लिए विद्यालय में और विद्यालय के बाहर किए जाने वाले सभी प्रयासों का योग ही पाठ्यक्रम है।"

(6) शाने एवं मैकक्वेन (Shane And Machquane)–"पाठ्यक्रम विद्यालय द्वारा दिए गए पर्यावरण के फलस्वरूप ऐसे अनुभवों, अधिगम कुशलताओं, आदतों और व्यवहार का योग है, जिनको बालक अपना एक अंग बनाता हैं।"

(7) पाल हिस्ट (Paul Hirst) के अनुसार–"उन सभी क्रियाओं का प्रारूप जिसके द्वारा शैक्षिक लक्ष्यों या उद्देश्यों को प्राप्त कर लेंगे इसे पाठ्यक्रम की संज्ञा दी जाती है।"

(8) स्टीफन लीकॉक (Stephen Leacock) के अनुसार–"अध्यापक अपने हाथों में कुंजियों को लेकर टस द्वार पर खड़ा है जो उसने खोला है। अन्दर अंधेरा और शान्ति है। अन्धकार में विद्वता का मसाला लगे हुए मृतक शरीर रखे हैं, जो कभी जीवित थे, किन्तु विद्वता की मृत दुर्गन्ध युक्त हवा में एक-एक करके मर गए, उस विद्वता के, जो नियमबद्ध हो गई थी, जिसने रूप के लिए अपना अर्थ खो दिया–सूर्य के लिए अपनी आत्मा खो दी तथा अपनी शक्ति का भी ह्रास कर लिया।"

उपरोक्त वर्णित परिभाषाओं से स्पष्ट होता है कि पाठ्यक्रम एक ऐसा साधन है, जिसके द्वारा शिक्षकों, छात्रों, परीक्षकों और लेखकों को सही मार्ग का प्रदर्शन किया जाता है। गणित का पाठ्यक्रम गणित से सम्बन्धित सभी विषय वस्तु का एक महत्वपूर्ण अंग है, जो कि शिक्षा के उद्देश्य की प्राप्ति में सर्वाधिक सहायक है।

गणित विषय का शिक्षण सूक्ष्म एवं दुरूह है। इसलिए इस बात की ओर ध्यान देने की अत्यन्त आवश्यकता है कि शिक्षक विषय की दृढ़ता को आसान बनाए तथा दैनिक जीवन में इसके उपयोग पर प्रकाश डाले।

पाठ्क्रम का विकास (Development of the Curriculum)

अमेरिका की गणित परिषद तथा गणित शिक्षकों की राष्ट्रीय परिषद ने सन् 1933 ई० में 'गणित का शिक्षा में स्थान' का अध्ययन करने तथा गणित के पाठ्यक्रम का निर्माण करने के लिए

एक आयोग का गठन किया। आयोग को गणित में प्रचलित पाठ्यक्रमों में लचीलापन एवं क्रमबद्धता के अभाव का कारण राष्ट्रीयस्तर पर गणित के पाठ्यक्रम के निर्माण में कठिनाइयाँ हुई।

आयोग ने निर्धारित किया कि ग्रेड VI के छात्रों को निम्नलिखित तथ्यों का ज्ञान होना चाहिए–

(1) आधारभूत प्रत्ययों, प्रक्रियाओं एवं शब्दावली का ज्ञान।

(2) किसी अंक या विभिन्न संख्याओं में स्थानीय मान तथा दशमलव प्रणाली के दोष।

(3) जोड़, बाकी, गुणा तथा भाग की संरचना में संचय की क्रियाओं पर अधिकार।

(4) पूर्ण संख्याओं, साधारण भिन्नों एवं दशमलव भिन्नों की प्रक्रियाओं का ज्ञान।

(5) प्रमुख मापन इकाइयों का ज्ञान।

(6) जीवन से सम्बद्ध-सामान्य समस्याओं को हल करने में मापन तथा गणनाओं को प्रयोग करने की क्षमता।

(7) आयत, वर्ग, त्रिभुज, वृत्त, आयताकार ठोस, गोला एवं घन आदि को पहचानना एवं इनकी आकृति खींचना।

आयोग ने पाठ्यक्रमों में विषय-सामग्री के प्रमुख पक्षों का निम्नलिखित प्रकार से विभाजन किया है–

(1) संख्याएँ तथा उनकी संगणना का क्षेत्र।

(2) ज्यामितीय आकृतियाँ तथा उनका आकाशीय स्वरूप।

(3) लेखा चित्रों द्वारा अभिव्यक्ति का क्षेत्र।

(4) तर्कपूर्ण चिन्तन का क्षेत्र।

(5) संकेतों द्वारा अभिव्यक्ति का क्षेत्र।

गणित का सामान्य शिक्षा में स्थान (The Place of Mathematics in General Education)–इसके अध्ययन के लिए सन् 1940 ई० में एक कमेटी का गठन किया गया। इस कमेटी का मुख्य मत था कि गणित के अध्ययन द्वारा छात्रों की आवश्यकताओं की सन्तुष्टि होनी चाहिए। छात्रों की प्रमुख आवश्यकताएँ निम्नलिखित हैं–

(1) वैयक्तिक जीवन सम्बन्धी।

(2) तात्कालिक वैयक्तिक सामाजिक जीवन।

(3) सामाजिक जीवन सम्बन्धी।

(4) आर्थिक जीवन सम्बन्धी।

'पाठ्यक्रम विकास' का अर्थ है निरन्तर चलने वाले प्रक्रिया जो कभी समाप्त नहीं होती है, कहाँ से प्रारम्भ हुई, इसका बोध भी नहीं है। शिक्षण की आवश्यकता की जानकारी छात्रों की उपलब्धियों से हो जाती है, जिनको शिक्षक प्राप्त करने का प्रयास करता है। परीक्षण के द्वारा यह भी जानकारी दी जाती है कि किस हद तक उद्देश्यों की प्राप्ति हुई। पाठ्यक्रम का मुख्य लक्ष्य छात्रों को पूर्ण विकास करना है, इसलिए पाठ्यक्रम का प्रारूप ऐसा होना चाहिए कि जिससे छात्रों के व्यवहारों में अपेक्षित परिवर्तन किया जा सके। यह प्रक्रिया चक्रिय तथा निरन्तर चलने वाले मानी जाती है। इसके चार प्रमुख तत्व माने गए हैं–

(1) *शिक्षण उद्देश्य*–उद्देश्यों की प्राप्ति के लिए सभी साधनों का प्रयोग किया जाता है। पाठ्यवस्तु एक साधन है, उद्देश्यों को प्राप्त करने के उद्देश्य से।

(2) *शिक्षण विधि तथा पाठ्यक्रम*–छात्रों के व्यवहार में अपेक्षित परिवर्तन करने के लिए अधिगम परिस्थितियों के भरपूर अवसर शिक्षण विधियों एवं पाठ्य वस्तु की सहायता से उत्पन्न किए जाते हैं। जिससे उद्देश्यों को प्राप्त किया जा सके।

(3) *परीक्षण प्रक्रिया*–इस प्रक्रिया के द्वारा यह निश्चित किया जाता है कि शिक्षण विधियों तथा पाठ्यवस्तु से किस सीमा तक उद्देश्यों को प्राप्त किया गया है।

(4) *पृष्ठ पोषण*–परीक्षण का अर्थापन शिक्षकों तथा छात्रों को पृष्ठ पोषण प्रदान करता है एवं पाठ्यक्रम के प्रारूप को सुधार के लिए दिशा मिलती है। पृष्ठपोषण मूल्यांकन का प्रभाव होता है।

वर्तमान पाठ्यक्रम की आलोचना (Criticism of the Existing Curriculum)

1. असन्तोषजनक (Unsatisfactory Contruction Process)–अन्य विषयों की तरह से गणित पाठ्यक्रम का निर्माण भी विश्वविद्यालय या शिक्षा विभाग के कुछ व्यक्तियों के द्वारा किया जाता है। गणित विशेषज्ञों एवं अनुभवी शिक्षकों से इसमें परामर्श नहीं लिया जाता है। समय-समय पर पाठ्यक्रम में अनुसन्धान अथवा खोज कार्य पर आधारित संशोधन नहीं होता है। इसमें दुर्भाग्य इस बात का है कि पाठ्यक्रम का निर्माण प्रान्तीय स्वर पर किया जाता है इसलिए इसमें स्थानीय आवश्यकताओं की पूर्ति सम्भव नहीं है।

2. पुस्तकीय ज्ञान पर बल (Stress on Bookish Knowledge)–हमारे पाठ्यक्रम में एक सबसे बड़ी कमी यह है कि यह छात्रों को उनके जीवन के विभिन्न अनुभवों से अवगत नहीं करा पाता है। शिक्षा जीवन की तैयारी है। बालक के सामाजिक एवं राष्ट्रीय जीवन में उत्तरदायित्व को प्राप्त करने के लिए अपेक्षित ज्ञान, कौशल तथा अभिवृत्ति का सम्पूर्ण विकास केवल पाठ्यक्रम के द्वारा ही सम्पन्न होता है। लेकिन वर्तमान पाठ्यक्रम में इसका पूर्णतया अभाव है। वर्तमान में प्रचलित पाठ्यक्रम के अन्तर्गत केवल पुस्तकीय ज्ञान पर बल दिया गया है। शिक्षा एवं जीवन के बीच जो अन्तर है वह कम होना चाहिए। इस संदर्भ में माध्यमिक शिक्षा आयोग ने कहा है–"हमारी माध्यमिक शिक्षा की तरह हमारे पाठ्यक्रम का भी जीवन का कोई सम्बन्ध नहीं है। यह छात्रों को जीवन के लिए तैयार करने में असफल रहा है। यह कक्षा से बाहर की दुनिया का, जिसमें कि वे शीघ्र ही प्रवेश पाने वाले हैं, उन्हें कोई बोध या आभास नहीं कर पाता है।"

3. विद्यार्थी केन्द्रित नहीं (*Not Student Oriented*)–आधुनिक पाठ्यक्रम में पाठ्यवस्तु पर अत्यधिक ध्यान दिया जाता है और छात्र की अवहेलना की जाती है। छात्र की आवश्यकताओं, रूचि एवं क्षमताओं आदि का कोई ध्यान नहीं दिया जाता है। मात्र गणित के सिद्धान्तों एवं तथ्यों को याद करने पर ही अत्यधिक जोर दिया जाता है, और छात्र की चिन्तन, तर्क, कल्पना इत्यादि मानसिक शक्तियों के विकास की अवहेलना की जाती है। फलस्वरूप उनमें आत्मविश्वास एवं आत्म-निर्भरता का भाव भी उत्पन्न नहीं होता है। इस पाठ्यक्रम में छात्र की अपेक्षा शिक्षक ही अत्यधिक क्रियाशील रहता है।

4. विविधता एवं प्रयोग का अल्प स्थान (*Less Space for Variety and Practicals*)–पाठ्यक्रम में विविधता एवं प्रयोगों का अल्प स्थान है। इसमें दृढ़ता और कठोरता अत्यधिक

है। पाठ्यक्रम के ऊपर अनेक परीक्षाएँ अपना गहरा प्रभाव रखती हैं। परीक्षा पास करने के लिए छात्रों को गणित के विभिन्न तथ्यों को मानसिक रूप से स्मरण करना पड़ता है। ऐसा करने से उनकी स्मरण शक्ति पर अत्यधिक गहरा प्रभाव पड़ता है और वे वास्तविक आनन्द का अनुभव नहीं करते है। पाठ्यक्रम में अक्सर समाज की विभिन्न आवश्यकताओं की भी अवहेलना की जाती है।

5. उपयुक्त संगठन की कमी (*Lack of Proper Organization*)–ऐसा देखा गया है कि पाठ्यक्रम में विभिन्न प्रकरणों का समावेश एक तार्किक क्रम में नहीं किया जाता है। साथ ही यह भी पूर्ण रूप से स्पष्ट नहीं होता है कि किस सीमा तक कौन-कौन से प्रकरणों को किस कक्षा में पढ़ाया जायेगा तथा उनको कौन-कौन से अनुभव प्रदान किए जायेंगे। हमारा पाठ्यक्रम एक पक्षीय है। इसके माध्यम से ज्ञान प्रदान करने की क्रिया भी सन्तोषजनक नहीं है।

6. लोचशीलता की कमी (*Lack of Flexibility*)–शिक्षा में नये-नये सिद्धान्तों एवं विधियों की खोज हो जाने के कारण पाठ्यक्रम में संशोधन आवश्यक रूप से होने चाहिए। वर्तमान में विश्व के समक्ष ज्ञान के विस्फोट की समस्या एक विशाल रूप धारण कर चुकी है। हमारा पाठ्यक्रम इस आधुनिकतम ज्ञान की दृष्टि से अत्यधिक पिछड़ा हुआ है। इसका सबसे प्रमुख कारण यह है कि ज्ञान के क्षेत्र में जिस गति से विस्तार हुआ है, हमारे पाठ्यक्रम उस गति से परिवर्तित नहीं हुए हैं। पाठ्यक्रम की रूपरेखा एवं स्वरूप को निश्चित करने के लिए कुछ लक्ष्यों एवं उद्देश्यों को सामने रखना पड़ता है। जैसे शिक्षा के उद्देश्य होते हैं, उनके अनुकूल ही पाठ्यक्रम की रूपरेखा को तैयार पड़ता है, अन्यथा हम शिक्षा के उद्देश्यों को प्राप्त नहीं कर सकते हैं। किसी भी देश का पाठ्यक्रम वहाँ की नीति अथवा विचारधारा के अनुसार ही निश्चित होता है। इतिहास इस बात का गवाह है। भारत में वैदिक काल से वर्तमान काल तक परिस्थिति, काल, विचार तथा आदर्शों के अनुरूप पाठ्यक्रम की रूपरेखा में बदलाव हो रहा है। शिक्षा के उद्देश्यों में परिवर्तन हो जाने पर पाठ्यक्रम की रूपरेखा भी बदल जाती है। वर्तमान में हमारे देश के स्कूलों में गणित का जो पाठ्यक्रम प्रचलित है, वह आज से दो हजार वर्ष पहले न था। इसका मुख्य कारण यह है कि आज हमारी जीवन शैली एवं शिक्षा के उद्देश्य पूर्व से पूर्णरूपेण भिन्न हैं।

वर्तमान में हमारा पाठ्यक्रम एक निर्जीव जर्जर यन्त्र के रूप में शिक्षा प्रक्रिया के साथ जुड़े हुए हैं। इनके द्वारा बालक में प्रजातान्त्रिक जीवन की शैली को अपनाने के लिए अपेक्षित कुशलता, रूचि, अभिवृत्ति एवं मूल्यों का निर्माण करना असम्भव हो गया है। पाठ्यक्रम में दृढ़ता नहीं होनी चाहिए। समय-समय पर पाठ्यक्रम में आवश्यकतानुसार उचित संशोधन भी करते रहना चाहिए। दिन-प्रतिदिन अनेक नवीन समस्याएँ एवं जटिलताएँ बढ़ती जा रही हैं। इसलिए पाठ्यक्रम को समाज एवं राष्ट्र के जीवन के समीप लाने के लिए अत्यन्त आवश्यक है कि समय-समय पर उसका पुनर्गठन किया जाना चाहिए तथा इसके परम्परागत स्वरूप को पूर्ण रूपेण परिवर्तित कर दिया जाए।

शिक्षा से सम्बद्ध सभी स्तरों पर पाठ्यक्रम में आमूल चूल परिवर्तन का सुझाव कोठारी आयोग के द्वारा दिया गया है। इनके अनुसार हमारा वर्तमान में प्रचलित पाठ्यक्रम छात्र को सामाजिक, राजनैतिक एवं आर्थिक जीवन की समस्याओं से निपटने के लिए समर्थ बनाने में सक्षम नहीं है। वह पाठ्यक्रम जिसमें विभिन्न विषयों की शिक्षा के साहित्यिक पक्ष को ही स्थान

प्राप्त है, जिसमें छात्रों के जीवन-अनुभवों को जाग्रत करने के प्रति उदासीनता का भाव निहित है, किसी भी देश की शिक्षा प्रणाली का दोषपूर्ण रूप है। कोठारी आयोग ने हमारे पाठ्यक्रम में विद्यमान इस दोष को अच्छी तरह से पहचाना है, और बड़े ही स्पष्ट रूप से इस पर बल दिया है।

माध्यमिक शिक्षा आयोग 1952—53 के द्वारा प्रचलित पाठ्यक्रम में निम्नलिखित दोषों को बताया गया है–

(1) संकुचित दृष्टिकोण (Narrow out look)

(2) जीवन से असम्बन्धित (Unrelated with Life)

(3) पुस्तकीय एवं सैद्धान्तिक (Bookish and Theoretical)

(4) व्यक्तिगत विभिन्नताओं का अभाव (Negligence of Individual Differences)

(5) परीक्षा की प्रधानता (Examination ridden)

(6) तकनीकी एवं व्यवसायिक शिक्षा व्यवस्था का अभाव (Lack of the Provisions of Technical and Professional Education)

(7) स्कूल से बाहर की दुनिया से दूर (Away from the World outside of the School)

पाठ्यक्रम-निर्माण के सिद्धान्त
(Principles Underlying Curriculum Construction)

गणित में व्याप्त बुराइयाँ एवं वर्तमान में समाज की प्रयोग रहित विषय-वस्तु को हटाकर छात्र एवं शिक्षक, समाज तथा देश की आवश्यकताओं के अनुसार पाठ्यक्रम का निर्माण किया जाना चाहिए। किसी भी स्तर का पाठ्यक्रम निर्माण करते समय सामाजिक एवं सांस्कृतिक आधार को ध्यान में रखना अत्यधिक आवश्यक है। गणित जैसे महत्वपूर्ण एवं दैनिक जीवन में उपयोगी विषय पर परिस्थितियों के बदलते स्वरूप का प्रभाव पड़ता है। पाठ्यक्रम निर्माण में सिद्धान्तों का ज्ञान होना भी अत्यन्त आवश्यक है तथा इन सिद्धान्तों के आधार पर ही एक प्रगतिशील पाठ्यक्रम का निर्माण किया जा सकता है। गणित के पाठ्यक्रम निर्माण में गणित की विषय वस्तु एवं उसकी विशेषताओं को ध्यान में रखना अत्यन्त अनिवार्य है। साथ ही पाठ्यक्रम में मनोरंजक पक्षों का भी यथोचित स्थान रखना अनिवार्य है। आज देश की परिस्थिति के अनुसार ही पाठ्यक्रम होना चाहिए। छात्रों को आकाशीय शोधों एवं अन्य अनुसन्धान क्रियाओं आदि का ज्ञान होना चाहिए। पाठ्यक्रम का निर्माण करते समय छात्रों की मानसिक परिपक्वता, रूचि, ग्रहण शक्ति एवं जिज्ञासा आदि को भी ध्यान में रखा जाना चाहिए, क्योंकि पाठ्यक्रम से कहीं अधिक महत्वपूर्ण छात्र हैं। अतएव पाठ्यक्रम निर्माण में छात्रों की मनोवैज्ञानिक आवश्यकताओं पर विचार करना अत्यन्त आवश्यक है। पाठ्यक्रम निर्धारण के प्रमुख सिद्धान्त इस प्रकार हैं–

(1) *बाल केन्द्रित (Child Centered)*–गणित का पाठ्यक्रम बालकेन्द्रित होना चाहिए अर्थात् पाठ्यक्रम का निर्माण छात्रों की जिज्ञासा, रूचियों, आदि को ध्यान में रखकर किया जाना चाहिए। इसमें छात्र को गणित के प्रति रूचि होनी चाहिए न कि गणित के ज्ञान को अनावश्यक रूप से उसके मन मस्तिष्क में डाला जाये। पाठ्यक्रम का निर्माण करते समय छात्र

की रूचियों, आवश्यकताओं, प्रवृत्तियों, अभिवृत्तियों, क्षमताओं, बुद्धि एवं आयु का ध्यान रखना भी अत्यन्त आवश्यक है। जैसे कि माध्यमिक स्तर पर छात्र वैदिक गणित को अत्यधिक जिज्ञासा से पढ़ना चाहते हैं। इस प्रकार की विषय-वस्तु का समावेश भी पाठयक्रम में किया जाना चाहिए।

(2) *क्रिया प्रधान (Action Oriented)*—पाठ्यक्रम ऐसा होना चाहिए कि गणित में क्रिया प्रधान हो। इसके लिए इसमें प्रयोगात्मक कार्य अधिक से अधिक रखे जाएँ। गणित की वह विषय-वस्तु जो प्रयोगात्मक नहीं है उसे खेल विधियों के द्वारा आकर्षक एवं सरलतम् विधियों के द्वारा छात्रों तक पहुँचाया जाए। इसके लिए सहायक सामग्री चित्र, चार्ट, मॉडल, ग्राफ अथवा अन्य माध्यम से समस्याओं का स्पष्टीकरण करना तथा प्रत्ययों को अच्छी तरह से समझाकर छात्रों के मन-मस्तिष्क में बैठाना चाहिए। छोटी कक्षा के छात्रों को किलोग्राम, लीटर एवं मीटर आदि से स्वयं नापना, तौलना आदि करके ज्ञान देना एक महत्वपूर्ण कार्य है। मात्र स्लेट अथवा कापी पर प्रश्न हल न करवाकर छात्रों को वास्तविक माप तौल से पूर्णरूप से अवगत कराया जा सकता है। इस प्रकार के तथ्य पाठ्यक्रम में सम्मिलित किए जाने चाहिए। उपरोक्त वर्णित क्रिया कलापों के माध्यम से छात्रों को क्रियाशील बनाये रखा जा सकता है।

(3) *विषय-वस्तु को मनोवैज्ञानिक एवं तार्किक ढंग से व्यवस्थित करना (Arragement of Subject Matter according to Psychology and Logic)*—गणित एक ऐसा विषय है जो तर्क से ओत-प्रोत है। इसमें क्या, क्यों, कैसे के उत्तर अवश्य मिलते हैं। इसलिए गणित की विषय-वस्तु को कठिनाई के स्तर को ध्यान में रखकर व्यवस्थित करना चाहिए। जो विषय-वस्तु व्यवस्थित की जा रही है, वह किन-किन आधारों पर आधारित है? वे सिद्धान्त पूर्व की तरह ही छात्रों को पढ़ाए जायें, साथ ही छात्रों की मनोवृत्तियों को भी ध्यान में रखना चाहिए। छात्र की आयु बदलने के साथ-साथ उनकी मनोविज्ञान अर्थात् मानसिक एवं शारीरिक प्रवृत्तियाँ भी परिवर्तित होती रहती हैं।

(4) *व्यक्तिगत भिन्नताओं को ध्यान में रखना (Consideration of Individual Differences)*—सभी छात्रों की उपलब्धि एक समान नहीं होती है। कुछ पिछड़े हुए तथा कुछ प्रतिभाशाली छात्र होते हैं। अत: दोनों प्रकार के छात्रों की प्रतिभाओं को ध्यान में रखकर कुछ सरल विषय-वस्तु तथा कुछ कठिन विषय-वस्तु प्रस्तुत करनी चाहिए जिससे कमजोर एवं प्रतिभावान छात्र अपनी जिज्ञासाओं को पूर्ण रूप से सन्तुष्ट कर सके। सामान्यत: विषय-वस्तु कक्षा में सामान्य छात्रों को ध्यान में रखकर पढ़ाई जाती है। प्रतिभावान एवं पिछड़े हुए छात्रों की ओर कम ध्यान दिया जाता है। इसलिए शिक्षण कार्य तथा पाठ्यक्रम के निर्माण में इन दोनों तथ्यों का ध्यान विशेष रूप से रखा जाना चाहिए।

(5) *कठिनाई स्तर को ध्यान में रखना (Consideration of Difficult Level)*—पाठ्यक्रम निर्माण करते समय गणित में छात्रों के कठिनाई स्तर का विशेष रूप से ध्यान रखा जाना चाहिए। गणित में विषय-वस्तु एक ही पाठ पर अत्यन्त सरल तथा उसी पाठ पर कठिन समस्याओं पर सम्बन्धित हो सकती है। सरल विषय-वस्तु छोटे छात्रों के लिए छोटी कक्षाओं में रखी जा सकती है। तथा उसी पाठ की कठिन समस्याएँ बड़े छात्रों के लिए उच्च कक्षाओं में रखी जा सकती हैं। जिस प्रकार लाभ-हानि से सम्बद्ध प्रश्न कक्षा 4 एवं 5 में भी रखे जा सकते हैं तथा उसी पर कठिन समस्याओं को कक्षा 9 एवं 10 में भी रखा जा सकता है।

(6) *पाठ्यक्रम निर्माण में शिक्षक की सहमति (Teacher's Consent in Curriculum Construction)*—शिक्षक एक शिक्षण क्षेत्र का कुशल एवं सजग सिपाही होता है, उसको शिक्षण क्षेत्र के लिए वास्तविक अनुभव होते हैं, इसलिए शिक्षक का परामर्श प्राप्त करना अत्यन्त आवश्यक है। इसके साथ-साथ उसे पाठ्यक्रम निर्माताओं के साथ शिक्षक को भी एक अभिन्न सदस्य के रूप में भी स्वीकार करना चाहिए जिससे कि वह अपने संचित अनुभवों से ज्ञात समस्याओं से समय-समय पर अवगत कराता रहे। उन सभी समस्याओं का समाधान पाठ्यक्रम में है या नहीं, पर भी विधिवत विचार होना चाहिए। अतएव पाठ्यक्रम निर्माण में शिक्षक का योगदान अत्यन्त महत्वपूर्ण सिद्ध हो सकता है।

(7) *उद्देश्यों को परिवर्तनीय बनाना (Felxible Objectives)*—शिक्षा एवं विषयों के उद्देश्य व्यक्ति, समाज एवं देश की आवश्यकतानुसार, काल, परिस्थितियों एवं राजनैतिक व्यवस्था के साथ परिवर्तित होते रहते हैं। इसलिए इस परिवर्तन के साथ पाठ्यक्रम में भी परिवर्तन किया जाना चाहिए और इसे समय-समय पर आधुनिक करते रहना चाहिए।

(8) *विषयों में सह-सम्बन्ध दर्शाना (Correlation of Subjects)*—गणित एक ऐसा विषय है जिसकी आवश्यकता प्रत्येक विषय को होती है। जिस प्रकार से इतिहास, समाज शास्त्र, भूगोल, रसायन विज्ञान एवं भौतिक विज्ञान आदि समस्त विषयों में सांख्यिकी के रूप में अथवा अति प्राथमिक सिद्धान्तों के रूप में गणित की उपयोगिता होती है। इसलिए गणित को प्रारम्भिक कक्षाओं से लेकर माध्यमिक स्तर तक अनिवार्य विषय बनाना चाहिए। फलस्वरूप हाईस्कूल कक्षाओं के छात्र गणित का उचित सदुपयोग कर सकें और अपने विषय को स्पष्ट बना सकें।

(9) *गणित का विज्ञान में अधिकतम प्रयोग (Extensive Use of Mathematics in Science)*—यह कहना अतिशयोक्ति नहीं है कि गणित विज्ञान का मूलरूप है, विज्ञान व्यवहारिक ज्ञान प्रदर्शित करती है। लेकिन विज्ञान की नींव गणित पर ही टिकी है। जैसे किसी मकान का निर्माण एक अच्छी नींव के बिना सम्भव नहीं है। इसलिए गणित को भी उसी दृष्टि से विज्ञान में प्रयोग किया जाये जिससे कि दोनों का सामंजस्य एक-दूसरे का पूरक बन सके, क्योंकि गणित के नियम एवं सिद्धान्त सर्वमान्य हैं।

(10) *पाठ्यक्रम लचीला हो (Flexibility of Curriculum)*—गणित एक अत्यधिक जटिल विषय है, इसलिए इसका पाठ्यक्रम लचीला होना चाहिए जिससे छात्र व्यक्तिगत भिन्नताओं के आधार पर अपनी व्यक्तिगत रुचियों, प्रकृतियों, आवश्यकताओं, क्षमताओं के अनुसार सीख सकें। लेकिन यदि पाठ्यक्रम अधिक कठिन होगा तो वह छात्रों के लिए उपयोगी सिद्ध नहीं होगा। इसमें शिक्षा मनोविज्ञान की सहायता से इस दोष को दूर किया जा सकता है एवं गणित के पाठ्यक्रम को आवश्यकताओं के अनुसार परिवर्तित किया जा सकता है।

(11) *रूचि तथा अभिरूचिपूर्ण (Interest and Inclination)*—व्यक्तिगत विभिन्नताओं के आधार पर पाठ्यक्रम का निर्माण रूचि एवं अभिरुचि के आधार पर ही करना चाहिए। जैसे छात्र कला, विज्ञान, कॉमर्स एवं कृषि विषयों का अध्ययन अपनी रूचियों एवं अभिरूचियों के आधार पर चयन करता है। इन समस्त विषयों के लिए गणित का पाठ्यक्रम भी अलग-अलग प्रकार का होना चाहिए। कला वर्ग के लिए एवं विज्ञान के लिए गणित का पाठ्यक्रम अलग बनाया गया है। इसी प्रकार से कॉमर्स एवं कृषि के लिए भी गणित का पाठ्यक्रम अलग

बनाया जाना चाहिए और उसमें उसी प्रकार की समस्याओं का समावेश करना चाहिए। जैसे कि कृषि में कृषि सम्बन्धी गणित की समस्याओं को सम्मिलित किया जाना। अन्य विषयों के लिए भी इस तथ्य को ध्यान में रखना चाहिए।

(12) *गणित पाठ्यक्रम में मनोरंजक तत्वों का समावेश (Inclusion of Entertaining Matters in Mathematics Curriculum)*—गणित विषय को अत्यधिक रूचिकर बनाने के लिए उसमें अनेक व्यवहारिक पहेलियों को सम्मिलित किया जाना चाहिए एवं साथ ही कुछ मनोरंजनात्मक समस्याओं को भी पर्याप्त स्थान दिया जाना चाहिए जिससे कि छात्र पहेलियों का निर्माण एवं उन समस्याओं को हल करने में अत्यधिक जिज्ञासु बन सकें तथा समस्याओं को हल करके उनका पूर्ण मानसिक अभ्यास हो सके। जैसे कि सौ रुपए के सौ सिक्के एक-एक रुपए के हैं यदि इनमें से 7 थैलियाँ भरनी है और बन्द भी करनी है। अब कोई व्यक्ति 1 से 100 रुपए तक किसी भी संख्या में रुपए माँगता है तो थैली को खोले बगैर भरी थैली उठाकर उन रुपयों का भुगतान कर सकता है, तो बताइए कि प्रत्येक थैली में कितने रुपए थे।

(13) *संस्कृति एवं सभ्यता के संरक्षण हेतु ज्ञान का सिद्धान्त (Principle of Knowledge for Preservation of Culture and Civilization)*—गणित के द्वारा हमारी संस्कृति एवं सभ्यता का भी संरक्षण किया जाता है। प्राचीन गणित एवं यज्ञ की वेदियों के आधार पर रेखागणित की गणनाएँ एवं हमारे अनेक महापुरुषों की जीवनियों जिन्होंने गणित के क्षेत्र में अत्यधिक योगदान दिया है का ज्ञान पाठ्यक्रम में सम्मिलित किया जाना चाहिए। उनके इस ज्ञान को कुछ विदेशी भी अपने मूलरूप में उसे प्रस्तुत करना चाहते हैं जैसे कि पाइथागोरस प्रमेय हमारे एक भारतीय गणितज्ञ ने सिद्ध की थी, जिसे वर्तमान में पाइथागोरस के नाम से जाना जाता है। इसलिए हमारी संस्कृति एवं सभ्यता के संरक्षण में गणित का अभूतपूर्व एवं महत्वपूर्ण योगदान है।

(14) *सामाजिक एवं सांस्कृतिक आधार (Social and Cultural Base)*—पाठ्यक्रम का निर्माण करते समय सामाजिक मूल्यों, अपेक्षाओं, परम्पराओं तथा संचित कुशलताओं आदि को ध्यान में रखा जाना अत्यन्त आवश्यक है। समाज परिवर्तनशील है और उसकी ऐसी परिस्थितियों के अनुरूप गणित की विषय-वस्तु भी होनी चाहिए। वर्तमान का मानव उत्पादक एवं उपभोक्ता दोनों ही हैं। एक कुशल नागरिक बनाने के लिए उसकी गणितीय आवश्यकताओं को पूरा करना अत्यन्त आवश्यक है। गणित का सामाजिक एवं सांस्कृतिक आधार-निर्धारण करने में निम्नलिखित तथ्यों को ध्यान में रखा जाना अत्यन्त आवश्यक है।

(1) छात्रों की सामाजिक, सांस्कृतिक एवं व्यक्तिगत आवश्यकताओं तथा गणित अध्ययन के द्वारा ही उनकी पूर्ति की प्रबल सम्भावनाएँ।

(2) बढ़ती हुई सामाजिक एवं आर्थिक जटिलताओं के बारे में गणितीय साक्षरता का उचित स्तर।

(3) छात्रों के भावी व्यवसायिक आवश्यकताओं की पूर्ति के लिए गणित का योगदान।

(4) तर्क पूर्ण चिन्तन तथा सूक्ष्मतापूर्वक अभिव्यक्ति करने में गणित का योगदान।

(5) नागरिकों के अतिरिक्त समय का सदुपयोग एवं मनोरंजन के लिए गणित का ज्ञान।

वर्तमान के वैज्ञानिक युग में गणितीय साक्षरता के लिए मनुष्यों को दैनिक जीवन की समस्याओं को समझने, जानने एवं उसे हल करने के लिए निम्नलिखित विधियों का ज्ञान अति आवश्यक है।

(1) साँख्यिकी की विधियाँ।
(2) आरेखीय विधियाँ।
(3) लेखाचित्र सम्बन्धी विधियाँ।
(4) विश्लेषण विधियाँ।
(5) सारणीयन विधियाँ।
(6) प्रतिशतात्मक एवं समानुपातिक विधियाँ।
(7) संख्यात्मक विधियाँ।
(8) तार्किक विधियाँ।
(9) प्रक्षेपणात्मक विधियाँ।
(10) असमिकाओं पर आधारित विधियाँ।
(11) सदिश राशि सम्बन्धी विधियाँ।
(12) त्रिकोणमिति विधियाँ।
(13) रेखागणितीय विधियाँ।

अत: यह स्पष्ट है कि गणित को एक मनोरंजक एवं रूचिपूर्ण विषय बनाने के लिए इस पक्ष को भी पाठ्यक्रम में उचित स्थान प्रदान किया जाना चाहिए। क्योंकि गणित के इस पक्ष से जीवन सुखी एवं समृद्ध बनता है। इसी प्रकार से पाठ्यक्रम में महान गणितज्ञों जैसे भास्कराचार्य, न्यूटन, पाइथागोरस, रामानुजम एवं आइन्सटाइन आदि की जीवन संख्या प्रणाली का इतिहास मापन की नई-नई विधियों आदि को पर्याप्त एवं उचित स्थान दिया जाना चाहिए। आधुनिक युग कम्प्यूटर का युग है, इसलिए छात्रों को कम्प्यूटर का भी ज्ञान होना चाहिए। संख्याओं के आधारों का परिवर्तन अधिकता में अंकों का प्रयोग आधुनिक युग के अत्यन्त महत्वपूर्ण पक्ष हैं, जिनको कि गणित के पाठ्यक्रम में यथोचित स्थान देने की आवश्यकता है।

(15) *उपयोगिता का सिद्धान्त (Principle of Utility)*—उपयोगिता के सिद्धान्त के सन्दर्भ में हरबर्ट स्पेन्सर ने कहा कि, ''शिक्षा जीवन के लिए एक तैयारी मात्र है, इस दृष्टि कोण से शिक्षा द्वारा ही छात्र को उसके भावी जीवन के लिए तैयार किया जाता है और शिक्षा के पाठ्यक्रम के द्वारा ही यह सब सम्भव है। इस प्रकार के प्रकरण जो छात्र के मानसिक विकास करने में सहायक हों, उनको पाठ्यक्रम में उचित स्थान प्रदान किया जाना चाहिए। प्रत्येक व्यक्ति के सामने आज अनेक चुनौतियाँ एवं विषम परिस्थितियाँ विद्यमान हैं, उनका साहस एवं सफलतापूर्वक सामना करने में गणित महत्वपूर्ण योगदान प्रदान करता है। स्वास्थ्य, व्यापार बैंक, बीमा, भूगोल, अर्थव्यवस्था, सांख्यिकी, सारणी एवं लेखाचित्र आदि अनेक पक्ष हैं, जिनका ज्ञान होना अत्यन्त आवश्यक है। मूल्य सूचकांक योजना के उद्देश्य आयात-निर्यात, सुरक्षा, उत्पादन एवं सहयोग आदि ऐसे क्षेत्र हैं जिनमें गणित का उपयोग आवश्यक है। विभिन्न आविष्कारों एवं विज्ञान की प्रगति, गणित का इतिहास, परिचय आदि पर आधारित सामग्री को भी पाठ्यक्रम में स्थान प्रदान किया जाना उचित है।

(16) *अनुशासनिक मूल्यों का सिद्धान्त (Principle of Disciplinany Values)*– गणित के अध्ययन करने से अनेक प्रकार के विकास होते है जैसे तार्किक शक्ति, कल्पना शक्ति,

स्मरणशक्ति, एकाग्रता शक्ति, वैज्ञानिक विधि एवं दृष्टिकोण आदि। उसके अध्ययन से आत्म-विश्वास, आत्म निर्भरता, कार्य में शुद्धता, विश्वास एवं गति जैसे अनेक गुणों का विकास होता हैं। इसलिए वे सभी भाग पाठ्यक्रम में आवश्यक रूप से रखे जाने चाहिए जिससे उपरोक्त शक्तियों का विकास तथा गुणों की उत्पत्ति हो।

(17) *उच्च शिक्षा की आपूर्ति का सिद्धान्त (Principle of Satisfication of Higher Education)*—एक कक्षा से दूसरी कक्षा में पहुँचने के लिए पाठ्यक्रम एक प्रकार से सीढ़ी का कार्य करता है, जैसे कक्षा चौथी के बाद पाँचवी, फिर छठी...नवीं और फिर दसवीं कक्षा और महाविद्यालय अनुसंधान आदि। जो पाठ्यक्रम अगली कक्षा के लिए आधार बनता है, उसमें इस तथ्य का समावेश होना चाहिए कि वह उच्च कक्षा के लिए भी तैयार करें।

(18) *अवकाश के सदुपयोग का सिद्धान्त (Principle of Use of Leisure Time)*—किण्डरसन 1967 ने सन्तुलित व्यक्तित्व के लिए अवकाश के समय का सदुपयोग करने को अत्यन्त महत्वपूर्ण बताया है। गणित में इस कार्य के लिए अनेक अवसर प्राप्त हो सकते हैं। अतएव पाठ्यक्रम का कुछ भाग ऐसा भी होना चाहिए जिसके माध्यम से अवकाश के समय का समुचित उपयोग किया जा सकता है। इसके अन्तर्गत कौशलयुक्त प्रश्न एवं पहेलियाँ आदि का भी समावेश कर सकते हैं।

पाठ्य-वस्तु में प्रयुक्त सिद्धान्त एवं उसकी उपयोगिता निम्नलिखित है—

पाठ्य-वस्तु **Content**	**पाठ्यक्रम रचना में प्रयुक्त सिद्धान्त** **Used Principle in Curriculam Construction**	**सिद्धान्त की उपयोगिता** **Utility of Principle**
1. प्रकरण वर्गमूल—वर्गमूल प्रकरण में निम्नलिखित बिन्दुओ का अध्ययन कराया जायेगा— (अ) क्षेत्रफल संबंधी प्रश्नों में उपयोग (ब) उच्च कक्षाओं में उपयोग (स) मनोरंजन के खेल (द) वर्गमूल ज्ञात करने का सिद्धान्त (य) लघुत्तम ज्ञात करने में प्रयोग (र) ऐतिहासिक विवरण	1. छात्र को केन्द्र मानने का सिद्धान्त 2. उपयोगिता का सिद्धान्त 3. रुचि का सिद्धान्त। 4. अवकाश के सदुपयोग का सिद्धान्त। 5. क्रियाशीलता का सिद्धान्त। 6. अनुशासनिक मूल्य का सिद्धान्त। 7. उच्च शिक्षा में सहायक होने का सिद्धान्त।	1. छात्र को केन्द्र मानने का सिद्धान्त—वर्गमूल एक नूतन प्रकरण है, जिसमें उन्हें रूचि होगी। प्रश्न उनके मानसिक स्तर के रखे जायेंगे। गणना के लिए छोटी संख्याओं का प्रयोग किया जायेगा। 2. उपयोगिता का सिद्धान्त—छात्र वर्गमूल निकालना सीखकर उसे विभिन्न परिस्थितियों में उपयोग करेंगे। विभिन्न प्रकरणों में जहाँ इसकी आवश्यकता होगी प्रयोग कर प्रश्न हल करेंगे। उदाहरण—(1) वर्ग का क्षेत्रफल ज्ञात होने पर उसकी भुजा को ज्ञात कर सकते हैं। (2) समीकरणों में सम्बन्ध स्थापित करने में। (3) श्रीधराचार्य के नियमों के प्रयोग में। 3. अनुशासनिक मूल्य का सिद्धान्त—वर्गमूल ज्ञात करने की दो विधियाँ है। अतः छात्र

(ल) अन्य विषयों में वर्गमूल का उपयोग

उस नियमितता से परिचित हो सकेंगे।

उदाहरण–(1) 625 का वर्गमूल गुणनखण्ड विधि से ज्ञात कीजिए।

(2) 100 का वर्गमूल गुणनखण्ड विधि से ज्ञात कीजिए।

(3) 6760000 का वर्गमूल भाग विधि से ज्ञात कीजिए।

(4) 2704 का वर्गमूल भाग विधि से ज्ञात कीजिए।

4. क्रियाशीलता का सिद्धान्त–मान बताइए इस सिद्धान्त के अन्तर्गत छात्र स्वयं करके हल कर सकेगा। छात्र शिक्षक से सीखने के पश्चात् स्वयं ही कठिन तथा सरल प्रश्नों को हल करेंगे। कक्षा में तथा घर पर वह प्रश्न स्वयं हल करेंगे। इस सिद्धान्त की उपलब्धि होगी।

5. उच्च शिक्षा में सहायक होने का सिद्धान्त–वर्गमूल निकालना सीखकर गणित के अन्य प्रकरणों में सहायता प्राप्त करेंगे। विज्ञान के अन्य विषयों में भी इसकी सहायता लेनी पड़ेगी।

उदाहरण–मान बताइए–

$\sqrt{2x} \times \sqrt{7x} = y$

$x = ?$

6. रूचि एवं अवकाश के सदुपयोग का सिद्धान्त–छात्र गणित के मनोरंजक प्रश्नों का हल करने में तथा अवकाश के समय पत्रिकाओं में दिए प्रश्नों को हल करने में उपयोग करेंगे।

उदाहरण–

(1) दो विधियों से वर्गमूल ज्ञात करना।

(2) बड़ी संख्याओं के वर्गमूल ज्ञात करना।

गणित में पाठ्यक्रम का संगठन (Organisation of Curriculum in Mathematics)

गणित पाठ्यक्रम का संगठन मुख्य रूप से दो पद्धतियों के आधार पर किया जाता है–

(1) उप-विषय एवं कुण्डलीय पद्धति (Topical and Spiral Method)

(2) आयोजित एवं प्रासंगिक पद्धति (Incidental and Organised Method)

उप-विषय पद्धति (Topical Method)

इस पद्धति के अन्तर्गत विभिन्न कक्षाओं के लिए बालकों के मानसिक स्तर एवं आयु के अनुसार उपविषयों का निर्धारण किया जाता है। और यह उपविषय पूर्णतया उसी कक्षा अथवा कक्षाओं में समाप्त कर दिए जाते हैं जैसे जोड़ना, घटाना, गुणा, भाग इत्यादि प्राइमरी कक्षाओं में समीकरण, ब्याज, समानुपात इत्यादि को जूनियर हाईस्कूल की कक्षाओं में पूर्णरूपेण पढ़ा दिया जाता है और फिर बाद की कक्षाओं में इन्हें बिल्कुल नहीं पढ़ाया जाता है। उपविषयों के प्रश्नों को हल करने का पर्याप्त अभ्यास उसी स्तर पर करा दिया जाता है।

उप-विषय पद्धति के गुण (Merits of Topical Method)—उप-विषय पद्धति के प्रमुख गुण निम्नलिखित हैं—

(1) इस पद्धति के द्वारा पर्याप्त मात्रा में काफी समय तक उस विषय के प्रश्न निकालने का अभ्यास हो जाता है, जो आगे चलकर छात्रों को अधिक लाभदायक सिद्ध होता है।

(2) अधिक समय तक पढ़ने एवं अभ्यास करने के कारण छात्र उस विषय का पूर्णज्ञाता बन जाता है, और उसे अच्छी तरह से समझ जाता है।

(3) अधिक समय तक ऐसे ही उप-विषय पढ़ते रहने से छात्रों का ध्यान उप-विषय पर पूर्णरूपेण केन्द्रित रहता है।

उप-विषय पद्धति के दोष (Demerits of Topical Method)—उप-विषय पद्धति में निम्नलिखित दोष पाए जाते हैं—

(1) अधिक समय तक एक ही विषय के प्रश्न निकालते-निकालते छात्र उस उप-विषय के प्रति अपनी रुचि भी खो बैठता है और विषय अरूचिपूर्ण हो जाता है।

(2) उस उप-विषय के प्रश्नों में विभिन्नता न होने के कारण छात्र एक ही प्रकार के प्रश्नों को मशीन की भाँति निकालते रहते हैं।

(3) इस पद्धति में सह-सम्बन्ध से प्राप्त होने वाले लाभ विद्यार्थियों को प्राप्त नहीं हो पाते, क्योंकि इस पद्धति के अनुसार एक समय में केवल एक ही विषय पढ़ाया जाता है।

(4) इस पद्धति के अन्तर्गत विषय 'सरल से कठिन की ओर' के आधार पर संगठित नहीं किया जा सकता है, क्योंकि प्रत्येक उप-विषय के सरल एवं कठिन सभी प्रकार के प्रश्न उसी कक्षा में समाप्त कर दिए जाते हैं।

(5) यह पद्धति विशेषकर छोटी कक्षाओं के लिए उपयोगी सिद्ध नहीं होती है, क्योंकि छात्रों का मानसिक स्तर इतना ऊँचा नहीं होता कि वे प्रत्येक उप-विषय के कठिन प्रश्नों को भी उसी कक्षा में हल कर सकें।

कुण्डलीय पद्धति (Spiral Method)

इस पद्धति के अन्तर्गत किसी भी उप-विषय को किसी भी कक्षा में पढ़ाकर पूर्णरूप से समाप्त नहीं कर दिया जाता है बल्कि छात्रों की आयु और मानसिक स्तर के अनुसार उस उप-विषय के केवल उतने ही कठिन प्रश्न हल करवाये जाते हैं, जिन्हें छात्र आसानी से समझ सकें। उनकी आयु

और मानसिक स्तर के बढ़ जाने पर उस उप-विषय को पुन:पढ़ाया जाता है और तब पहले की अपेक्षा और अधिक कठिन प्रश्न हल करवाये जाते हैं। इस प्रकार छात्र के मानसिक स्तर के साथ-साथ उप-विषय का कठिनाई स्तर बढ़ाया जाता है। जैसे कि ब्याज से सम्बद्ध प्रश्न कक्षा 6 से लेकर 10 तक अलग-अलग कक्षाओं एवं समय पर हल कराये जाते हैं। इसी प्रकार से समानुपात का साधारण ज्ञान कक्षा 7 में दिया जाता है, और इस पर आधारित कठिन प्रश्नों का अभ्यास कक्षा 9 एवं 10 में कराया जाता है। प्रत्यय से सम्बद्ध सम्पूर्ण जानकारी शुरू में ही दे दी जाती है, फिर भी हमारे नवीन ज्ञान के प्रस्तुतीकरण का आधार पूर्वज्ञान ही होता है।

कुण्डलीय गुण (Merits of Spiral Method)–इस पद्धति के प्रमुख गुण निम्नलिखित हैं–

(1) यह पद्धति 'सरल से कठिन की ओर' तथा 'पूर्ण से अंश की ओर' दो प्रमुख शिक्षण सूत्रों पर आधारित है।

(2) प्रश्नों का कठिनाई स्तर छात्रों के मानसिक स्तर के अनुकूल होने के कारण उनको हल करने में अधिक रूचि लेते हैं और विषय अरूचिपूर्ण नहीं बन पाता है।

(3) छात्र को प्राप्त किए गए ज्ञान को अनेक बार दोहराने के अवसर प्राप्त होते हैं।

(4) एक ही कक्षा में अनेक उप-विषय साथ-साथ पढ़ने के कारण सह-सम्बन्ध का अवसर भी प्राप्त होता है साथ ही विषय भी रुचिपूर्ण बन जाता है।

(5) यदि छात्र को किन्हीं कारणों से अपनी पढ़ाई बीच में ही छोड़नी पड़े तो उप-विषय थोड़े पढ़ लेने के कारण उसे गणित की सभी बातों की जानकारी भी प्राप्त हो जाती है।

कुण्डलीय दोष (Demerits of Spiral Method)–कुण्डलीय पद्धति के कुछ प्रमुख दोष निम्नलिखित हैं–

(1) इस पद्धति के आधार पर जो शिक्षक किसी कक्षा विशेष को प्रथम वर्ष में पढ़ा रहा है। वही शिक्षक उस कक्षा को अन्तिम वर्ष तक पढ़ाये।

(2) छात्र को किसी भी विषय या उप-विषय को अच्छी तरह से एवं पूर्णरूप से समझाने के लिए पर्याप्त समय नहीं मिल पाता है।

(3) किसी कक्षा में किसी भी उप-विषय को ठीक प्रकार से न समझ सकते हैं। जिससे उप-विषय के प्रति छात्र की अरूचि हो जाती है और फिर वह उस विषय को पूर्णरूप से समझने में असमर्थ ही बना रहता है।

(4) प्रत्येक कक्षा अथवा स्तर पर उन्हीं उप-विषयों को निरन्तर पढ़ते रहने के कारण छात्र किसी भी प्रकार की नवीनता का अनुभव नहीं करते हैं।

आयोजित एवं प्रासंगिक पद्धति (Organised and Incidental Method)

प्रोजेक्ट विधि के द्वारा प्राप्त किया गया ज्ञान प्रासंगिक होता है। ये प्रोजेक्ट प्रणाली हरबर्ट के विषय संगठन का परिणाम है। इसमें केवल एक ही विषय को केन्द्र मानकर पढ़ाया जाता है। उसे पढ़ाते समय जो अन्य विषय पढ़ाए जाते हैं। और वह अचानक ही पढ़ाए जाते हैं, जबकि पढ़ाने वाले ने इनको पढ़ानें की कोई विशेष योजना नहीं बनायी होती। मान लीजिए हमारा केन्द्रीय विषय है 'भाखड़ा डैम का भ्रमण'। इस विषय का अध्ययन करते समय पिछले अनुभवों

का ज्ञान स्थान कहाँ है, किधर है, ऊँचा है, या नीचा है। (भूगोल) जलवायु वहाँ के पेड़-पौधे, बिजली कैसे बनेगी, मशीनें कैसे चलती हैं? भ्रमण का व्यय, भाखड़ा डैम का व्यय, सम्पूर्ण योजना का व्यय, रुपया कहाँ से आया आदि का ज्ञान आवश्यक है। पढ़ाने का विषय मात्र भाखड़ा डैम का भ्रमण है। इतिहास, भूगोल, विज्ञान, इंजीनियरिंग एवं गणित का ज्ञान मार्ग में जाते हुए स्वयं ही हो गया है। इस प्रकार गणित पढ़ाने की विधि को प्रासंगिक विधि कहा जाता है। इस विधि का यह सिद्धान्त यह है कि ज्ञान एक ईकाई के रूप में ही देना चाहिए। इस विधि से यह आशा की जाती है कि छात्र ज्ञान के सभी अंगों से परिचित हो सकेंगे। इस विधि का खेल विधि के साथ अत्यधिक सम्बन्ध हैं। छात्र, डाकिया, दुकानदार, बैंक बाबू, रेलवे बाबू सम्बन्धित गणित खेल ही खेल में सीख जाते हैं। स्कूलों में यदि ऐसे प्रोजेक्ट चलाए जायें तो छात्र कितने ही विषयों का ज्ञान प्राप्त कर सकते हैं।

लेकिन अब सवाल यह आता है कि क्या वास्तव में छात्र इस विधि से गणित सीख जाते हैं। इस सन्दर्भ में श्री कुप्पू स्वामी का कथन है कि, "प्रोजेक्ट में छात्र गणित की नवीन बातें नहीं सीखते हैं, बल्कि सीखी गई बातों को प्रयोग में लाते हैं। प्रोजेक्ट प्रणाली पढ़ाने की विधि नहीं अभ्यास की विधि है। इसके अलावा, इस विधि में समय तथा धन दोनों का अपव्यय होता है। इस विधि के द्वारा छात्र उच्च कोटि का ज्ञान प्राप्त कर सकते हैं लेकिन गणित नहीं सीख सकते हैं। गणित पढ़ाने के लिए एक विशेष योजना अनिवार्य हैं। गणित को गणित के रूप में पढ़ाया जाना चाहिए और यह आयोजित विधि के द्वारा ही सम्भव है। पाठ्यक्रम निर्माण करते समय इस बात का ध्यान भी रखा जाना चाहिए कि कोई विषय कम न रह जायें। प्रोजेक्ट विधि के द्वारा कक्षा में छात्रों को पढ़ाते समय ज्ञान के अनेक अंग अधूरे रह जाते हैं। पाठ्यक्रम का निर्माण करते समय यह ध्यान रखना चाहिए कि पाठ्यक्रम में इस प्रकार की व्यवस्था का प्रबन्ध भी किया गया है या नहीं।

विभिन्न स्तरों पर गणित पाठ्यक्रम (Maths Curriculam at Different Stages)

विभिन्न स्तरों पर गणित का पाठ्यक्रम निम्नप्रकार से होता है—

प्राथमिक स्तर पर (At Primary Stage)—प्राथमिक स्तर पर गणित का पाठ्यक्रम छात्रों के स्वयं के अनुभवों के आधार पर बनाया जाना चाहिए। क्योंकि इस स्तर पर छात्रों में अलग-अलग बातों को जानने की जिज्ञासा प्रबल हो जाता है, तथा छात्र अपने से बड़ों से पूछकर अपनी अनेक शंकाओं का समाधान करता रहता है। इसलिए शिक्षकों को छात्रों की इस जिज्ञासा को ध्यान में रखकर ही पाठ्यक्रम का निर्माण करना चाहिए। इसके अलावा हमें इस बात का भी ध्यान रखना चाहिए कि भारत जैसे गरीब देश में इस स्तर पर 'अपव्यय एवं अवरोधन' की समस्या होने के कारण प्राय: अधिकांश छात्र पढ़ना छोड़ देते हैं और अन्य किसी व्यवसाय से जुड़ जाते हैं। इसलिए गणित के पाठ्यक्रम में इस प्रकार के कोर्स की भी व्यवस्था की जानी चाहिए जो उनके दैनिक जीवन एवं व्यवसाय में उपयोगी सिद्ध हो सके।

उपरोक्त वर्णित तथ्यों को ध्यान में रखते हुए प्राथमिक कक्षाओं के पाठ्यक्रम में अंकगणित के अन्तर्गत संख्याओं, साधारण जोड़, घटाना, गुणा, भाग, किलोग्राम, ग्राम, रुपए एवं उससे सम्बन्धित जोड़, घटाना, गुणा, भाग, लघुत्तम, महत्तम, भिन्न, दशमलव, क्षेत्रफल, काम और

समय सम्बन्धी प्रश्न एवं साधारण ब्याज, लाभ-हानि सम्बन्धी प्रश्न होने चाहिए। रेखागणित में त्रिभुज, चतुर्भुज आदि विभिन्न प्रकार की आकृतियों का भी ज्ञान कराना चाहिए।

मिडिल स्तर पर (At Middle Stage)—इस स्तर पर छात्रों की रूचियों एवं योग्यताओं में वृद्धि हो जाती है तथा उनकी योग्यताओं में भी अन्तर आ जाता है। अत: इनका पाठ्यक्रम भी इस प्रकार का होना चाहिए कि उसमें छात्रों को अपनी रूचि एवं योग्यता के अनुसार चयन करने की गुँजाइश बनी रहे। इस स्तर पर छात्रों की योग्यता में इतनी वृद्धि होती है कि वे सूक्ष्म बातों को भी समझने लगते हैं। इसलिए रेखागणित के साध्यों को इस अवस्था के बालकों को पढ़ाया जा सकता है। बीजगणित का भी प्रारम्भिक ज्ञान दिया जा सकता है।

उपरोक्त वर्णित तथ्यों को ध्यान में रखते हुए मिडिल कक्षाओं के बालकों को अंकगणित के एकिक नियम, वर्गमूल, अनुपात और समानुपात, प्रतिशत, क्षेत्रफल और ग्राफ इत्यादि को पढ़ाया जा सकता है। बीजगणित के चारों नियम-जोड़, घटाना, गुणा, भाग, कोष्ठक तोड़ना तथा समीकरण का ज्ञान कराया जा सकता है। रेखागणित में विभिन्न नामों के त्रिभुजों और चतुर्भुजों की रचना तथा इन पर आधारित साध्य एवं अभ्यास पढ़ाये जा सकते हैं।

हाईस्कूल स्तर पर (At High School)—हाईस्कूल स्तर तक आते-आते छात्रों में व्यक्तिगत भिन्नताएँ अधिक हो जाती हैं। कुछ छात्र हाईस्कूल करने के पश्चात् ही पढ़ाई छोड़ देते हैं। तथा किसी व्यवसाय से जुड़ जाते हैं। कुछ बालक हाईस्कूल पास करने के पश्चात् उच्च शिक्षा ग्रहण करके किसी अच्छे व्यवसाय जैसे-प्रोफेसर, डॉक्टर, इन्जीनियर, वकील आदि बनना चाहते हैं। इसलिए इन सभी दृष्टिकोणों को ध्यान में रखते हुए ही पाठ्यक्रम की रचना करनी चाहिए। गणित के पाठ्यक्रम में कुछ प्रकरण ऐसे भी रखना चाहिए जो व्यवसाय में उपयोगी हों, अधिक कठिन न हों, तथा ऐसे भी प्रकरण होने चाहिए जो गणित की उच्च शिक्षा की तैयारी में भी सहायक हों।

कक्षा 8 का पाठ्यक्रम (Curriculum of Class VIII)

अंकगणित (Arithmetic)—मिश्र अनुपात, समानुपाती आग, घनमूल, आयतन, वर्गमूल, आयतन, व्यवहार गणित, चक्रवृद्धि ब्याज, त्रिभुज एवं सम्लम्ब के क्षेत्रफल, खेतों का क्षेत्रफल और आँकड़ों का लेखाचित्र।

बीजगणित (Algebra)—युगपत समीकरण, युगपत समीकरण पर आधारित इबारती प्रश्न, सूत्र और फलन लेखाचित्र, संख्या पद्धति आदि।

रेखागणित (Geometry)—सर्वांगसम त्रिभुज, विषमबाहु त्रिभुज, निर्मेय, समान्तर चतुर्भुज, त्रिभुजों की रचना, चतुर्भुजों की रचना, चतुर्भुजों का क्षेत्रफल, पाइथागोरस प्रमेय एवं बिन्दु पथ।

हाईस्कूल कक्षाओं का पाठ्यक्रम (Curriculum of High School Class)

अंकगणित एवं सांख्यिकी (Arithmatics and Statistics)

अंकगणित (Arithrnatic)—नाप-तौल की आधारभूत इकाइयाँ वृत्त और क्षेत्रफल, प्रतिशतता, लाभ-हानि, अनुपात और समानुपाती भाग, साझा, साधारण ब्याज, चक्रवृद्धि ब्याज, बैंक जमा पूँजी तथा भुगतान।

सांख्यिकी (Statistics)—सांख्यिकी का अर्थ, परिभाषा, क्षेत्र तथा सीमाएँ, वर्गीकरण तथा बारम्बारता बंटन, केन्द्रीय प्रवृत्ति की मापें, विक्षेपण की मापें।

बीजगणित तथा त्रिकोणमिति (Algebra and Trigonometry)

बीजगणित (Algebra)—पूर्णांक, क्रमविनिमय, साहचर्य तथा बंटन नियम, गुणनफल, क्षेत्रफल, प्रमेय तथा चक्रीय क्रम के गुणनखण्ड, महत्तम समापवर्तक, लघुत्तम समापवर्तक, भिन्न, सरल समीकरण, प्रारम्भिक विलोपन, सरल युगपत समीकरण, द्विघात समीकरण रैखिक युगपत, घातांकों के सिद्धान्त, लघुगणक, एक घातीय तीन अज्ञात राशियों वाले युगपत समीकरण, संख्या पद्धति, समुच्चय सिद्धान्त तथा प्रतिचित्रण।

त्रिकोणमिति (Trigonometry)—वृत्तीय फलन तथा उसमें परस्पर सम्बन्ध, कुछ कोणों के वृत्तीय फलनों के मान, किसी भी परिमाण के कोणों के वृत्तीय फलन, दो कोणों के योग एवं अन्तर के त्रिकोणमितीय अनुपात, बहुल एवं अपवर्तक कोणों के त्रिकोणमितीय अनुपात, योगफलों और गुणनफलों का रूपान्तरण, सरल त्रिकोणमितीय समीकरण, ऊँचाई और दूरियाँ ज्ञात करने में त्रिकोणमितीय का प्रयोग।

रेखागणित तथा मेन्सुरेशन (Geometry and Mensuration)

रेखागणित (Geometry)—बिन्दु पथ, क्षेत्रफल, प्रक्षेप-परिभाषा, अन्तरित कोण, संस्पर्श, वृत्त खण्ड पर आधारित त्रिभुजों की रचना, सीधी रेखा का विभाजन, वृत्त से सम्बन्धित कुछ उपादेय, रचनाएँ, विविध रचनाएँ आदि।

मैन्सुरेशन (Mensuration)—समान्तर षटफलक, लम्बप्रिज्म, सूची स्तम्भ, लम्बवृत्तीय बेलन, शंकु, गोला।

गणित पाठ्यक्रम में सुधार (Improvement in the Existing Curriculum)—प्रथम बार जब सन् 1957 ई० में सोवियत संघ के द्वारा स्पूतनिक प्रथम छोड़ा गया था तो संसार के अनेक देशों के महान गणितज्ञों के दिमाग में हलचल उत्पन्न हो गई। गणित एवं विज्ञान के प्रचलित पाठ्यक्रमों की विधिवत जाँच की जाने लगी, और इसमें सुधार के व्यापक प्रयास किए जाने लगे।

अमेरिका में सन् 1959 में "The Commission on Mathematics of the College Entrance Examination" नामक एक कमीशन की नियुक्ति हुई और इसकी रिपोर्ट सन् 1959 ई० में प्रकाशित हुई।

कमीशन की कुछ प्रमुख सिफारिशें निम्नलिखित हैं—

1. Story Preparation both in Concept and Skills for College Mathematics at the level of Calculus and Analytic Geometry.
2. Understanding of the nature and role of deductive reasoning in Algebra as well as in Geometry.
3. Appreciation of Mathematical Structure of Patterns Properties of natural, rational, real and Complex numbers.
4. Judicious use of Unifying ideas-sets, Varibles, Functions and relations.

5. Incorporation with Plane Geometry of Some Co-ordinate Geometry and essentials of Solid Geometry and·Space Perception.
6. Emphasis in grade XI On Fundamental.Trigonometry Centred On Co-ordinates, Vectors and Complex number.
7. Emphasis in grade XII on elementry Functions-Polynomi exponential and ciruclar.
8. Probability with Statistical application in Modern Algebra.

"Education cannot remain a living force, if it does not keep pace with the change and developments that take place in the Social organization and economic life in the People."–Dr. K.L. Shrimali

इन सिफारिशों पर खरा उतरने के लिए एक क्रियात्मक पाठ्यक्रम का स्वरूप उत्पन्न करना पड़ेगा। अक्सर यह कहा जाता है कि वर्तमान में प्रचलित पाठ्यक्रम हमारी समाज की आवश्यकताओं के अनुकूल नहीं है। इस समस्या को दूर केवल पाठ्यक्रम में सुधार करने से नहीं किया जा सकता है। पाठ्यक्रम का सीधा सम्बन्ध हमारी शैक्षिक योजनाओं से है, लेकिन शैक्षिक योजनाओं के निर्धारण से हमारा दृष्टिकोण संकुचित होने के कारण एवं समाज की वास्तविक सीमाओं एवं वातावरण का समुचित अध्ययन न कर पाने से अपने उद्देश्य पर पूर्ण उत्तर नहीं पाता। यहाँ पर आवश्यक है कि हमारे गणित का स्वरूप नया हो एवं प्रचलित पाठ्य–पुस्तकों के अनुपयोगी, अनावश्यक प्रकरणों को दूर किया जाये जो वर्तमान समय में अनुकूल नहीं पाए जाते हैं। नवीन शिक्षा प्रणाली के अन्तर्गत जो गणित के पाठ्यक्रम की रूपरेखा प्रस्तुत की गई है वह किस हद तक वर्तमान परिस्थितियों के अनुकूल है तथा उसने गणित के प्राचीन रूप को एक आधुनिक गणित का स्वरूप प्रदान किया है, इसकी जांच की जाए। समाज की जो मान्यताएँ होती हैं वह भी एक प्रकार से शिक्षा के स्वरूप से अप्रत्यक्ष रूप से जुड़ी हुई हैं, अतएव हम सबका यही प्रयास होना चाहिए कि शिक्षा की एक नवीनतम प्रणाली प्रस्तुत की जाये जिसका स्वरूप सैद्धान्तिक न होकर व्यवहारिक अधिक हो।

अध्याय 13

गणित क्लब में मनोरंजक क्रियाएँ
(Recreational Activities in Mathematics Club)

"At a Psychological level, exposure to mathematics helps in developing an analytic mind and assists in better organization of ideas and accurate expression of thoughts."

अर्थ (Meaning)

गणित एक नीरस एवं शुष्क विषय है, यही कारण है कि छात्र इसमें किसी भी प्रकार की रूचि का अनुभव नहीं करते हैं। इसे एक शुष्क विषय के रूप में जाना जाता है। गणित विषय पर फैली इस धारणा को गणित विषय में मनोरंजनात्मक क्रियाओं का समावेश करके दूर किया जा सकता है। विभिन्न प्रकार की मनोरंजक क्रियाओं को गणित में स्थान देकर गणित को एक जीवन्त, रूचिकर एवं सरस स्वरूप प्रदान किया जा सकता है। इस प्रकार की विविध मनोरंजक क्रियाएँ गणित विषय में विविधता तथा रूचि का भरपूर विकास करती है।

प्राचीन काल में गणित का अध्ययन मुख्य रूप से मनोरंजक मूल्य के कारण और अवकाश के समय का विधिवत उपयोग करने के लिए किया जाता था। संख्याओं से खेलना एवं विभिन्न प्रकार की गणितीय व्यवहारिक समस्याओं को हल करना आदि क्रियाओं में लोग अत्यधिक रूचि एवं आनन्द का अनुभव करते थे। गणित विषय में पहेलियों का समावेश मनोरंजन का एक उत्तम साधन थीं। ये पहेलियाँ हास परिहास, हँसी ठिठोली, व्यंग्य एवं रस से परिपूर्ण होती हैं।

गणित में मनोरंजक क्रियाओं का महत्व
(Importance of Recreational Activities in Mathematics)

गणित में मनोरंजक क्रियाओं के प्रमुख महत्व निम्नलिखित हैं–

(1) विभिन्न मनोरंजक क्रियाएँ कक्षा के वातावरण में एक स्वस्थ परिवर्तन लाती हैं।

(2) मनोरंजक क्रियाओं से गणित विषय में रुचि उत्पन्न होती है।

(3) मनोरंजक क्रियाओं के आयोजन से छात्र गणित के महत्व एवं उसकी सुन्दरता को भली प्रकार से पहचानते हैं।

(4) इस प्रकार की मनोरंजक क्रियाएँ खेल-भावना का विकास करती हैं एवं पारस्परिक सहयोग एवं एक स्वस्थ प्रतिस्पर्धा को प्रोत्साहित करती है।

(5) मनोरंजक क्रियाएँ छात्र की बुद्धि को तीव्र एवं प्रखर करती हैं। साथ ही यह त्वरित चिन्तन को बढ़ावा देती हैं।

(6) इस प्रकार की क्रियाएँ छात्र को अवकाश के क्षणों के सदुपयोग के लिए तैयार करती हैं। इसलिए गणित में पहेलियों का स्थान स्पष्टरूप से झलकता है।

(7) ये मनोरंजक क्रियाएँ अनेक सूक्ष्म सम्बन्ध स्थापित करती हैं। जो कभी-कभी अनावश्यक एवं व्यर्थ होती हैं।

मनोरंजक क्रियाओं के प्रयोग में प्रयुक्त सावधानियाँ
(Precautions regarding Organization of Recreational Activities)

गणित विषय में मनोरंजक क्रियाओं का महत्वपूर्ण स्थान है। इस प्रकार की क्रियाएँ आनन्द प्राप्त करने का एक सशक्त माध्यम है। साथ ही छात्र के अवकाश के क्षणों के सदुपयोग की दृष्टि से अपना विशेष महत्व है। इस प्रकार की क्रियाओं के द्वारा समुचित तरीके से लाभ प्राप्त करने के लिए इन क्रियाओं का आयोजन या प्रयोग ठीक तरह से किया जाना चाहिए। मनोरंजक क्रियाओं का आयोजन करते समय निम्नलिखित बातों का ध्यान में रखा जाना अत्यन्त आवश्यक है–

(1) इन क्रियाओं का आयोजन करने के लिए समय-सारणी में एक प्रहर निश्चित किया जाना चाहिए। तथा शिक्षक को चाहिए कि वह अपने छात्रों को इस व्यवस्था से सही रूप में अवगत करा दें।

(2) शिक्षक किसी बुद्धिमान एवं तेज छात्र को इन क्रियाओं के आयोजन का इन्चार्ज बना दें एवं इन्हें सचिव आदि बनाना चाहिए और इनको नाम दें।

(3) जो भी छात्र इन क्रियाओं में भाग लेने के उत्सुक हों उनको अपना नाम इन्चार्ज बनाए गए छात्र को समय से पहले देने के लिए कहा जाए।

(4) सभी छात्रों को शिक्षक द्वारा निदेशित किया जाना चाहिए कि वे निश्चित तिथि पर इन क्रियाओं में भाग लेने के लिए अपनी पहेलियों एवं अन्य क्रियाओं के साथ तैयार होकर आये।

(5) भाग लेने वाले छात्रों को मंच पर अपने-अपने प्रदर्शन के लिए स्टेज पर एक-एक करके बुलाना चाहिए।

(6) स्टेज पर एक समय में केवल एक ही छात्र को अपनी प्रस्तुति के लिए निर्देशित किया जाये।

(7) शिक्षक या प्रतिभागी छात्र को किसी पहेली में निहित सिद्धान्त या सूत्र को पूर्णरूपेण स्पष्ट कर देना चाहिए।

(8) पहेलियों के अत्यधिक प्रयोग को निरूत्साहित करना चाहिए।

(9) शिक्षक को प्रदर्शन के लिए कुछ रूचिकर पहेलियों का ही चयन करना चाहिए जो छात्र के विषय या किसी प्रकरण से सम्बन्धित हों, जिसका वह शिक्षण कर रहा है। इस तरह की पहेलियों का अत्यधिक प्रेरणात्मक मूल्य होता है।

गणित में प्रयोग की जाने वाली कुछ प्रमुख मनोरंजक क्रियाएँ निम्नलिखित हैं–

शीघ्र गणनाएँ (Rapid Calculation)

सरलगुणा (Simple Multiplication)—सरल गुणा से संबंधित प्रश्न हम निम्नप्रकार से हल करते हैं—

(1) किसी संख्या को 10,100,1000 आदि से गुणा करने के लिए संख्या में केवल 1,2, या 3 शून्य जोड़िए अथवा दाईं ओर दशमलव एक, दो, तीन स्थानों तक हटाइए।

(2) संख्या को 5 से गुणा करने के लिए दाईं ओर एक शून्य बढ़ाकर 2 से भाग दीजिए।

(3) किसी भी संख्या को 25 से गुणा करने के लिए दाईं ओर दो शून्य बढ़ाकर 4 से भाग दीजिए।

(4) संख्या को 125 से गुणा करने के लिए दाईं ओर तीन शून्य बढ़ाकर 8 से भाग दीजिए।

(5) किसी भी संख्या को 15, 35, 45 से गुणा करने के लिए क्रमशः संख्या में 30, 70, 90 से गुणा करके 2 से भाग दीजिए

(6) संख्या को 99, 999 इत्यादि से गुणा करने के लिए क्रमशः 100, 1000 से गुणा करके उसमें से उस संख्या को घटा दो।

भाग (Division)—भाग से सम्बन्धित प्रश्न निम्नानुसार हो सकते हैं—संख्यायें 10 से या 10 के किसी घातांक से विभाजित की जा सकती है केवल दशमलव बिन्दु को दायीं ओर उतने स्थान तक खिसकाकर जितने भाजक में शून्य है।

भाग परीक्षण (Test of Divisibility)—संख्याएँ पूर्णतया विभाजित की जा सकती हैं—

2 से विभाजित—यदि संख्या के इकाई स्थान पर कोई सम संख्या आती है।

3 से विभाजित—यदि दी गई संख्या के सभी अंकों का योग 3 से विभक्त हो रहा है। तो संख्या 3 से विभाज्य है।

4 से विभाजित—यदि किसी संख्या के अन्तिम दो अंक 4 से विभाजित हो रहे हैं, तो संख्या 4 से विभाज्य है।

5 से विभाजित—यदि संख्या का आखिरी अंक यानी इकाई स्थान पर यदि 0 या 5 आता है, तो संख्या 5 से विभाज्य है।

6 से विभाजित—यदि दी गई संख्या 2 और 3 से विभाजित हो जाती है तो वह संख्या 6 से भी विभाज्य है।

8 से विभाज्य—यदि दी गई संख्या के आखिरी तीन अंक 8 से विभाज्य हैं तो संख्या 8 से विभाज्य है।

9 से विभाज्य—यदि दी गई संख्या के अंकों का योग 9 से विभाज्य है तो वह संख्या 9 से विभाज्य है।

11 से विभाज्य—यदि दी गई संख्या के सम संख्याओं का योग विषम संख्याओं के योग के बराबर हो अथवा इन दोनों का अन्तर 11 का एक गुणक है तो वह संख्या 11 से विभाज्य है।

12 से विभाज्य—यदि संख्या 3 और 4 से विभाज्य है तो वह संख्या 12 से भी विभाज्य है।

विस्तार एवं पेचीदगी (Involution and Evolution)

उदाहरण 1.

$$36 \times 19 = 36\,(20-1) = 720 - 36 = 684$$
$$57 \times 98 = 57\,(100-2) = 5700 - 114 = 5586$$
$$25 \times 29 = 25\,(30-1) = 750 - 26 = 724$$
$$(x^5)^2 = (10x+5)^2 = 100x^2 + 100x + 25$$
$$= 100x\,(x+1) + 25$$

उदाहरण 2.

56	37	91	81	52	43
×54	×33	×99	×89	×58	×47

उदाहण 3.

$$10^2 = 10 \times 10 = 100$$
$$11^2 = 11 \times 11 = 121$$
$$= 100 + 10 + 11 = 121$$

इसी प्रकार– $(a-1)^2 = a^2 - 2a + 1$

$$= a^2 - [a + (a-1)]$$
$$(10a+5)^2 = 100a^2 + 100a + 25$$
$$30^2 = 900$$
$$35^2 = 900 + 325 = 1225$$

यहाँ पर $a = 3$, $100a + 25$ साधारणतय: 3 के साथ 25 लिखना इसके बाद–

$$997 \times 997 = (997+3)\,(997-3) + 3 \times 3 = 944009$$
$$79 \times 79 = 80 \times 78 + 1 \times 1 = 6241$$
$$988 \times 988 = 1000 \times 976 + 12 \times 12 = 976144$$

इसका हल निम्न सर्वसमिका से प्राप्त करते हैं–

$$A^2 = A^2 - B^2 + B^2 = (A+B)\,(A-B) + B^2$$

किसी भी संख्या का वर्ग ज्ञात करने की सामान्य विधि (General Method of Squaring any Nature)

उदाहरण

$$75 \times 75 = 5625$$

कार्य $3 \times 3 = 9$

$6 \times 7 = 42:2$ डाउन कैरी

$7 \times 7 = 49$ घन $4 = 53$

यह निम्न बीजगणितीय सूत्र पर आधारित है–

$$(A+B)\,(A+B) = A^2 + 2AB + B^2$$

गणित में पहेलियाँ (Riddles in Mathematics)

मिथ्याबोध (Paradox)–मिथ्यबोध से आशय है कि जो देखने में तो असत्य लगती है लेकिन वास्तव में सत्य होती है या फिर जो देखने में सत्य लगती है लेकिन वास्तव में असत्य

होता है। अथवा जो स्वत: ही विरोधाभासी होता है। यह निर्देशात्मक होता है, और उन लोगों के लिए अत्यधिक उत्तम समय व्यतीत करने का एक साधन है। यह छात्र गणित में बहुत कम सीख पाता है।

कुछ उदाहरणों के द्वारा इसकी पुष्टि होती है जो इस प्रकार से हैं–

उदाहरण 1– दो पिता और दो पुत्र एक शहर को छोड़ते हैं। शहर की जनसंख्या 3 कम हो जाती है। क्या यह गलत है। नहीं यह सत्य है–बशर्ते इन तीनों में पिता, पुत्र तथा पौत्र सम्मिलित हों।

उदाहरण 2–एक होटल में तीन व्यक्तियों ने खाना खाया, वेटर ने उन्हें तीस रुपए का बिल दिया एवं उनमें से प्रत्येक ने वेटर को दस-दस रुपए दिए, और वेटर के द्वारा यह पैसा काउन्टर पर जमा किया गया। वेटर ने यह भी बताया कि बिल गलत है इसमें तीस के स्थान पर 25 होना चाहिए था। काउन्टर से उसे 5 रुपए वापस करने के लिए दिए गए। वेटर पांच रुपए लेकर यह सोचने लगा कि इन पाँच रुपयों को तीन व्यक्तियों में कैसे बाँटा जाए, यह कठिन कार्य है एवं ये तीनों व्यक्ति वास्तविक बिल जानते भी नहीं हैं। ऐसा सोचकर उसने वह पाँच का नोट अपनी जेब में रख लिया और तीनों व्यक्तियों को एक-एक रुपया दे दिया। इस तरह से प्रत्येक व्यक्ति ने 9 रुपये का खाना खाया तीनों का कुल मिलाकर 27 रुपये हुआ। यदि इसमें 2 रुपए वेटर वाले भी मिला दिए जाये तो कुल रुपए 29 होते हैं। जबकि तीन लोगों में कुल मिलाकर तीस रुपए दिए थे, तो एक रुपया कहाँ गया।

उदाहरण 3. एक व्यक्ति के बैंक खाते में 100 रुपए जमा थे, उनमें से वह निम्नप्रकार से रुपए निकालता है–

निकासी	शेष
रुपये 40	रुपए 60
रुपए 30	रुपए 30
रुपए 18	रुपए 12
रुपए 12	रुपए 00
योग रुपए 100	रुपए–102

बताइए कि अतिरिक्त रुपए 2 कहाँ से आए।

उदाहरण 4–एक घड़ी 5 सेकेण्ड में 6 बजाती है। बारह बजाने में वह कितना समय लेगी?

उत्तर–10 सेकेण्ड नहीं बल्कि ।। सेकेण्ड

उदाहरण 5– एक मेंढक 30 फुट गहरे एक कुएँ में है, वह ऊपर आने के लिए प्रतिघण्टा 3 फुट चढ़ता है एवं 2 फुट फिसल जाता है। कुएँ से बाहर निकलने में उसे कितना समय लगेगा।

उत्तर–28 घण्टे, 30 घण्टे नहीं।

उदारहण 6–यदि अंक 2 को तीन बार लिया जाए तो वह बड़ी से बड़ी तथा छोटी से छोटी संख्या बताइए, जो इनसे बनी हों।

हल–222, 22^2, 2^{22} और 2^{2^2}

इसलिए इसमें सबसे छोटी संख्या = $2^{2^2} = 16$

तथा सबसे बड़ी संख्या = 2^{22}= 4194304

उदाहरण 7—एक तीतर के दो आगे तीतर है, तीतर के पीछे दो तीतर हैं और इनके बीच एक तीतर है। बताइए कि कुल कितने तीतर हैं। **उत्तर**–3 तीतर

उदाहरण 8—एक तेल बेचने वाले व्यापारी के पास तेल से भरा एक टैंक है, एवं उसके पास तेल मापने वाले दो मापक 3 लीटर एवं 5 लीटर के हैं। उसे उस टैंक से सात लीटर तेल निकालना है। इन दो मापकों का प्रयोग करके वह किस प्रकार से तेल निकालेगा?

उदाहरण 9—यदि एक घण्टे में धूप में 25 कपड़े सूख जाते तो बताइए कि 50 कपड़े कितनी देर में सूखेंगे? **उत्तर**–1 घण्टा।

उदाहरण 10—किस नम्बर को उसके आधे से गुणा करने पर गुणनफल $12\frac{1}{2}$ प्राप्त होता है। **उत्तर**–5

उदाहरण 11—कौन से तीन अंकों को 4 से गुणा करने पर उत्तर 5 प्राप्त होगा?

उत्तर–$1\frac{1}{4}$

उदाहरण 12—6 के अंक को तीन बार इस प्रकार रखिए कि 7 प्राप्त हो।

उत्तर–$6\frac{6}{6}$

उदाहरण 13—कौन अधिक भारी है एक टन लोहा या एक टन पंखा।

उत्तर–एक बराबर

उदाहरण 14—यदि पाँच छिपकली 5 मिनट में 5 मक्खियाँ पकड़ लेती हैं, तो बताइए कि 100 मिनट में 100 मक्खियाँ पकड़ने के लिए कितनी छिपकलियाँ चाहिए?

उत्तर – 5 छिपकली

उदाहरण 15—अंक 8 को आठ बार इस प्रकार से रखकर उनका योग कीजिए कि योगफल 1000 प्राप्त हो।

$$\begin{array}{r} 8 \\ 8 \\ 8 \\ 88 \\ 888 \\ \hline 1000 \\ \hline \end{array}$$

उदाहरण 16—गीता और सीता को उसके भाई ने कुछ पैसे दिए उसने जितने पैसे गीता को दिए, उससे कुछ अधिक सीता को दिए। गीता ने कहा कि मुझे जो पैसे मिले हैं वह दो वर्गों की राशि के बराबर है। सीता ने कहा, ''मेरे पास भी ऐसे ही हैं।'' इस बात पर गीता ने कहा कि, ''एक खासबात और है। मेरे पास जो राशि है वह दो घनों का अन्तर है। सीता भी पीछे नहीं रहने वाली, उसने कहा कि मेरे पास भी ऐसे ही हैं। अब बताइए कि दोनों को कितने–

कितने पैसे मिले–

गीता– 26पैसे $= 25 + 1 = 27 - 1$

सीता– 37 पैसे $= 36 + 1 = 64 - 27$

उदाहरण 17—एक व्यक्ति द्वारा कुछ आम क्रय किए गए। उनका प्रति आम मूल्य (पैसों में) कुल खरीदे गए आमों की संख्या का तिगुना था, दोनों में दो-दो अंक थे। कुल मूल्य जो पैसों में चार अंकों में था तथा आमों की संख्या समान अंक से शुरू होती थी। एक आम का मूल्य आमों की संख्या के अन्तिम अंक से शुरू होती थी। कुल कितने आम खरीदे गए और किस मूल्य से खरीदे गए थे।

माना कि 'अ' आमों को 'ब' पैसे प्रति आम की दर से खरीदा गया। अतएव कुल मूल्य हुआ 'अ' × 'ब'। लेकिन 'ब' = 3 'अ' को 30 और 99 के मध्य होना चाहिए तथा 'अ' को 10 और 33 के बीच। यदि 'अ' 10 और 19 के बीच है, 'ब' 30 और 57 के बीच है। चूँकि 'ब' 'अ' के समाप्त होने वाले अन्तिम अंक से शुरू होता है। और यदि 'अ' 1 से शुरू होता है तो यह केवल 13, 14, 15 हो सकता है। इस प्रकार 'ब' क्रमश: 39, 42 या 45 के बराबर हो जाता है। इन सब मामलों में 'अ', 'ब' तीन अंक वाली संख्याएँ है। इसलिए 'अ' 1 से शुरू नहीं होता है। यदि यह 3 से शुरू होता है तो 'ब' 9 से शुरू होता है। 'अ' 39 की संख्या हो जाती है। लेकिन 'अ' 33 से अधिक नहीं हो सकता है। अत: 'अ' का पहला अंक 2 है, और 'ब' 60 तथा 87 के बीच है। 'ब' शुरू होता है, 6, 7 या 8 से और 'अ' है 26, 27, एवं 28 अब 3 × 26 = 78 है। यदि 'अ' = 26 है तो 'ब' 78 होना चाहिए। यह असम्भव है, क्योंकि 'ब' 6 से शुरू होना चाहिए। यदि 'अ' = 27 तो 'ब' बराबर है 81 लेकिन यह भी उत्तर नहीं है। क्योंकि 'ब' 7 से प्रारम्भ होना चाहिए। अब स्थिति है कि 'अ' 28 और 'ब' 84 इसमें 'ब' 8 से शुरू होता है।

गणित में भ्रम या उलझनें (Puzzles in Mathematics)

शब्दकोष के अनुसार भ्रम का अर्थ भ्रांति (व्याकुलता), पहेली, कठिन प्रश्न, जिसका उत्तर निकालने में बड़ी बुद्धिमानी की आवश्यकता होती है। (To perplex, to end gel one's brain or pore over)। इस प्रकार भ्रम और पहेली एक-दूसरे के समानार्थी प्रतीत होते हैं, परन्तु भ्रम का कठिनाई स्तर पहेली से अधिक होता है। ये अधिक भ्रम में डालते हैं तथा विद्यार्थी को इससे संबंधित समस्याओं को सुलझाने के लिए अधिक चिन्तन करना पड़ता है।

गणित में अनेक खेल संख्याओं से सम्बन्धित होते हैं जिनको हम खेलते हैं, जिनसे हमें सौन्दर्यात्मक अनुभूति होती है। संख्याओं से सम्बन्धित कुल खेल निम्नलिखित हैं–

उदाहरण–

(*i*)
$$0 \times 9 + 1 = 1$$
$$1 \times 9 + 2 = 11$$
$$12 \times 9 + 3 = 111$$
$$123 \times 9 + 4 = 1111$$ आदि।

(*ii*)
$$9 \times 9 + 7 = 88$$
$$98 \times 9 + 6 = 888$$

$$987 \times 9 + 5 = 8888$$
$$9876 \times 9 + 4 = 88888 \text{ आदि।}$$

(*iii*)
$$1 \times 8 + 1 = 9$$
$$12 \times 8 + 2 = 98$$
$$123 \times 8 + 3 = 987$$
$$1234 \times 9 + 4 = 9876 \text{ आदि।}$$

(*iv*)
$$1 \times 7 + 1 = 8$$
$$12 \times 7 + 2 = 86$$
$$123 \times 7 + 3 = 864$$
$$1234 \times 7 + 4 = 8642 \text{ आदि।}$$

(*v*)
$$153 = 1^3 + 5^3 + 3^3$$
$$350 = 3^3 + 5^3 + 0^3$$
$$371 = 3^3 + 7^3 + 1$$
$$407 = 4^3 + 0^3 + 7^3$$

शब्द खोज
(Word Search)

1		2	■	3	4	■	5	6	7
	■	8		9		10	■	11	
12	13	■		■	14			■	
■	15	16		21	■		■	18	
19	■		■	20	21	■	22		■
23	24			■	25		■	26	27
■	28		■	29		■	30		
31	■	32	33		■	34		■	
35	36	■		■	37	■	38		
39								■	

संकेतः बायें से दाएं

1. गायों का घर (3)

3. समय, माहौल (2)

5. दुर्घटना (2)

8. फायदेमन्द (5)

11 बराबर (2)

12. अपने अधिकार के लिए न्यायालय में जाना, एक तरह की चुनौती (2)

14. ...एक प्रसिद्ध सहकलाकार (3)
15. वन में लगने वाली आग (4)
18. विवेक ओबेराय की चर्चित फिल्म (2)
20. लेवल (2)
22. विलंब (2)
23. वेशभूषा (4)
25. छोटी नहीं (2)
26. तरल पदार्थ के नीचे बैठी वस्तु, तल छट (2)
28. ताकत (2)

शब्द खोज लिखने का ढंग (Pattern of Writing Word Search)

सं	गी	त		फा	र	सी		रा	ह
ज		ग	ला	का	ट		शा	व	क
य	ज	मा	न		ना	र	य	ण	
खा	र		त	ब		ज	र		छ
न	का	ब		स	मि	धा		सं	त
	न		जो	र		नी	ल	गि	रि
ल		शी	शी		पा			नी	
बा	सी		ला	ट	सा	ह	ब		वि
ल		बै		क		थि	र	क	न
ब	ल	रा	ज	सा	ह	नी		म	य

29. तीन ओर समुद्र से घिरा स्थान (2)
30. किसी काम को करने वाला कदम (3)
32. दिल्ली में बहने वाली नदी (3)
33. अंगुलि का जोड़ (2)
34. ...भाषी थोड़ा बोलने वाला (2)
38. उर्दू में पिता (3)
39. कहावत, अपनी जिद पर खड़े रहना (2, 1, 2, 1, 2)

ऊपर से नीचे

1. अभिनेता बन गया नेता (3)
2. प्राय: व्यवसायी को इस संबोधन से बुलाया जाता है। (2)
3. हमेशा (2)
4. माँ का घर (3)
6. नौ से ज्यादा (2)
7. ...दण्ड, भेद, यानी किसी काम को निकालने का हर प्रकार का तरीका (2, 2)
9. भगवान की स्तुति (3)
10. चाल डग (3)

13. कसम (2)
16. पुस्तकालय (5)
17. ढीला (2)
18. सूफी का मकबरा, जहाँ लोग मन्नत माँगने जाते हैं (4)
19. आँच, ऊष्ण (2)
21. दूध से बना एक मिष्ठान (3)
24. कम्प्यूटर की भाषा में नेटवर्क संचालन का पाइंट (2)
27. नेताओं का एक पार्टी से दूसरी पार्टी में जाना (5)
29. पीना, भोजन (2)
30. शमा का दीवाना (4)
33. व्यवसायी का एकान्टेंट (3)
36. वैसा ही (2)
37. मेंहदी (2)

गणितीय खेल (Mathematics Games)–बालकों की यदि गणित में रुचि विकसित करनी है तो सबसे महत्वपूर्ण मनोरंजन क्रिया है कि खेल-खेल में गणित सिखाया जाए। गणितीय क्लब में समय-समय पर विभिन्न प्रकार के गणितीय खेल खिलाए जा सकते हैं :

जादुई वर्ग (Magic Square)

उदाहरण 1– नीचे दिए गए वर्ग में 1 से 9 तक की संख्याएँ इस प्रकार से व्यवस्थित करनी है कि प्रत्येक ओर से इसका योग 15 आता है।

4	9	2
3	5	7
8	1	6

उदाहरण 2– नीचे दिए गए वर्ग में 1 से लेकर 16 तक की संख्याएँ इस प्रकार से व्यवस्थित करनी है कि प्रत्येक ओर से योग करने पर योगफल 34 आए।

गणितीय पहेली (Mathematical Puzzles)

उदाहरण–1 निम्नांकित आकृति में त्रिभुजों, वर्गों तथा आयतों की संख्या बताइए।

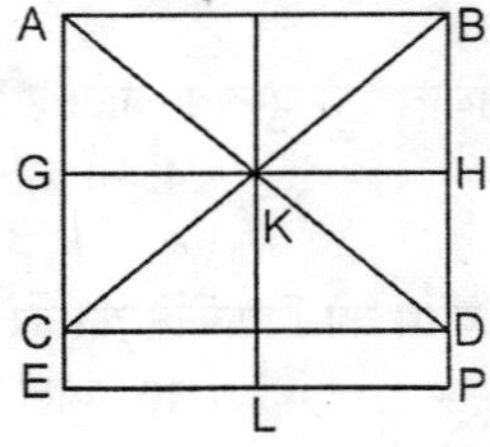

उदाहरण 2—नीचे दी गई आकृति में चार चाबियाँ हैं एवं एक ताला है और ये ताला किसी एक चाबी से खुलेगा। आपको खोजकर यह बताना है कि ताला किस चाबी से खुलेगा।

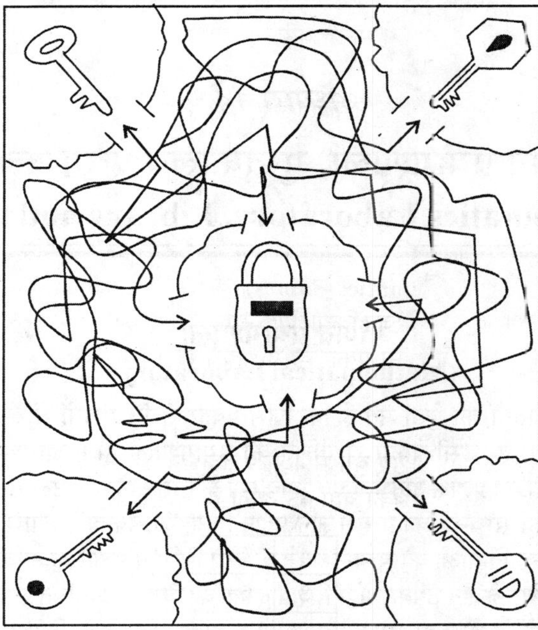

गणितीय प्रश्न मंच (Mathematics Quiz)

प्रश्न मंच ऐसी मनोरंजन क्रिया है जिसके द्वारा विद्यार्थियों के बौद्धिक विकास, सामाजिक कुशलता तथा भावात्मक परिपक्वता में सहयोग मिलता है। यह विद्यार्थियों की उपलब्धि में महत्वपूर्ण योगदान देता है। इसके अन्तर्गत विद्यार्थियों से किसी एक उद्देश्य या संप्रत्यय या उपलब्धि या विभिन्न समस्याओं सम्बन्धी प्रश्न पूछे जाते हैं, इनके संबंध में यह आवश्यक नहीं कि विद्यार्थियों को पूर्व सूचना दी जाए। इसका परिणाम यह होता है कि विद्यार्थी अपने अध्ययन में निरन्तर लगा रहता है।

अध्याय 14

गणित प्रयोगशाला, पुस्तकालय एवम् क्लब
(Mathematics Laboratory, Library and Club)

गणित प्रयोगशाला
(Mathematical Laboratory)

अनेक महान गणितज्ञों का ऐसा मत है कि जिस प्रकार से विद्यालयों में अन्य विषयों की प्रयोगशालाएँ होती हैं, उसी प्रकार से गणित की प्रयोगशाला होना आवश्यक है। गणित प्रयोगशाला से छात्र को प्रत्यक्ष अनुभवों एवं उपकरणों के द्वारा अनेक जटिल से जटिल प्रत्ययों, सिद्धान्तों एवं अमूर्त सम्बन्धों का प्रत्यक्ष ज्ञान प्रदान किया जा सकता है। गणित में मापन एवं गणनाओं से सम्बन्द्ध क्रियाओं को सम्पन्न करने के लिए विभिन्न प्रकार के उपकरणों का प्रयोग किया जाता है। गणित के इन उपकरणों में विशेष दक्षता का विकास नियमित रूप से प्रयोगशाला में किए गए प्रयोगों के द्वारा ही सम्भव है। छात्रों को गणना करने के लिए गणना मशीन के द्वारा गणना करने का प्रशिक्षण भी प्रदान किया जा सकता है। इसके अतिरिक्त छात्रों को कक्षा के बाहर के कार्य को करने के पर्याप्त अवसर भी उपलब्ध कराना भी अत्यन्त आवश्यक है। इसमें इमारतों एवं स्तम्भों की ऊँचाइयाँ ज्ञात करने, खेतों को मापने, दौड़ आदि के ट्रेक (धावन-पथ) आदि का निर्माण करना, वालीबॉल, फुटबाल आदि के लिए फील्ड बनाना, आयतन एवं क्षेत्रफल निकालने, पर्यवेक्षण करने, नक्शा बनाना इनको छोटा-बड़ा करने के लिए कार्य कक्षा से बाहर कराये जाने चाहिए। इस प्रकार के कार्यों को सम्पन्न करने के लिए सैक्स टैन्ट, कोण दर्पण, फीते, प्रपोर्शनल डिवाइडर, क्लीनों मीटर, समतल मापक आदि उपकरण प्रयोगशाला में उपलब्ध होने चाहिए। इन उपकरणों के अलावा स्लाइड आदि भी गणित की प्रयोगशाला के अत्यन्त महत्वपूर्ण उपकरण हैं। प्रयोगशाला को आकर्षक एवं ज्ञानवर्द्धक बनाने के लिए महान गणितज्ञों के चित्र भी दीवारों पर लगाए जाने चाहिए। इसके अलावा गणित की पहेलियाँ, गणित के खेल आदि भी गणित की प्रयोगशाला में संग्रहित रखे जा सकते हैं।

गणित में प्रयोगशाला का प्रत्यय नवीन नहीं है। शिकागो विश्वविद्यालय के प्रो० ई० एच० भूरे ने 1902 ई० में अमेरिका मैथमैटिक्स सोसाइटी को सम्बोधित करते हुए कहा था– ''छात्रों को अवलोकन शक्ति, प्रयोग एवं अभिव्यक्ति तथा निगमन शक्ति में प्रशिक्षित करना उस समय तक असम्भव होगा, जब तक कि गणित को सीधे ठोस स्वरूप से न जोड़ा जाये तथा फिर सुधार के इस कार्य को गणित एवं भौतिकी के सम्पूर्ण से अनुदेशन की प्रयोगशाला विधि का विकास किया जाता है।''

आदर्श गणित प्रयोगशाला का स्वरूप
(Components for an Ideal Mathematics Laboratory)

एक अच्छी एवं आदर्श प्रयोगशाला के स्वरूप के मुख्य तत्व इस प्रकार से हैं–

(v) *विभागीय सदस्य (Staffing)*–गणित प्रयोगशाला के स्थापन के समय एक समिति का गठन किया जाना चाहिए। इसमें गणित अध्यापक या गणित विभागाध्यक्ष एवं उसके विभागीय सदस्य विद्यालय कार्यक्रम के अन्तर्गत गणित प्रयोगशाला में सहायता प्रदान करने के लिए इच्छानुसार तैयार होने चाहिए। शुरू में प्रयोगशाला स्थापना में समय विभाग के केवल एक या दो सदस्यों की जरूरत होती है लेकिन प्रयोगशाला को गणित अधिगम केन्द्र के रूप में परिवर्तित करना, सम्पूर्ण विभागीय सदस्यों के परस्पर सहयोग पर निर्भर करता है।

(2) *भौतिक सुविधायें (Physical Facilities)*–अधिकांश नये-नये विद्यालयों में गणित प्रयोगशाला के लिए एक विशिष्ट स्थान होना चाहिए, तथा इसकी योजना में सम्पूर्ण सुविधाओं एवं सम्बद्ध दशाओं को स्थान प्रदान किया जाना चाहिए। इसका सम्बन्ध प्रयोगशाला कक्षा-कक्ष से होना चाहिए। परिवर्तनशील भाग के द्वारा उससे अलग ही होना चाहिए। इसके द्वारा जब आवश्यकता होती है विस्तृत समूह अनुदेशन के लिए एक बड़ा भाग तैयार हो जायेंगे। प्रयोगशाला का क्षेत्रफल 800 वर्ग फुट होना चाहिए।

(3) *फर्नीचर (Furniture)*–गणित प्रयोगशाला में फर्नीचर के उपयोग निम्नलिखित हैं–

(i) गणना केन्द्र (Calculating Centre)–दीवार के साथ दस इलेक्ट्रिकल कैलकुलेटर के लिए मेज की ऊँचाई तक स्थाई एवं सुरक्षित स्थान होना चाहिए, जिससे छात्र व्यक्तिगत रूप से भी इनका प्रयोग कर सकें।

(ii) मापन केन्द्र (Measurement Centre)–मापन के केन्द्र में $30^n \times 70^n$ की माप के लिए बहुउद्देशीय मेज होनी चाहिए।

(iii) खेल केन्द्र (Game Centre)–खेल केन्द्र पर एक $30^n \times 70^n$ की माप की बहुउद्देशीय मेज रखी जानी चाहिए।

(iv) पाठन केन्द्र (Reading Centre)–पाठन केन्द्र पर नीचे कार्पेट बिछा दी जाती है। और एक आरामदायक सोफा, कुछ आराम दायक कुर्सियाँ, एक छोटी मेज नीचे रखी जानी चाहिए।

(v) नैदानिक एवं ट्यूटोरियल केन्द्र (Diagnostic and Tutorial centre)– इस केन्द्र में तीन बड़ी मेजें होनी चाहिए। कुल 30 कुर्सियाँ और 15 छोटी मेज होनी चाहिए।

(vi) फाइल रखने की अलमारी (Almirah for Filing)–गणित प्रयोगशाला में फाइल आदि रखने के लिए कम से कम दो अलमारी होनी चाहिए तथा संसाधनों की आवश्यकता के अनुसार इनकी संख्या घटाई-बढ़ाई जा सकती है।

(vii) अलमारियाँ (Almiras)– गणित की प्रयोगशाला में विभिन्न प्रकार की पाठन-सामग्री, कार्य पुस्तिकाओं, किड्स खेलों एवं अन्य सामानों को रखने के लिए उचित एवं पर्याप्त स्थान होना चाहिए।

(viii) स्टोर (Store)–स्टोर प्रयोगशाला का एक हिस्सा या इससे जुड़ा हुआ एक भाग हो सकता है। प्रयोगशाला में स्टोर की अत्यधिक आवश्यकता होती है।

(ix) स्क्रीन (पर्दा)–प्रयोगशाला में एक बड़ा पर्दा होना चाहिए तथा यह ऐसे भाग में होना चाहिए जहाँ से एक विशाल समूह के लिए इसका प्रयोग किया जा सके।

उपकरण (Equipment)

प्रयोगशाला में छात्रों के अध्ययन के लिए निम्नलिखित उपकरण होने चाहिए–

(i) गणना केन्द्र (Calculating Centre)–गणना केन्द्र में विद्युत कैलकुलेटर, इलेक्ट्रॉनिक कैलकुलेटर, कम्प्यूटर टर्मिनल आवश्यक रूप से होना चाहिए।

(ii) दृश्य-श्रृव्य सामग्रीकेन्द्र (Audio-Visual Centre)–दृश्य-श्रृव्य सामग्री के अन्तर्गत निम्नलिखित उपकरण आते हैं–

(1) टेपरिकॉर्डर (2) श्रवण स्टेशन (3) ओवर हेड प्रोजेक्टर
(4) ट्रान्सपेरेन्सी मेकर (5) पोर्टेबल स्क्रीन (6) फिल्म स्ट्रीप प्रोजेक्टर
(7) फिल्म प्रोजेक्टर (8) चार्ट (9) मॉडल
(10) चॉकबोर्ड (11) बुलेटिन बोर्ड

(iii) खेल केन्द्र (Game Centre)–इसके अन्तर्गत विभिन्न प्रकार की खेल सामग्रियाँ होती हैं।

(iv) मापन केन्द्र (Measurment Centre)–इसके अन्तर्गत विभिन्न मापन यन्त्र-फीता, मीटर, भार मशीन आदि आते हैं।

(v) सर्वेयन्त्र (Survey Tools)–गणित प्रयोगशाला में सर्वे से सम्बन्धित अनेक यन्त्रों का संग्रह किया जाना चाहिए। कुछ प्रमुख सर्वे से सम्बन्धित यन्त्र निम्नलिखित हैं–

कोणदर्पण (Angle Mirror)–कोण दर्पण का उपयोग खेतों या मैदानों में समकोण का पता लगाने के लिए किया जाता है।

समतल मेज एवं एलीडेट (Plane Table and Alidate)–इनका प्रयोग प्रारम्भिक नाप तथा सर्वे सम्बन्धी कार्यों में किया जाता है।

हिप्सोमीटर एवं क्लीनो मीटर (Hypsometer and Clinometer)–इन यन्त्रों का प्रयोग उन्नति व अवनति कोणों का मापन करने के लिए किया जाता है। इन यन्त्रों का प्रयोग अप्रत्यक्ष रूप से वस्तुओं की ऊँचाई एवं दूरी को नापने के लिए भी किया जा सकता है।

लेवल (Level)–लेवल की सहायता से झुकाव के अन्तर को ज्ञात किया जा सकता है।

ट्रांसिट (Transit)–यह समकोण मापक तथा समतल करने वाला यन्त्र है।

(vi) अनुदेशनात्मक सामग्री (Instructional Material)–गणित प्रयोगशाला के लिए अनुदेशन सामग्री का चयन करते समय निम्नलिखित सामग्री प्रत्येक छात्र के लिए उपलब्ध होनी चाहिए–

(1) छात्र के व्यक्तिगत अभिलेख, मुख्य रूप से निदान एवं प्रगति से सम्बद्ध अभिलेखों को रखने की उचित व्यवस्था।
(2) गणित में प्रगति के मापन के लिए उपलब्धि परीक्षण।
(3) गणना कोष विकास सामग्री जैसे, कार्य पुस्तक, कैलकुलेटर, आदि।
(4) समस्या समाधान सामग्री जैसे वास्तविक जीवन से सम्बन्धी विभिन्न प्रकार की समस्याओं का संकलन एवं अन्य व्यवसायिक सामग्री।

(5) छात्रों में व्याप्त कमजोरियों को दूर करने के लिए निदानात्मक परीक्षणों की व्यवस्था।
(6) छात्रों से सम्बन्धित अभिलेख तैयार करना जिसमें पढ़ाई का स्तर, समस्या, समाधान में उपलब्धि का स्तर, गणना से सम्बद्ध कुशलाताओं का स्तर एवं मापन सम्बन्धी उपलब्धियों का स्तर।
(7) प्रभावी, आकर्षक एवं आवश्यक श्रृव्य-दृश्य सामग्री, जैसे मॉडल, चार्ट एवं अलग-अलग प्रकार की ज्यामितीय आकृतियाँ आदि।
(8) लघुगणक सारणियाँ एवं त्रिकोणमितीय अनुपातों एवं कोणों की सारणी आदि।
(9) ड्राइंग सम्बन्धी उपकरण—पटरी, परकार, सेट स्क्वायर, पेन्सिल आदि।

गणित शिक्षण में प्रयोगशाला का महत्व एवं आवश्यकता
(Need and Importance of Laboratory in Mathematics Teaching)

गणित शिक्षण में प्रयोगशाला का महत्व एवं आवश्यकता निम्नलिखित कारणों से हैं—

(1) गणित प्रयोगशाला में छात्र स्वयं करके सीखता है, जिससे उनके द्वारा प्राप्त किया गया ज्ञान अत्यधिक स्थायी हो जाता है।
(2) प्रयोगशाला के द्वारा छात्र क्रियात्मक एवं व्यवहारिक ज्ञान को प्राप्त करते हैं।
(3) जब छात्र प्रयोगशाला में कार्य करते हैं, तो वह गणित विषय में अत्यधिक रूचि लेते हैं।
(4) प्रयोगशाला के माध्यम से छात्रों में रचनात्मक एवं अनुसंधानात्मक दृष्टिकोण भी विकसित होता है।
(5) छात्र प्रयोगशाला में गणित के प्रयोग करने में अत्यधिक आनन्द की अनुभूति करते हैं क्योंकि प्रयोग करने से उनकी जिज्ञासाओं की सन्तुष्टि भी होती है।
(6) प्रयोगशाला के माध्यम से छात्रों की विभिन्न प्रकार की गणितीय कुशलताओं का सम्पूर्ण विकास होता है। जैसे कि आकृति, चित्र, मॉडल, आदि बनाने की कुशलता एवं माप-तौल की कुशलता आदि।
(7) प्रयोगशाला के द्वारा छात्रों में आगनात्मक चिन्तन का भी विकास होता है।
(8) प्रयोगशाला के द्वारा छात्रों में आत्म-विश्वास, आत्म-निर्भरता, परिश्रम एवं प्रयोग करने की योग्यता का विकास होता है।
(9) इसके द्वारा छात्रों में वैज्ञानिक दृष्टिकोण भी विकसित होता है।

प्रयोगशाला में बरतनी जाने वाली सावधानियाँ (Precaution to be Taken)

गणित की प्रयोगशाला में जो प्रमुख सावधानियाँ बरतनी चाहिए वे निम्नलिखित हैं—

(1) प्रयोगशाला में प्रयोग में लाए जाने वाले उपकरण या सामग्री के बारे में छात्र को भली प्रकार से जानकारी होनी चाहिए।
(2) प्रयोगशाला में उपकरणों का प्रयोग सावधानीपूर्वक करना चाहिए। इसमें किसी भी प्रकार की लापरवाही नहीं होनी चाहिए।
(3) उपकरणों के प्रदर्शन के लिए, उचित मेज की व्यवस्था सही तरह से करनी चाहिए, जिससे छात्रों को कोई परेशानी न हो।
(4) किस उपकरण का प्रयोग किस प्रकार से करना है, इसके बारे में शिक्षक द्वारा छात्रों को पूर्व में ही स्पष्ट कर देना चाहिए।

गणित पुस्तकालय
(Mathematics Library)

"Mathematics library is the birth place of the future mathematicians."

जिस प्रकार से विभिन्न विषयों के लिए पुस्तकालय का अत्यधिक महत्व है, ठीक उसी प्रकार से गणित के लिए भी पुस्तकालय अत्यन्त आवश्यक एवं महत्वपूर्ण है। पुस्तकालय में छात्र को एक ही विषय की विभिन्न प्रकार की पुस्तकों का अध्ययन करके विचारों को एक नये एवं व्यवस्थित रूप में प्रस्तुत करने में सहायता मिलती है। जबकि अन्य विषयों की अपेक्षा गणित में केवल पाठ्य-पुस्तक का सबसे अधिक उपयोग होता है। किन्तु गणित पुस्तकालय होने से गणित शिक्षण को अधिक प्रभावशाली, रोचक एवं लाभदायक बनाया जा सकता है।

नयी-नयी बातों को सीखने पर उनके बारे में चिन्तन करने के लिए नवीन शिक्षण विधियों का प्रयोग किया जाता है जैसे-प्रायोजना विधि। इसमें छात्रों को छूट दी जाती है कि उसे नयी-नयी बातों को स्वयं अपनी पुस्तक से ढूँढ़ना चाहिए। इससे विषय के प्रति जिज्ञासा भी उत्पन्न होती है, एवं पाठन-सरल एवं सरस बनता है। गणित में अभ्यास कार्य का अत्यधिक महत्व है। इसके अभाव में नये प्रत्यय नहीं समझे जा सकते हैं। नवीन खोजों नवीन प्रणालियों के सम्पर्क में आने के लिए पुस्तकालय की शरण लेनी पड़ती है। शिक्षक एवं छात्रों के अनुशीलन एवं स्वाध्याय के लिए यह अत्यन्त आवश्यक है।

पुस्तकालय हेतु पुस्तकों का चयन का काम भी बड़ा महत्वपूर्ण है। पुस्तकें चयन करते समय पुस्तकालय में पढ़ने वाले छात्रों का स्तर और आयु का ध्यान रखना चाहिए। इसलिए स्तर के अनुकूल ही पुस्तकों का संग्रह किया जाये। छात्रों एवं शिक्षकों के लिए गणित विषय पर अनेक लेखकों की पुस्तकें होनी चाहिए, साथ ही संदर्भ पुस्तकें भी होनी चाहिए तथा गणित शिक्षण पर सम्बन्धित पुस्तकें भी होनी चाहिए, जिससे कि विषय वस्तु का ज्ञान पाठन विधि से हो सके। गणित कोष, विश्व कोष, गणित का इतिहास, गणित से सम्बद्ध पत्रिकाएँ, बुलेटिन्स, गणित से सम्बन्धित संस्थाओं की खोजों का हवाला, महान गणितज्ञों के क्षेत्र की जानकारी, उनका जीवन परिचय, गणित में पहेली एवं मनोरंजन आदि का अत्यधिक महत्व है। छोटी कक्षाओं के लिए पुस्तक में चित्र होने चाहिए जिससे कि छात्र उसे आसानी से समझ सकें।

गणित पुस्तकालय की आवश्यकता एवं महत्व
(Need and Importance of Mathematics Library)

गणित पुस्तकालय की आवश्यकता एवं महत्व को निम्नलिखित बातों से स्पष्ट किया गया है-

(1) *सहायक पुस्तकों के अभाव की पूर्ति (Fill up the Shortage of helping books)*- सभी छात्र पाठ्य-पुस्तक के अतिरिक्त सहायक पुस्तकें क्रय नहीं कर सकते हैं और न ही शिक्षक अपने विषय को अधिक रुचिकर बनाने के लिए स्वयं नई पुस्तकें खरीद सकता है। इसलिए पुस्तकालय से सहायक पुस्तकें प्राप्त करके विषय को सरल एवं रूचि कर बनाने में सहायता प्राप्त की जा सकती है।

(2) *अध्ययन में रुचि का विकास (Development of Interest in study)*-गणित को अन्य विषयों की अपेक्षा अधिक जटिल एवं नीरस विषय समझा जाता है, लेकिन गणित-पुस्तकालय से विभिन्न प्रकार की मनोरंजक पुस्तकों से गणित के जादू, गणित के व्यवहारिक

जीवन में विभिन्न उपयोग, गणित में क्रियात्मक कार्य आदि के अध्ययन से गणित में रूचि बढ़ती है। साथ ही गणित के प्रति रूचि एवं विस्तृत जानकारी प्राप्त करने के लिए जिज्ञासा भी उत्पन्न होती है एवं विषय के प्रति अध्ययनशीलता भी विकसित होती है।

(3) *गणित-अध्यापक के बौद्धिक विकास में सहायक (Helpful in Intellectual development of Mathematics Teacher)*–नई-नई पुस्तकों, पत्रिकाओं के विधिवत एवं विस्तृत अध्ययन से गणित शिक्षक अपने द्वारा पढ़ाए जाने वाले पाठ को अधिक सुनियोजित, रूचिकर एवं उच्च स्तरीय बना सकता है, साथ ही इससे उसका बौद्धिक विकास भी होता है।

(4) *शंका निवारण में सहायता (Helpful in removal of Confusion)*—पाठ्य-पुस्तक से सम्बन्धित किसी भी प्रश्न या विषय अथवा सिद्धान्त सम्बन्धी कोई सन्देह अथवा कठिनाई यदि अध्यापक या छात्र के समक्ष आ जाए तो पुस्तकालय से अन्य पुस्तकों के माध्यम से उनका निवारण किया जा सकता है।

गणित-पुस्तकालय की व्यवस्था (Management of Mathematics-Library)

गणित-पुस्तकालय की व्यवस्था निम्न प्रकार से होनी चाहिए।

(1) गणित-पुस्तकालय सामान्य पुस्तकालय का एक अंग होना चाहिए, जहाँ गणित सम्बन्धी पुस्तकों का एक पृथक विभाग हो।

(2) गणित शिक्षक को अपने कक्ष में गणित का छोटा सा एक पुस्तकालय खोलना चाहिए।

(3) प्रत्येक कक्षा में एक छोटा गणित-पुस्तकालय बनाया जाए जिसका सम्पूर्ण उत्तर दायित्व गणित-शिक्षक अथवा कक्षा के किसी योग्य छात्र पर हो सकता है।

गणित-पुस्तकालय की पाठ्य-सामग्री (Content-matter of Mathematics-Library)

गणित-पुस्तकालय में निम्नलिखित सामग्री संग्रहित रहनी चाहिए–

(1) अध्यापक के लिए सहायक सामग्री-पुस्तकें, चार्ट एवं पत्रिकाएँ।

(2) छात्रों के लिए सहायक सामग्री-पुस्तकें, चार्ट तथा पत्रिकाएँ।

(3) स्कूल की कक्षाओं के लिए निर्धारित पाठ्य-पुस्तकें।

(4) उच्च स्तरीय पुस्तकें, प्रसिद्ध गणितज्ञों की जीवनी, गणित का इतिहास, गणित में मनोरंजन एवं पहेली, गणित सम्बन्धी खेल आदि विषयों पर पुस्तकें संग्रहित करनी चाहिए।

(5) ग्राफ, ग्राफ बोर्ड, चित्र, चार्ट एवं रेखाचित्र एवं फिल्म स्लाइड्स आदि।

शिक्षक एवं छात्रों को पुस्तकालय में जाकर पढ़ने की आदत का विकास करना चाहिए, तब ही पुस्तकालय की पूर्ण उपयोगिता हो सकेगी। इसके अतिरिक्त छात्रों में उन पुस्तकों को उचित पाठन-विधि से पढ़ाने की आदत का विकास भी करना चाहिए।

वर्तमान समय में शिक्षण को अत्यधिक रूचिकर एवं लाभदायक बनाने के लिए नई-नई विधियों का प्रयोग किया जाने लगा है और गणित शिक्षण में भी क्रियात्मक कार्य, निरीक्षण कार्य एवं भ्रमण को आवश्यक स्थान प्रदान किया जाने लगा है। अक्सर देखने में ऐसा आया है कि गणित के छात्रों को श्यामपट्ट, पाठ्य-पुस्तक, नोटबुक एवं पेन्सिल से न बाँधकर उनको अन्य रूचिपूर्ण और प्रभावशाली विधियों से ज्ञान प्रदान करने का प्रयास किया जाना चाहिए।

गणित-पुस्तकालय के लिए पुस्तकों का चुनाव (Selection of Books for Mathematics Library): ऐसा देखा जाता है कि कोई भी स्कूल पुस्तकालय को लेकर अधिक मात्रा में धन

व्यय नहीं करता है। इसलिए यह आवश्यक है कि जो धन गणित–पुस्तकालय के लिए प्राप्त हो उसका समुचित उपयोग किया जाना चाहिए एवं उन्हीं पुस्तकों का क्रय किया जाना चाहिए जो छात्रों एवं शिक्षकों की आवश्यकताओं की पूर्ति करने में सहायक हों। प्रायः ऐसा देखने को मिलता है कि यदि कोई शिक्षक कोई उच्च परीक्षा दे रहा है या फिर कोई अनुसंधान कार्य कर रहा है तो उससे सम्बन्धित पुस्तकें वह स्वयं न खरीद करके पुस्तकालय से खरीदता है, ऐसी पुस्तकों का विद्यालय में बाद में कोई उपयोग नहीं होता है। इसलिए पुस्तकालय के लिए पुस्तकें खरीदते समय यह ध्यान रखना चाहिए कि पुस्तकें छोटी और बड़ी सब कक्षाओं के स्तर के अनुसार ही खरीदी जायें। पुस्तकें किसी विशेष कक्षा अथवा वर्ग के लिए नहीं होनी चाहिए।

गणित–पुस्तकालय के लिए पुस्तकों का चयन करते समय हमें निम्नलिखित बातों पर विशेष रूप से ध्यान देना चाहिए–

(1) अनुभवी एवं योग्य शिक्षकों एवं गणितज्ञों द्वारा लिखित पुस्तकों को ही पुस्तकालय के लिए क्रय करना चाहिए।

(2) विद्यालय के पास जितनी धन राशि उपलब्ध हो उससे इस प्रकार की पुस्तकों को क्रय करना चाहिए जो छात्रों एवं शिक्षकों की आवश्यकताओं की यथासम्भव पूर्ति कर सके।

(3) ऐसी पुस्तकें, जिनका उपयोग विद्यालय में प्रतिदिन होता है, की अधिक प्रतियाँ मँगानी चाहिए और जो पुस्तकें कम उपयोगी हैं, उनकी कम से कम एक प्रति आवश्यक रूप से मंगाना चाहिए।

(4) गणित–पुस्तकालय के लिए पुस्तकें क्रय करने से पूर्व किसी अच्छे पुस्तकालय जाकर सूची तैयार करवाना चाहिए।

(5) पुस्तकों की मुख्य–मुख्य बातों के बारे में उनके संक्षिप्त विवरण एवं कैटलॉग को देखकर ही उनको खरीदना चाहिए।

(6) छोटी कक्षा के छात्रों के लिए ऐसी पुस्तकें खरीदना चाहिए जिनमें विभिन्न प्रकार के चित्र, रोचक कहानियाँ, खेल और मनोरंजक पहेलियाँ इत्यादि की अधिकता हो।

(7) केवल उन्हीं पुस्तकों को क्रय करना चाहिए जिसमें विषय सामग्री ठीक तरह से व्ययस्थित की गई हो।

(8) पुस्तकें क्रय करते समय विभिन्न छात्रों की रूचि योग्यता, आयु एवं स्तर के अनुसार का ध्यान रखना चाहिए।

(9) आकर्षक, सुन्दर छपाई, मजबूत जिल्द तथा मूल्य की पुस्तकों को ही खरीदना चाहिए।

(10) गणित पुस्तकालय के लिए उपयोगी पुस्तकों का चुनाव करने में अन्य स्कूलों के अध्यापकों से भी सहायता लेनी चाहिए।

पुस्तकालय का उपयोग (Use of Library)

गणित पुस्तकालय का सही प्रकार से उपयोग करने के लिए जिससे छात्र एवं शिक्षक उसका भरपूर लाभ दे सके। इसके लिए निम्नलिखित बातों को ध्यान में रखना चाहिए–

(1) *पुस्तकों की संख्या पर्याप्त होना (Adequate Number of Books)*–प्रत्येक विद्यालय में उपयोग की पुस्तकों की संख्या पर्याप्त होनी चाहिए। जिससे कि अच्छी पुस्तकें सभी छात्रों

को प्राप्त होनी चाहिए। एक पुस्तक की अनेक प्रतियाँ, विशेषकर पाठ्य पुस्तक और पाठ्यक्रम से सम्बद्ध पुस्तकों को होना चाहिए।

(2) *पुस्तकों की विविधता (Variety of Books)*—गणित पुस्तकालय में गणित से सम्बन्धित अनेक प्रकार की एवं विभिन्न स्तरों की आवश्यक पुस्तकें होनी चाहिए। इन पुस्तकों से छात्र एवं शिक्षक दोनों अपनी-अपनी रूचि, योग्यता एवं स्तर के अनुसार पुस्तकालय से लाभ उठा सकें। जैसे कि गणित की विभिन्न शाखायें, गणित की विभिन्न शिक्षण विधियाँ, गणित का विकास एवं इतिहास, प्रसिद्ध गणितज्ञों के जीवन एवं कार्य, गणित में हुई विभिन्न खोजें और वर्तमान प्रगति एवं दैनिक जीवन और व्यवहार में गणित का उपयोग आदि विभिन्न विषयों पर आधारित पुस्तकें होनी चाहिए।

(3) *छात्रों को प्रेरणा (Motivation for Students)*—गणित-पुस्तकालय में अच्छी-अच्छी पुस्तकों का संग्रह किया जाना चाहिए, और शिक्षकों द्वारा छात्रों को ऐसी पुस्तकों का अध्ययन करने की सलाह दी जानी चाहिए। छात्र पुस्तकालय से पुस्तकें प्राप्त करके लाभ उठा सकें। इसके लिए व्यवहारिक सुझाव यह है कि छात्रों को अभ्यासार्थ प्रश्न करने के लिए पुस्तकालय से अच्छे लेखकों की पुस्तकों में से प्रश्नावलियाँ दी जायें। जैसे गुणनखण्ड, समीकरण सम्बन्धी प्रश्न, लाभ-हानि, क्षेत्रफल आदि।

(4) *छात्रों द्वारा लेखा-जोखा (Record by Students)*—छात्रों के द्वारा पुस्तकालय से अध्ययन और अभ्यास के लिए गणित की जो पुस्तकें प्रयोग की जायें उनका विधिवत लेखा-जोखा हो या फिर उसकी सूची बनाई जाये और उनकी साप्ताहिक या मानसिक प्रगति विवरण में इसका उल्लेख किया जाना चाहिए। छात्र द्वारा पुस्तकालय से ली गई पुस्तक का नाम, लेख तथा विशेष उद्धरण इस लेख में लिखे जाएँ। समस्त छात्रों की उपस्थिति में अध्ययन शील छात्रों के नाम सुनाकर प्रशंसा की जाये, जिससे कि अन्य छात्रों को भी पुस्तकालय के उपयोग और अध्ययन की प्रेरणा प्राप्त हो।

(5) *पुस्तकालय का प्रयोग एक कला है (Using Library is an Art)*—पुस्तकालय का प्रयोग करना भी अपने आप में एक कला है। प्रत्येक शिक्षक को अपने छात्रों में इस कला को उत्पन्न करना चाहिए। और यह भी बताना चाहिए कि कौन सी पुस्तक को किस परिस्थिति में एवं किस सीमा तक शीघ्रता से प्रयोग किया जा सकता है। छात्र में अपनी आवश्यकता के अनुसार उपर्युक्त पुस्तक का चुनाव करने की योग्यता शुरू से आ जाती है।

गणित क्लब (Mathematics Club)

गणित में महारथ प्राप्त करने के लिए अनथक प्रयास की निरन्तर आवश्यकता होती है। गणित क्लब उन सबकी आवश्यकताओं को पूर्ण करने में सहायक होता है जो गणित अभ्यासों और कृत्यों में रुचि लेते हैं। गणित क्लब की संरचना यदि सकुशल तरीके से की जाए तो, यह गणित शिक्षण में अच्छी भूमिका निभा सकता है। साइंस क्लब व गणित शिक्षण की सहायता से सैकेंडरी के छात्र-छात्राओं को गणित में और अधिक रुचि बढ़ जाती है, समय का सदुपयोग होता है, कमजोर विद्यार्थियों को मदद देता है। साथ ही साथ ज्ञानवर्धन भी होता है। गणित क्लब बच्चों को बाहर ले जाते हैं, मेलों और प्रदर्शनियों में भाग लेते हैं। गणित प्रतियोगिताओं के माध्यम से गणित की और अधिक जानकारी पहुँचाने में सहायक सिद्ध होते हैं। गणित क्लब का एक प्रधान, उपप्रधान, सचिव एवं कोषाध्यक्ष चुना जाना चाहिए। [देखें : अध्याय 11 (17)]

अध्याय 15

वैदिक गणित
(Vedic Mathematics)

भारतीय संस्कृति का अपना महत्वपूर्ण स्थान है। भारतीय संस्कृति के दर्शन से हमको विभिन्न कलाओं का ज्ञान प्राप्त होता है। इनमें से एक गणित भी है जिसका अत्यधिक महत्व है। प्राचीन प्रसिद्ध विद्या विशारदों ने गणित में विश्व के विद्या कोष से अधिक से अधिक अमूल्य रत्न प्रदान किए हैं। विज्ञान की संचालिका गणना है। विज्ञान की सम्पूर्ण उन्नति ही गणित पर आश्रित है। गणित के क्षेत्र में अनेक गणितज्ञ हुए लेकिन 'हरमन हेकल' ब्राह्मणों को ही बीजगणित का प्रणेता मानता है। प्रश्नोत्तर गणना भी भारतीय मस्तिष्क की देन है। उत्तरकालीन कुछ प्रमुख विशेषज्ञ जैसे हिटनी, थीबो, कोल, हीथ, कैन्टर आदि हिन्दुओं की कृति में ही ग्रीस की परछाई देखते हैं। भारतीय गणित पर कुछ लेख लिखे गए हैं, जो प्राच्य विद्वानों में सुनिश्चितता एवं सूक्षमता की कमी का दोष लगाते हैं लेकिन अन्वेषकों ने अब भारतीय विद्वानों की अद्भुत क्षमता, बुद्धिमत्ता एवं उन्होंने गणित शास्त्र पर जो शास्त्रीय दक्षता को प्राप्त किया, उसको स्वीकार कर लिया है।

गणित हमारे भारतवर्ष की उपज है। पुरातन शिलालेखों और मोहनजोदड़ों की खुदाई में पाए गए सिक्कों को देख कर यह निश्चित हो गया है कि यूनान, मिस्र आदि देशों से पूर्व भारतवासी संख्याओं को अंकों द्वारा लिखते थे। आधुनिक अंकों से यह अंक कुछ अलग थे। इस विषय को मुख्य देन जो हिन्दुओं के द्वारा दी गई है वह शून्य है। पूर्व में संख्याएँ अलग-अलग प्रकार से लिखी जाती थी। जिस प्रकार से फिनीसियन रीति से 9 को ।।। ।।। ।।। नौ लम्बी लाइनों द्वारा लिखते थे। 10 को ....) 19 को लिखने के लिए ।।। ।।। ।।।.....) लिखना पड़ता था। 40 लिखने के लिए (NH) चिन्ह था।

ईसा से 200 वर्ष पूर्व शून्य का उपयोग पिङ्गल ने अपने छन्द सूत्र में किया था। इसी प्रकार से भास्कराचार्य ने भी अपने महाभाष्करीय में शून्य का प्रयोग किया था। हिन्दुओं के अंकगणित एवं बीजगणित में शून्य के सम्बन्ध में परिच्छेद पाए जाते हैं।

महावीर, आर्यभट्ट, श्रीपति, भास्कराचार्य, श्रीधर आदि महान गणितज्ञों ने वर्गमूल निकालने की रीतियाँ बताई हैं। विश्व को घनमूल ज्ञात करने की विधि भी हिन्दुओं के द्वारा ही दी गई हैं। ऐसा माना जाता है कि यह रीति आर्यभट्ट से पूर्व के गणितज्ञों ने निकाली हो। आठवीं शताब्दी के बीच ये रीतियाँ भारतवर्ष से अरब देशों के पास पहुँची और फिर अन्य देशों को। कुछ प्राचीन अरबी विद्वानों ने यह स्वीकार किया है कि अंक लिपि का आविष्कार हिन्दुओं के द्वारा ही किया

गया है। आर्यभट्ट, श्रीधराचार्य, भास्कराचार्य एवं ब्रह्मगुप्त आदि विद्वान बीजगणित विषय के बड़े विद्वानों में से थे। हिन्दुओं को ज्यामिति का भी विशेष ज्ञान था। ऐसा माना जाता है कि प्राचीन काल से ही यज्ञ में वेदियों के बनाने में ज्यामिति का ही प्रयोग होता चला आ रहा है। वर्ग एवं आयत बनाने की विधि 'शल्व सूत्र' में दी गई है। भुज से कर्ण का सम्बन्ध, वर्ग के समान आयत, वर्ग के समान वृत आदि प्रश्नों पर इस ग्रन्थ में विचार किया गया है।

गणित एवं ज्यामिति के 'श्रेणी व्यवहार' का वर्णन किया गया है। भास्कराचार्य की 'लीलावती' के अन्तर्गत यह प्रमाणित किया जाता है कि जब किसी को शून्य से विभाजित किया जाता है तो उसका भागफल अनन्त हो जाता है। 'लीलावती एवं बीजगणित' भास्कराचार्य द्वारा लिखित सिद्धान्त शिरोमणि के ही दो भाग है। यह अद्‌भुत ग्रन्थ भास्कराचार्य ने अपनी आयु के 36 वें वर्ष में लिखा था। ज्यामिति के अन्तर्गत बीजगणित और बीजगणित से अंकगणित की उत्पत्ति हुई है। हमारे भारतवर्ष के हिन्दुओं ने त्रिकोणमिति के क्षेत्र में ऐसा कार्य किया जो बेमिसाल है। इन्होंने ज्या, कोटि ज्या एवं उत्क्रम ज्या की खोज की। इस प्रकार से भारतीय विद्वानों के द्वारा गणितशास्त्र में अनेक रीतियों एवं पद्धतियों को जन्म दिया।

वेदों से गणित की उत्पत्ति

गणित शास्त्र का ज्ञान हमारे भारतीय विद्वानों को वेदों से ही प्राप्त हुआ है। हमारे भारतवर्ष के द्वारा आज विश्व को अनेक सूत्र एवं अंक जिनका उद्‌भव वेदों से हुआ है दिए हैं, जिनके लिए विश्व हमेशा भारत का ऋणी रहेगा। गणित का प्रचलन भारत में प्राचीन से हो रहा है।

वी०वी० दत्त के द्वारा The Scope and Development of Hindu Maths लिखा गया है कि उस समय छोटी एवं बड़ी संख्याएँ ही गिनने की विधि ज्ञात थी। यजुर्वेद में ''इमा में इष्ट का धेनव: एकाय दशंभ शतंभ, सहंस, चायुत, आयुंतं च मियुतं च प्रयुंत च अर्थव च 000 0001 712 कहा गया है। दो और चार के पहाड़े का उल्लेख भी इसी वेद में है। इसलिए सिद्ध है कि जोड़, ऋण, गुणन और भाजन आदि के अंक गणित के मौलिक सिद्धान्त भी वैदिक काल में ही अत्यधिक प्रचलित हो चुके थे। अर्थर्ववेद परिशिष्ट के गणित सम्बन्धी सोलह सूत्रों पर भारतीय कृष्ण तीर्थ की वैदिक गणित पुस्तक बनारस विश्व विद्यालय में प्रकाशित हुई जो अत्यधिक उपयोगी है। शतपथ ब्राह्मण में अग्निचयन के मामले नें ऋग्वेद के अक्षरों की संख्या के समान है जो 432000 है।''

ई० सन् के बाद सशून्य दशांक गणना विधि

सशून्य दशांक गणना विधि की खोज भारतीयों ने की जिसका सम्पूर्ग विश्व ऋणी है। दश गुणोत्तर पद्धति का सर्वप्रथम पूर्ण उल्लेख पातंजल योग सूत्र के भाष्यकार में मिलता है। इण्डियन मैथमैटिक्स में लिखा है कि 12वीं शताब्दी में इस विधि का प्रचार-प्रसार अरबों ने यूरोपीय देशों में किया, और यह उन्होंने भारत से सीखा।

युसुफ जईइलोक की खुदाई से प्राप्त भोजपत्र की प्रति में इसी अंक शैली का प्रयोग किया गया है। अरबी भाषा में संख्या को हिन्दसा कहते हैं। ईशवी 505 में बारहमिहिर विधिका ध्यान रखना होता है। वे 3750 को 'खावणाद्रिरामा' लिखते हैं। अंक बायीं ओर गिने जाते हैं। इसके पहले आर्यभट्ट को भी इस विधि का ज्ञान था क्योंकि इनके वर्गमूल एवं घनमूल की विधि का

वर्णन किया जाता है। एनसाइक्लोपीडिओ ब्रिटेनिका ने लिखा है कि इसमें कोई शक नहीं है कि हमारे वर्तमान अंकक्रमक की उत्पत्ति भारतीय है। 773 ई० में भारतीय राजदूत उसे बगदाद लाया। वहाँ से ये यूरोप पहुँची। ब्रहमगुप्त का 'ब्रहम स्फुट' तथा भास्कराचार्य का 'लीलावती' अंकगणित के चरमोत्कर्ष के प्रदर्शन है। अंक गणित का विकास आठ प्रकार से हुआ है–जोड़, घटाना, गुणा, भाग, वर्ग, घन, वर्गमूल, घनमूल।

बीजगणित (Algebra)–गणित के मशहूर इतिहास लेखक काजोरी का ऐसा मानना है कि बीजगणित के प्रथम यूनानी दियो फांतुस को 360 ई० में बीजगणित का प्रथम अभ्यास भारत से ही प्राप्त हुआ था। उन्नीसवीं सदी के प्राख्यात गणितज्ञ ''दियो फांतुस'' का बीज गणित ज्ञान भारतीय ज्ञान के समक्ष नाम मात्र का है। भारत में आर्यभट्ट और वराहमिहिर बीजगणित के महान आचार्य हैं, इनके द्वारा ज्यामिति के कार्यों का वर्णन किया गया है। जबकि प्राख्यात विद्वान 'मिल' आदि के द्वारा ज्यामिति का श्रेय अरबों को दिया गया है जो कि भारतीय गणितज्ञ, आर्यभट्ट को प्राप्त होना चाहिए। ब्रहमगुप्त एवं भास्कर द्वारा अनेक साधारण समीकरणों को हल किया गया है।

डॉ० मैकडानल द्वारा 'इण्डियाज पास्ट' में लिखा गया है कि भारतीयों का गणित शास्त्र में बड़ा आविष्कार द्वितीय स्थल की असीमाबद्ध संख्याओं के समाघात की क्रिया का निकालना था। यह क्रिया 12 वीं सदी के सम्पूर्ण आविष्कारों से भी सूक्ष्म थी। चलन-कलन का 17वीं सदी में न्यूटन का सिद्धान्त 13 वीं सदी में भास्कर द्वारा आविष्कृत कर दिया गया था। जर्मन के महान गणितज्ञ का कथन है कि बीजगणित के सम्पूर्ण आविष्कार का श्रेय हिन्दुस्तान का है।

रेखागणित (Geometry)–रेखागणित का सम्बन्ध यज्ञ से अत्यधिक निकट का है तथा रेखागणित के विकास का सम्बन्ध भी वैदिक युग के यज्ञों से है। क्योंकि अलग-अलग प्रकार के यज्ञों के लिए अलग-अलग प्रकार से वेदियों का निर्माण किया जाता था। इस सम्बन्ध में ऋग्वेद में रेखागणित के पारिभाषिक शब्दों का वर्णन किया गया है, जैसे-प्रभा, प्रतिभा निदान, परिधि, छंद आदि।

शल्व सूत्र एवं रेखागणित–ऐसा पता चलता है कि रेखागणित का विकास शल्व सूत्रों से हुआ है। इनमें यज्ञ की वेदी के आकार को नापने आदि का सम्पूर्ण हिसाब-किताब प्राप्त होता है। त्रिभुज एवं कोण आदि को नापने की विधि बताई गई है। इसके प्रमुख तीन सूत्र है जो कि इस प्रकार है–वैद्यायन, काव्यायन तथा आय स्तम्ब। इसका समय आर०सी दत्त 800 ई० पू० हुलर 400 ई० पू० कहते हैं। इस सन्दर्भ में विभूति भूषण दत्त का कथन है कि पाइथागोरस प्रमेय का वर्णन शतपथ ब्राह्मण में और इसका विवेचन शल्व सूत्र में है। कर्ण के विकर्ण विषयक सिद्धान्त का विवेचन भी शल्व सूत्रों के अन्तर्गत है। ब्रहमदत्त ने 600 ई० में अनेक गणित से सम्बद्ध ऐसी विधियाँ दी है जो यूनानी या अरबों को मालूम भी न थी। जैसे कि वृत्त का व्यास, और त्रिभुज, विषम कोण चतुर्भुज, वृत्त का क्षेत्रफल आदि ज्ञात करना।

रेखागणित एवं ज्योतिष–ऐसा बताते हैं कि लगभग 100 वर्ष तक का रेखागणित से सम्बन्धित किसी भी प्रकार का साहित्य प्राप्त नहीं हुआ था। इसके बाद आर्यभट्ट, एवं ब्रहमगुप्त के द्वारा इसको पुनः जीवन दान मिला और धार्मिकता से अलग करके इसे ज्योतिष से सम्बद्ध कर देते हैं। वृतस्य चतुर्भुज की विशेषताएँ ब्रहम गुप्त ने खोज ली। ज्यामिति का विकास हुआ।

अतएव स्पष्ट है कि गणित के समस्त मूल तत्वों का विकास भारत में हुआ था। इसी प्रकार से ज्यामिति का प्रयोग भी भारत से अरब और अरब से यूनान तक पहुँचा। एक यूरोपीय विद्वान के द्वारा 'हिन्द एचीवमेन्ट इन एग्जेक्ट साइन्स' में कहा है कि "वह एक मार्के की बात है कि भारत का गणित शास्त्र हमारे आज के विद्वान कहाँ तक इसे काम में लाते हैं। और गंगा के किनारे के ब्राह्मणों के हम ऋणी हैं। आर्यभट्ट, ब्रहमगुप्त, भास्कर के ग्रन्थ आश्चर्य जनक है।

वैदिक गणित की मूल अंक संकल्पनाएँ (Basic Concepts of Vedic Mathematics)

साधारण एवं वैदिक संख्याएँ

गणित की साधारण प्रणाली में हम जिन संख्याओं का प्रयोग करते हैं वह सभी अंक धनात्मक होते हैं, जैसे कि संख्या 2456 में सभी अंक 2, 4, 5, 6 धनात्मक होते हैं।

लेकिन वैदिक गणित में ऐसी संख्याओं का भी प्रयोग किया जाता है, जिनके अंग धनात्मक एवं ऋणात्मक दोनों ही तरह के होते हैं।

अब यहाँ प्रश्न यह है कि वैदिक गणित में ऋणात्मक अंकों का प्रयोग क्यों और किस प्रकार से होता है। इस प्रश्न का उत्तर यह है कि वैदिक गणित नें प्रयुक्त संख्याओं के सभी अंक 5 अथवा 5 से छोटे रखे जाते हैं। अर्थात् उनमें बड़े अंकों 6, 7, 8, 9, का प्रयोग नहीं किया जाता है। इन 6, 7, 8, 9 को छोटे अंकों में बदलने की प्रक्रिया में ऋणात्मक अंक प्राप्त होते हैं। इसलिए वैदिक गणित में संख्या में धनात्मक एवं ऋणात्मक दोनों ही प्रकार के अंकों का समावेश होता है।

विनकुलम–वैदिक गणित के अन्तर्गत प्रयोग की जाने वाली संख्याओं के अंकों को ऋणात्मक रूप में लिखने को ही विनकुलम कहते हैं।

इसलिए वैदिक गणित में ऋणात्मक अंक (– 3) को, अंक 3 के ऊपर ऋणात्मक चिन्ह लगा कर $\bar{3}$ द्वारा व्यक्त किया जाता है, जो (– 3) का विनकुलम अंक अथवा विनकुलम् कहलाता है।

विनकुलम का सिद्धान्त–वैदिक गणित में प्रयोग की जाने वाली संख्याओं में सभी अंक 5 या फिर 5 से छोटे रखे जाते हैं। इसलिए संख्या में 5 से बड़े अंक (6, 7, 8, 9) नहीं होते हैं, उन समस्त अंकों के स्थान पर उनके विनकुलम् अंकों का प्रयोग किया जाता है।

किसी अंक का विनकुलम या विनकुलम ज्ञात करना–यदि हमें 5 से बड़े किसी भी अंक का विनकुलम ज्ञात करना है तो उस अंक का '10 से विचलन' ज्ञात कर लेते हैं।

क्योंकि 5 से बड़े अंक है, 6, 7, 8 और 9 जो 10 से कम है इसलिए इनके 10 से विचलन ज्ञात कर लेते हैं, और ये विचलन ऋणात्मक चिन्ह के होंगे। विचलन के द्वारा प्राप्त इन ऋणात्मक अंकों को, उनके ऊपर ऋणात्मक चिन्ह (–) लगाकर दर्शाया जाता है। इन्हीं रेखागणित अंकों को विनकुलम् या विनकुलम् अंक कहते हैं।

उदाहरण 1– अंक 6 का विनकुलम ज्ञात करना।

$\therefore$ अंक 6 का 10 से विचलन = 6 – 10 = – 4

$\therefore$ अंक 6 का विनकुलम अंक = 4^{-},

उदाहरण 2— अंक 7 का विनकुलम् ज्ञात करना।

∴ अंक 7 का 10 से विचलन = 7 – 10 = – 3

∴ अंक 7 का विनकुलम अंक = $\bar{3}$

उदाहरण 3— अंक 8 का विनकुलम् ज्ञात करना।

∴ अंक 8 का 10 से विचलन = 8 – 10 = –2

∴ अंक 8 का विनकुलम अंक = $\bar{2}$

उदाहरण 4— अंक 9 का विनकुलम् ज्ञात करना।

∴ अंक 9 का 10 से विचलन = 9 – 10 = –1

∴ अंक 9 का विनकुलम् = $\bar{1}$

विनकुलम् संख्याएँ—धनात्मक एवं ऋणात्मक दोनों प्रकार के अंकों से बनी संख्याएँ ही विनकुलम् संख्याएँ कहलाती हैं।

ध्यान रहे कि विनकुलम् संख्याओं में 5 अथवा 5 से छोटे अंकों का ही प्रयोग होता है। इन संख्याओं में 5 अथवा 5 से बड़े अंक उनके विनकुलम् अंकों के रूप में प्रयोग किए जाते हैं।

निखिलम् सूत्र—निखिलम् सूत्र इस प्रकार है—

"प्रत्येक अंक को 9 में से तथा अन्तिम दाएँ अंक को 10 में से घटाओ।"

उपरोक्त सूत्र की सहायता से अंकों के समूह का विनकुलम् सफलतापूर्वक ज्ञात किया जा सकता है। इसलिए दी हुई सामान्य संख्या के रूप में लिखने का यह सूत्र एक सशक्त मापन है।

एक साधारण संख्या को विनकुलम् संख्या के रूप में लिखना—जब किसी संख्या को विनकुलम् के रूप में लिखना होता है तो उस संख्या में आने वाले 5 से बड़े अंकों को उनके विनकुलम् अंकों द्वारा परिवर्तित कर दिया जाता है।

संख्या में जो अंक 5 से छोटे होते हैं, उनको जैसा का तैसा ही लिख दिया जाता है तत्पश्चात् हम सम्पूर्ण विधि का विस्तार से वर्णन करेंगे। जैसे-(अ) जब संख्या के केवल एक अंक का विनकुलम् ज्ञात करना ही—माना संख्या 382 को विनकुलम् रूप में लिखना है।

अब हम 8 का विनकुलम् अंक ज्ञात करेंगे।

विधि

(*i*) सर्वप्रथम अंक 8 का 10 से विचलन ज्ञात करेंगे = 8 – 10 = – 2

अतः अंक 8 का विनकुलम् अंक = 2^-

(*ii*) अंक 8 के बाईं ओर स्थित अंक 3 में 1 की वृद्धि करो अतः = 3 + 1 = 4

(*iii*) दी गई संख्या 382 में, 8 के स्थान पर $\bar{2}$ तथा बाईं ओर के अंक 3 के स्थान पर 4 लिखने पर

$$382 = 4\bar{2}2$$

अतः संख्या 382 का विनकुलम् रूप 4 2^- 2 है।

लघु रूप में इस क्रिया को इस प्रकार से कर सकते हैं—

$$382 = (3 + 1)\,(8 - 10)2 = 4\,(-2)\,2$$
$$= 4\bar{2}2$$

उपरोक्त संख्या की व्याख्या

(*i*) 5 से बड़े अंक का 10 से विचलन लेने पर जो अंक प्राप्त होता है, उसके ऊपर ऋणात्मक चिन्ह (–) लगाओ। यह उस अंक का विनकुलम् होगा। इस अंक के स्थान पर विनकुलम् अंक लिख दो।

(*ii*) जिस अंक का हमने विनकुलम् ज्ञात किया है, उसके ठीक बाईं ओर जो अंक हो, उसमें एक की वृद्धि कर दो। अर्थात् वहाँ के अंक को 1 बढ़ाकर लिखो।

निर्देश—जिस अंक का विनकुलम् ज्ञात किया गया हो, यदि उसके बाईं ओर कोई भी अंक न हों, वहाँ पर शून्य मान कर 0 + 1 = 1बढ़ाकर लिखो।

उदाहरण—संख्या 94 को विनकुलम् रूप में लिखिए—अंक 9 का विनकुलम अंक = $\bar{1}$

अंक 9 के बायी ओर 0 में 1 जोड़ने पर, 0 + 1 = 1

अत: 94 = 11⁻4

संक्षेप में :— 94 = 094 (0 + 1) (9 – 10)4 = 1 (– 1)4

$= 1\bar{1}4$

(ब) जब संख्या में एक से अधिक अंकों का विनकुलम् ज्ञात करना हों—यदि दी गई संख्या में 5 से बड़े अंक कई स्थानों पर आ रहे हैं तो सबसे पहले उन अंकों के भिन्न भिन्न समूह बना लेते हैं। यदि दो या दो से अधिक ऐसे अंक लगातार हों तो उन सभी अंकों को एक ही समूह में रखा जाता है। और आगे की कार्यवाही इस प्रकार से की जाती है—

(*i*) प्रत्येक समूह में जो अंक सबसे दायीं ओर हो उसे 10 से घटाकर तथा शेष अंकों को क्रमश: 9 से घटाकर जो अंक प्राप्त होते हैं, उनके ऊपर ऋणात्मक चिन्ह (–) लगाकर सभी अंकों के विनकुलम् प्राप्त करते हैं। अब समूह के प्रत्येक अंक को उसके विनकुलम् अंकों में बदल देते हैं।

(*ii*) प्रत्येक समूह के ठीक बायीं ओर स्थित अंक के मान में एक की वृद्धि कर देते हैं अर्थात्, वहाँ के अंक को 1 बढ़ाकर लिख देते हैं।

निर्देश— यदि समूह में एक अंक हों तो उसे 10 से घटाकर उस अंक का विनकुलम् ज्ञात करके वहाँ लिख देते हैं।

उदाहरण—संख्या 782893 को विनकुलम रूप में लिखिए।

दी हुई संख्या = 782893 = (78)2 (89)3

यहाँ पर 5 से बड़े अंकों के दो समूह हैं (78) और (89)

समूह (89) का विनकुलम ज्ञात करना—

निखिलम् सूत्र से दायीं ओर के अंक 9 का 10 से विचलन लेने पर

$$(9 - 10) = -1 = \bar{1}$$

तथा दूसरे अंक 8 का 9 से विचलन लेने पर

अंक 8 का विनकुलम् = (8 –9) = –1 = $\bar{1}$

अब समूह (78) का विनकलम् ज्ञात करना —

निखिलम् सूत्र से दायीं ओर के अंक 8 का 10 से विचलन लेने पर

$$(8 - 10) = -2 = \bar{2}$$

यहाँ पर दूसरे अंक 7 का 9 से विचलन लेने पर

$$(7 - 9) = -2 = \bar{2}$$

अब प्रत्येक समूह में आने वाले अंकों के स्थान पर उनके विनकुलम् अंक रख देंगे तथा प्रत्येक समूह बायीं ओर स्थित अंक के मान में एक की वृद्धि कर देंगे।

अब विनकुलम् रूप में–

$$782893 = 1\bar{2}\bar{2}3\bar{1}\bar{1}3$$

यहाँ पर यह ध्यान दें कि यहाँ पर समूह (78) के बाईं ओर कोई अंक नहीं है, इसलिए बाईं ओर शून्य को अंक मानकर उसमें एक की वृद्धि करके 0 + 1 = 1 लिखा गया है।

संक्षेप में उक्त क्रिया को निम्नप्रकार से किया जा सकता है–

$$\begin{aligned} 782893 &= 0\,(78)2\,(89)2 = 0\,(78)2\,(89)3 \\ &= (0+1)\,[(7-9)\,(8-10)]\,(2+1)\,[(8-9)\,(9-10)]3 \\ &= 1\,[(-2)\,(-2)]3\,[(-1)\,(-1)]3 \\ &= 1\bar{2}\bar{2}3\bar{1}\bar{1}3 \end{aligned}$$

उदाहरण–संख्या 1918176 को विनकुलम् रूप में लिखिए।

दी गई संख्या = 1 (9) 1 (8) 1 (76)

यहाँ पर 5 से बड़े अंकों के तीन समूह (9) (8) (76) बनते हैं।

समूह (76) का विनकुलम् ज्ञात करना–दायीं ओर के अंक 6 का 10 से तथा दूसरे अंक 7 को 9 से घटाकर विचलन प्राप्त कर लेने पर, अंक 6 का विनकुलम् = (6 –10) = – 4 या $\bar{4}$ तथा अंक 7 का विनकुलम् = (7 – 9) = –2 या $\bar{2}$

समूह 8 का विनकुलम् ज्ञात करना–8 को 10 से घटाकर विचलन प्राप्त करने पर,

अंक 8 का विनकुलम् = – 2 या $\bar{2}$

समूह (9) का विनकुलम् ज्ञात करना –9 को 10 से घटाकर विचलन प्राप्त करने पर,

अंक 9 का विचलन = (9 – 10) = –1 या $\bar{1}$

अब प्रत्येक समूह में आने वाले अंकों के स्थान पर उनके विनकुलम अंक रखेंगे, तथा प्रत्येक समूह के बायीं ओर स्थित अंक के मान में 1 की वृद्धि कर देंगे।

अत: विनकुलम् के रूप में,

$$1918176 = 2\bar{1}2\bar{2}2\bar{2}\bar{4}$$

संक्षेप में इसे इस प्रकार लिखा जा सकता है–

$$\begin{aligned} 1918176 &= 1\,(9)\,1\,(8)\,1\,(76) \\ &= (1+1)\,(9-10)\,(1+1)\,(8-10)\,(1+1)\,[(7-9)\,(6-10)] \\ &= 2\,(-1)\,2\,(-2)\,2\,[(-2)\,(-4)] \\ &= 2\bar{1}2\bar{2}2\bar{2}\bar{4} \end{aligned}$$

विनकुलम् संख्या को सामान्य रूप में लिखना–यह क्रिया विनकुलम् ज्ञात करने की क्रिया के एकदम विपरीत है। अत: दी हुई विनकुलम् संख्या के समस्त रेखांकित (ऋणात्मक) अंकों को धनात्मक अंकों अर्थात् मूल अंकों में परिवर्तित करके उस संख्या को सामान्य या वास्तविक रूप में लिखा जाता है। इस विधि का विस्तारपूर्वक वर्णन करेंगे।

(अ) जब केवल एक विनकुलम अंक को मूल अंक में बदलना हो—जब एक विनकुलम् अंक को मूल अंक में बदलने के लिए यहाँ पर निम्नलिखित विधि अपनायी जाती है।

(*i*) संख्या में जो भी विनकुलम् अंक दिया हो, उसे 10 में से घटाकर उसका धनात्मक पूरक अंक प्राप्त कर लिया जाता है। विनकुलम् अंक के स्थान पर इस पूरक अंक को लिखा जाता है।

(*ii*) विनकुलम् अंक के ठीक बायीं ओर स्थित अंक के मान में एक की कमी की जाती है, अर्थात् उसे एक कम कर दिया जाता है।

उदाहरण—संख्या $3\bar{8}1$ को सामान्य रूप में लिखिए।

अंक $\bar{8}$ का पूरक अंक $= 10 - 8 = 2$

अंक $\bar{8}$ के बायीं ओर स्थित अंक 3 में से 1 कम करने पर

$$= 3 - 1 = 2$$

अत: दी गई संख्या $3\,\bar{8}\,1$ में $\bar{8}$ के स्थान पर 2 तथा बायीं ओर के अंक 3 के स्थान पर 2 लिखने पर

$$3\,\bar{8}\,1 = 221$$

संक्षेप में $3\bar{8}1 = (3 - 1)\,(10 - 8)1$

$$= 2\,2\,1$$

उदाहरण— संख्या $\bar{8}34$ को वास्तविक रूप में लिखिए। यहाँ पर अंक 8 के स्थान पर इसका पूरक अंक $(10 - 8) = 2$ लिखा जायेगा तथा $\bar{8}$ के बायी ओर शून्य मान कर वहाँ $0 - 1 = \bar{1}$ लिखा जायेगा।

$$\bar{8}34 = \bar{1}\,2\,3\,4 = -1000 + 234$$

$$= -766$$

संक्षेप में, $\bar{8}34 = (0 - 1)\,(10 - 8)\,34 = (-1)\,(2)\,34$

$$= \bar{1}234$$

(ब)संख्या के एक से अधिक रेखांकित अंकों को मूल रूप में बदलना—यदि दी गई संख्या में रेखाांकित अंक कई स्थान पर आए हैं तो सबसे पहले उन रेखांकित अंकों के अलग-अलग समूह बनाते हैं। यदि दो या दो से अधिक रेखांकित अंक लगातार हों तो वे सभी अंक एक ही समूह में रखे जायेंगे—

अब निखिलम् सूत्र की मदद से प्रत्येक समूह में, सबसे दायीं ओर के अंक को 10 से घटाकर उसका धनात्मक पूरक मान ज्ञात कर लेते हैं। समूह में शेष अंकों में से प्रत्येक अंक को क्रमश: 9 से घटाकर उनके पूरक अंक प्राप्त करते हैं। अन्त में प्रत्येक समूह में सभी रेखांकित अंकों को उनके पूरक अंकों में बदल देते हैं तथा प्रत्येक समूह के ठीक बायीं ओर स्थित अंक के मान में एक अंक की कमी कर देते हैं।

निर्देश—यदि किसी संख्या में केवल एक रेखांकित अंक हो तो उसको 10 में से घटाकर उसका पूरक अंक ज्ञात करते हैं।

उदाहरण—संख्या $3\bar{3}4\bar{4}$ को सामान्य रूप में लिखिए।

यहाँ पर दी गई संख्या = $3\bar{3}4\bar{4}$

यहाँ पर संख्या में अंकों में दो समूह $(\bar{3})$ एवं $(\bar{4})$ बनते हैं, जिनमें कि एक-एक अंक हैं।

समूह (4^{-}) के अंक का पूरक अंक = $10 - 4 = 6$

तथा इस समूह के बायीं ओर स्थित अंक 4 में से 1 कम करने पर

$$4 - 1 = 3$$

अत संख्या $3\bar{3}4\bar{4}$ का वास्तविक रूप होगा–2736

इसे संक्षेप में इस प्रकार लिख सकते हैं–

$$\begin{aligned} 3\bar{3}4\bar{4} &= (3-1)\,(10-3)\,(4-1)\,(10-4) \\ &= 2\,7\,3\,6 \end{aligned}$$

उदाहरण–संख्या $2\,\bar{6}\bar{3}4\,\bar{2}\,3\,5\,\bar{1}$ को वास्तविक रूप में लिखिए।

दी गई संख्या $2\,\bar{6}\bar{3}4\bar{2}3\bar{5}\bar{1} = 2\,(\bar{6}\bar{3})\,4\,(\bar{2})\,3\,(\bar{5}\bar{1})$

यहाँ पर रेखांकित अंकों के तीन समूह $(\bar{6}\bar{3})$, $(\bar{2})$ और $(\bar{5}\bar{1})$ बनते हैं।

निखिलम् सूत्र की सहायता से प्रत्येक समूह में दायीं ओर के अंक को 10 में से घटाकर तथा शेष को 9 में से घटाकर लिखा जायेगा। अन्त में प्रत्येक समूह के बायीं ओर स्थित अंक में 1 की कमी की जायेगी।

$$\therefore \quad 2\bar{6}\bar{3}4\bar{2}\,3\bar{5}\bar{1} = (2-1)\,[(9-6)\,(10-3)]\,(4-1)\,[(10-2)]\,(3-1)\,[(9-5)\,(10-1)] = 13738249$$

वैदिक विधि से संख्याओं का योग

साधारण गणित के अन्तर्गत संख्याओं का योग ज्ञात करने के लिए सर्वप्रथम इकाई अंकों का योग किया जाता है, इसके पश्चात् दहाई अंकों का योग करते हैं, और फिर सैकड़ा के अंकों का योग करते हैं।

वैदिक गणित के अन्तर्गत भी संख्याओं का योग भी इसी प्रकार से ज्ञात किया जाता है। लेकिन वैदिक गणित में अपनायी गई विधि साधारण गणित की विधि से कुछ अलग होती है। वैदिक विधि से संख्याओं का योग ज्ञात करते समय हासिल लेने की क्रिया का प्रयोग नहीं किया जाता है, बल्कि उसके स्थान पर उपसूत्र शुद्ध का प्रयोग किया जाता है। योग करने की वैदिक विधि इस प्रकार है–

इकाई के अंकों का योग ज्ञात करना–इकाई अंकों का योग करने के लिए ऊपर के नीचे की ओर (↓) इकाई के अंकों को क्रमशः जोड़ना प्रारम्भ करते हैं तथा जिस अंक पर योग 9 से अधिक आ जाता है तो उस अंक के ठीक बाईं ओर स्थित दहाई अंक पर एक शुद्ध बिन्दु लगा देते हैं। माना कि यदि योग 12 आता है तो योग 12 में इकाई के अंक 2 को नीचे वाले अगले अंक में जोड़ते हैं। यदि योग 9 से अधिक आए तो बाईं ओर स्थित दहाई अंक पर फिर शुद्ध बिन्दु लगा देते हैं, लेकिन यदि योग 9 से कम आए तो उसे नीचे वाले अगले अंक में जोड़कर योग करते हैं। इस क्रिया को अन्तिम अंक तक दोहराते हैं। अन्त में, जो भी योग प्राप्त होता है उसमें इकाई का अंक, उत्तर में इकाई के स्थान पर लिख देते हैं।

दहाई के अंकों का योग ज्ञात करना—इसमें दहाई के अंकों का योग ज्ञात करने के लिए सबसे पहले दहाई के कॉलम में अंकों पर लगे शुद्ध बिन्दुओं को गिनकर इस कॉलम के सबसे ऊपरी अंक में जोड़ते हैं। जोड़ने पर जो अंक प्राप्त होता है, उसे नीचे वाले दूसरे अंक में जोड़ देते हैं। यदि योग 9 से अधिक आता है तो अंक के बाईं ओर स्थित सैकड़ा के अंक पर शुद्ध बिन्दु लगा देते हैं और इकाई के अंक को तीसरे अंक में जोड़कर आगे जोड़ना शुरू करते हैं। इस क्रिया को आगे भी दोहराते हैं। अन्त में जो योग प्राप्त होता है, उसमें इकाई का अंक, उत्तर में दहाई के स्थान पर लिख देते हैं।

सैकड़ा, हजारवें...अंकों का योग ज्ञात करना—जिस प्रकार से दहाई अंकों का योग ज्ञात करते हैं, उसी प्रकार से ही सैकड़ा, हजारवें...अंकों का भी योग ज्ञात किया जाता है।

उदाहरण—शुद्धिकरण का प्रयोग ऊपर से नीचे तक करके योग ज्ञात कीजिए।

3 5 7 9
4 9 6 9
5 0 7 5
9 5 6 9

शुद्ध बिन्दु	हजार	सैकड़ा	दहाई	इकाई
0	3 + 2 = 5	05 + 2 = 7	7 + 3 = 10	9
00	04 + : 5 : = 9	9 + : 7 : = 16	06 + : 0 : = 06	9 + : 9 : = 18
0	5 + : 9 : = 14	00 + : 6 : = 6	07 + : 6 : = 13	5 + : 8 : = 13
00	09 + : 4 : = 13	5 + : 6 : = 11	06 + : 3 : = 9	9 + : 3 : = 12
2	3	1	9	2

अतः उक्त समस्या का अभीष्ट योग = 23192

क्रियापद

इकाई अंकों का योग

(*i*) 9 + 9 = 18 ये 9 से अधिक है, (यहाँ पर शुद्धिकरण होगा) अब 9 के बायीं ओर स्थित दहाई के अंक 6 पर शुद्ध बिन्दु लगायेंगे तथा योग 18 से इकाई अंक 8 को नीचे अगले अंक 9 में जोड़ेगें।

(*ii*) 5 + 8 = 13 जो 9 से अधिक है। (यहाँ पर शुद्धीकरण होगा) अब 5 के बायीं ओर स्थित दहाई के अंक 7 पर बिन्दु लगायेंगे तथा योग 13 में इकाई अंक 3 को नीचे अगले अंक 9 में जोड़ते हैं।

(*iii*) 9 + 3 = 12 जो 9 से अधिक है। (यहाँ शुद्धिकरण होगा) अब 9 के बायीं ओर स्थित दहाई के अंक 6 पर शुद्ध बिन्दु लगा देने तथा योग 12 से इकाई के अंक 2 को उत्तर में इकाई के स्थान पर लिखा जायेगा।

दहाई के अंकों का योग—(*i*) सर्वप्रथम दहाई के स्तम्भ में लगे शुद्ध बिन्दुओं को गिनते हैं जो कि 3 है। इन बिन्दुओं को इस स्तम्भ के ऊपरी अंक 7 में जोड़ते हैं। तब सबसे ऊपर अंक प्राप्त होगा। 7 + 3 = 10 जो 9 से बड़ा है। (यहाँ पर शुद्धिकरण होगा) अब 7 के बायीं

ओर स्थित सैकड़ा अंक 5 पर शुद्ध बिन्दु लगायेगें तथा योग 10 में से इकाई अंक 0 को नीचे वाले अगले 6 में जोड़ देगें।

(*ii*) 6 + 0 = 6 जो 9 से छोटा है। अतः 6 का यहाँ नीचे वाले अगले अंक 7 में जोड़ेगें।

(*iii*) 7 + 6 = 13 जो 9 से बड़ा है, अब 7 के बाँयी ओर स्थित सैकड़ा के अंक 0 पर शुद्ध बिन्दु लगा देंगे तथा योग 13 में इकाई का 3 को नीचे वाले 6 में जोड़ देंगे।

(*iv*) 6 + 3 = 9 अतएव योग 9 में इकाई के अंक 9 को उत्तर में दहाई के स्थान पर रख देंगे।

सैकड़ा के अंकों का योग

(*i*) सबसे पहले सैकड़ा के कॉलम अंकों पर लगाए गए शुद्ध बिन्दुओं को गिनते हैं जो 2 है। इन शुद्ध बिन्दुओं को इस कॉलम के ऊपरी अंक 5 में जोड़ देते हैं तब सबसे ऊपर अंक प्राप्त होगा। 5 + 2 शुद्ध = 7 जो 9 से छोटा है।

इसलिए 7 को नीचे वाले अगले अंक 9 में जोड़ेगें।

(*ii*) 9 + 7 = 16 जो 9 से बड़ा है। ($\therefore$ यहाँ शुद्धिकरण होगा)

अब 9 के बायीं ओर स्थित हजार के अंक 4 पर शुद्ध बिन्दु लगायेंगे तथा योग 16 में इकाई के अंक 6 को नीचे वाले अगले अंक 0 में जोड़ देंगे।

(*iii*) 0 + 6 = 6 जो 9 से छोटा है, अतः अब 6 को नीचे वाले अगले अंक 5 में जोड़ेगें।

(*iv*) 5 + 6 = 11 जो नौ से बड़ा है। ($\therefore$ यहाँ पर शुद्धिकरण होगा) अब 5 के बायीं ओर स्थित हजार के अंक 9 पर शुद्ध बिन्दु लगा देंगे। तथा योग 11 में इकाई के अंक 1 को उत्तर में सैकड़ा के स्थान पर लिख देंगे।

हजार के अंकों का योग–हजार के अंकों का योग भी उपरोक्त क्रिया के अनुसार की जाती है।

(*i*) 3 + 2 (शुद्ध) = 5

(*ii*) 4 + 5 = 9

(*iii*) 5 + 9 = 14 ये 9 से बड़ा है। ($\therefore$ शुद्धिकरण होगा) अतः नीचे के अंक में 4 जोड़ा जायेगा।

(*iv*) 9 + 4 = 13 ये 9 से बड़ा है। ($\therefore$ शुद्धिकरण होगा)

योग 13 में इकाई के अंक 3 को उत्तर में हजार के स्थान पर लिखेंगे।

हजार के बायीं ओर के अंकों का योग–इस कॉलम में समस्त अंक शून्य हैं जिनमें से केवल 2 अंकों पर शुद्ध बिन्दु लगा है।

अतएव उत्तर में 2 (शुद्ध बिन्दु) लिख देगें।

(*ii*) 37994
68986
75438
58909

शुद्ध बिन्दु	दस हजार	हजार	सैकड़ा	दहाई	इकाई
0	3 + 3 शुद्ध = 6	7 + 3 शुद्ध = 10	9 + 2 शुद्ध = 11	9 + 2 शुद्ध = 11	4
0	6 + : 6 : = 12	8 + : 0 : = 8	9 + : 1 : = 10	8 + : 1 : = 9	6 + : 4 : = 10
0	7 + : 2 : = 9	5 + : 8 : = 13	4 + : 0 : = 4	3 + : 9 : = 12	8 + : 0 : = 8
0	5 + : 9 : = 14	8 + : 3 : = 11	9 + : 4 : = 13	0 + : 2 : = 2	9 + : 8 : = 17
2	4	1	3	2	7

अतएव उक्त समस्या का अभीष्ट योग = 241327

(*iii*)
```
 019256
 025424
 027768
 243215
 ------
 315664
```

(*iv*)
```
 098765
 060543
 063217
 089522
 ------
 312047
```

वैदिक विधि से संख्याओं को घटाना

दो संख्याओं को घटाने की क्रिया इन संख्याओं को ऊपर नीचे लिखकर की जाती है, इस प्रक्रिया में घटने वाली संख्या को हमेशा नीचे लिखा जाता है।

साधारण गणित में ऐसा देखने को मिलता है कि यदि घटने वाली संख्या के अंक, ऊपर वाली संख्या के स्थानीय अंकों से छोटे नहीं होते हैं। तो घटाने की क्रिया सामान्य तरीके से कर ली जाती है।

जैसे–

```
  75      क्रिया–इकाई में 5 – 3 = 2
– 4 3            दहाई में 7 – 4 = 3
-----
  32
```

लेकिन यदि घटने वाला अंक अपने ऊपर वाले अंक से बड़ा होता है। तो घटाने की क्रिया हासिल लेकर की जाती है। परन्तु वैदिक गणित में हासिल का त्रयोग न करके उपसूत्र शुद्ध का प्रयोग किया जाता है। इसे शुद्धिकरण रीति कहलाती है।

शुद्धिकरण रीति से घटाना

(*i*) यदि घटाने वाला अंक अपने ऊपर वाले स्थानीय अंक से छोटा होता है, उसको सामान्य रूप से घटाकर उत्तर लिख देते हैं। यदि घटने वाला अंक अपने ऊपर वाले स्थानीय अंक से बड़ा होता है तो उस अंक को 10 से घटाकर उसका पूरक अंक प्राप्त कर लेते हैं। जिसे शुद्धिकरण कहते हैं। इस अंक के ठीक बायीं ओर स्थित अंक पर 'शुद्ध बिन्दु' लगा देते है। यह शुद्ध बिन्दु उस अंक का मान एक बढ़ा देता है। अर्थात्

3 = 3 + 1= 4 पढ़ा जाता है।

(*iii*) पूरक अंक को ऊपर वाले अंक में जोड़ देते हैं, तथा जो अंक प्राप्त होता है, उसे उत्तर में लिख देते हैं।

निर्देश–यदि किसी अंक के बायीं ओर कोई भी अंक न हो तो वहाँ 0 मानकर उस पद शुद्ध बिन्दु लगाया जाता है।

उदाहरणार्थ–

$$\begin{array}{r} 548 \\ -379 \\ \hline \\ \hline \end{array}$$

हल– इकाई अंक को घटाना–

(*i*) यहाँ पर इकाई का अंक 9 ऊपर वाले अंक 8 से बड़ा है। इसलिए शुद्धि करना पड़ता है।

(*ii*) 9 को 10 में से घटाने पर पूरक अंक = 10 – 9 = 1

(*iii*) पूरक अंक 1 को ऊपर वाले अंक 8 में जोड़ने पर 8 + 1 = 9

जिसे उत्तर में इकाई स्थान पर लिखेगें।

(*iv*) 9 के बायीं ओर स्थित अंक 7 पर शुद्ध बिन्दु लगा देते हैं।

$$\begin{array}{r} 548 \\ -379 \\ \hline 69 \\ \hline \end{array}$$

दहाई अंकों को घटाना–अब दहाई अंकों को इस प्रकार से घटायेंगे–

(*i*) दहाई के अंक 7 पर शुद्ध बिन्दु लगा है, इसलिए इसको एक अंक बढ़ा दिया जायेगा। इसलिए दहाई का अंक 7 + 1 = 8 जिसे ऊपर के अंक 4 से घटाना है।

(*ii*) यहाँ पर दहाई का अंक 8 ऊपर वाले दहाई अंक 4 से बड़ा है, इसलिए यहाँ पर शुद्धिकरण करना पड़ेगा।

(*iii*) अब दहाई अंक 8 को 10 में घटाने पर, पूरक अंक = 10 – 8 = 2

(*iv*) अब पूरक अंक 2 को ऊपर वाले अंक 4 में जोड़ने पर 4 + 2 = 6 , इसे उत्तर के दहाई अंक के स्थान पर लिखेंगे।

(*v*) अब 7 के बायीं ओर स्थित सैकड़ा के अंक 3 पर शुद्धिकरण बिन्दु लगा देंगे।

$$\begin{array}{r} 548 \\ -379 \\ \hline 69 \\ \hline \end{array}$$

सैकड़ा अंकों को घटाना– सैकड़ा अंकों को निम्न प्रकार से घटाया जायेगा–

(*i*) सैकड़ा पर स्थित अंक 3 पर शुद्ध बिन्दु लगा, इसलिए इसको एक अंक बढ़ा देंगे। इसलिए सैकड़ा अंक = 3 + 1 = 4

(*ii*) अब सैकड़ा अंक 4 ऊपर वाले अंक से छोटा है। इसलिए घटाने पर 5 – 4 = 1

(*iii*) इस 1 को उत्तर में सैकड़ा के स्थान पर लिखेगें।

अत:

$$\begin{array}{r} 548 \\ -379 \\ \hline 169 \\ \hline \end{array}$$ उत्तर

विनकुलम् रीति से घटाना–उपरोक्त उदाहरण को विनकुलम् रीति से निम्नप्रकार से घटायेंगे–

$$\begin{array}{r} 548 \\ -379 \\ \hline \\ \hline \end{array}$$

हल– इकाई के स्थान पर– $8 - 9 = -1 = \bar{1}$

दहाई के स्थान पर– $4 - 7 = -3 = \bar{3}$

सैकड़ा के स्थान पर– $5 - 3 = = 2$

अत: $\begin{array}{r} 548 \\ -379 \\ \hline 2\bar{3}\bar{1} \\ \hline \end{array}$

अब विनकुलम् संख्या $2\,\bar{3}\,\bar{1}$ को साधारण संख्या में परिवर्तित करने पर–

$2\,\bar{3}\,\bar{1} = (2 - 1)\,(9 - 3)\,(10 - 1) = 1\,6\,9$

विनकुलम् संख्याओं को घटाना–

उदाहरण– $\begin{array}{r} 426\bar{2}1\bar{4} \\ 2\bar{2}7\bar{4}4\bar{3} \\ \hline \\ \hline \end{array}$

हल– इकाई के स्थान पर– $\bar{4} - \bar{3} = -4 - (-3)$

$= -4 + 3 = -1 = \bar{1}$

दहाई के स्थान पर– $1 - 4 = -3 = \bar{3}$

सैकड़ा के स्थान पर– $2^{-}\,4^{-} = -2 - (-4)$

$= -2 + 4 = 2$

हजार के स्थान पर– $6 - 7 = -1 = \bar{1}$

दस हजार के स्थान पर– $\bar{2}\;2^{-} = 2 - (-2)$

$= 2 + 2 = 4$

लाख के स्थान पर– $4 - 2 = 2$

अत: $\begin{array}{r} 426\bar{2}1\bar{4} \\ -2\bar{2}7\bar{4}4\bar{3} \\ \hline 24\bar{1}2\bar{3}\bar{1} \\ \hline \end{array}$

विनकुलम् संख्या–$2\,4\,\bar{1}\,2\,\bar{3}\,\bar{1}$ को साधारण संख्या में परिवर्तित करने पर–

$$2\,4\,\bar{1}\,2\,\bar{3}\,\bar{1} = 2\,(4 - 1)\,(10 - 1)\,(2 - 1)\,(9 - 3)\,(10 - 1)$$
$$= 2\,3\,9\,1\,6\,9$$

अत: अभीष्ट अंतर = 2 3 9 1 6 9 उत्तर

विनकुलम् युक्त संख्याओं का योग–विनकुलम् युक्त संख्याओं के योग करने में दो प्रकार की स्थितियाँ उत्पन्न हो सकती है, जो इस प्रकार हैं–

पहली स्थिति–जब किसी स्तम्भ के धनात्मक अंकों का योग 9 से अधिक आ जाए–

माना कि किसी स्तम्भ में धनात्मक अंश 5 और 7 है। इनका योग 12 है। ऐसी स्थिति में उस स्तम्भ के ऊपरी धनात्मक अंक पर शुद्ध बिन्दु लगा देते हैं, एवं 12 में इकाई का अंक 2 को उत्तर में लिख देते हैं। यह क्रिया शुद्ध अथवा शुद्धिकरण कहलाती है।

बायीं ओर के शुद्ध में एक ही वृद्धि कर देता है। अत: बायीं ओर के स्तम्भ का जो भी ऊपरी हो उसमें एक की वृद्धि करके स्तम्भ के अंकों का योग प्राप्त करते हैं।

दूसरी स्थिति–जब किसी स्तम्भ के ऋणात्मक अंकों का योग 9 से अधिक आ जाये–

माना किसी स्तम्भ में विनकुलम् अंक (ऋणात्मक अंक) $\bar{5}$ और 7^- है।

अब $\bar{5} + \bar{7} = -5 + (-7) = -12 = \bar{1}\bar{2}$ (यहाँ पर शुद्धिकरण होगा) इस स्थिति में उस स्तम्भ के ऊपरी विनकुलम् अंक पर एक शुद्ध लगा देते हैं तथा योग (12) में इकाई का अंक $\bar{2}$ उत्तर में लिख देते हैं। शुद्ध बिन्दु बायीं ओर के अंक में से $\bar{1}$ की वृद्धि कर देता है। इसलिए बायीं ओर के स्तम्भ का जो भी ऊपरी अंक हो उसमें $\bar{1}$ जोड़कर इस स्तम्भ के अंकों का योग ज्ञात करते हैं–

उदाहरण–
$$\begin{array}{r} 4\,\bar{2}\,\bar{1}\bar{0}\,\bar{1} \\ +\,2\,\bar{4}\,\bar{3}\,0\,6 \\ \hline 6\,\bar{6}\,4\,0\,5 \\ \hline \end{array}$$

हल– इकाई स्थान पर– $\bar{1} + 6 = -1 + 6 = 5$

दहाई के स्थान पर– $\bar{0} + 0 = 0 + 0 = 0$

सैकड़ा के स्थान पर– $\bar{1} + 3^- = -1 - 3 = -4 = \bar{4}$

हजार के स्थान पर– $\bar{2} + 4^- = -2 - 4 = -6 = \bar{6}$

दस हजार के स्थान पर–4 + 2 = 6

विनकुलम् संख्या $6\,\bar{6}\,\bar{4}\,0\,5$ को सामान्य संख्या में परिवर्तित करने पर–

$$6\,\bar{6}\,\bar{4}\,0\,5 = (6-1)\,(9-6)\,(10-4)\,0\,5$$
$$= 5\,3\,6\,0\,5$$

अतएव अभीष्ट योग = 53605 **उत्तर**

प्रथम स्थिति पर आधारित उदाहरण–

$$\begin{array}{l} 4\,\bar{3}\,5\,\bar{4} \\ 5\,\bar{4}\,7\,3 \end{array}$$

हल–इकाई के स्थान पर– $\bar{4} + 3 = -4 + 3 = -1 = \bar{1}$

दहाई के स्थान पर– 5 + 7 = 12 (यहाँ पर शुद्धिकरण होगा) इसलिए 5 के ऊपर शुद्धि बिन्दु लगा देंगे तथा इकाई का अंक 2 उत्तर में लिखेंगे।

सैकड़ा के स्थान पर–अंक 5 पर शुद्ध बिन्दु लगा है इसलिए बायी ओर के अंक $\bar{3}$ में 1 जोड़ने पर–

$$\bar{3} + 1 = -3 + 1 = -2 = \bar{2}$$

अब $\bar{2}$ को नीचे वाले अंक $\bar{4}$ में जोड़ने पर–

$$\bar{2} + \bar{4} = -2 - 4 = -6 = \bar{6}$$

इसलिए अब उत्तर में $\bar{6}$ लिखेंगे।

हजारवें स्थान पर– 4 + 5 = 9

अत: $4\bar{3}\,5\bar{4}$

$\underline{5\bar{4}\,73^{-}}$

$\underline{9\bar{6}\,2\bar{1}}$

अब विनकुलम् संख्या $9\bar{6}\,2\bar{1}$ को सामान्य रूप में बदलने

$$9\bar{6}\,2\bar{1} = (9-1)\,(10-6)\,(2-1)\,(10-1)$$
$$= 8\,4\,19$$

अत: अभीष्ट योग = 8419 **उत्तर**

मिश्रित संख्याओं का योग करना

मिश्रित संख्या वह संख्या है, जिसमें धनात्मक एवं ऋणात्मक दोनों ही प्रकार की संख्यायें आती हैं।

वैदिक विधि के द्वारा मिश्रित संख्याओं का योग करने के लिए निम्नलिखित विधि अपनाई जाती है–

(*i*) सर्वप्रथम प्रत्येक संख्या में जो भी अंक 5 से बड़ा होता है उसे विनकुलम् अंक से परिवर्तित कर लेते हैं। अर्थात् प्रत्येक संख्याओं को आवश्यकतानुसार विनकुलम् संख्या में बदल लेते हैं।

(*ii*) ऋणात्मक संख्याओं को धनात्मक संख्याओं परिवर्तित कर लेते हैं।

उदाहरण– – 546 को धन संख्या के रूप में $\bar{5}\bar{4}\bar{6}$ लिखेंगे।

एवं $-\bar{2}41\bar{3}$ को धन संख्या के रूप में लिखेंगे $2\bar{4}\,\bar{1}3$*

(*iii*) अन्त में समस्त संख्याओं के इकाई, दहाई एवं सैकड़ा...के अंकों को अलग-अलग जोड़कर योगफल ज्ञात कर लेते हैं।

वैदिक विधि से संख्याओं का गुणा

निखिलम् विधि से गुणा करना–इस पद्धति से संख्याओं को गुणा करने के लिए आधार पद्धति का प्रयोग किया जाता है। इसमें हमेशा आधार 10 या 10 की घातों के रूप में होता है। इसलिए आधार को 10,100, 1000, 10000... आदि को लेकर प्रश्नों को हल किया जाता है।

(*i*) आधार का चयन–यहाँ उस संख्या को आधार के रूप में प्रयोग किया जाता है जो कि गुणा करने वाली संख्याओं के अत्यधिक समीप हों। जैसे–

13 × 15 के लिए आधार 10 लिया जायेगा।

94 × 96 या 103 × 105 के लिए आधार 100 लिया जायेगा।

1005 × 1010 के लिए आधार 1000 लिया जायेगा।

10006 × 10010 के लिए आधार 10,000 लिया जायेगा।

(*ii*) आधार के विचलन–आधार चयन करने के पश्चात् गुणा करने वाली दोनों संख्याओं का आधार से विचलन ज्ञात करते हैं।

(अ) यदि संख्या आधार से बड़ी है तो उसका आधार से विचलन धनात्मक होगा। जैसे–13 का आधार 10 से विचलन +3 है।

(ब) यदि संख्या आधार से छोटी है, तो उसका आधार से विचलन ऋणात्मक होगा। जैसे संख्या 8 का आधार 10 से विचलन – 2 है।

गुणा करने की विधि—गुणा करने की विधि के प्रमुख चरण निम्नलिखित हैं—

(*i*) सबसे पहले गुणा करने वाली संख्याओं को देखकर उचित आधार का चयन करते हैं।

(*ii*) प्रथम संख्या का आधार से विचलन ज्ञात करके उस संख्या को उसके विचलन को (चिन्ह सहित) थोड़ी दूरी पर एक ही लाइन में लिखते हैं। इसके नीचे दूसरी संख्या एवं उसके विचलन को लिखते हैं। जैसे—

उदाहरण—यदि संख्या 12 तथा आधार 10 है तब—

12 $\quad$ +2 $\quad$ (विचलन + 2)

उदाहरण—यदि संख्या 8 तथा आधार 10 है तब—

8 $\quad$ –2 $\quad$ (विचलन –2)

(*iii*) संख्याओं और उनके विचलनों को ऊपर-नीचे लिखकर गुणा की प्रक्रिया शुरू करते हैं।

इसका गुणनफल दो भागों में प्राप्त किया जाता है। इन दोनों भागों को एक र्तियक या उर्ध्वाधर रेखा खींचकर अलग-अलग व्यक्त कर दिया जाता है—

बायाँ भाग/ दायाँ भाग— 12 ↘↗ + 2 $\quad$ आधार 10

14 ↗↘ + 4

यहाँ पर गुणा का बायाँ भाग = एक संख्या + दूसरी संख्या का विचलन।

तथा गुणा का दायाँ भाग = दोनों विचलनों का गुणनफल चिन्ह सहित

अत: गुणा का बायाँ भाग = 12 + 4 अथवा 14 + 2

= 16 अथवा 16

तथा दोनों विचलनों का गुणनफल = 2 × 4 = 8

आधार 10 में 1 शून्य है इसलिए यहाँ दाएँ भाग में विचलनों के गुणनफल से प्राप्त एक अंकीय संख्या 8 को लिख देंगे।

इसलिए क्रिया निम्न प्रकार से की जाएगी—

12 ↘↗ + 2

14 ↗↘ + 4

1618 $\quad$ = 168

दोनों भागों की संख्याओं को एक साथ लिखने पर—

12 × 14 = 168 उत्तर

आवश्यक निर्देश—इस विधि में गुणा की सम्पूर्ण प्रक्रिया विचलनों के गुणनफल पर आधारित होती है। जो गुणनफल का दायाँ भाग देता है। इसलिए—

"दाएँ भाग की संख्या धनात्मक एवं उतने अंकों की होनी चाहिए जितने कि आधार में शून्य हों"।

विचलनों की गुणा करने पर निम्नलिखित स्थितियाँ उत्पन्न होती हैं।

प्रथम स्थिति—"जब विचलनों के गुणनफल से प्राप्त संख्या में अंक लिए गए आधार में शून्य के बराबर हो।"

इस स्थिति में गुणनफल से प्राप्त संख्या ही उत्तर का दायाँ भाग होगा।

द्वितीय स्थिति–"जब विचलनों के गुणनफल से प्राप्त संख्या में अंक लिए गए आधार के शून्य से अधिक हों।"

इस स्थिति में गुणनफल संख्या के बाँयी ओर के अतिरिक्त अंकों को गुणनफल के बाएँ भाग में नीचे लिखकर जोड़ देते हैं।

उदाहरण–17 × 18 का गुणनफल ज्ञात करो–

हल– माना इनका आधार 10 है।

17 +7

18 +8

25/6

+5

= 30/6 = 306 उत्तर

यहाँ पर बायाँ भाग = 17 + 8 = 25 अथवा 18 + 7 = 25

विचलनों का गुणनफल = 7 × 8 = 56

क्योंकि आधार 10 में केवल एक शून्य है, इसलिए दायें भाग में एक अंकीय संख्या लिखी जायेगी, परन्तु गुणा से प्राप्त संख्या 56 हैं में दो अंक है। इसलिए 56 के दायें अंक 6 को उत्तर के दायें भाग में लिख देगें तथा बायीं ओर के अतिरिक्त अंक 5 को बायें भाग में 25 के नीचे लिखकर जोड़ देगें। जिससे 25 + 5 = 30 प्राप्त होता है।

उदाहरण–105 × 13 का मान ज्ञात करो।

हल– माना आधार 10 है।

105 + 95

13 + 3

108/5

+ 28 = 136/5 = 1365 **उत्तर**

यहाँ दायाँ भाग = 105 + 3 = 108 अथवा 13 + 95 = 108

तथा विचलनों का गुणनफल = 95 × 3 = 285

∵ आधार 18 में 1 शून्य है, इसलिए दायें भाग में एक अंकीय संख्या लिखी जायेगी।

अत: यहाँ 285 के दाएँ अंक 5 को उत्तर के दाएँ भाग में लिख देंगे तथा बायीं ओर की अतिरिक्त संख्या 28 को बायें भाग 108 के नीचे लिखकर जोड़ेंगे जिससे 108 + 28 = 136 प्राप्त होता है।

तृतीय स्थिति–जब विचलनों के गुणनफल से प्राप्त संख्या में अंक, लिए गए आधार में शून्य से कम हों।

इस स्थिति में विचलनों के गुणा से प्राप्त संख्या के बायीं ओर शून्य बढ़ाकर उसको उतने ही अंकों की बना लेते हैं, जितने कि आधार में शून्य हों।

उदाहरण– 103 × 102 का मान ज्ञात कीजिए।

हल– माना कि आधार 100 है।

103 + 3 + 5

102 +2

105/06 = 10506

यहाँ पर बायां भाग 105 + 3 अथवा 103 + 05 = 108

तथा विचलनों का गुणनफल 5 × 3 = 15

∵ आधार 100 में 2 शून्य हैं। दाएं भाग में दो अंकीय संख्या लिखी जायेगी।

लेकिन गुणनफल से प्राप्त संख्या 6 एक अंकीय है। इसे दो अंकीय बनाने के लिए 6 से पहले 0 लगाएँगें अत: गुणा के दाएँ भाग में 06 से लिखा जायेगा।

चतुर्थ स्थिति–''जब विचलनों के गुणनफल से प्राप्त संख्या ऋणात्मक हो।''

इस स्थिति में गुणा से प्राप्त ऋणात्मक संख्या को विनकुलम् रूप में लिखते हैं। अर्थात् जैसे– 25 का 2^-5^- लिखते हैं। यदि इस विनकुलम् संख्या में अंक, लिए गए आधार में शून्य से अधिक हैं तो बायी ओर के अतिरिक्त अंक को गुणा के बायें भाग में लिखकर घटा देते हैं।

लेकिन यदि विनकुलम् संख्या में लिए गए आधार में शून्य से कम हैं तो उस विनिकुलम् संख्या में बाईं ओर शून्य बढ़ाकर उतने ही अंक बना लेते हैं, जितने कि आधार में शून्य हैं।

उदाहरण–102 × 96 का मान ज्ञात करो।

हल– माना आधार 100 है।

102 +2

96 –4

$100/08^- = 10008^-$

यहाँ पर बाया भाग 102 – 2 = 100 या 96 + 4 = 100

तथा विचलनों का गुणनफल = 2 × – 4 = – 8 = 8^-

∵ आधार 100 में 2 शून्य है

∴ दाएं भाग में दो अंकीय संख्या लिखी जायेगी।

लेकिन गुणनफल से प्राप्त विनकुलम् संख्या 8^- में एक अंक है। इसलिए यहाँ 8^- बना लेंगे जो गुणा के दाएं भाग में लिखेगें।

अब $100/08^- = 10008^- = 9992$

या

$100/08^-$ = 99 (100– 08) = 99/92 = 9992

अत: 102 × 96 = 9992 **उत्तर**

गुणा में उप आधार का प्रयोग

यदि हमको दो ऐसी संख्याओं का गुणा करना होता है जिनके विचलन दिए गए आधार से अधिक होते हैं। तब इस मूल आधार के अतिरिक्त एक अन्य उप आधार का प्रयोग करके संख्याओं को गुणा किया जाता है।

उप आधार को इस प्रकार से चुना जाता है कि वह मूल आधार को कोई गुणक हो तथा गुणन संख्याओं के समीप हो।,

उदाहरण–यदि मूल आधार 10 है, तो हम उप आधार को 20, 30, 40, 50, 60... आदि में से कोई भी चुन सकते हैं।

और यदि मूल आधार 100 हो तो हम उप आधार 200, 300, 400, 500,...आदि में से कोई एक संख्या चुन सकते हैं।

गुणा करने की विधि—गुणा करने के प्रमुख बिन्दु निम्नलिखित हैं—

(*i*) गुणा करने वाली प्रत्येक संख्या का उप आधार से विचलन ज्ञात करके पूर्व की तरह लिखते हैं।

(*ii*) अब गुणा की सम्पूर्ण प्रक्रिया पूर्व की तरह ही करते हैं तथा बाएँ भाग में आधार के अपवर्तक का गुणा कर देते हैं।

अपवर्तक = उप आधार/मूल आधार

उप आधार को इस प्रकार चुनना चाहिए कि अपवर्तक एक पूर्णांक हो।

(*iii*) दाएँ भाग में उतने ही अंक लिखे जाते हैं, जितने मूल आधार में शून्य हैं।

उदाहरण—42 × 43 का मान ज्ञात कीजिए।

यहाँ हम देखते हैं कि आधार 10 से गुणा की दोनों संख्याओं 42 और 43 के विचलन अधिक है। अतएव यहाँ पर उप आधार का प्रयोग करना पड़ेगा। इसलिए—

माना उप आधार = 50

42	– 8		
43	– 7		
5 × 35/56	= 175/6	=180/6	= 1806 **उत्तर**
	+5		

क्रिया के पद—यहाँ बाएँ भाग में 42 – 7 = 35 लिखा तथा इसकी अपवर्तक 5 से गुणा किया। इस प्रकार 5 × 35 = 175 प्राप्त होता है।

यहाँ पर, अपवर्तक = उप आधार/मूल आधार $= \frac{50}{10} = 5$

दाएँ भाग में विचलनों का गुणनफल = – 8 × – 7 = 56 लिखा।

∵ मूल आधार 10 में 1 शून्य है।

∴ दाएँ भाग में एक अंकीय संख्या लिखी जायेगी।

इसलिए 56 के दाएँ अंक 6 को उत्तर के दाएँ भाग में लिखते हैं, इसके अलावा, अंक 5 को बाएँ भाग में जोड़ देते हैं। इस प्रकार से अन्त में बाएँ भाग 175 + 5 = 180 तथा दाएँ भाग में 6 प्राप्त होता है।

इसलिए अभीष्ट गुणनफल = 1806

ऊर्ध्वतिर्यग्भ्यास विधि से गुणा करना

दो संख्याओं की गुणा करने की यह सामान्य विधि है। इस विधि की सहायता से छोटी तथा बड़ी संख्याओं का गुणनफल आसानी से प्राप्त किया जा सकता है। इस विधि में संख्याओं के ऊर्ध्वाधर एवं तिर्यक दोनों ही तरह से गुणा करके गुणनफल प्राप्त किया जाता है इसीलिए इस विधि को ऊर्ध्वतिर्यकगभ्यास विधि कहलाती है।

गुणा करने की विधि—जैसे कि हमें दो संख्याओं 234 और 575 का गुणा करना है, तो इन संख्याओं को ऊपर-नीचे लिखते हैं

III II I
2 3 4
5 7 5
M5/M4/M3/M2/M1

I-स्तम्भ में—इकाई का ऊपर वाला अंक U_1 तथा नीचे वाला क्षेत्र L_1 कहलाता है।

यहाँ $U_1 = 4$ तथा $L_1 = 5$

II-स्तम्भ में—दहाई का अंक ऊपर वाला U_2 तथा नीचे वाला अंक L_2 कहलाता है।

यहाँ $U_2 = 3$ तथा $L_2 = 7$

III स्तम्भ में—सैकड़ा का ऊपर वाला अंक U_3 तथा नीचे वाला अंक L_3कहलाता है।

यहाँ $U_3 = 2$ तथा $L_3 = 5$

इसी तरह से अन्य स्तम्भ होने पर U_4, L_4 तथा U_5 L_5...आदि कहलायेगें।

गुणा करने पर इकाई, दहाई, सैकड़ा...के स्थान पर दो पद मान प्राप्त होते हैं, उन्हें क्रमशः M_1, M_2, M_3, M_4...आदि से प्रकट करते हैं। उक्त पद मान M_1, M_2, M_3...यदि एक अंकीय अंक होते हैं तो उन्हें ज्यों का त्यों उत्तर में यथास्थान लिख देते हैं। परन्तु यदि किसी पद मान में एक से अधिक अंक होते हैं तो उसके अतिरिक्त अंकों को बायीं ओर अगले उच्च कुभर्क अंकों के नीचे लिखकर जोड़ देते हैं।

पदमान ज्ञात करना—यहाँ पर प्रश्न यह है कि किस गुणा में कितने पद मान ज्ञात करने होंगे? इस प्रश्न का उत्तर इस प्रकार है–

यदि गुणा की प्रत्येक संख्या में n अंक है, तब इनका गुणनफल ज्ञात करने के लिए पद का मान ज्ञात करेंगे। इसके लिए सूत्र है–

$(2n - 1)$

2X संख्या में कुल अंक–1

(अ) दो अंकीय संख्याओं के गुणा के लिए हमें $(2 \times 2 - 1) = 3$ पद मान M_1 M_2, M_3 ज्ञात करने पड़ेंगे, जो निम्नसूत्रों से प्राप्त होते हैं–

$M_1 = U_1L_1$, $M_2 = U_1L_1 + U_2 L_1$, $M_3 = U_2 L_2$

(ब) तीन अंकीय संख्याओं के गुणा के लिए हमें $2 \times 3 - 1 = 5$ पदमान M_1, M_2, M_3, M_4, M_5 आदि होंगे। जो निम्नसूत्र से प्राप्त होते हैं।

$M_1 = U_1L_1$, $M_2 = U_1L_2 + U_2 L_1$, $M_3 = U_1 L_3 + U_3 L_1 + U_2 L_2$

$M_4 = U_2L_3 + U_3L_2$, $M_5 = U_3L_3$

(स) चार अंकीय संख्याओं का गुणा करने के लिए हमें $2 \times 4 - 1 = 7$ पद मान $M_1, M_2, M_3, M_4, M_5, M_6, M_7$ करने पड़ेगें जो निम्न सूत्रों से प्रास होते हैं–

$M_1 = W_1 L_1$, $M_2 = U_1L_2 + U_2L_1$, $M_3 = U_1L_3 + U_3L_1 + U_2L_2$

$M_4 = U_1 L_4 + U_4 L_1 + U_3 L_2 + U_2 L_3$, $M_5 = U_2 L_4 + U_4 L_2 + U_3 L_3$

$M_6 = U_3 L_4 + U_4 L_3$, $M_7 = U_4 L_4$

गुणा में विनकुलम् का प्रयोग—गुणा की संख्याओं को विनकुलम् संख्याओं में परिवर्तित करके भी इस विधि से उनका गुणा आसानी से किया जा सकता है। इसमें कम परिश्रम करना पड़ता है, और समय की भी बचत होती है।

भाग की वैदिक विधि
(Vedic Method of Division)

निखिलम् विधि से भाग करना–जब भाग करने वाली संख्या (भाजक) आधार 10, 100, 1000...आदि के अत्यधिक निकट हो तब इस विधि का प्रयोग किया जाता है।

इस विधि में निखिलम् सूत्र की सहायता से मूलभाजक को आधार से घटाकर संशोधित भाजक प्राप्त कर लेते हैं। भाग की पूरी प्रक्रिया में इस संशोधित भाजक का ही प्रयोग किया जाता है।

इस विधि में अपनाया जाने वाला महत्वपूर्ण नियम निम्न हैं–

शेषफल में अंकों की संख्या, संशोधित भाजक में अकों की संख्या के बराबर रहती है।

भाग की क्रिया निम्न चरणों में सम्पन्न होती है–

(*i*) सर्वप्रथम मूल भाजक के निकट की संख्या को आधार मानकर संशोधित भाजक ज्ञात करते हैं, जबकि–

संशोधित भाजक = आधार – मूल भाजक

(*ii*) संशोधित भाजक में जितने अंक होते हैं, दाईं ओर से भाज्य के उतने ही अंक छोड़कर एक ऊर्ध्वाधर रेखा खींच लेते हैं। इस रेखा के बाँयी ओर का भाग भागफल को तथा दाईं ओर का भाग शेषफल को दर्शाता है।

(*iii*) भाज्य के प्रथम बाएँ अंक को नीचे एक क्षैतिज रेखा खींचकर उसके नीचे जैसा का तैसा ही लिख देते हैं।

(*iv*) प्रथम अंक की संशोधित भाजक से गुणा करके भाज्य को दूसरे अंक के नीचे लिख देते है। तथा दोनों अंकों का योग क्षैतिज रेखा के नीचे दूसरे स्थान पर लिख देते हैं। योग से प्राप्त अंक को संशोधित भाजक से पुनः गुणा करके भाज्य के तीसरे अंक के नीचे लिखते हैं तथा इन दोनों अंकों का योग क्षैतिज रेखा के नीचे तीसरे स्थान पर लिखते हैं। इस क्रिया को आगे दोहराते रहते हैं।

(*v*) ''यदि किसी स्तम्भ के अंकों का योग 9 से अधिक आता है तो उसके अतिरिक्त अंक को बाईं ओर स्थित अंक के नीचे रखकर उसमें जोड़ देते हैं।

(*vi*) ऊर्ध्वाधर रेखा के दाईं ओर प्राप्त शेषफल यदि मूल भाजक से बड़ा आता है, तो संशोधित भाजक की सहायता से भाग की पूरी प्रक्रिया शेषफल को भाज्य मानकर दोहराते हैं। इस स्थिति में जो भागफल प्राप्त होता है, उसे पूर्ण भागफल में जोड़कर अभीष्ट भागफल प्राप्त किया जाता है। अन्तिम शेषफल ही अभीष्ट शेषफल है।

उदाहरण–214 को 9 से भाग कीजिए।

हल–भाजक 9 आधार 10 के समीप है

$\therefore$ आधार = 10, मूल भाजक = 9

संशोधित भाजक = 10 – 9 = 1

21	4
2	3
23	7

अत: भागफल 23 तथा शेष 7 है।

क्रिया के पद–क्रिया के पद निम्नलिखित हैं–

(*i*) भाजक 9 को आधार 10 में से घटाकर संशोधित भाजक ज्ञात करते हैं। यहाँ संशोधित भाजक $10 - 9 = 1$ है।

(*ii*) यहाँ पर संशोधिज भाजक में एक अंक है। इसलिए भाज्य 214 में दायीं ओर से एक अंक 4 को छोड़कर ऊर्ध्वाधर रेखा खींचते हैं। इसके बायीं ओर की संख्या भागफल तथा दायीं ओर की संख्या शेषफल होगा।

(*iii*) नीचे एक क्षैतिज रेखा खींचते है।

(*iv*) भाज्य का सबसे पहला बांया अंक 2 इस क्षैतिज रेखा के नीचे जैसा का तैसा लिख देते हैं।

(*v*) अब प्रथम अंक 2 का संशोधित भाजक 1 से गुणा करते हैं जिससे $2 \times 1 = 2$ मिलता है। इसको भाज्य के अगले अंक 1 के नीचे लिख दिया। अब दोनों अंकों 1 ओर 2 को जोड़ने पर 3 प्राप्त होता है। इसको क्षैतिज रेखा के नीचे दूसरे स्थान पर लिखते हैं।

(*vi*) जोड़ने पर प्राप्त अंक 3 की पुनः संशोधित भजक 1 से गुणा करते हैं, और $3 \times 1 = 3$ प्राप्त होता है। इसे भाज्य के अगले अंक 4 के नीचे लिखते हैं, और दोनों अंको 3 व 4 को जोड़ने पर 7 प्राप्त होता है, इसको क्षैतिजरेखा के नीचे लिख देते हैं।

इस तरह से बायीं ओर की संख्या 23 भागफल तथा दायीं ओर की संख्या 7 शेषफल है।

उदाहरण—98564318 को 9986 से भाग दीजिए।

हल—यहाँ पर भाजक 9986 आधार 10, 000 के समीप है। इसलिए आधार = 10,000 जिसमें कि 4 शून्य हैं। मूल भाजक = 9986

संशोधित भाजक = 10,000 – 9986 = 0014

यहाँ पर शेषफल 12484 प्राप्त होता है जो मूल भाजक 9986 से बड़ा है। इसलिए संशोधित भाजक को लेकर भाग क्रिया को पुनः दोहराया जाता है। इसलिए अभीष्ट भागफल = 9869 + 1 = 9870

एवं शेषफल = 2498 उत्तर

9 8 5 6	4 3 1 8	
0 1 2	6	
01	1 2	
0	0 8 4	
	0 1 2 6	
9 8 6 9	1	1 4 7 6
	1	1
	1	2 4 8 4
		0 0 14
	1	2 4 9 8

परावर्त्य विधि से भाग करना—इसमें जब भाजक आधार 10, 100, 1000...के समीप हो तथा उसका प्रथम अंक 1 होता है, तब 'परावर्त्य योज्येत' सूत्र का प्रयोग करके भाग की क्रिया की जाती है। इस विधि में भाजक के प्रथम अंक 1 को छोड़कर शेष सभी अंकों के चिन्ह परिवर्तित कर दिए जाते हैं।

ऋणात्मक अंकों के विनकुलम् के रूप में लिखकर संशोधित भाजक ज्ञात कर लेते हैं। अब निखिलम् विधि की तरह भाग की पूरी क्रिया संशोधित भाजक से ही की जाती है।

उदाहरण—1235 को 112 से भाग कीजिए।

हल—यहाँ पर भाजक 112 का प्रथम अंक 1 छोड़कर शेष अंकों का चिन्ह बदलने पर संशोधित भाजक = $\bar{1}\ \bar{2}$

भाजक = 112

अत एव अभीष्ट भागफल 11 तथा शेषफल 03 **उत्तर**

12	3	5
1	$\bar{2}$	
	$\bar{1}$	$\bar{2}$
11	0	3

उदाहरण—13291 को 1125 से भाग कीजिए।

हल—यहाँ पर भाजक 1125 का प्रथम अंक 1 को छोड़ कर शेष अंकों के चिन्ह बदल दिए जाते हैं

अत: संशोधित भाजक = $\bar{1}\,\bar{2}\,\bar{5}$

$$\begin{array}{cc|cccc} 1 & 3 & 2 & 9 & 1 & \\ & \bar{1} & \bar{2} & \bar{5} & & \\ & & \bar{2} & \bar{4} & \bar{1} & \bar{0} \\ \hline 1 & 2 & \bar{2} & \bar{0} & \bar{9} & \end{array}$$

विशेष स्थिति—यहाँ पर हमको शेषफल $\bar{2}\,\bar{0}\,\bar{9}$ प्राप्त होता है जो एक ऋणात्मक है। ऐसी स्थिति में प्राप्त भागफल में से एक अंक कम कर देते हैं तथा मूल भाजक को शेषफल में जोड़ देते हैं।

संशोधित भाजक = $\bar{1}\,\bar{2}\,\bar{5}$

भाजक = 1125

संशोधिज भाजक = $\bar{1}\,\bar{2}\,\bar{5}$

इसलिए अभीष्ट भागफल = 12 – 1 = 11

अत: शेषफल = 1125 + $\bar{2}\,\bar{0}\,\bar{9}$

= 1125 – 209 = 916

(3) उर्ध्व एवं ध्वजांक विधि से भाग करना—इस विधि में जो मूल भाजक है उसे दो भागों में पहले विभक्त करते हैं तत्पश्चात् भाग की क्रिया की जाती है। इसके बाएँ भाग को संशोधित भाजक या प्रचालक कहते हैं तथा दाएँ भाग को ध्वजांक कहते हैं। भाग की क्रिया इस संशोधित भाजक यानी प्रचालक का प्रयोग करके की जाती है।

नियम—भाग की क्रिया निम्नानुसार की जाती है—

(*i*) ध्वजांक को भाज्य के सीध में बायीं ओर कुछ दूरी पर लिखते हैं, और संशोधित भाजक को इसके नीचे लिखते हैं।

(*ii*) अब ध्वजांक की संख्या के बराबर अंकों को भाज्य की संख्या में दांयी ओर से गिनकर एक उर्ध्वाधर खींचते हैं, तथा इस रेखा के दायीं ओर का भाग शेषफल को तथा बांयी ओर का भाग भागफल को दर्शाता है।

(*iii*) अब प्रचालक के द्वारा भाज्य के बायें भाग को भाग देते हैं, तथा इस प्रकार से प्राप्त भागफल को नीचे क्षैतिज रेखा खींचकर उसके नीचे लिखते हैं तथा शेषफल को ऊपर लिखे गए भाज्य के अगले अंक से कुछ पहले नीचे लिखते हैं। ज़ो इसके अगले अंक के साथ पढ़ा जाता है। इस शेषफल को अगले अंक के साथ मिलाकर जिस संख्या का निर्माण होता है, वह आगे क्रिया के लिए नया भाज्य होता है।

(*iv*) अब इस नवीन भाज्य के ध्वजांक X भागफल को घट कर संशोधित भाज्य को ज्ञात करते हैं। अत:

संशोधित भाज्य = नया भाज्य – (ध्वजांक × भागफल)

(*v*) अब संशोधित प्रचालक या भाजक से दोबारा संशोधित भाज्य को भाग करते हैं। और इस तरह से प्राप्त भागफल को क्षैतिज रेखा के नीचे दूसरे स्थान पर लिखते हैं तथा शेषफल को भाज्य के अगले अंक से कुछ पहले नीचे लिख देते हैं। जो इस अगले अंक के साथ पढ़ा जाता है। शेषफल को अगले अंक के साथ मिला कर जिस संख्या का निर्माण होता है, वह आगे की क्रिया के लिए भाज्य होती है।

(*vi*) पूर्व क्रिया के अनुसार संशोधित भाज्य को ज्ञात करके उक्त क्रिया को आगे बढ़ाते हैं। यह क्रिया तब तक चलती रहती है जब तक संशोधित क्षेत्रफल प्राप्त न हो जाए।

उदाहरण–7648 को 94 से भाग दीजिए।

हल–ध्वजांक	4	7 6 4	8
संशोधित भाजक	9	4 3	
		81	34

क्रियापद–भाग की क्रिया निम्नलिखित चरणों में पूर्ण होती है।

(*i*) यहाँ पर ध्वजांक 4 एक अंकीय है, इसलिए भाज्य 7648 में दायीं ओर से एक अंक को छोड़कर ऊर्ध्वाधर रेखा खींचते हैं।

(*ii*) भाज्य के बाएँ भाग 76 को संशोधित भाजक या प्रचालक 9 से भाग किया जिसमें भागफल 8 तथा शेषफल 4 प्राप्त होता है।

9	76	8
	72	
	4	

(*iii*) भागफल को क्षैतिज रेखा के नीचे लिखा तथा शेषफल 4 को अगले अंक 4 से थोड़ा सा पहले नीचे लिख दिया हैं।

(*iv*) अब नया भाज्य = 4 4 होगा।

∴ संशोधित भाज्य = नया भाज्य – ध्वजांक × भागफल

$= 44 - 4 \times 8 = 44 - 32 = 12$

अब इस संशोधित भाज्य 12 को संशोधित भाजक 9 से भाग देने पर भागफल 1 तथा शेषफल 3 प्राप्त होता है।

9	12	1
	9	
	3	

(*v*) अब इस भागफल 1 को क्षैतिज रेखा के नीचे 8 के बाद दूसरे स्थान पर लिखते हैं तथा प्राप्त शेषफल 3 को भाज्य के अन्तिम अंक 8 से थोड़ा पहले लिखते हैं।

(*vi*) अब नया 38 होगा। क्योंकि हम अन्तिम अंक तक पहुँच गए हैं, अत: इसमें से ध्वजांक × अन्तिम भागफल

$= 4 \times 1 = 4$ को घटाने पर प्राप्त संख्या 34 अभीष्ट क्षेत्रफल होगा।

अत: उक्त उदाहरण का भागफल 81 तथा शेषफल 34

वैदिक विधि से वर्गमूल ज्ञात करना

वैदिक विधि से किसी भी संख्या का वर्गमूल ज्ञात करने की क्रिया का वर्णन करेंगें।

उदाहरण– $\sqrt{961}$ का मान ज्ञात कीजिए।

हल– $\sqrt{961}$ का मान ज्ञात करने की क्रिया निम्न चरणों में होती है–

(*i*) इसके लिए सबसे पहले दायीं ओर से प्रारम्भ करके दी गई संख्या के दो अंकों जोड़े बनाते हैं और इन जोड़ों के मध्य : का चिन्ह लगाते हैं।

इसलिए 9 : 61

(*ii*) अब यहाँ पर प्रथम 9 प्राकृत संख्याओं के वर्ग क्रमश: 1, 4, 9, 16, 25, 36, 49, 64, 81 अंकों में से कौन सी संख्या बायीं ओर के प्रथम जोड़े के अत्यन्त निकट है और उससे छोटी या बराबर हो अर्थात् बड़ी नहीं चाहिए। अर्थात् ''वह संख्या जिसका वर्ग, बायें जोड़े के निकट होता है, वर्गमूल का प्रथम अंक होगी।''यहाँ 3 का वर्ग 9 एक अंकीय जोड़े 9 के समीप है। अत: 3 वर्गमूल का 3 प्रथम अंक है। जिसको क्षैतिज रेखा के नीचे लिखते हैं।

(*iii*) वर्गमूल के प्रथम अंक का दो गुना दी गई संख्या के नीचे बाईं ओर लिख देते हैं। यहाँ पर भाग की क्रिया के लिए भाजक $2 \times 3 = 6$ होगा।

(*iv*) अब वर्गमूल के प्रथम अंक का वर्ग प्रथम जोड़े में से घटाते हैं। अत: यहाँ $3^2 = 9$ को पहले जोड़े 9 में से घटाया जायेगा जो $9 - 9 = 0$ आता है। इस शेषफल को अगले जोड़े के प्रथम अंक के नीचे थोड़ी दूरी पर लिख देते हैं। यहाँ 0 को 6 के पास थोड़ी दूरी पर लिखा। 0 को 6 के साथ पढ़ा जायेगा।

(*v*) अब आगे के लिए प्रथम संख्या 06 प्राप्त होती है, इसे भाजक 6 से भाग करते हैं, जिससे भागफल 1 एवं शेषफल 0 प्राप्त होता है। भागफल 1 को क्षैतिज रेखा के नीचे दूसरे स्थान पर लिखते हैं तथा शेषफल 0 को अगले अंक 1 के नीचे कुछ दूरी पर लिखते हैं।

(*vi*) इसके पश्चात् अब दूसरी भाज्य संख्या 01 प्राप्त होती है जिसमें से पूर्व भागफल 1 का वर्ग अर्थात्, $1^2 = 1$ घटाते हैं। प्राप्त संख्या अगली क्रिया के लिए संशोधित भाज्य होगी।

यहाँ पर संशोधित भाज्य $= 01 - 1^2$
$= 1 - 1$
$= 0$

अब 0 को 6 से भाग करने पर भागफल 0 एवं शेषफल 0 प्राप्त होता है। इस क्रिया को निम्नप्रकार से किया जाता है–

9 : 61
00
3 : 1

भाजक $2 \times 3 = 6$

अत: अभीष्ट वर्गमूल = 31 या $\sqrt{961} = 31$ **उत्तर**

महत्वपूर्ण नियम–यदि दी गई संख्या में कुल n अंक हैं तब

(*i*) यदि n विषम है–यदि n विषम है तो वर्गमूल में $\left(\frac{n+1}{2}\right)$ पूर्णांक होंगे।

(*ii*) यदि n सम है–यदि n सम है तो वर्गमूल में $\frac{n}{2}$ पूर्णांक होंगे।

(*iii*) यदि वर्गमूल संख्या पूर्ण नहीं है तो शुरू के अंकों के जितने जोड़े बनाए गए हैं उतने ही अंकों के पश्चात् दशमलव लगा देते हैं।

उदाहरण– $\sqrt{2}$ का मान ज्ञात कीजिए।

हल– 2 : 0 0 0 0 0 0
1 2 2 4 3 4

भाजक $2 \times 1 = 2$

1 : 4 1 4 21

अतः $\sqrt{2} = 1.41421$ **उत्तर**

क्रिया के पद

(*i*) दी गई संख्या 2 का जोड़ा बनाया।

(*ii*) $\because$ $1^2 = 1$ प्रथम जोड़े 2 के समीप है।

$\therefore$ वर्गमूल का प्रथम अंक 1 है जिसको एक क्षैतिज रेखा खींच कर नीचे लिख देते हैं।

(*iii*) भाजक ज्ञात करते हैं–

भाजक = 2 × वर्गमूल का प्रथम अंक

$= 2 \times 1$

$= 2$

(*iv*) अब 2 में से प्रथम अंक का वर्ग $1^2 = 1$ घटाया जिससे $2 - 1$ शेषफल प्राप्त होता है। इसे अगले अंक 0 के नीचे थोड़ी दूरी पर लिखते हैं।

(*v*) सबसे पहले भाज्य संख्या 10 को भाजक 2 से भाग किया जिससे भागफल 4 तथा शेषफल 2 प्राप्त होता है। इस भागफल 4 को क्षैतिज रेखा के नीचे दूसरे स्थान पर लिखते हैं एवं शेषफल 2 को संख्या के अगले अंक 0 के नीचे लिखते हैं।

विशेष स्थिति–यहाँ पर यह ध्यान दिया जाना चाहिए कि यहाँ पर 10 को 2 से पूरा-पूरा विभाजित न करके एक कम अंक तक भाग किया गया है, क्योंकि 10 को 2 से पूरा-पूरा विभाजित करते हैं, तो भागफल 5 एवं शेषफल 0 प्राप्त होता है। शेषफल कम होने के कारण अगली भाज्य संख्या ऋणात्मक प्राप्त होती है, जोकि अमान्य है, इसलिए ऐसी स्थिति में, भाज्य को भाजक से पूरा-पूरा विभाजित न करके कम अंक तक विभाजित करते हैं, जिससे कि शेषफल बड़ा प्राप्त हो।

(*vi*) इसके बाद अब दूसरी भाज्य संख्या 20 प्राप्त होती है, इसमें से पूर्व भागफल 4 का वर्ग अर्थात 4^2 घटाने पर (द्वन्द्व योग उपसूत्र) से संशोधित भाज्य $= 20 - 4^2 = 20 - 16 = 4$

अब 4 को 2 से भाग करके भागफल 1 तथा शेषफल 2 प्राप्त किया (विशेष स्थिति)

अब भागफल 1 को क्षैतिज रेखा के नीचे अगले स्थान पर लिख दिया तथा शेषफल 2 को संख्या के अगले अंक 0 के नीचे लिखा।

(*vii*) अब तीसरी भाज्य संख्या 20 प्राप्त होती है। दो पूर्व भागफलों 4 और 1 में 'द्वन्द्व योग उप-सूत्र' का प्रयोग करके प्राप्त संख्या

$2 \times 4 \times 1 = 8$ को 20 में से घटाने पर

संशोधित भाज्य $= 20 - 2 \times 4 \times 1$

$= 20 - 8 = 12$

अब 12 को 2 से भाग करके भागफल 4 तथा शेषफल 4 प्राप्त किया। भागफल को क्षैतिज रेखा के नीचे लिखते हैं। एवं शेषफल 4 को संख्या अंक 0 के नीचे लिखते।

(*viii*) अब अगली भाज्य संख्या 40 प्राप्त होती है, तीन पूर्व भागफलों 4, 1, 4 में 'द्वन्द्व योग उप-सूत्र' का प्रयोग करके प्राप्त संख्या $2(4 \times 4) + 1^2 = 32 + 1 = 33$ को 40 में से घटाने पर,

संशोधित भाज्य = $40 - [2 (4 \times 4) + 1^2]$

अब 7 को 2 से भाग करके भागफल 2 तथा शेषफल 3 प्राप्त किया। तब भागफल 2 को क्षैतिज रेखा के नीचे अगले स्थान पर लिख देते हैं तथा शेषफल 3 को संख्या के अगले अंक 0 के नीचे लिखते हैं।

घन ज्ञात करने की वैदिक विधियाँ

किसी भी संख्या का तृतीय घात या उसी संख्या का स्वयं से तीन बार गुणा करना संख्या का घन कहलाता है। वैदिक गणित के अन्तर्गत इसके हल ज्ञात करने की अनेक विधियाँ हैं।

आनुरूप्येण विधि—इस विधि के अन्तर्गत दी हुई संख्या को दो आसान खण्डों की संख्या में विभक्त कर लिया जाता है। इस क्रिया में घन की संख्याओं के चार खण्ड होते हैं

(*i*) सर्वप्रथम बाऐं खण्ड में पहले खण्ड का घन कर लिया जाता है।

(*ii*) इसके पश्चात् पहले और दूसरे खण्डों की संख्याओं को अनुपात ज्ञात कर पहली घन संख्या के इसी अनुपात में दूसरा खण्ड लिखा जाता है।

(*iii*) तीसरा खण्ड भी पुनः दूसरे खण्ड से उसी अनुपात में लिखा जाता है।

(*iv*) चौथा खण्ड दूसरे और तीसरे खण्ड की तरह से लिखा जाता है। जाँच के रूप में दी हुई संख्या के दूसरे खण्ड के घन के रूप में होना आवश्यक है।

(*v*) अब दूसरे एवं तीसरे खण्डों को दुगुना करके उनके नीचे लिखा जाता है। इस प्रकार से दूसरा एवं तीसरा खण्ड ऊपर लिखित खण्डों के तीन गुने हो जाते है।

(*vi*) अन्त में सभी खण्डों को यथा स्थान जोड़ दिया जाता है एवं आवश्यकतानुसार शुद्धांक प्रयोग किया जाता है।

घन की यह क्रिया बाऐं से दाऐं अथवा दाऐं अथवा दाऐं से बाऐं दोनों ही ओर की जा सकती है।

उदाहरण—12, 24, 32, 17 के घन ज्ञात कीजिए।

(*i*) $12^3 = 1/2^3 = 1^3 / 2 / 4 / 8$ दोनों खण्डों का अनुपात = 1 : 2

$= 48 = 1 / 6 / 1^2 / 8 = 1728$ **उत्तर**

(*ii*) $24^3 = 2/4^3 = 2^3 / 16 / 32 / 64$ दोनों खण्डों में 1 ही अंक होगा = 2 : 4 = 1 : 2

= 3264

= 8 8 6 4 प्रत्येक खण्डों में 1 ही अंक होगा।

4 9 6

= 8 8 6 4

4 9 6

= 1 3 8 2 4 **उत्तर**

(*ii*) $32^3 = 3/2^3 = 3^3$ 18 12 8

= 36 24

= 27 | 54 | 36 | 18

= 27 46 8

= 5 3

= 32768 **उत्तर**

(*iv*) $17^3 = 1/7^3$ = 1^3 / 7 / 49 / 343
= 14 98
= 1/21/47/343
= 1173
244
13
= 4913 **उत्तर**

उदाहरण–रुपए 15625 का 16% वार्षिक ब्याज की दर से 3/4 वर्ष का चक्रवृद्धि ब्याज ज्ञात कीजिए, जबकि ब्याज दर प्रति तिमाही देय है।

हल–वैदिक विधि द्वारा–

मिश्रधन = मूलधन = $\left(1+\frac{R}{100}\right)^n$ जहाँ R = दर प्रतिशत तथा n = समय

$$= 15625 = \left(1+\frac{4}{100}\right)^3 \partial$$

3/4 वर्ष = 3 तिमाही
दर =16% वार्षिक
दर तिमाही = 4 %

$$= 15625 = \left(\frac{104}{25}\right)^3$$

$$= 15625 \times \left(\frac{26}{25}\right)^3$$

$$= 15625 \times \frac{26 \times 26 \times 26}{25 \times 25 \times 25}$$

= 17576 रुपए

चक्रवृद्धि ब्याज = मिश्रधन – मूलधन
= 17576 – 15625
= 1951 रुपए।

अत: चक्रवृद्धि ब्याज = 1951 रुपए **उत्तर**

निखिलम् विधि से

104^3 = 104 + 04
104 + 04
104 + 04
(104 + 2 × 04) (3 $(04)^2$ $(04)^3$
112 48 64

मिश्रधन = रुपए $\frac{15625 \times 1124864}{1000000}$ = 17576 रुपए

चक्रवृद्धि ब्याज = (17567 – 15625) = 1951 रुपए **उत्तर**

आनुरूप्येण विधि से

अनुपात 1 : 3

26^3 = 8 24 72 216 (प्रथम का धन

48 144 शेष अनुपात

8 | 7^2| 21^6/21^6 वही बीच का दूना)

= 17576

25^3 = 8 20 50 125

40 100

8 | 6^0| 15^0|12^5

= 15625

अत: मिश्रधन $= \frac{15625 \times 175\ 76}{15625} = 175\ 76$

चक्रवृद्धि ब्याज = रुपए (17576 – 15625)

= रुपए 1951 **उत्तर**

बीजगणित

बीजीय व्यंजकों की जोड़, घटाना, गुणा तथा भाग की संक्रियाएं आधार पद्धति

बीजगणित में आधार पद्धति का उपयोग करके बीजीय व्यंजकों को अंकगणित की संख्याओं की तरह से प्रकट किया जा सकता है। इन संख्याओं का जोड़, घटाना, गुणा एवं भाग की संक्रियाओं का पहले की तरह से प्रयोग करके बीजीय व्यंजकों का जोड़, गुणा, भाग तथा घटाना आसानी से कर लिए जाते हैं।

बीजगणित में सभी अज्ञात व्यंजकों को अंग्रेजी अक्षर x या अन्य अक्षर से प्रकट किए जाते हैं। यही कारण है कि बीजगणित के अन्तर्गत प्रयोग की जाने वाली पद्धति को x आधार पद्धति के रूप में जाना जाता है। इस पद्धति के अन्तर्गत x की घातों के अनुसार स्थानीय मान निम्नलिखित प्रकार से निश्चित किए जाते हैं–

दाएँ से बाएँ की ओर–

शून्य स्थान का मान $= x^0 = 1$ ($\because$ घात = 0)

प्रथम स्थान का मान $= x^1$ ($\because$ घात = 1)

द्वितीय स्थान का मान $= x^2$ ($\because$ घात = 2)

तृतीय स्थान का मान $= x^3$ ($\because$ घात = 3)

उदाहरण–बीजीय व्यंजक $2x^2 + 3x + 4$ को अंकगणित की संख्या के रूप में व्यक्त कीजिए।

हल–बीजीय व्यंजक $2x^2 + 3x + 4$ को अंकगणित की संख्या के रूप में इस प्रकार से व्यक्त किया जा सकता है–

व्यंजक	द्वितीय	प्रथम	शून्य	स्थान
↓		x^2	x^1	x^0 ←मान
$2x^2 + 3x + 4$	2	3	4	→ संख्या = 234

अत: बीजीय व्यंजक $2x^2 + 3x + 4$ को अंकगणित की संख्या 234 द्वारा व्यक्त किया जा सकता है। ठीक इस प्रकार से इसके विलोम किसी संख्या को बीजीय व्यंजक के रूप में इस प्रकार से व्यक्त किया जा सकता है।

जैसे–संख्या 423 को बीजीय व्यंजक के रूप में व्यक्त करना–423 में दायीं ओर से प्रथम अंक 3 को शून्य स्थान पर

द्वितीय अंक 2 को प्रथम स्थान पर

तृतीय अंक 4 को द्वितीय स्थान पर लिखने पर

$423 = 4 \times x^2 + 2 \times x^1 + 3 \times x^0 = 4x^2 + 2x + 3$ **उत्तर**

क्रिया विधि

बीजीय व्यंजक को संख्या में बदलने के लिए–बीजीय व्यंजक को अंकगणित संख्या में परिवर्तित करने के लिए अचर पद की इकाई के स्थान पर x के गुणांक को दहाई के स्थान पर, x^2 के गुणांक को सैकड़ा के स्थान पर, आदि सभी को जोड़ने पर बीजीय व्यंजक प्राप्त होता है।

बीजीय व्यंजकों का योग–इसके लिए बीजीय व्यंजकों में x की समान घातों के गुणांकों का अलग-अलग स्तम्भों में ऊपर नीचे लिखते हैं। तथा फिर अलग-अलग प्रत्येक स्तम्भ के अंकों का योग ज्ञात करके नीचे लिखते जाते हैं। अन्त में x पद्धति के द्वारा योगफल से प्रत्येक संख्या की उसके स्थानीय मान से गुणा करके परिणाम को बीजीय व्यंजक के रूप में लिखते हैं।

बीजीय व्यंजकों को घटाना–योग की क्रिया की तरह से यहाँ भी प्रत्येक स्तम्भ के अंकों को जोड़ने की जगह घटाते हैं।

बीजीय व्यंजकों का गुणा–गुणा के लिए बीजीय व्यंजकों में x की समान घातों के गुणांकों को अलग-अलग स्तम्भों में ऊपर-नीचे लिख देते हैं। अब 'उर्ध्व तिर्यक' सूत्र की मदद से गुणांकों का गुणनफल ज्ञात करते हैं, जिसको x-आधार पद्धति से बीजीय व्यंजक के रूप में लिखते हैं।

बीजीय व्यंजकों का भाग–बीजीय व्यंजकों का भाग भी भाग की क्रिया के भाँति किया जाता है।

वैदिक विधि से एक अज्ञात राशि के त्रिपदीय व्यंजक के गुणनखण्ड ज्ञात करना

माना कि त्रिपदीय व्यंजक $ax^2 + bx + c$ दिया है।

यहाँ पर प्रथम गुणांक = a, मध्यगुणांक = b, अन्तिम गुणांक = C

अब मध्य गुणांक b को दो भागों p और q में इस प्रकार से विभाजित करते हैं कि $ac = pq$

$$\text{या } \frac{a}{p} = \frac{q}{c}$$

अर्थात् प्रथमगुणांक : पहला भाग = दूसरा भाग : अन्तिम गुणांक

$$a : p = q : c$$

प्रथम गुणनखण्ड–माना $a: p$ का सरलतम रूप $a_1 : p_1$ है। और $a : p$ को सरलतम रूप में लिख लेते हैं। अब x आधार पद्धति में इसको निम्न तरह से लिखकर इसके गुणनखण्ड प्राप्त करते हैं–

$$\begin{matrix} x_1 & x^0 & & \\ a_1 & p_1 & \text{या} & (a_1\, p_1) \end{matrix}$$

अतः प्रथमगुणनखण्ड = $a_1 x + p$

दूसरा गुणनखण्ड–दूसरा गुणनखण्ड निम्नलिखित दो चरणों में प्राप्त किया जाता है–

(1) प्रथम गुणांक a को पहले गुणनखण्ड के पहले गुणांक से भाग करते हैं जिससे $\frac{a}{a_1}$ प्राप्त होता है। यह दूसरे गुणनखण्ड x का गुणांक होगा।

(2) यहाँ अन्तिम गुणांक C को प्रथम गुणनखण्ड के दूसरे गुणांक से भाग करते हैं जिससे $\frac{c}{p_1}$ प्राप्त होता है। यह दूसरे गुणनखण्ड में x^0 का गुणांक अर्थात अचर पद होगा।

x आधार पद्धति द्वारा व्यक्त करने पर–

$$\frac{x_1}{a/a_1} \frac{x^0}{c/p_1} \quad \text{या} \quad \frac{a}{a_1} = \frac{c}{p}$$

इसलिए दूसरा गुणनखण्ड = $\left(\frac{a}{a_1}\right) \times x + \frac{c}{p_1}$ जैसे–

उदाहरण–व्यंजक $x^2 + 8x + 12$ के गुणनखण्ड कीजिए।

हल–यहाँ पर मध्य गुणांक 8 को दो भागों 2 एवं 6 में इस प्रकार से विभाजित किया जाता है–

$1 \times 12 = 2 \times 6$

अथवा $1 : 2 = 6 : 12$

प्रथम गुणनखण्ड– $\begin{matrix} x^1 & x^0 & & \\ 1 & 2 & \text{या} & (1\,2) \end{matrix}$

$\therefore$ प्रथम गुणनखण्ड = $x + 2$

दूसरा गुणनखण्ड = $\begin{matrix} x^1 & x^0 & & \\ \frac{1}{1} & \frac{12}{2} & \text{या} & (1, 6) \end{matrix}$

$\therefore$ दूसरा गुणनखण्ड = $x + 6$

इसलिए $x^2 + 8x + 12$ के गुणनखण्ड है $(x + 2)\,(y + 6)$ उत्तर

उदाहरण–व्यंजक $x^2 - 3x - 10$ के गुणनखण्ड ज्ञात कीजिए।

हल–व्यंजक के मध्य गुणांक को दो भागों 2 और – 5 में इस तरह से विभक्त किया कि–

$1 \times (-10) = 2 \times (-5)$

अथवा $1:2 = (-5):(-10)$

प्रथम गुणनखण्ड– x^1 x^0

1 2 या (1 2)

$\therefore$ प्रथम गुणनखण्ड $= x + 2$

द्वितीय गुणनखण्ड– x^1 x^0

1/1 –10/2 या (1 – 5)

$\therefore$ दूसरा गुणनखण्ड $= x - 5$

अत: $x^2 - 3x - 10 = (x + 2)(x - 5)$ उत्तर

उदाहरण–व्यंजक $9x^2 - 25$ के गुणनखण्ड कीजिए।

हल–व्यंजक $9x^2 - 25$

या $9x^2 + 0x - 25$

मध्यगुणांक 0 को दो भागों 15 और –15 में विभक्त करने पर–

$9 \times (-25) = 15 \times (-15)$

$9 : 15 = (-15) : (-25)$

अत: अनुपात 9 : 15 का सरल रूप 3 : 5 होगा।

प्रथम गुणनखण्ड– x^1 x^0

3 5 (3,5)

$\therefore$ प्रथम गुणनखण्ड–$3x + 5$

द्वितीय गुणनखण्ड– x^1 x^0

9/3 –25/5 (5, – 5)

अत: दूसरा गुणनखण्ड $= 3x - 5$

अत: $9x^2 - 25 = (3x + 5)(3x - 5)$ उत्तर

वैदिक विधि से महत्तम समापवर्तक ज्ञात करना

अंकगणित में तथा बीजगणित में हम महत्तम समापवर्तक ज्ञात करने के लिए साधारण प्रक्रिया में दिए गए संख्या या बीजीय व्यंजक के गुणनखण्ड प्राप्त करते हैं, तथा इनमें से जो गुणनखण्ड उभयनिष्ठ होता है, वही उन व्यंजकों का महत्तम समापवर्तक कहलाता है। यह प्रक्रिया अत्यन्त जटिल है और समय अधिक लगता है।

वैदिक गणित के अन्तर्गत महत्तम समापवर्तक ज्ञात करने के लिए अत्यन्त एवं सूक्ष्म विधि बताई है, जिसमें व्यंजकों के गुणनखण्ड नहीं ज्ञात करने पड़ते हैं बल्कि केवल 'विलोपन' की क्रिया की जाती है।

म० स० प० ज्ञात करने की वैदिक विधि–वैदिक विधि के द्वारा किसी भी बीजीय व्यंजकों से अज्ञात राशि x के उच्चतम घात वाले पदों का अथवा न्यूनतम घात वाले पदों का विलोपन कर देते हैं। विलोपन के लिए पदों के गुणांको को बराबर करके जोड़ने अथवा घटाने की संक्रिया का प्रयोग किया जाता है। और अन्त में जो शेषफल प्राप्त होता है वही व्यंजकों का अभीष्ट महत्तम समापवर्तक होता है। प्राय: उच्चतम घातों का विलोपन करके ही म०स०प० ज्ञात करते हैं।

उदाहरण – $x^2 - 4$ एवं $x^2 + 3x + 2$ का म० स० प० ज्ञात करो।

हल–व्यंजकों से उच्चतम घातों का छिलोपन करने के लिए घटाना होगा।

$$\begin{array}{l} x^2 + 3x + 2 \\ x^2 \qquad - 4 \\ \underline{- \qquad\quad +} \\ 3\,\underline{|\,3x + 6} \\ \quad x + 2 \end{array}$$

अत: $x^2 - 4$ तथा $x^2 + 3x + 2$ का म० स० प० $= x + 2$ उत्तर

उदाहरण–$x^2 - 9, x^2 + 5x + 6$ तथा $3x^2 + 13x$ उत्तर

हल–दिए गए व्यंजकों से उच्चतम घात x^2 का विलोपन करना पड़ेगा।

2 × प्रथम व्यंजक– $2x^2 - 18$

द्वितीय व्यंजक– $x^2 + 5x + 6$

जोड़ने पर– $3x^2 + 5x - 12$

तृतीय व्यंजक–

घटाने पर $- 3x^2 + 13x + 12$

$- 8x - 24$

$= - 8\,(x + 3)$

अत: दिए गए व्यंजकों का म० स०प० $= x + 3$ उत्तर

वैदिक गणित के सूत्र एवं उनके अर्थ–

वैदिक गणित में मुख्यत: 16 सूत्र हैं, जो अर्थ सहित इस प्रकार हैं–

(1) एकाधिकेन पूर्वेण –पूर्व से एक अधिक।
(2) निखिलं नवतश्चरमं दशत: –सबको नौ से चरम का दस से।
(3) उर्ध्व तिर्यग्म्याम् –ऊपर नीचे एवं तिरछा।
(4) परावर्त्य योज्यते –विलोम करके प्रयोग करो।
(5) एकेन्यून पूर्वेण –पूर्व से एक कम।
(6) पूरण पूरणाभ्याम् –पूर्ण एवं अपूर्ण से।
(7) संकलन व्यवकलनाभ्यास् –जोड़ने एवं घटाने से।
(8) गुणित समुच्चय –गुणितों का समुच्चय।
(9) गुणक समुच्चय –गुणकों का समुच्चय।
(10) शून्यं साम्य समुच्चय –समुच्चयों का साम्य होने पर शून्य होता है।
(11) (आनुरूप्ये) शून्यमन्यत् –अनुरूप होने पर दूसरा शून्य होता है।
(12) चलन कलनाभ्याम् –चलन-कलन से।
(13) यावदूनं –जितना कम हो।
(14) व्यष्टि समिष्टि: –व्यष्टि और समिष्ट।
(15) शेषाण्यंकेन चरमेण –अवशेष और चरम से।
(16) सोपान्त्य द्वय मन्त्यम् –अन्त के साथ उपान्त का दगुना जोड़ना।

उपरोक्त वर्णित 16 सूत्रों के अलावा वैदिक गणित के 16 उपसूत्र भी है, जो इस प्रकार से हैं–

(1)	आनुरूप्येण	–अनुपात से
(2)	आद्यमाद्येन अन्त्यमन्त्येन	–आदि को आदि से एवं अन्त को अन्त से
(3)	यावदूनं ताव दूनी कृत्य वर्ग चयोजयेत	–जितना कम हो उतना ही कम करके वर्ग प्रयोग करो।
(4)	अन्त्सयो देशकेऽपि	–अन्तिम अंकों का योग दस हो
(5)	लोपनस्थापनाभ्याम्	–लोपन और स्थापन से
(6)	विलोकमम्	– देखकर
(7)	द्वन्द्व योग	–द्वन्द्व योग
(8)	शुद्धाः	–शुद्धांक
(9)	ध्वजांक	– ध्वजांक
(10)	गुणित समुच्चय गुणितः	–गुणनफल का समुच्चय समुच्चय के गुणनफल के बराबर होता है।
(11)	कैवलैः सप्तकं गुण्यात	–1/7 को केवल 143 के गुणनफल से
(12)	वेष्टनम्	–आश्लेषण
(13)	यावदूनं तावदूनं	– जितना कम हो उतना ही कम
(14)	अन्त्य योरेव	–अन्तिम को ही
(15)	समुच्चय गुणितः	–समुच्चय का गुणित
(16)	शिष्यते शेष सञ्ज्ञः	– जो बचता है उसकी शेष संज्ञा होती है।

अध्याय 16

गणित की पाठ्य-पुस्तक
(Text Book of Mathematics)

"A text book ought not to be used as a collection of facts to be learnt by heart but rather as a storehouse of basic information which the pupils can use in a variety of active ways."

— *C. P. Hill*

गणित में पाठ्यपुस्तक एक अत्यन्त महत्वपूर्ण सहायक सामग्री है। प्राचीन समय में गणित की शिक्षा मौखिक रूप से, और गणित के सूत्र संस्कृत के श्लोकों के रूप में वर्णित कर याद किए जाते थे। तथा यही सिद्धान्त एक पीढ़ी से दूसरी पीढ़ी को हस्तान्तरित किए जाते थे। समय के परिवर्तन के साथ-साथ धीरे-धीरे जब मुद्रण कला का विकास हुआ तब इस ज्ञान को व्यवस्थित करके पुस्तकों के रूप में वर्णित किया गया। वर्तमान की शिक्षा व्यवस्था पुस्तकों के माध्यम से ही व्यवस्थित एवं संगठित की जाती है। वर्तमान शिक्षा व्यवस्था के स्तर दिखाई देते हैं जैसे कि शिक्षा को प्राथमिक, माध्यमिक एवं उच्चस्तरीय अलग-अलग स्तरों में विभक्त किया गया है। इन विभिन्न प्रकार के स्तरों के सफल संचालन के लिए अलग-अलग पाठ्यक्रम भी निश्चित किया जाता है। पाठ्यक्रम के अनुसार ही अलग-अलग पुस्तकों का निर्माण किया जाता है।

पाठ्यक्रम पर आधारित इन पुस्तकों को ही पाठ्य-पुस्तक कहा जाता है। अर्थात् हम कह सकते हैं कि पाठ्य-पुस्तकें वह पुस्तकें हैं जो किसी स्तर के छात्रों की पाठ्यचर्यानुसार निर्मित की जाती हैं। इनमें वे तथ्य एवं सूचनाएँ संकलित की जाती हैं, जिनका ज्ञान सम्बन्धित स्तर के छात्रों को देना चाहते हैं। वर्तमान में सम्पूर्ण शिक्षा ही पाठ्य-पुस्तकों पर आधारित है। आज पाठ्य-पुस्तकें शिक्षा के मुख्य साधन के रूप में प्रयोग की जाती है। इसलिए वर्तमान में पाठ्य-पुस्तकों का अत्यधिक महत्व है।

प्रत्येक कक्षा के लिए पाठ्य-पुस्तकें होना अत्यधिक अनिवार्य है। पाठ्य-पुस्तकें शिक्षक के कार्य की परिपूरक होती हैं। इनकी कमी होने पर गणित को सीखने के लिए पर्याप्त आवश्यक सामग्री उपलब्ध नहीं हो पाती है। गणित की विषय सामग्री में प्रत्ययों, सिद्धान्तों, सम्बन्धों, तथ्यों एवं परिभाषाओं आदि की अधिकता होती है। इन सबको पाठ्य-पुस्तक की सहायता से सीखने में सहायता प्राप्त होती है। गणित के छात्रों को सीखे हुए सिद्धान्तों एवं नियमों आदि के उपयोजन के लिए समस्याओं का हल आवश्यक होता है, और यह केवल पाठ्य-पुस्तकों के द्वारा ही सम्भव हो पाता है। इसी कारण से प्रत्येक कक्षा का एक निर्धारित पाठ्यक्रम होता

है, जिसे एक निश्चित समयाविधि में पूरा करना होता है। साथ ही यह प्रयास भी किया जाता है कि ऐसा करके सभी उद्देश्यों की पूर्ति कर ली जाये। इसमें शिक्षक क्रियाकलाप छात्र एवं पाठ्य-पुस्तक प्रमुख रूप से हैं। पाठ्य-पुस्तकें कभी साध्य नहीं बन सकती है। पुस्तकें तो केवल एक साधन रूप हैं। इसकी सहायता से पाठ्यक्रम पूरा करने के बाद छात्रों के व्यवहारों में परिवर्तन किया जाता है। पाठ्य-पुस्तकें यह बताती है कि अमुक प्रकरण के अन्तर्गत कितने विभिन्न बिन्दुओं को सीखना है? एवं इसके लिए कुछ प्रश्न एवं उदाहरण भी दिए जाते हैं। पाठ्य-पुस्तक की अत्यधिक आवश्यकताओं को ध्यान में रखते हुए उसका अर्थ भी यहाँ पाठकों को समझाना आवश्यक है।

पाठ्य-पुस्तक की परिभाषाएँ (Definitions of Text Book)

अलग-अलग विद्वानों के द्वारा पाठ्य-पुस्तक की निम्नलिखित रूपों में परिभाषाएँ दी हैं–

(1) बेकन (Becon) के अनुसार–"पाठ्य-पुस्तक विद्यालय या कक्षा के लिए छात्र एवं शिक्षक के प्रयोग के लिए विशेष रूप से तैयार की जाती हैं, जिसके अन्तर्गत केवल एक विषय या घनिष्ठ रूप से सम्बन्धित विषयों को पाठ्य-वस्तुओं में प्रस्तुत किया जाता है।"

"A True Text Book is one specially prepared for the use of Pupil and Teacher in a school or class. Presenting a Course Study in a Single Subject or closed related Subject."

(2) "पाठ्य-पुस्तक कक्षा-कक्ष के प्रयोग के लिए निर्धारित की गई पुस्तक है।"

"Text book is a book designed for class room use."

(3) सर्वपल्ली डॉ० राधाकृष्णन ने भी कहा है कि–"ज्ञान किसी की बपौती नहीं है, उसका माध्यम केवल पुस्तक है।"

(4) कोठारी कमीशन के अनुसार–"यह अत्यन्त दुर्भाग्य की बात है कि विज्ञान एवं शिल्प विज्ञान की पूर्ण स्नातक स्तर की अधिकांश उत्कृष्ट पुस्तकें विदेशों से मंगानी पड़ती है। बाहर से मंगाई गई पुस्तकें अच्छी नहीं होती हैं। विज्ञान और शिल्प विज्ञान की पुस्तकों को बड़े पैमाने पर आयात करने से केवल अधिक घन और विदेशाी मुद्रा ही खर्च नहीं होती है, बल्कि इससे तो एक बात है कि इसके द्वारा हमारे बौद्धिक साहस को भी हानि होती है। उत्तम पुस्तकों की रचना के लिए आवश्यकता है। योग्यता एवं अन्य साधन तो देश में उपलब्ध हैं–लेकिन सम्भवता जिस चीज की कमी है, यह है दृढ़ संकल्प एवं योजनाबद्ध प्रयास।"

"A large scaling import of Text book in Science and Technology is not only expensive but it is bad also for our intellectual morale"

—Kothari Commission

पाठ्य-पुस्तकों की उपयोगिता (Use or Place of Text book)

गणित शिक्षक एवं अभिभावकों की किसी सीमा तक यह मत था कि गणित अध्ययन में पाठ्य-पुस्तक का योगदान एकदम नगण्य है। वर्तमान में प्रचलित पाठ्य पुस्तकों के गिरते हुए स्तर को देखकर इस कथन की सत्यता से इन्कार नहीं किया जा सकता है। अपरोक्ष रूप से घटिया स्तर की पुस्तकें छात्रों की स्वतन्त्र, तर्क शक्ति, निरीक्षण शक्ति एवं अन्वेषण शक्ति के विकास में निश्चित रूप से बाधक सिद्ध होती है। यह भी सत्य है कि अन्वेषण विधि पर आधारित

पुस्तकों की हमेशा ही कमी रहती है। तथा न तो इस दिशा में कोई सक्रिय प्रयासों का एकीकरण ही दिखाई देता है। ऐसी स्थिति में उपलब्ध पाठ्य-पुस्तकों का योगदान मात्र पकापकाया तक ही सीमित रह जाता है, जिससे छात्र के स्वयं के सीखने के प्रयासों में कमी आती है। तथा छात्र अच्छी एवं उच्च कोटि की पाठ्य-पुस्तकों का अध्ययन करने से अपने आप को बचाता रहता है। छात्रों का ऐसा सोचना है कि परीक्षा में अच्छे अंक प्राप्त करने का शार्टकट तरीका अधिक बेहतर है। यही कारण है कि वह सस्ते नोट्स, शार्टकट गाइड, प्रश्नोत्तर सीरीज आदि का अधिक प्रयोग करते हैं। लेकिन यह सत्य है कि अच्छी पुस्तकें ही गणित अध्ययन में अधिक सहायक होती है। पाठ्य-पुस्तकों के अभाव में शिक्षक एवं छात्र दोनों का निर्वाह करना कठिन है।

लेकिन कुछ विचारकों का ऐसा मानना है कि शिक्षण में पाठ्य-पुस्तकें अत्यधिक अनिवार्य है। जहाँ पर छात्र अपनी वैयक्तिक विभिन्नताओं एवं मानसिक स्तर के अनुसार अभ्यास के लिए प्रश्न चुन सकते हैं। लेकिन वहीं पर दूसरी ओर शिक्षक गृह कार्य देने में अथवा योग्यता से कार्य करने के लिए प्रश्नों का श्रुतलेख देने में अपने समय को नष्ट होने से बचाने के लिए इन पाठ्य-पुस्तकों का ही उपयोग करता है।

प्राथमिक स्तर पर गणित की पुस्तकों के अभाव में ही कार्य चल सकता है। परन्तु उच्च स्तर पर नहीं है। अधिकांश लोग पाठ्य-पुस्तकों के विशेष विरोधी है। क्योंकि छात्रों को यथोचित प्रयोग ही नहीं सिखाया गया। कुछ शिक्षक ऐसे भी होते हैं जिन्हें हमेशा पुस्तकों का प्रयोग नहीं आता है। अतः इस प्रकार के लोग पुस्तकों के महत्व को समझा नहीं जा सकते हैं।

"No education seems to be worth the name which has not made children at home in the world of books and so related their mind to mind, with thinkers who have dealt with knowledge."

पाठ्य-पुस्तक के महत्व को स्पष्ट करते हुए ए० सुजेलों ने कहा है कि–''शिक्षक के अस्त्रों में पाठ्य-पुस्तक अधिक महत्वपूर्ण है। यह तथ्य हैं कि पाठ्य-पुस्तकें शिक्षक को पाठन-सामग्री तथा निर्देशन दोनों ही देती है, खतरनाक है।''

"The Text book is the most important of the Teacher's tool. The Very Fact, that the Text book are meant to provide both teaching material and guidence for the Teacher is dangerous."

पाठ्य-पुस्तक के लाभ (Merits of Text book)

गणित पाठ्य-पुस्तक के प्रमुख लाभ निम्नलिखित हैं–

(1) शिक्षक के समक्ष पाठ्य-पुस्तक सम्पूर्ण पाठ्य-क्रम का ढाँचा प्रस्तुत करके उसे उद्देश्यों से अवगत कराती है।

(2) पाठ्य-पुस्तक शिक्षक एवं छात्र दोनों के प्रश्न लिखने-लिखाने की प्रक्रिया में जो समय व्यर्थ में नष्ट होता है, उसे पूर्ण रूप से बचाती है।

(3) पाठ्य-पुस्तक के अन्तर्गत तार्किक एवं मनोवैज्ञानिक क्रम में उपलब्ध व्यवस्थित सामग्री से शिक्षक को अपने शिक्षण कार्य को अत्यधिक प्रभावशाली बनाने में अत्यधिक सहायता प्राप्त होती है।

(4) पाठ्य-पुस्तक के प्रयोग से छात्र में स्वशिक्षा का दृष्टिकोण विकसित किया जा सकता

है, साथ ही साथ छात्र में आत्मविश्वास एवं पढ़ने के प्रति उचित दृष्टिकोण का भी विकास करता है।

(5) ''अभ्यास ही सफलता की जननी है।'' इस कथन के अनुरूप गणित में पर्याप्त अभ्यास की आवश्यकता को पाठ्य-पुस्तक के द्वारा ही पूर्ण किया जा सकता है।

(6) पाठ्य-पुस्तक के प्रयोग से छात्र अपने द्वारा किए गए पाठ की पुनरावृत्ति कर सकते हैं, साथ ही कक्षा कार्य एवं गृहकार्य भी आसानी से कर सकते हैं।

(7) पाठ्य-पुस्तक में उपलब्ध विषय सामग्री को छात्रों के मानसिक विकास तथा विषय के महत्व को ध्यान में रखते हुए क्रम दिया गया है; जो छात्रों के मनोरंजन का कारण बन जाता है।

(8) पाठ्य-पुस्तक के प्रयोग से शिक्षक का कार्य अत्यन्त सरल हो जाता है, क्योंकि उसे प्रश्नों के लिए तैयार अभ्यास आसानी से उपलब्ध हो जाते हैं।

पाठ्य-पुस्तक की हानियाँ एवं सीमाएँ (Demerits and Limitation of Text Book)

पाठ्य-पुस्तक के प्रयोग से जहाँ एक ओर अनेक लाभ हैं, वहीं दूसरी ओर इसके प्रयोग से अनेक हानियाँ भी हैं जो निम्नलिखित हैं–

(1) बेसेन के अनुसार–''पुस्तक सहायक सामग्री है, शिक्षक की दासी है, स्वामिनी नहीं।''

"Text Book may be Considered as a best servant but should not be Supposed as a master." –Basen

(2) नये-नये परिवर्तन एवं खोजों के बारे में पाठ्य-पुस्तक हमेशा मौन रहती है।

(3) पाठ्य-पुस्तक से शिक्षण प्रक्रिया सीमित रह जाती है, क्योंकि शिक्षक मात्र पाठ्य-पुस्तक में निहित सामग्री के अलावा बाहर से छात्रों को और कुछ नहीं बताता है और न ही इसके लिए कोशिश करता है।

(4) अधिकांशतः पाठ्य-पुस्तकों के मूल्य अत्यधिक होते हैं, जो सामान्य छात्र की पहुँच से बाहर होते हैं।

(5) पाठ्य-पुस्तकों अन्तर्गत महत्वपूर्ण चित्र, रेखा चित्र, विभिन्न आँकड़े एवं ग्राफ आदि का हमेशा अभाव रहता है, जिनके ज्ञान से छात्र वंचित रह जाते हैं।

(6) पुस्तकें एक बार लिख जाने के उपरान्त उनका दुबारा संशोधन बड़ी कठिनाई से ही हो पाता है।

(7) पाठ्य-पुस्तक के अन्तर्गत व्यवस्थित सामग्री तार्किक एवं मनोवैज्ञानिक क्रम में प्रस्तुत नहीं की जाती है।

पाठ्य-पुस्तकों के उचित प्रयोग (How to make Effective Use of Text Book)

विभिन्न प्रकार की पाठ्य-पुस्तकों को तार्किक वैज्ञानिक एवं मनोवैज्ञानिक आधार पर तैयार कर लेने तथा उनका वस्तुनिष्ठ सिद्धान्तों के आधार केवल चुन जाना ही पर्याप्त नहीं है। बल्कि समुचित एवं प्रभावी तरह से उसमें सुधार लाना भी अत्यन्त आवश्यक है। पाठ्य-पुस्तक का प्रयोग स्वतन्त्र शिक्षण विधि एवं सहायक उपकरण दोनों ही रूपों में किया जाता है।

उद्देश्यों की पूर्ति के लिए पाठ्य-पुस्तक एक साधन है, उद्देश्य नहीं है। पाठ्य-पुस्तक

शिक्षक की दासी है, सहायक है, अफसर नहीं है। किसी भी शिक्षक को पुस्तक पर पूर्ण रूप से आश्रित रहने की आवश्यकता नहीं है। उसमें दी गई पाठ्यविधि, ईश्वरीय आज्ञा नहीं है, मात्र एक सुझाव है, यदि आपके अनुभव से उपस्थित सामग्री उपयुक्त दिखाई पड़ती है, तो उसे उपयोग में लाना चाहिए। यदि आप यह समझते हैं कि आपके द्वारा बताई गई विधियों से छात्र किसी भी प्रत्यय या प्रक्रिया को सही तरह से नहीं समझ पा रहा है, तो ऐसी विधियों का तुरन्त ही त्याग कर देना चाहिए। इसी प्रकार से पाठ्य-पुस्तकों को भी बार-बार नहीं बदलना चाहिए। प्रत्येक शिक्षक को चाहिए कि वह अपनी व्यक्तिगत पुस्तक के खाली पृष्ठों में कक्षा सम्बन्धी विभिन्न प्रकार के अनुभवों को और उसमें आवश्यक सुधार की बातें आवश्यक रूप से लिखते रहें।

उपरोक्त वर्णित प्रयोगों के साथ-साथ पाठ्य-पुस्तक के अन्य प्रयोग निम्नानुसार हैं—

(अ) *पूर्व प्राथमिक स्तर (Lower Primary Classes)*—पूर्व प्राथमिक स्तर के बालकों की आयु बहुत कम होती है, इसलिए इस स्तर पर पाठ्य-पुस्तकों का प्रयोग तब तक नहीं करना चाहिए, जब तक कि अबोध शिशु पुस्तकों को सही तरह से रखना एवं सम्भालना न सीख जायें।

(ब) *प्राथमिक एवं जूनियर स्तर (Primary and Middle Stage)*—प्राथमिक एवं जूनियर स्तर पर बालक की उम्र पुस्तकों के रख-रखाव के अनुकूल होती है। अतः इस स्तर पर पाठ्य-पुस्तकों का प्रयोग किया जा सकता है।

(स) *उच्च स्तर (Higher Level)*—उच्च स्तर पर पाठ्य-पुस्तकों का प्रयोग अनिवार्य है। इस स्तर पर प्रयोग में लाई जाने वाली पाठ्य-पुस्तकों का निर्माण छात्रों के मानसिक स्तर, उनकी रूचियों और क्षमताओं के अनुरूप ही होना चाहिए।

(द) *सहायक सामग्री के रूप में (As a Teaching Aids)*—जिस प्रकार से शिक्षण को अत्यधिक प्रभावशालाी बनाने के लिए विभिन्न प्रकार की सहायक सामग्री का प्रयोग करते हैं। ठीक उसी प्रकार से शिक्षण प्रक्रिया में सहायक सामग्री के रूप में पाठ्य-पुस्तक का भी अपना महत्व है। पाठ्य-पुस्तक स्वयं में ही एक सर्वश्रेष्ठ शिक्षण सहायक सामग्री है।

(य) *शिक्षा के उद्देश्यों की प्राप्ति में सहायक (Contribution to Aims of Education)*—हमारे विभिन्न प्रकार के शैक्षिक उद्देश्यों की प्राप्ति में पाठ्य-पुस्तक का अत्यधिक एवं महत्वपूर्ण योगदान रहता है। यहाँ पर यह ध्यान रखना चाहिए कि पाठ्य-पुस्तक उन उद्देश्यों को प्राप्त करने में एक साधन मात्र नहीं है, न कि साध्य।

पाठ्य-पुस्तक प्रयोग करने में सावधानियाँ (Precautions while Using Text Book)—पाठ्य-पुस्तकों का प्रयोग करते समय हमें निम्नलिखित बातों पर विशेष ध्यान देना चाहिए—

(1) पाठ्य-पुस्तक का प्रयोग उचित स्थान पर किया जाना चाहिए।

(2) पाठ्य-पुस्तक को पढ़ाते समय छात्र के आसन, उसकी मुद्रा तथा आँखों की गति आदि पर भी ध्यान देना चाहिए।

(3) पाठ्य-पुस्तकों में वर्णित विचारों एवं तथ्यों को समझने का प्रयास छात्रों द्वारा किया जाना चाहिए।

(4) पाठ्य-पुस्तक का अध्ययन करके छात्र में आलोचनात्मक एवं वस्तुनिष्ठ दृष्टिकोण विकसित होना अत्यन्त आवश्यक है।

(5) पाठ्य-पुस्तक का अध्ययन करके बालक के नवीन ज्ञान एवं अनुभवों को पुनर्बलन प्राप्त होना चाहिए।

शिक्षा के क्षेत्र में पाठ्य-पुस्तक के महत्व को स्पष्ट करते हुए क्रो एण्ड क्रो ने लिखा है कि "न तो पुस्तक मात्र और न ही अध्यापक, शिक्षा का सर्वोत्तम साधन बन सकते हैं। यदि हम चाहते हैं कि हमारे भावी युवक अपनी जिम्मेदारियों का भली प्रकार से निर्वहन करने में दक्षता प्राप्त कर लें तो हमें एक अच्छी उत्कृष्ट पाठ्य-पुस्तक एवं एक सुप्रशिक्षित शिक्षक दोनों ही को अपनाना पड़ेगा।"

"Neither the books nor the teacher alone Constitutes the best Medium for education. A Combination of well choosen Text Book and a well trained Teacher is needed if young People are to be trained to meet their responsibilities–"

–Crow and Crow

पाठ्य-पुस्तकों का चयन (Selection of Text Books)

सही पाठ्य-पुस्तकों का चयन करना अपने आप में एक जटिल समस्या है। पाठ्य-पुस्तक का निर्माण करते समय इसके बारे में मापदण्ड सुनिश्चित कर लेना चाहिए। पाठ्य-पुस्तक को निर्धारित करने से पूर्व उसका अच्छी तरह से मूल्यांकन कर लेना चाहिए। (NCERT) नेशनल काउन्सिल ऑफ एजूकेशन रिसर्च एवं ट्रेनिंग दिल्ली की एक शाखा पाठ्यक्रम, पाठ्य-पुस्तकों एवं मूल्यांकन के बारे में वैज्ञानिक तरीके से कार्य कर रही है। इनके द्वारा पाठ्य-पुस्तकों के चयन के लिए अपेक्षित मापदण्ड निश्चित किए जा रहे हैं, और ये आशा की जाती है कि प्रत्येक राज्य की सरकार प्राथमिक स्तरों पर निर्धारित की जाने वाली पाठ्य-पुस्तकों का मूल्यांकन भी इन मापदण्डों के आधार पर कर सकेगी। पाठ्य-पुस्तकों के चयन के समय विशेष रूप से निम्नलिखित पहलुओं को ध्यान में रखना चाहिए–

(अ) मनोवैज्ञानिक पहलू (Psychological aspect)

(ब) तार्किक पहलू (Logical aspect)

पाठ्य-पुस्तक का मनोवैज्ञानिक पहलू (Psychological aspect of Text book): छोटी कक्षाओं की पाठ्य-पुस्तकों का निर्माण करते समय तथा विषय सामग्री को व्यवस्थित करते समय मनोवैज्ञानिक पहलू को आवश्यक रूप से ध्यान में रखना चाहिए। इसके अन्तर्गत निम्नलिखित बातें हैं–

(1) विषय वस्तु का चयन करते समय ध्यान रहे कि विषय-वस्तु बालकों की मानसिक योग्यता, उनकी रूचियों एवं विकास की अवस्था के अनुकूल होनी चाहिए।

(2) पाठ्य-पुस्तक की भाषा सरल, शुद्ध, प्रवाह युक्त एवं बोधगम्य होनी चाहिए।

(3) पाठ्य-पुस्तक में प्रयुक्त चित्र, रेखाचित्र एवं अन्य विभिन्न प्रकार की प्रदर्शनात्मक सामग्री बालकों के अनुभवों एवं उनके स्थानीय जीवन के समीप होनी चाहिए।

(4) पाठ्य-पुस्तक का आवरण या मुख-पृष्ठ तथा उसका गेटअप बालकों को आकर्षित करने वाला होना चाहिए।

(5) पाठ्य-पुस्तक का मूल्य अधिक न होकर ऐसा होना चाहिए कि प्रत्येक बालक उसे आसानी से प्राप्त कर सके।
(6) पाठ्य-पुस्तक में समाहित विभिन्न उपविषयों को सरल से कठिन की ओर ले जाने वाले शिक्षण सूत्रों के अनुसार क्रमबद्ध करना चाहिए।
(7) आधुनिक गणित को ध्यान में रखकर ही पाठ्य-पुस्तक का निर्माण किया जाना चाहिए।

पाठ्य-पुस्तक का तार्किक पहलू (Logical aspect of Text Book): तार्किक पहलू का प्रयोग उच्च कक्षाओं के लिए किया जाता है। अतः इन कक्षाओं के छात्रों के लिए पाठ्य-पुस्तकों का निर्माण करते समय एवं विषय सामग्री आदि को व्यवस्थित करते समय तार्किक पहलू का विशेष रूप से ध्यान दिया जाना चाहिए। तार्किक पहलू के अन्तर्गत निम्नलिखित तथ्य विशेष रूप से आते हैं–

(1) पाठ्य-पुस्तक में विषय वस्तु को तार्किक ढंग से व्यवस्थित किया जाना अत्यन्त आवश्यक है।
(2) पाठ्य-पुस्तक में विभिन्न अध्याओं का आयोजन क्रमिक रूप से किया जाना चाहिए।
(3) पाठ्य-पुस्तक के अन्तर्गत वर्णित किए गए विचारों की पुष्टि भी विश्वसनीय सन्दर्भों के माध्यम से करनी चाहिए।
(4) पाठ्य-पुस्तकों में, आँकड़ों, चित्रों एवं ग्राफों आदि को आवश्यकतानुसार यथा स्थान रखा जाना चाहिए, साथ ही इनका समुचित वर्णन भी किया जाना चाहिए।
(5) पाठ्य-पुस्तक के अन्तर्गत विषय का प्रतिपादन ठोस, निश्चित एवं सुसंगत होना चाहिए।
(6) प्रत्येक अध्याय के साथ सम्बन्धित साहित्य के प्रति उचित निर्देश भी दिए जाने चाहिए।
(7) प्रत्येक पाठ की समाप्ति पर अभ्यासार्थ प्रश्नों की सूची भी होनी चाहिए।
(8) पाठ्य-पुस्तक में हल किए हुए उदाहरणों का समावेश आवश्यकता से अधिक नहीं करना चाहिए।
(9) प्रतिभाशाली छात्रों को ध्यान में रखकर पाठ्य-पुस्तक में कठिन प्रश्नों का समावेश करना पुस्तक की विशेषता है।
(10) विभिन्न परिभाषाएँ स्पष्ट एवं निश्चित शब्दों में होनी चाहिए।
(11) पाठ्य-पुस्तक के लेखक की योग्यता एवं अनुभव भी उच्च स्तर का होना चाहिए।
(12) पाठ्य-पुस्तक लिखते समय विभिन्न समितियों द्वारा प्रदत्त सुझावों को भी यथा स्थान महत्व दिया जाना चाहिए।
(13) पाठ्य-पुस्तक के माध्यम से क्षेत्रीय एवं सामाजिक आवश्यकताओं की भी पूर्ति होनी चाहिए।
(14) प्रत्येक छात्र को पाठ्य-पुस्तक आसानी से प्राप्त होनी चाहिए।

(15) पाठ्य-पुस्तक ऐसी होनी चाहिए जो परीक्षा से सम्बन्धित माँगों को पूरा करने में समर्थ हो।

(16) पाठ्य-पुस्तक का चयन किसी पक्षपात या सिफारिश के आधार पर नहीं करना चाहिए बल्कि उसका चयन व्यवहारिक उपयोगिता आधार पर किया जाना चाहिए।

पाठ्य-पुस्तकों के मूल्यांकन के लिए मानदण्ड (Criteria for Evaluation of Text Book)

पाठ्य-पुस्तकों का निर्धारण एवं चयन करने से पूर्व यह ध्यान रखना अत्यन्त आवश्यक है कि वस्तुनिष्ठ मानदण्डों के आधार पर उनका विधिवत् मूल्यांकन किया जाये। पाठ्य-पुस्तक का प्रयोग अध्यापक एवं शिक्षार्थी दोनों ही करते हैं। इसलिए इनके मूल्यांकन के बारे में इनकी राय जानना भी आवश्यक है कभी-कभी अध्यापक या शिक्षार्थी कुछ पक्षपातों या व्यक्तिगत कारणों के कारण किसी भी पाठ्य-पुस्तक की अत्यधिक निन्दा एवं आलोचना करते हैं, यह बिल्कुल उचित नहीं है। इसलिए यह आवश्यक है कि पाठ्य-पुस्तकों का मूल्यांकन करने के लिए अध्यापक एवं छात्र दोनों ही वस्तुनिष्ठ एवं बिना पक्षपात मानदण्डों का प्रयोग करें। पाठ्य-पुस्तकों का मूल्यांकन करने के लिए निम्नलिखित व्यक्तियों की भी राय प्राप्त करना अत्यन्त आवश्यक है।

(1) विषय से सम्बद्ध किसी विद्वान की राय।

(2) विषय के अनुभवी एवं योग्य शिक्षकों की राय।

(3) विषय विशेषज्ञ की राय।

(4) विषय से सम्बन्धित छात्रों की राय।

पाठ्य-पुस्तकों के सन्दर्भ में विषय के विद्वानों, शिक्षकों, छात्रों तथा शिक्षण के विशेषज्ञों की राय को वस्तुनिष्ठ बनाने की दृष्टि से दो बातें अत्यावश्यक हैं–प्रथन जिन आधार पर सम्मति प्राप्त करनी हो उसके मानदण्ड निश्चित हों। दूसरे सम्मति प्रकट करने के लिए वर्गक्रमों का प्रयोग किया जाये। जिससे सापेक्ष तरीके से सम्मितियों का वर्णन किया जा सके।

पाठ्य-पुस्तकों का मूल्यांकन पूर्ण रूपेण सम्मतियों पर ही निर्भर रहता है लेकिन कक्षा कक्ष के अन्दर छात्रों पर प्रयोग करके भी पाठ्य-पुस्तक का मूल्यांकन किया जा सकता है। मूल्यांकन करने का यह तरीका अधिक वैज्ञानिक है, और इसके लिए प्रयोगात्मक तरीकों के बारे में जानकारी प्राप्त करना अत्यन्त आवश्यक है।

किसी भी पाठ्य-पुस्तक का मूल्यांकन करने के लिए निम्नलिखित मानदण्ड स्थापित किए जा सकते हैं–

(1) *पुस्तक का यांत्रिक पहलू (Mechanical Aspect)*–पुस्तक का यान्त्रिक पहलू के अन्तर्गत पाठ्य-पुस्तिका का बाहय स्वरूप, आकार, पृष्ठ संख्या, जिल्द, कागज की किस्म, छपाई, सजधज एवं हासिया आदि सम्मिलित है।

(2) *पाठ्य-पुस्तक की व्यवस्था (Organization of Text Book)*–इस मानदण्ड के अनुसार पाठ्य-पुस्तक के अन्दर विषय का विभाजन, उसकी श्रृंखला बद्धता, तार्किकता, सारांश एवं अभ्यासार्थ प्रश्नों आदि की व्यवस्था पर विशेष ध्यान दिया जाता है।

(3) *प्रस्तुतीकरण (Presentation)*–प्रस्तुीकरण के अन्तर्गत पाठ्य-पुस्तक की भाषा शैली, प्रयुक्त शब्दावली, प्रतिपादन पद्धति, विषय की स्पष्टता एवं बोधग्राहयता आदि समाहित होते हैं।

(4) *उदाहरण (Illustrations)*–उदाहरण के अन्तर्गत मानचित्रों, चार्टों, रेखाचित्रों, ग्राफ आदि की शुद्धता, वस्तुनिष्ठता, स्पष्टता, उपयोगिता, यथास्थानता, वास्तविकता, उपयुक्तता, रोचकता एवं आकार आदि पर विचार किया जाता है। प्रत्येक पाठ्य-पुस्तक के लिए ये अत्यधिक महत्वपूर्ण हैं।

(5) *अभ्यासार्थ प्रश्न (Exercise)*–प्रत्येक अध्याय के अन्त में दिए गए अभ्यास हेतु प्रश्नों का विषय वस्तु से सम्बन्ध, उसकी व्यापकता, प्रेरणात्मक शक्ति, स्पष्टता, शुद्धता एवं विश्वसनीयता एवं कठिनाई स्तर का निर्धारण करना अत्यन्त आवश्यक है। इस मानदण्ड के अनुसार अभ्यासार्थ प्रश्नों का मूल्यांकन इन्हीं दृष्टियों से किया जाता है।

(6) *सहायक ग्रन्थों की सूची (Referenees or Bibliograpny)*–पाठ्य-पुस्तक के अन्तर्गत प्रस्तुत सहायक ग्रन्थों की सूची एवं निर्देशन की शिक्षकों एवं छात्रों के दृष्टिकोण से उपयोगिता एवं व्यवहारिकता, निश्चितता, उपलब्धता, वैधता एवं विश्वनीयता पर सर्वप्रथम विचार करना अत्यन्त आवश्यक है। मूल्यांकनकर्ता इन मानदण्डों के अन्तर्गत सभी तथ्यों पर विचार करता है।

(7) *अनुक्रमणिका एवं विषय सूची (Index and Table of Contents)*–इसके अन्तर्गत पाठ्य-पुस्तक के अन्तर्गत दी हुई विषय सूची की पूर्णता, व्यवस्था, स्पष्टता, व्यवहारिक उपयोगिता तथा संगठन आदि पर विशेष ध्यान दिया जाता है।

(8) *लेखक (Author)*–इसके अन्तर्गत लेखक की योग्यता, लेखन तथा शिक्षण अनुभव, व्यवसायिक, प्रशिक्षण एवं वर्तमान व्यवसाय आदि पर विचार करना आवश्यक होता है। यह भाग पाठ्य-पुस्तक के मूल्यांकन का महत्वपूर्ण पक्ष होता है।

इन मानदण्डों को ध्यान में रखते हुए एक पंचपद रेटिंग स्केल के रूप में पाठ्य-पुस्तकों का मूल्यांकन सम्भव होता है। और प्रत्येक पाठ्य-पुस्तक के सम्बन्ध में अंकों का निर्धारण किया जा सकता है। पंचपद रेटिंग स्केल का स्वरूप निम्नलिखित हो सकता है–

वर्गक्रम (Classification)	अंक (Marks)
सर्वोत्कृष्ट (Excellent)	5
अच्छा (Good)	4
साधारण (Average)	3
निकृष्ट (Poor)	2
निकृष्टतम (Poorest)	1

उपरोक्त वर्णित मानदण्डों के आधार पर पाठ्य-पुस्तक को रेटिंग इन पाँच पदों में की जायेगी। रेटिंग के बाद उन्हें उनको आंकिक रूप में भी परिवर्तित किया जायेगा। यहाँ पर सर्वोत्कृष्ट के लिए 5 अंक, अच्छा के लिए 4 अंक, साधारण के लिए 3 अंक, निकृष्ट के लिए 2 अंक एवं निकृष्टतम के लिए 1 अंक दिया जायेगा।

पाठ्य-पुस्तक के मूल्यांकन हेतु पंचपद रेटिंग स्केल
(Five Points Rating Scale for Evalution of Text Book)

निर्देश—इस रेटिंग स्केल के अन्तर्गत आठ मानदण्ड प्रस्तुत किए गए हैं। इन्हीं मानदण्डों के आधार पर आगे के खानों में हमें रेटिंग करना है। रेटिंग को प्रदर्शित करने के लिए (✓) का चिन्ह का प्रयोग करेगें। प्रत्येक मानदण्ड पर अत्यधिक सोच विचार करके ही पाठ्य-पुस्तक का मूल्यांकन करना है। अपनी इस रेटिंग को प्रभावी एवं निष्पक्ष एवं वस्तुनिष्ठ बनाने का पूर्ण प्रयास करें। रेटिंग करते समय निम्न स्केल का सहारा लिया जाता है—

5	4	3	2	1
सर्वोत्कृष्ट (Excellent)	अच्छा (Good)	साधारण (Average)	निकृष्ट (Poor)	निकृष्टतम (Poorest)

उदाहरण (Example)

पाठ्य-पुस्तक का शीर्षक (Title of the Text Book)

क्र०सं० S.No.	मानदण्ड Classification	सर्वोत्कृष्ट Excellent	अच्छा Good	साधारण Average	निकृष्ट Poor	निकृष्टतम Poorest
1.	पाठ्य-पुस्तक का यान्त्रिक पहलू (Mechanical Aspect)		✓			
2.	पाठ्य-पुस्तक की व्यवस्था (Organization)			✓		
3.	प्रस्तुतीकरण (Presentation)				✓	
4.	उदाहरण (Illustrations)				✓	
5.	अभ्यासार्थ प्रश्न (Exercise)					✓
6.	सहायक ग्रन्थों की सूची (Reference of Biography)				✓	
7.	विषय सूची (Index or Content)				✓	
8.	लेखक (Author)			✓		

हस्ताक्षर रेटिंगकर्ता

अंकों का कुल योग (Total Rating) = 8 + 15 + 2 = 25
रेटिंग प्रतिशत = 25 out of 40

(% of Rating) = $\frac{25}{40} \times 100$ = 62.5% अच्छा (Good)

इस तरह से रेटिंग कर लेने के पश्चात् इनको अंकों में परिवर्तित किया जाता है। उपरोक्त वर्णित उदाहरण में पाठ्य-पुस्तक के लिए कुल अंक 25 होगें। इस रेटिंग स्केल में आठ मानदण्डों के लिए अधिक से अधिक अंक 40 तथा कम से कम रेटिंग अंक 8 होंगे। इस प्रकार से इस पाठ्य-पुस्तक को साधारण से कुछ अच्छा मानना चाहिए।

पाठ्य-पुस्तकों में सुधार के लिए सुझाव
(Recommendations regarding the Improvement in Existing Text Book)

पाठ्य-पुस्तकों में सुधार के लिए कोठारी आयोग द्वारा जो सुझाव दिया गया है, वह इस प्रकार है–

स्वतन्त्रता प्राप्त होने के बाद से शिक्षा प्रसारण का कार्य अत्यन्त तीव्र गति के साथ होने लगा। इस कार्य को पूरा करने के लिए पाठ्य-पुस्तक की जरूरत महसूस की गई। अत: लेखकों एवं प्रकाशकों ने इस स्थिति का लाभ उठाकर ऐसी पुस्तकें तैयार करना शुरू कर दिया जिनका स्तर निरन्तर गिरता चला गया। माध्यमिक शिक्षा आयोग एवं कोठारी आयोग ने पाठ्य-पुस्तक के गिरते हुए स्तर को ऊँचा उठाने के लिए अनेक सुझाव प्रस्तुत किए हैं, जो निम्नलिखित हैं–

राष्ट्रीय स्तर पर सुझाव (Recommendations at National Level)–राष्ट्रीय स्तर पर दिए गए सुझाव निम्न प्रकार हैं–

(1) पाठ्य-पुस्तक लिखने का कार्यक्रम राष्ट्रीय स्तर पर तैयार किया जाना चाहिए।

(2) भारत सरकार प्रतिभाशाली व्यक्तियों को उदार पारिश्रमिक देकर पाठ्य-पुस्तक लिखने के लिए प्रोत्साहित करना चाहिए।

(3) शिक्षा मन्त्रालय सार्वजनिक क्षेत्र में एक स्वायत्त संगठन की स्थापना करे यह संगठन पाठ्य-पुस्तक के निर्माण कार्य को राष्ट्रीय स्तर पर सम्पन्न करें।

राज्य स्तर पर सुझाव (Recommendations at Stage Level)–राज्य स्तर पर दिए गए सुझाव निम्न प्रकार से हैं–

(1) प्रत्येक राज्य में एक अलग संस्था की स्थापना की जानी चाहिए इस संस्था को पाठ्य-पुस्तक का निर्माण, पाठ्यक्रम की रचना, उसका समय-समय पर पुनरावलोकन एवं प्रकाशन आदि की व्यवस्था करके प्रत्येक पाँच वर्ष के पश्चात् उनका परिशोधन भी कर देना चाहिए।
(2) पाठ्य-पुस्तक का मूल्यांकन करना प्रदेशीय शिक्षा विभाग का उत्तरदायित्व होना चाहिए।
(3) प्रदेश सरकारों को पाठ्य-पुस्तकों निर्माण का कार्य लाभ की दृष्टि से नहीं करना चाहिए। इस महान कार्य का उद्देश्य सस्ते मूल्य पर अच्छी पाठ्य-पुस्तकें उपलब्ध कराना होना चाहिए।
(4) प्रत्येक राज्य सरकारों को कुछ अच्छे लेखकों का चयन करके उनसे पाण्डुलिपियाँ तथा प्रस्ताव आमन्त्रित करने चाहिए।
(5) शिक्षकों को पाठ्य-पुस्तक लिखने का प्रोत्साहन विशेष रूप से मिलना चाहिए।
(6) कॉलेजों में अच्छी पुस्तकों के लेखकों को नियुक्त किया जाना चाहिए।
(7) पाठ्य-पुस्तक के अन्तर्गत उन सभी तथ्यों, घटनाओं की चर्चा नहीं की जानी चाहिए, जिससे किसी जाति, वर्ग अथवा धर्म के लोगों की भावनाओं को ठेस पहुँचाने का डर हो।
(8) पाठ्य-पुस्तक के माध्यम से छात्रों में राष्ट्रीयता की भावना का विकास करना चाहिए।
(9) पुस्तक बिक्री का कार्य शिक्षा विभाग को नहीं बल्कि सहकारी स्टोर्स को दिया जाना चाहिए।

अध्याय 17

गणित में मूल्यांकन
(Evaluation in Mathematics)

"Evaluation is the process of gathering and interpreting evidences on changes in the behaviour of students as they progress through school."

—*Quillen and Hanna*

मूल्यांकन का अर्थ (Meaning of Evaluation)

गणित शिक्षण का प्रारम्भ संख्याओं के बोध या गणना से प्रारम्भ होता है। शिक्षण एवं मूल्यांकन दोनों ही साथ-साथ चलने वाली प्रक्रिया है। लेकिन मूल्यांकन दोनों ही साथ-साथ चलने वाली प्रक्रिया है। लेकिन मूल्यांकन एक उद्देश्यपूर्ण प्रक्रिया है। शिक्षण के उद्देश्य, सीखने के अनुभव एवं मूल्यांकन तीनों बिन्दु एक त्रिभुज के समान है।

वर्तमान में लोग मापन एवं मूल्यांकन शब्दों का अर्थ एक ही समझते हैं। लेकिन दोनों शब्दों का अपना अलग-अलग महत्व एवं विवेचन क्षमता है। लेकिन दोनों ही पूर्ण तथा अंश के रूप में सम्बन्धित है। मापन का व्यापक अर्थ किसी वस्तु के गुणों को निश्चित इकाइयों में व्यक्त करने से होता है। जैसे लम्बाई को मीटर में, मात्रा को किलोग्राम में, आयतन को लीटर में व्यक्त करते हैं। मापन का अर्थ शिक्षा के क्षेत्र में किसी छात्र की किसी विषय में प्राप्त योग्यता को संख्या में प्रतिशत अथवा अंकों के औसत के रूप में व्यक्त करने से होता है।

गणित में मापन का अर्थ मानसिक मापन से है। गणित की विषय सामग्री में सिद्धान्त, संकल्पनाएं, सम्बन्ध एवं सूत्रों आदि की प्रचुरता है तथा गणित शिक्षण का अर्थ वस्तुत छात्रों में मानसिक स्तर पर प्रत्ययों का निर्माण करना है। अतएव गणित की उपलब्धियाँ अमूर्त होती हैं, तथा उनका मापन कोई आसान कार्य नहीं है। वस्तुतः मूल्यांकन कार्य गुणात्मक निर्णय करने की प्रक्रिया है तथा गुणात्मक प्रतिमानों का मूल्यांकन का आधार बनाया जाता है। मूल्यांकन आत्मगत होता है। मूल्यांकन में मूल्यों सम्बन्धी निर्णयों को लिया जा सकता है तथा ये हमारे आत्मगत निर्णयों से निर्धारित होते हैं। गणित में छात्रों की उपलब्धि सम्बन्धी निर्णय मूल्यांकन के प्रतिमानों के सन्दर्भ में किए जाते हैं। इन प्रतिमानों का तात्कालिक स्रोत इतिहास, दर्शन, संस्कृति, समाज के उद्देश्य, अनुभव तथा गणित में छात्रों से अपेक्षाएँ आदि हैं। मूल्यों के प्रतिमान स्पष्ट एवं वस्तुनिष्ठ होना चाहिए।

(1) ब्रेड फील्ड के अनुसार-"मूल्यांकन का कार्य तत्वों के लिए प्रतीक निर्धारण करना है, जो विभिन्न तत्वों की उपयोगिता या महत्व को लाक्षणिक रूप प्रदान करता है। साधारण

तथा यह कार्य कुछ विशिष्ट सामाजिक, सांस्कृतिक तथा वैज्ञानिक स्तरों को मापने के लिए किया जाता है।''

(2) कोठारी कमीशन के अनुसार–''मूल्यांकन एक क्रमिक प्रक्रिया है जो कि सम्पूर्ण शिक्षा प्रणाली का एक महत्वपूर्ण अंग है और जो शिक्षा के उद्देश्यों से घनिष्ठ रूप से सम्बन्धित है।''

(3) ई० एल थार्न डाइक के अनुसार–''प्रत्येक वस्तु जो जरा भी सत्ता रखती है, किसी न किसी परिमाण में सत्ता रखती है और कोई भी वस्तु जिसकी किसी परिमाण में सत्ता है, मापन के योग्य है।''

मूल्यांकन क्या है? (What is Evaluation)

''मूल्यांकन शिक्षा प्रक्रिया का वह अंग है, जिसके द्वारा इस तथ्य की जाँच की जाती है कि यह निश्चित समय में शिक्षा के उद्देश्यों की पूर्ति कहाँ तक हुई है? उनके व्यवहार में कितना अन्तर आया है तथा शिक्षक द्वारा इस दिशा में कहाँ तक सहयोग दिया गया है?''

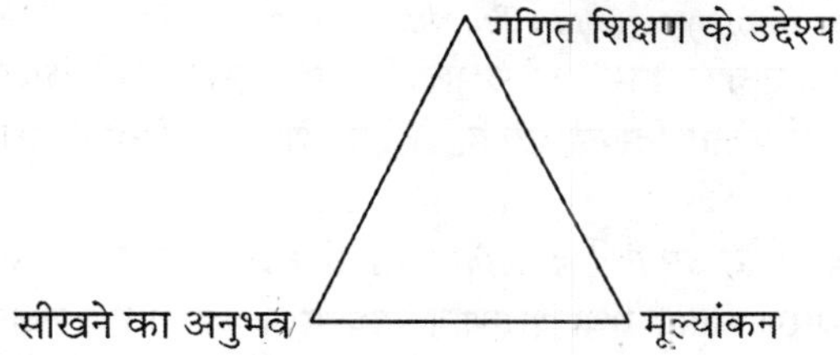

मूल्यांकन क्यों (Why Evaluation)

मूल्यांकन वह पद्धति है, जिसके द्वारा यह ज्ञात होता है कि–

(1) उस विषय के प्राप्त उद्देश्यों की पूर्ति किस सीमा तक हो पायी है।

(2) कक्षागत छात्रों के सीखने के अनुभव तथा उसका वास्तविक प्रभाव कहाँ तक हो पाया है।

(3) विषय के लक्ष्य की पूर्ति किस हद तक हुई है।

प्रथम प्राप्य उद्देश्य, दूसरे सीखने का अनुभव है जो वास्तविक साधन है तथा तीसरे स्वयं मूल्यांकन है जो कि प्राप्य उद्देश्यों की पूर्ति का ज्ञान होता है। ये तीनों तथ्य एक दूसरे से इस प्रकार से सम्बन्धित हैं कि उनको अलग नहीं किया जा सकता है।

मूल्यांकन को निम्नप्रकार से व्यक्त किया जा सकता है–

सीखने के अनुभव
↓
प्राप्य उद्देश्य ← → मूल्यांकन यन्त्र

गणित शिक्षण में मूल्यांकन का महत्व
(Importance of Evaluation in Mathematics Teaching)

शिक्षक के अध्यापन कार्य को अत्यधिक प्रभावी बनाने के लिए विषयगत उपलब्धियों का मापन

एवं मूल्यांकन सतत होते रहना चाहिए। मूल्यांकन के माध्यम से हम छात्रों के ज्ञान में पाई जाने वाली त्रुटियों की जानकारी प्राप्त कर सकते हैं तथा इसको शिक्षण का एक महत्वपूर्ण भाग मानकर प्रभावी बनाया जा सकता है। मूल्यांकन के प्रमुख महत्व निम्नलिखित हैं–

(1) *सीखने के लिए आवश्यक (Needful for Learning)*–मूल्यांकन के माध्यम से हम यह ज्ञात कर सकते हैं कि छात्र किस प्रकरण में कहाँ तक सीख पाए हैं ? और उसे कहाँ तक सीखना है ? और कितना सीखना अभी शेष है ? मूल्यांकन उद्देश्य प्राप्ति का साधन है। यह छात्र की दुर्बलता को दूर करने के लिए प्रोत्साहन प्रदान करता है।

(2) *मूल्यांकन अध्ययन के लिए छात्रों को प्रेरणा देता है (Evaluation Encourages Students for Study)*–जब किसी छात्र को यह पता चलता है कि उसके द्वारा प्राप्त किए गए अंक अन्य छात्रों की तुलना में कम है, तो वह अत्यधिक परिश्रम करने के लिए प्रेरित होता है। और इसमें वह सफल भी होता है।

(3) *मूल्यांकन से शिक्षण प्रक्रिया में सुधार की अपेक्षा की जाती है (Evaluation creates expectations for Improvement in Teaching Process)*–जिस शिक्षण के द्वारा निर्धारित प्राप्य उद्देश्यों की प्राप्ति की जा सके उसे प्रभावी शिक्षण कहते हैं। यदि शिक्षण से प्राप्य उद्देश्यों को प्राप्त करने में असफलता दिखाई देती है, तो ऐसी शिक्षण विधियों में सुधार करने का प्रयास किया जाता है।

(4) *शिक्षण कार्य हेतु उपयोगी (Useful for Teaching)*–मूल्यांकन के माध्यम से शिक्षण के उद्देश्यों का निर्धारण होता है तथा शिक्षण के माध्यम से कहाँ तक सफलता अर्जित हो पायी है ? इसका ज्ञान शिक्षक को होता है और वह फिर अपनी शिक्षण विधि एवं सहायक सामग्री आदि में परिवर्तन करके शिक्षण को अत्यधिक उपयोगी बनाता है।

(5) *समूहों के वर्गीकरण हेतु सहायक (Helpful for Classification of the Groups)*–मूल्यांकन के माध्यम से शिक्षण के उद्देश्यों का निर्धारण करके सार्थक शिक्षण प्रदान किया जाता है तथा वैयक्तिक विभिन्न के आधार पर अलग-अलग समूहों में भी वर्गीकृत करके शिक्षण का आयोजन किया जाता है।

(6) *मूल्यांकन विषय-वस्तु और उचित अध्यापन विधि के चयन में सहायता करता है (Evaluation Helps in Selection of Subject matter and Appropriate Teaching Method)*–मूल्यांकन शिक्षक एवं पाठ्यक्रम निर्माताओं को यह बताता है कि इस विषय-वस्तु को छात्र आसानी से ग्रहण कर सकता है। इससे उपयुक्त शिक्षण विधि की जानकारी भी प्राप्त हो सकती है। यदि किसी एक स्कूल से एक कक्षा के दो वर्गों का उपलब्धि स्तर एक समान है तो गणित शिक्षण की किसी भी विधि को दोनों वर्गों में प्रयोग किया जा सकता है। लेकिन वर्ष के अन्त में दोनों वर्गों की तुलना करके निष्पत्ति निकाली जाती है और तब ही यह निश्चयपूर्वक कहा जा सकता है कि अभीष्ट विधि ही शिक्षण के लिए उपयुक्त है।

(7) *मूल्यांकन शैक्षिक एवं व्यवसायिक निर्देशन का एक साधन है (Evaluation is the means of Educational and Business Direction)*–छात्रों के द्वारा अर्जित की गई श्रेष्ठ उपलब्धि का मूल्यांकन के द्वारा ही निर्देशिका सम्भव है।

(8) *मूल्यांकन निदान का अपूर्व यन्त्र है (Evaluation is wonderful Instrument for Diagonosis)*–छात्र में व्याप्त विषयगत दुर्बलता का पता मूल्यांकन के द्वारा ही लगाया जा सकता है। इसके माध्यम से कमजोर स्थलों की भी जानकारी प्राप्त होती है, इस जानकारी के आधार पर ही उसे उपचारात्मक शिक्षण प्रदान किया जाता है। इस प्रकार से मूल्यांकन शिक्षण के स्तर को ऊँचा उठाता है।

(9) *विषयगत दुर्बलता की खोज (Exposition of Subject related weakness)*–मूल्यांकन के माध्यम से छात्रों की विषयगत कमजोरी का भी पता चलता है, इसके पश्चात् समुचित उपचार की व्यवस्था की जाती है।

(10) *मानदण्ड निर्धारण हेतु (Section of Measuring Process)*–यह उन आवश्यक मानदण्डों का निर्धारण करता है, जो कि शिक्षण के उद्देश्यों की प्राप्ति में सहायक है, जैसे पाठ्यक्रम व्यवस्था पाठ्य-पुस्तक शिक्षण विधि, सहायक सामग्री का चयन, विद्यालय व्यवस्था तथा कक्षा कक्ष वातावरण आदि को शिक्षक आवश्यकतानुसार प्रयोग करता है।

(11) *स्व-मूल्यांकन हेतु (For the self Evaluation)*–इसमें छात्र अपना स्त्रयं मूल्यांकन कर सकते हैं और अपने दैनिक जीवन की विभिन्न समस्याओं के हल खोजते हैं।

(12) *मानसिक स्थिति के अध्यश्यन हेतु (For the Study of Mental State)*–इसके अन्तर्गत छात्रों की मानसिक स्थिति, अभिरुचि एवं विभिन्न दृष्टि कोणों का पता चलता है। छात्र आगे की कक्षा में उत्तीर्ण होकर मूल्यांकन के माध्यम से ही जाते हैं। लिखित परीक्षा के अलावा मौखिक परीक्षा कक्षा में छात्रों द्वारा प्रदर्शित रुचिं, शिक्षक का छात्रों के बारे में मत आदि भी मूल्यांकन की उपयोगी एवं महत्वपूर्ण विधियाँ है।

(13) *निर्देशन हेतु आवश्यक (Essential for Direction)*–मूल्यांकन शिक्षण के लिए निर्देशन का भी कार्य करता है। यह छात्र के व्यक्तित्व सम्बन्धी सभी पक्षों पर अपना प्रभाव डालता है।

(14) *व्यक्तित्व का विकास (Development of Personality)*–मूल्यांकन छात्र के सम्पूर्ण व्यक्तित्व से सम्बन्धित है। परीक्षाओं के द्वारा प्राप्त तथ्यों पर मूल्यांकन व्यापक उद्देश्यों के सन्दर्भ में होता है।

मूल्यांकन कैसे करें (How to Evaluate)

मूल्यांकन करने के लिए मूल्यांकन युक्तियों का सहारा लिया जाता है। जिस मूल्यांकन विधि से छात्र से ज्ञान का मूल्यांकन श्रेष्ठ रूप में होता है। उसे ही श्रेष्ठ मूल्यांकन विधि कहते हैं। एक प्राप्य उद्देश्य दूसरे उद्देश्य से भिन्न होता है। छात्र के प्रत्येक व्यवहार परिवर्तन को मापने के लिए एक विशेष प्रकार की युक्ति का प्रयोग किया जाता है। किसी भी मूल्यांकन विधि का प्रयोग करते समय निम्नलिखित तथ्यों को ध्यान में रखना आवश्यक है–

मूल्यांकन युक्तियों के प्रकार (Types of Evaluation Tactics)

मूल्यांकन युक्तियाँ निम्नप्रकार की होती हैं–

(1) लिखित परीक्षायें (Written Examination)

(2) वस्तुनिष्ठ प्रश्न (Objective type Questions)

(3) रचनात्मक कार्य (Constructional Work)
(4) श्यामपट्ट कार्य (Black Board Work)
(5) निदान कार्य (Diagnostic Work)
(6) मौखिक परीक्षाएँ (Oral Examination)
(7) प्रयोगात्मक परीक्षायें (Practical Examination)
(8) छात्रों द्वारा तैयार की गई सामग्री (Material Constructed by Students)
(9) निरीक्षण (Observation)
(10) रिकॉर्ड्स (Records)
(11) प्रश्नावली (Questionnaire)
(12) साक्षात्कार (Interview)

(1) *लिखित परीक्षाएँ (Written Examination)*—लिखित परीक्षाओं की प्रक्रियाएँ वर्तमान में प्रत्येक विद्यालयों में सामान्य रूप से प्रचलित है.। विद्यालयों में इस विधि का प्रयोग छोटी कक्षाओं से लेकर बड़ी कक्षाओं तक में किया जाता है। इसके लिए शिक्षक द्वारा निर्मित एक प्रश्न-पत्र प्रत्येक छात्र को दिया जाता है, और एक निश्चित समयाविधि में इसमें दिए गए प्रश्नों के उत्तर छात्रों को उत्तर-पुस्तिका में देने होते हैं। इस प्रश्न पत्र में विभिन्न प्रकार के प्रश्न जैसे वस्तुनिष्ठ, अतिलघुउत्तरीय, लघुउत्तरीय एवं दीर्घ उत्तरीय प्रश्न होते हैं। कभी-कभी कुछ प्रश्नों में आन्तरिक विकल्प के प्रश्न दिए जाते हैं। साथ ही इस प्रश्न पत्र में रिक्त स्थानों की पूर्ति के प्रश्न एवं अधिकांश प्रश्न छोटे होते हैं, तथा ऐसे प्रश्नों के उत्तर सीमित शब्दों में देने होते हैं।

(2) *वस्तुनिष्ठ प्रश्न (Objective Type Questions)*—गणित में मूल्यांकन के लिए वस्तुनिष्ठ प्रश्नों का समावेश अधिकता में होता है। इस प्रकार के प्रश्नों में वस्तुनिष्ठता, वैधता एवं विभेदकता आदि विशेषताएँ होती हैं। इसके अन्तर्गत संक्षिप्त उत्तर वाले प्रश्न, मिलान पद के प्रश्न, रिक्त स्थानों की पूर्ति वाले प्रश्न एवं बहुविकल्पीय प्रश्नों का प्रयोग किया जाता है। ये प्रश्न छोटे होते हैं तथा इनके उत्तर भी निश्चित होते हैं।

(3) *रचनात्मक कार्य (Constructional Work)*—प्रश्न पत्र दिए गए रचनात्मक कार्य (ज्यामितीय कार्य) को जब छात्र द्वारा हल किया जाता है तो इस कार्य को देखकर यह पता किया जाता है कि छात्र द्वारा ज्यामितीय से सम्बन्धित विषय-वस्तु को कहाँ तक ग्रहण किया गया है।

(4) *श्यामपट्ट कार्य (Black Board work)*—श्यामपट्ट पर समस्त कार्य शिक्षक द्वारा न करके एक-एक छात्र को क्रमशः श्यामपट्ट पर बुलाकर कार्य करने के अवसर प्रदान करना चाहिए, जिससे कि यह पता किया जा सके कि छात्र दिए गए प्रश्न को बाहरी सहायता के अभाव में हलकर सकता है या नहीं।

(5) *निदान कार्य (Diagnostic Work)*—परीक्षा प्रश्न-पत्र के द्वारा मूल्यांकन के दौरान देखा जाता है कि छात्रों ने जो कमियाँ या गलतियाँ या अन्यकार्य अशुद्ध किया है, तो इसका निदान प्रश्न पत्र की सहायता से किया जा सकता है। इसकी रचना कुछ विशेष प्रकार की होती है।

(6) *मौखिक परीक्षाएँ (Oral Examination)*—छात्रों में पाई जाने वाली उन गलतियों को जिनका मापन हम लिखित परीक्षाओं के माध्यम से नहीं कर पाते हैं। ऐसे पक्षों का मूल्यांकन

मौखिक परीक्षाओं द्वारा किया जाता है। हम चाहते हैं कि गणित विषय के प्रति छात्रों में रूचि का विकास हो। उनकी मानसिक एवं मौखिक गणित करने की क्षमता में वृद्धि हो साथ ही छात्र गणित की उपयोगिता का अनुभव करते हों तथा पाठ्यक्रम से बाहर के अनेक तथ्यों को जानते हों। इन छात्रों का मौखिक परीक्षाओं के माध्यम से उचित मूल्यांकन किया जाता है। छात्रों के द्वारा लिखित परीक्षाओं में की जाने वाली त्रुटियों को मौखिक परीक्षा द्वारा दूर किया जा सकता है।

(7) *प्रयोगात्मक परीक्षाएँ (Practical Examination)*–गणित में ज्यामिति एवं त्रिकोणमिति आदि विषयों में अनेक इस प्रकार के उपविषय है, जिनमें प्रयोगात्मक कार्य द्वारा प्रत्ययों एवं संकल्पनाओं का स्पष्टीकरण कराया जा सकता है। क्षेत्रफल, ऊँचाई एवं दूरी आदि उपविषयों में प्रयोगात्मक कार्य अत्यधिक उपयोगी होता है। अतएव गणित में प्रयोगात्मक कार्य को उचित स्थान प्रदान किया जाना चाहिए।

(8) *छात्रों द्वारा तैयार की गई सामग्री (Students Constructed Material)*–छात्रों द्वारा गणित विषय पर आधारित विभिन्न प्रकार के चित्र, मॉडल्स आदि तैयार किए जाते हैं। इनको भी मूल्यांकन का आधार बनाया जा सकता है, और छात्रों द्वारा निर्मित वस्तुओं से सरलता से उनके व्यवहारिक ज्ञान को जाँचा एवं परखा जा सकता है।

(9) *निरीक्षण (Observation)*–कक्षान्तर्गत गणित शिक्षक के द्वारा प्रतिदिन छात्रों का निरीक्षण करना आवश्यक है। इसके द्वारा छात्रों की संवेगात्मक स्थिरता, मानसिक परिपक्वता तथा सोचने की विभिन्न विधियों का यथार्थ प्राप्त किया जा सकता है। छात्रों के मूल्यांकन में भी शिक्षण को पर्याप्त स्थान प्रदान किया जाना चाहिए। विषय शिक्षक कक्षा में शिक्षण कार्य कराते समय प्रत्येक छात्र की प्रगति का निरीक्षण करने में भी सक्षम होता है, और इसका मूल्यांकन वस्तुनिष्ठ होता है।

(10) *रिकॉर्ड्स (Records)*–छात्रों के घर एवं विद्यालयों की जानकारी तथा उनकी डायरी का अवलोकन करके मूल्यांकन होता है। छात्रों की किसी विशेष परिस्थिति में अभिवृत्ति की जानकारी प्राप्त होती है। इसके लिए शिक्षक को यह ध्यान रखना चाहिए कि इन सूचनाओं के साथ-साथ उसने छात्र के मूल्यांकन सम्बन्धी कितना ज्ञान प्राप्त किया है।

लिखित रूप में प्राप्त किया गया ज्ञान उतना स्थाई एवं लाभदायक नहीं होता है, जितना कि सामान्य रूप से प्राप्त ज्ञान लाभदायक होता है।

(11) *प्रश्नावली (Questionnaire)*–प्रश्नों के प्राप्य उत्तरों से छात्र द्वारा ज्ञात सूचनाओं का ज्ञान प्राप्त होता है। ये छात्र की रूचि एवं अभिवृत्ति के सूचक हैं।

(12) *साक्षात्कार (Interview)*–इसके द्वारा छात्रों के व्यक्तित्व के बारे में भी सम्पूर्ण ज्ञान प्राप्त होता है और छात्र की रूचि एवं अभिरूचि तथा अभिवृत्ति की भी जानकारी प्राप्त होती है।

मूल्यांकन प्रक्रिया के चरण (Steps of Evaluation Process)

मूल्यांकन प्रक्रिया को सुचारू रूप से क्रियान्वित करने के लिए निम्नलिखित चरण एक निश्चित प्रक्रिया के अन्तर्गत आते हैं–

(1) प्राप्य उद्देश्यों का चयन (Selection of Objectives)

(2) प्राप्य उद्देश्यों का स्पष्टीकरण (Clarsification of Objectives)
(3) परिस्थिति का ज्ञान (Knowledge of Situation)
(4) परीक्षण पत्रक की जाँच तथा चुनाव (Test and Selection of Test Paper)
(5) मूल्यांकन युक्तियों का निर्माण (Formation of Evaluation Devices)
(6) युक्ति का प्रयोग तथा विवरण (Use and Explanation of Devices)
(7) प्राप्य विवरण का विश्लेषण (Analysis of obtained Result)

(1) *प्राप्य उद्देश्यों का चयन (Selection of Objectives)*—छात्रों के अन्दर गणित से सम्बद्ध व्यक्तित्व का सम्पूर्ण विकास करने के लिए अनेक महान गणितज्ञों के द्वारा कई प्राप्य उद्देश्यों का निर्धारण किया गया है। इन सबका मूल्यांकन एक साथ सम्भव नहीं है इसलिए मूल्यांकन करने से पहले यह सुनिश्चित करना पड़ेगा, कि हम किस प्राप्य उद्देश्य का मूल्यांकन करना चाहते हैं। सर्वप्रथम उन्हीं प्राप्य उद्देश्यों का चयन करना पड़ेगा। शुरू में गणित के उद्देश्य एवं प्राप्य उद्देश्यों के अध्याय में अनेक प्राप्य उद्देश्यों का वर्णन किया गया है, जैसे ज्ञान, समझ, दक्षता, रूचि एवं अभिरूचि, प्रशंसा एवं दृष्टिकोण। इनसे जब निश्चित हो जायेगा कि हम अमुक प्राप्य उद्देश्यों का मूल्यांकन करना चाहते हैं तभी आगे की प्रक्रिया सम्पन्न होगी।

(2) *प्राप्य उद्देश्यों का स्पष्टीकरण (Clarsification of objectives)*—यहाँ पर स्पष्टीकरण से अभिप्राय चयन किए गए उद्देश्यों की प्राप्ति से व्यवहार में होने वाले परिवर्तनों को विधिवत स्पष्ट करना है। व्यवहार में होने वाले परिवर्तनों को सामान्य रूप से तीन भागों में विभाजित करते हैं–

(*i*) ज्ञानात्मक पक्ष,
(*ii*) भावात्मक पक्ष,
(*iii*) क्रियात्मक पक्ष।

ब्लूम के द्वारा विस्तार से इसके अनेक पक्ष दिए गए हैं परन्तु विश्लेषण एवं गणितज्ञों के अनुसार गणित में निम्नलिखित सात पक्ष हैं–

(1) ज्ञान, (2) समझ, (3) प्रयोग, (4) दक्षता, (5) रूचि, (6) अभिरूचि एवं प्रशंसा (7) व्यक्तित्व।

निम्नलिखित वर्णित चार्ट से इसको स्पष्ट किया जा सकता है–

उद्देश्य **Objectives**	विषय वस्तु **Content**
1. ज्ञान Knowledge	ब्याज, लाभ-हानि आदि विषय वस्तु के बारे में मूलधन, दर, समय, मिश्रधन का ज्ञात होना, पद, प्रत्यय, सूत्र चिन्ह, परिभाषाएँ आदि का ज्ञान होना।
2. समझ Understanding	सामान्य एवं असामान्य परिस्थितियों में ब्याज की गणना करने की क्षमता का विकास, पर्याप्त एवं अपर्याप्त आँकड़ों का पता लगाना।
3. प्रयोग Application	एक परिस्थिति में सीखे हुए नियमों, सूत्रों का विभिन परिस्थितियों में प्रयोग करना। शर्त तथा अन्य प्रारम्भिक बातों का ज्ञान होना।

उद्देश्य **Objectives**	विषय वस्तु **Content**
4. दक्षता Skillls	ग्राफों की व्याख्या, रैडी रैकनर का पढ़ना एवं उपयोग करना, सुन्दर रेखाचित्र बनाना आदिं।
5. रूचि Interest	पाठ्यक्रम के अतिरिक्त समस्याओं का हल, पुस्तकों का खरीदना, उदाहरण देना, कठिन समस्याओं का निर्माण तथा हल प्राप्त करना।
6. अभिरूचि एवं प्रशंसा Aptitude and Apreciation	गणित में योग्य छात्रों की प्रशंसा करना, गणित शिक्षक से मित्रता एवं प्रशंसा करना, बात-बात में गणित के उदाहरण प्रस्तुत करना आदि।
7. व्यक्तित्व Personality	मौखिकता, शुद्धता, शीघ्रता, समय, चालन, गणित के छात्र को प्रत्येक साथी पर प्रभाव डालने की कोशिश, गणितमय जीवन का होना।

(3) *परिस्थिति का ज्ञान (Knowledge of Situation)*—गणित के प्राप्य उद्देश्यों की व्याख्या करने के पश्चात् यह जानकारी लेना आवश्यक है कि छात्रों में ज्ञान, समझ, कौशल, प्रयोग एवं रूचि आदि को अभिव्यक्त करने की क्षमता प्राप्त कर ली गई है अथवा नहीं। यदि हाँ तो किस सीमा तक जिससे कि उस सीमा तक के समस्त व्यवहारिक परिवर्तनों का मूल्यांकन किया जा सके। क्योंकि व्यवहारिक परिवर्तन गणित विषय में छात्रों के शिक्षण स्तर को भी ध्यान में रखकर ही करना पड़ता है कि छात्र किस स्तर तक गणित का अध्ययन कर रहे हैं? जिस प्रकार से छोटी कक्षाओं में ब्याज पढ़ाया जाता है, तथा इसकी विषय-वस्तु के कठिन प्रश्न उच्च कक्षाओं जैसे कि माध्यमिक स्तर पर पढ़ाए जाते हैं।

(4) *परीक्षण पत्रक की जाँच तथा चुनाव (Test and Selection of Test Paper)*—इस प्रकार के परीक्षण में पत्रकों एवं अन्य युक्तियों का चयन किया जाता है कि चुने हुए व्यवहार का ज्ञान प्रत्यक्ष अथवा अप्रत्यक्ष रूप में दें। अतएव ज्ञान की नवीन विधियाँ प्रयोग में लेनी पड़ती है।

(5) *मूल्यांकन युक्तियों का निर्माण (Formation Evaluation Devices)*—इस प्रक्रिया के अन्तर्गत व्यवहारिक परिवर्तनों के ज्ञान के लिए पूर्व निर्मित परीक्षण प्राप्त न हो सके, अथवा वे अपने आप में पूर्ण न हों तो शिक्षक को स्वयं उन प्रविधियों एवं विधियों का ज्ञान करना चाहिए, जिससे कि इन परिवर्तनों की ठीक प्रकार से जाँच की जा सके। इसके निर्माण में शिक्षकों को निम्नलिखित बातों को आवश्यक रूप से ध्यान में रखना चाहिए—

(1) किस परिवर्तन के मूल्यांकन के लिए कौन-कौन सी प्रविधि उपयुक्त हो सकती है।

(2) सोची हुई प्रविधि व्यवहारिक परिवर्तन के विषय में पर्याप्त प्रमाण एकत्रित कर सकती है।

(3) इस प्रविधि को अलग-अलग व्यक्तियों के द्वारा प्रयोग किए जाने पर एक जैसे परिणाम प्राप्त होंगे।

(4) क्या इस प्रविधि का उपयोग सरलता से किया जा सकता है।

(6) *युक्ति का प्रयोग तथा विवरण (Use and Explanation of Devices)*—किसी भी युक्ति के प्रयोग करने में छात्र के व्यवहार का विवरण रखा जाता है। निरीक्षण करने में शिक्षक

को छात्र की अलग-अलग स्थितियों को ध्यान में रखकर उसके व्यवहार का विवरण तैयार करना चाहिए।

(7) *प्राप्य विवरण का विश्लेषण (Analysis of Obtained Result)*—प्राप्त किए गए विवरण का विश्लेषण किया जाता है। इस विश्लेषण के आधार पर छात्र के व्यवहार परिवर्तन का ज्ञान होता है। इसका ज्ञान प्राप्य उद्देश्य को सामने रख कर ही सम्भव है।

परीक्षा प्रणाली (Examination System)—परीक्षाएँ वस्तुनिष्ठ एवं निबन्धात्मक प्रश्नों के आधार पर ली जाती है। निबन्धात्मक द्वारा परीक्षा आज भी ली जा रही है। लेकिन ये विश्वसनीय एवं वैध नहीं है। इसलिए वर्तमान परीक्षाओं में वस्तुनिष्ठ प्रश्नों के साथ-साथ निबन्धात्मक प्रश्नों को लेकर परीक्षा का प्रचलन है। यह समन्वित रूप ही उपयोगी एवं सार्थक है।

निबन्धात्मक प्रश्नों द्वारा मूल्यांकन (Evaluation by Essay Type Questions)—निबन्धात्मक परीक्षा के प्रश्न सरल एवं स्पष्ट होते हैं। छात्र अपनी प्रतिभा को अभिव्यक्ति करने के लिए सामान्य रूप से उपयुक्त होते हैं। इस प्रणाली की प्रमुख विशेषताएँ निम्नलिखित हैं—

(1) निबन्धात्मक प्रश्नों की रचना आसानी से हो जाती है।
(2) भाषा, ज्ञान, सुन्दर लेखन के लिए यह परीक्षा प्रणाली उपयोगी है।
(3) अपने विचारों एवं प्रतिभा को व्यक्त करने के लिए यह एक श्रेष्ठ प्रणाली है।
(4) इससे छात्र अपने विचारों को व्यक्त करने के लिए पूर्ण-रूप से स्वतन्त्र रहता है।

निबन्धात्मक परीक्षा प्रणाली के दोष (Demerits of Essay Type Examination System) : निबन्धात्मक परीक्षा प्रणाली के दोष निम्नलिखित हैं—

(1) उत्तर के साथ अप्रसांगिक तथ्यों का सम्बद्ध हो जाना।
(2) विषय को समझने के बजाय रटने की प्रवृत्ति को बल प्राप्त होता है।
(3) इस प्रकार की परीक्षाओं में छात्र अनुमान लगाते हैं और केवल गैस पेपर पर ही आश्रित रहते हैं।
(4) यह परीक्षा अविश्वसनीय तथा यथार्थ रहित है क्योंकि ये व्यक्तिनिष्ठ होती है। एक परीक्षक एक ही प्रश्न के अंक कुछ देता है, तथा दूसरा शिक्षक के द्वारा कुछ अलग अंक दिए जाते हैं। इससे छात्र का सही मूल्यांकन नहीं हो पाता है।
(5) इस प्रकार की परीक्षा से परीक्षार्थी के व्यक्तित्व का पूर्ण रूप से विकास नहीं हो पाता है।
(6) इस प्रकार की परीक्षा में परीक्षार्थी पर एक साथ ही समस्त पाठ्यक्रम का बोझ रहता है। और छात्र को तैयारी करने के लिए अत्यधिक परिश्रम करना पड़ता है। इससे उसके स्वास्थ्य में गिरावट आती है, और उसकी दिनचर्या अव्यवस्थित हो जाती है।

निबन्धात्मक परीक्षा-प्रणाली में सुधार के लिए सुझाव (Suggestions for Improvement in Essay Type Examination) : निबन्धात्मक परीक्षा प्रणाली में सुधार लाने के लिए निम्नलिखित सुझावों को प्रयोग में लाया जा सकता है—

(1) प्रश्नों के निर्माण में मौलिकता एवं रचनात्मक प्रवृत्ति की अभिव्यक्ति पर विशेष ध्यान दिया जाना चाहिए।

(2) प्रश्न-पत्र सम्पूर्ण पाठ्यक्रम का प्रतिनिधित्व करने वाला होना चाहिए।
(3) प्रश्न-पत्र निर्माण में ध्यान रहे कि प्रश्नों का क्रम कठिनता के क्रम में नहीं होना चाहिए अर्थात् प्रश्न-पत्र सरल से कठिन की ओर होना चाहिए।
(4) प्रश्न-पत्र में ऐसे प्रश्न रखने चाहिए, जो उद्देश्य को प्राप्त करने में सहायक हों।
(5) प्रश्न-पत्र में छूट कम से कम होनी चाहिए।
(6) प्रश्नों के उत्तर की सीमा 2–3 पृष्ठ निर्धारित करना चाहिए।
(7) प्रश्न-पत्र निर्माण के दौरान यह ध्यान रखना चाहिए कि उससे किन-किन उद्देश्यों की प्राप्ति हो रही है ? साथ ही उद्देश्यों का भी मूल्यांकन किया जाना चाहिए।
(8) प्रत्येक निबन्धात्मक प्रश्न को दो भागों में विभक्त कर देना चाहिए, जिससे उत्तर की सीमा निर्धारण करने में छात्र एवं परीक्षक दोनों ही को सरलता हो।

अच्छी परीक्षाओं के लक्षण (Criteria of Good Test)

मूल्यांकन की दृष्टि से एक अच्छी परीक्षा प्रणाली में निम्नलिखित गुण पाए जाने चाहिए–

(1) विश्वसनीयता (Reliability)
(2) वैधता (Validity)
(3) वस्तुनिष्ठता (Objectivity)
(4) विभेदीकरण (Discrimination)
(5) कठिनाई स्तर (Difficulty Index)
(6) व्यापकता (Comprehensiveness)
(7) सहजता (Usability)

(1) *विश्वसनीयता (Reliability)*– "It refers to the consistency of the measurement." अर्थात् यदि किसी परीक्षा के परिणाम समान परिस्थितियों में एक समान बने रहते हैं तो उस परीक्षा को विश्वसनीय माना जाता है। इस प्रकार किसी परीक्षा की विश्वसनीयता परीक्षा में न्यादर्श की मात्रा तथा अंकों की वस्तुनिष्ठता पर निर्भर करती है।

Reliability = Sample Size + Objectivity in Scoring

इस प्रकार से कोई प्रश्न तभी विश्वसनीय कहा जायेगा जब उसके उत्तर विद्यार्थी की सही उपलब्धि अथवा स्तर का ज्ञान कराए अर्थात् परिणामी अंक त्रुटियों की सम्भावना से मुक्त हों। त्रुटियों की सम्भावना अक्सर निर्देशों की अस्पष्टता के कारण होती है। यह दो स्तरों पर हो सकती है–

प्रथम–जब छात्र प्रश्न का उत्तर दे रहा है।

द्वितीय–जब परीक्षक उत्तर का मूल्यांकन कर रहा है।

रिजलैण्ड ने विश्वसनीयता को निम्न प्रकार से पारिभाषित किया है–

''विश्वसनीयता उस विश्वास को प्रकट करती है जो एक परीक्षा में स्थापित की जा सकती है।'' (Reliability refers to the faith that may be Plauced into a Test)

इसी प्रकार से शेक्सपीयर ने भी कहा है– "Cosistency, thou art the Jawel," ''प्रकृति में जहाँ कही भी एकरूपता है, वहाँ पर विश्वसनीयता निश्चित रूप से समाहित हो जाती है।''

(2) *वैधता (Validity)*– "Validity means Truthfullness of the Test or Purposiveness of a Test."

इसका मतलब यह है कि यदि कोई परीक्षण वही मापन करता है, जिसके मापन के लिए निर्माण हुआ है तो वह परीक्षण वैध कहलाता है। इस प्रकार वैधता गुणक यह सूचित करता है कि किसी परीक्षण में वस्तुत: उसी विशेषता के आधार पर मापन किया जाता है तथा उसी सीमा तक किया जाता है, जिसका मापन करने के लिए दावा करते हैं। उदाहरणार्थ–गणित की परीक्षा को वैध तभी कहा जायेगा जबकि उसके द्वारा हम गणित की योग्यता का ही मापन करें इसके अलावा भाषा की योग्यता, स्वच्छता अथवा सामान्य वृद्धि का नहीं।

Gulikson ने निश्चित शब्दों में वैधता को इस प्रकार से व्यक्त किया है ''वैधता वह सीमा अथवा विस्तार है, जिस तक परीक्षा उसे मापती है, जिसे वह मापना चाहती है।''

(Validity is the extent to which a Test measures what is proposed to measure.)

वैधता को पारिभाषित करते हुए रिजलैण्ड ने कहा कि, ''वैधता एक मापन–साधन का मापने वाला गुण होती है, जिसे वह मापना चाहती है।''

(Validity often defined as the Property of measuring instrument to measure what is purports to measure.)

इसी प्रकार से वैधता को पारिभाषित करते हुए ग्रीन महोदय ने कहा है–''वैधता उस मात्रा की एक अभिव्यक्ति का नाम है जहाँ तक एक परीक्षा उन गुणों, योग्यताओं, कौशलों एवं सूचनाओं को मापती है, जिन्हें मापने के लिए वह वांछित होती है।''

(Validity may be defined more specially as an expression of the degree to which a Test measure the Qualities, abilities, skill and informations for which it is designed and Supposed to measure.)

(3) *वस्तुनिष्ठता (Objectivity)*–जिस परीक्षा पर परीक्षक का व्यक्तिगत प्रभाव नहीं पड़ता है, वह परीक्षा वस्तुनिष्ठ कहलाती है। किसी भी परीक्षण के लिए वस्तुनिष्ठ होना अत्यधिक जरूरी है, क्योंकि इसका विश्वसनीयता एवं वैधता पर अत्यधिक प्रभाव पड़ता है। एक बार स्कोरिंग कुंजी के निर्माण हो जाने पर यह प्रश्न ही नहीं होना चाहिए कि अमुक प्रश्न अस्पष्ट तो नहीं है या फिर उस प्रश्न के उत्तर के बारे में सही तरह से निर्णय नहीं लिया जा सकता है। अब मूल्यांकन कोई भी करे छात्र को हमेशा अंक उतने ही प्राप्त होने चाहिए, इसी को वस्तुनिष्ठता कहते हैं। निबंधात्मक प्रश्नों में यह बात नहीं होती है। इसमें उत्तर पुस्तिकाओं का मूल्यांकन करते समय परीक्षक का व्यक्तिगत निर्णय अत्यधिक महत्व रखता है। यही मुख्य कारण है कि इन परीक्षाओं के स्थान पर हम नवीन परीक्षा प्रणाली को अत्यधिक प्रयोग में लाते हैं।

(4) *विभेदीकरण (Discrimination)*–यहँ पर विभेदीकरण से आशय परीक्षण के उस गुण से है जिसके द्वारा पढ़ने में तेज, सामान्य एवं पिछड़े छात्रों के बीच अत्यधिक सीमा तक अन्तर किया जा सके। इसके द्वारा यह जाना जा सकता है कि पूरे परीक्षण पर प्राप्तांकों के आधार पर अधिकतम एवं न्यूनतम अंक पाने वाले छात्रों को पृथक करने में प्रत्येक प्रश्न का क्या योगदान रहा है। परीक्षण के आयतनों की विभेदीकरण क्षमता ज्ञात करने के लिए प्रत्येक प्रश्न का विश्लेषण किया जाता है। इसे पद विश्लेषण प्रक्रिया कहते हैं। इसमें प्रत्येक प्रश्न के कठिनाई स्तर का पता चलता है।

(5) *कठिनाई स्तर (Difficulty Index)*–कठिनाई स्तर से सम्बद्ध प्रश्नों का महत्वपूर्ण लक्षण है। सम्पूर्ण प्रश्न-पत्र में दिए गए अंकों के वितरण को इसी के आधार पर निर्धारित किया जा सकता है। ऐसे प्रश्नों में जिनका अंकन 'शुद्ध अथवा अशुद्ध' रूप में किया जा सकता है, कठिनाई स्तर की परिभाषा सही प्रश्न हल करने वाले विद्यार्थियों की प्रतिशतता है। निबन्धात्मक तथा लघुउत्तरीय प्रश्नों में, जो आंशिक रूप से शुद्ध हो सकते हैं, कठिनाई स्तर का सूत्र निम्नलिखित है–

$$D = \frac{X}{A} \times 100$$

यहाँ पर X = प्रश्न में उस वर्ग द्वारा प्राप्त अंकों का मध्यमान तथा A = निर्धारित गुणक।

वास्तव में कठिनाई स्तर सुगमता सूचक होता है क्योंकि जैसे-जैसे प्रश्न सरल से सरल होता जाता है, कठिनाई स्तर बढ़ता जाता है। स्पष्टरूप से यह सूचक एक सामूहिक गुणक है जो शून्य से 100 तक जाता है।

(6) *व्यापकता (Comprehensiveness)*–व्यापकता के अन्तर्गत परीक्षण का वह प्रारूप आ जाता है, जिसके द्वारा परीक्षण उस योग्यता के विभिन्न पक्षों का मापन करने में सक्षम हो जाता है। जिसके मापन के लिए उसको बनाया गया है। परीक्षण की व्यापकता के बारे में निर्णय करना स्वयं एक निर्माता की सूझ-बूझ एवं उसकी क्षमता पर निर्भर करता है। **माइकेल्स** ने व्यापकता की तुलना केक की बातों से की है। इस तरह से हम पाठ्यक्रम में सम्मिलित सभी तथ्यों को न लेकर उनमें से कुछ का न्यादर्श प्राप्त कर सकते हैं। इस प्रकार से संक्षेप में व्यापकता का अर्थ दो प्रकार से लिया जाता है–

(*i*) पाठ्यवस्तु का समावेश (Coverage of Subject-matter or Content)

(*ii*) उद्देश्यों का समावेश (Coverage of Objectives)

(7) *सहजता (Usability)*–वह परीक्षण जिसके निर्माण करने, छात्रों द्वारा उसका उत्तर देना एवं अंकदान करने, तीनों पक्षों की दृष्टि से सरल हो, एक अच्छा परीक्षण कहलाता है। अर्थात् वह परीक्षण जिसके निर्माण में कठिनाई न हो, उसके उत्तर देने में छात्रों को भी आसानी हो तथा अंकन की प्रक्रिया में भी किसी प्रकार की जटिलता न आए, सहजता के गुणों वाला परीक्षण कहलाता है।

इस संदर्भ में सी०सी० रॉस के अनुसार–"सहजता से हमारा अभिप्राय वह मात्रा है जिस तक परीक्षा अथवा अन्य साधन को शिक्षकों तथा पाठशाला प्रबन्धकों द्वारा बिना समय एवं शक्ति के आवश्यक व्यय के सफलतापूर्वक किया जा सकता है। एक शब्द में सहजता का अर्थ व्यवहारिकता है।" (By Usability we mean the degree to which the Test or other instrument can be successfully employed by teacher and school administrators without any undue expenditure of time and energy. In a word usability means Practicability.)

वस्तुनिष्ठ परीक्षा प्रणाली (Objective Type Examination System)

इस परीक्षा प्रणाली की सबसे मुख्य विशेषता यह है कि इसमें छात्र द्वारा अर्जित किए गए ज्ञान का वास्तविक मूल्यांकन होता है।

वस्तुनिष्ठ परीक्षा के प्रकार (Types of Objective Type Examination)–वस्तुनिष्ठ परीक्षाएँ मुख्यत: दो प्रकार की होती हैं–

(*i*) प्रभावीकृत वस्तुनिष्ठ परीक्षा

(*ii*) अध्यापक द्वारा निर्मित वस्तुनिष्ठ परीक्षा

छात्रों की परीक्षा के लिए हम केवल शिक्षक द्वारा निर्मित वस्तुनिष्ठ परीक्षण पत्रकों को ही प्रयोग में लेते हैं।

वस्तुनिष्ठ परीक्षा प्रणाली के गुण (Merits of Objective Type Examination System)–वस्तुनिष्ठ परीक्षा प्रणाली के कुछ प्रमुख गुण निम्नलिखित हैं–

(1) इस प्रणाली के अन्तर्गत प्रश्न छोटे एवं स्पष्ट होते हैं।
(2) इन प्रश्नों के मूल्यांकन में आसानी होती है।
(3) इन प्रश्नों के द्वारा सम्पूर्ण पाठ्यक्रम का मूल्यांकन किया जा सकता है।
(4) इस तरह के प्रश्नों के उत्तर देने में छात्रों को आसानी होती है।
(5) इन प्रश्नों के उत्तर अत्यन्त सूक्ष्म होते हैं। इसलिए इनकी विशेष कुंजी या गाइड बनाने में भी आसानी होती है।
(6) इन प्रश्नों का मूल्यांकन पूर्णरूपेण वस्तुनिष्ठ होता है। अत: ये छात्र के लिए सन्तोषजनक होती है।
(7) वस्तुनिष्ठ प्रश्नों के आधार पर ही मन्द बुद्धि छात्रों एवं तीव्र बुद्धि छात्रों में अन्तर स्पष्ट किया जा सकता है। अत: इसमें विभेदीकरण का गुण होता है।
(8) इन प्रश्नों के मूल्यांकन करते समय इनकी भाषा शैली एवं हस्तलेख का मूल्यांकन पर कोई प्रभाव नहीं पड़ता है।
(9) इस प्रकार की परीक्षा में विश्वसनीयता एवं वैधता बनी रहती है।

वस्तुनिष्ठ परीक्षा में प्रश्नों के प्रकार (Types of Questions in Objective Type Examination): वस्तुनिष्ठ परीक्षा में प्रश्नों के निम्नलिखित दो रूप होते हैं–

(1) *पुन: स्मरणात्मक प्रश्न (Recall Type Questions)*–इस प्रकार के प्रश्नों का उत्तर छात्रों की स्मरण शक्ति से सम्बन्धित होता है। इसके दो रूप होते हैं–

(*i*) सरल पुन: स्मरणात्मक प्रश्न (Simple Recall type Questions)

(*ii*) रिक्त स्थान पूरक प्रश्न (Fill in the Blanks type Questions)

(2) *पुन: पहचान प्रश्न–(Recognition type Questions)*–इसके पाँच रूप होते हैं-

(*i*) एकान्तर प्रत्युत्तर प्रश्न (Alternative Response type Question)
(*ii*) बहुनिर्वाचन प्रश्न (Multiple type of Question)
(*iii*) वर्गीकरण प्रश्न (Classification Question)
(*iv*) समरूप प्रश्न (Matching type Question)
(*v*) अनुपात पूरक प्रश्न (Analogical type Question)

वस्तुनिष्ठ प्रश्न-पत्रों के दोष (Demerits of Objectives Type Question Paper)–वस्तुनिष्ठ प्रश्न-पत्रों में अधिकांशत: विशेषताएँ एवं गुण हैं परन्तु इसमें कुछ दोष भी हैं, जो निम्नलिखित हैं–

(1) वस्तुनिष्ठ परीक्षा प्रणाली के अन्तर्गत छात्र अपने भावों का प्रकाशन नहीं कर पाते हैं।
(2) इस विधि से मूल्यांकन करने से समय और धन का अपव्यय होता है।
(3) इस प्रणाली से अनुमान को प्रोत्साहन मिलता है। इसमें अधिकांश छात्र अनुमान से ही प्रश्नों के उत्तर देते हैं।
(4) वस्तुनिष्ठ परीक्षा प्रणाली के द्वारा केवल तथ्यात्मक ज्ञान की जाँच की जाती है।
(5) इस विधि से मूल्यांकन के सभी पक्ष जैसे तर्क, चिन्तन की सृजनात्मकता एवं मौलिक विचारों का मूल्यांकन नहीं किया जा सकता है।
(6) इस परीक्षा प्रणाली के माध्यम से भाषा के ज्ञान का मूल्यांकन नहीं किया जा सकता है।
(7) इस प्रणाली से मानसिक योग्यताओं तथा शैक्षिक उपलब्धियों की जटिल प्रक्रियाओं की जाँच नहीं की जा सकती है।
(8) किसी भी समस्या का समाधान कैसे होगा? उस समाधान में क्या उपाय करने पड़ेगे? इसके लिए छात्रों के सुझाव आमन्त्रित नहीं किए जा सकते हैं।
(9) इस प्रकार की परीक्षा प्रणाली से शिक्षक पर मार अधिक पड़ती है। प्रश्नों के निर्माण में कठिनाई आती है।
(10) वर्तमान परीक्षा प्रणाली में वस्तुनिष्ठ प्रश्नों को निश्चित करना अत्यन्त कठिन है।

वस्तुनिष्ठ परीक्षा के प्रश्नों के रूप (Forms of Objective Type Examination Questions)

यह परीक्षा निम्न प्रकार के प्रश्नों में होती हैं–

(1) *प्रत्यास्मरण प्रश्न (Recall Type Question)*

संख्या 625 का वर्गमूल है– उत्तर–25

संख्या 225 का वर्गमूल है– उत्तर–15

(2) *रिक्त स्थानों की पूर्ति प्रश्न (Fill in the Blanks Type Question)*

(1) $\sqrt{3}$ एक...संख्या है। उत्तर–अपरिमेय

(2) त्रिभुजों के तीनों अन्त:कोणों का योग...। उत्तर–दो समकोण

(3) *सत्य/असत्य प्रश्न (True-False Question)*

संख्या 4, $\sqrt{2}$, –9, 13, 12, $\frac{1}{4}$ में सत्य/असत्य छांटिए। सत्य पर (✓) तथा असत्य पर (×) का चिन्ह लगाइए।

(1) 4 पूर्णवर्ग नहीं है। (2) $\sqrt{2}$ परिमेय संख्या है।

(3) –9 अपरिमेय संख्या है। (4) 13 एक प्राकृतिक संख्या है।

(5) 12 एक सम संख्या है। (6) $\frac{1}{4}$ परिमेय संख्या है।

(4) *बहुविकल्पीय प्रश्न (Multiple Choice Question)*

संख्या –3, $\sqrt{2}$, $\sqrt{4}$, 5 में कौन सी परिमेय संख्या है–

(अ) $\sqrt{4}$ (ब) 3 (स) $\sqrt{2}$ (द) 5 **उत्तर**–(स) $\sqrt{2}$

(5) *वर्गीकरण प्रश्न (Classification Type Question)*–संख्या $\left[\sqrt{3}, 4, 5, 8, \frac{2}{3}\right]$ में सम संख्याएँ छाटो। **उत्तर**–225

(6) *अभिज्ञान प्रश्न (Knowledge Type Question)*–यदि 3 का वर्ग 9, 5 का वर्ग 25 हो तो 15 का वर्ग क्या होगा? **उत्तर**–225

(7) *तुलनात्मक प्रश्न (Comprative Type Question)*

यदि $\frac{2}{4}$ का $\frac{6}{12}, \frac{8}{16}, \frac{9}{18}, \frac{10}{20}, \frac{11}{22}, \frac{12}{24}$ है तो $\frac{1}{3}$ को किस रूप में लिखेगें?

उत्तर – $\frac{2}{6}, \frac{4}{12}, \frac{4}{15}, \frac{6}{18}, \frac{7}{21}$

निबन्धात्मक एवं वस्तुनिष्ठ परीक्षणों में तुलना (Comparision between Essay Type and Objective Type Question)

निबन्धात्मक प्रश्न पत्र	वस्तुनिष्ठ प्रश्न-पत्र
1. इस प्रकार की परीक्षाओं में कल्पना शक्ति, निर्णय शक्ति, स्मरण शक्ति या कार्यक्षमता आदि की जाँच की जाती है।	1. वस्तुनिष्ठ परीक्षण अनेक प्रकार से उपयोगी सिद्ध होते हैं जिसके लिए उनका निर्माण किया जाता है।
2. ऐसी परीक्षाओं को सरलता से तैयार किया जाता है।	2. वस्तुनिष्ठ प्रश्नों का उत्तर देना अत्यन्त सरल है।
3. इस प्रकार की परीक्षाओं से छात्र की कमजोरियों की जानकारी प्राप्त होती है।	3. इस प्रणाली में छात्रों द्वारा अर्जित ज्ञान की वास्तविक जाँच होती है।
4. ऐसी परीक्षाओं को तैयार करने में समय और धन कम लगता है।	4. इन प्रश्न पत्रों को बनाने में समय और धन अधिक लगता है।
5. इन परीक्षाओं से यह जानकारी प्राप्त होती है कि छात्र अपने उत्तर को किस तरह से संगठित कर सकते हैं।	5. यह परीक्षा रटने की प्रवृत्ति का अंत करती है। इस प्रणाली में विषय-वस्तु को रटने से कोई लाभ नहीं होता है।
6. इस प्रकार के परीक्षण आत्मगत होते हैं।	6. इस प्रकार के परीक्षण वस्तुगत होते हैं।
7. इसमें पूरे पाठ्यक्रम से मूल्यांकन करने में समस्या आती है।	7. इस परीक्षण द्वारा छात्रों में सम्पूर्ण पाठ्यक्रम के अर्जित ज्ञान का मापन सम्बन्ध है।
8. इन परीक्षणों में विश्वसनीयता का पूर्णअभाव होता है।	8. इन परीक्षणों में विश्वसनीयता होती है।
9. इस प्रणाली में अधिक परिश्रम करने के बाद भी सन्तोष का आभास नहीं हो पाता है।	9. इस प्रणाली के द्वारा परीक्षा लेने छात्रों को सन्तोष रहता है। छात्रों को अधिक परिश्रम करने की प्रेरणा प्राप्त होती है।
10. इस परीक्षण को जाँचने में कठिनाई होती है एवं समय अधिक लगता है।	10. इस परीक्षण में जाँचना सरल एवं समय कम लगता है।

वर्तमान परीक्षा पद्धति के दोष (Demerits of Present Examination System)

वर्तमान में प्रचलित परीक्षाएँ मात्र सर्टीफिकेट या डिप्लोमा प्राप्त करने के लिए होती है। इनका प्रयोग मात्र नौकरी प्राप्त करना है। इसलिए आधुनिक शिक्षा-प्रणाली दोषों से परिपूर्ण है। इसके अन्तर्गत व्याप्त दोषों को निम्नलिखित तीन वर्गों में विभाजित किया जा सकता है-

(1) *छात्रों की दृष्टि से दोष (Demerits in the View of Students)*-वर्तमान परीक्षा प्रणाली अत्यन्त दोषपूर्ण है, इन दोषों का सीधा प्रभाव वर्तमान के छात्रों पर पड़ता है। इसका सबसे मुख्य कारण है कि आधुनिक शिक्षा का अर्थ मात्र छात्र को सर्टीफिकेट या डिप्लोमा प्राप्त करना है। इसमें छात्र का सम्पूर्ण ध्यान परीक्षा पर ही केन्द्रित बना रहता है। वे हर तरह से परीक्षा में सफल होने का प्रयास करते हैं। इसके लिए वह अपने विषय शिक्षक से कुछ महत्वपूर्ण प्रश्नों को पूछकर उनको याद कर लेते हैं, और इस प्रक्रिया पत्र नें वे कभी-कभी धोखा भी उठा जाते हैं ऐसे प्रश्नों का प्रश्न पत्र में न आने पर वे फेल भी हो जाते हैं। वर्तमान परीक्षा के प्रश्न पत्र भी पाठ्यक्रम के सीमित ज्ञान पर आधारित होते हैं।

परीक्षा के दौरान छात्र रात-दिन जागकर, भूखे रहकर, खेलकूद छोड़कर परीक्षा की तैयारी में लगे रहते हैं, जिससे कभी-कभी वह बीमार भी पड़ जाते हैं, जिससे उनका शारीरिक स्वास्थ्य भी प्रभावित होता है। इसके अलावा छात्र परीक्षा में नकल भी करते हैं और छात्र परीक्षा कक्ष में छात्रों से भी झगड़ा करते हैं, तथा कभी-कभी परीक्षा केन्द्र से अपनी उत्तर-पुस्तिका भी लेकर भाग खड़े होते हैं। कभी-कभी छात्र उत्तर-पुस्तिकाएँ डिस्पैच करने वाले बाबू से ये भी पता कर लेते हैं कि उत्तर-पुस्तिकाएँ कहाँ जा रही हैं, और वह वहाँ जाकर अपने परिचित, रिश्तेदार आदि की सहायता द्वारा अपना सेल नम्बर परीक्षक तक पहुँचवा कर अंक प्राप्त करने में सफल हो जाते हैं। इस प्रकार से अनेक गलत व्यवहार इन छात्रों में परीक्षाओं द्वारा ही उत्पन्न होते हैं।

(2) *शिक्षकों की दृष्टि से दोष (Demerits in the Sense of Teachers)*-वर्तमान परीक्षा प्रणाली को दूषित करने में शिक्षक भी महत्वपूर्ण भूमिका का निर्वहन करते हैं। इसमें प्रत्येक शिक्षक अपना स्वयं का परीक्षाफल अच्छा बनाए रखने के लिए छात्रों को अति महत्वपूर्ण प्रश्नों को तैयार करने पर अधिक बल देते हैं। इस प्रकार के शिक्षक पाठ्य विषय-वस्तु को समझना उचित नहीं समझते हैं। छात्र शिक्षक अपना परीक्षा फल बेहतर बनने के लिए नकल तक का सहारा लेते हैं। किसी भी शिक्षक को छात्र की विषय से सम्बन्धित त्रुटियों को खोजने एवं उसका निवारण करने के लिए समय नहीं है। अधिकांश शिक्षक इसमें रूचि नहीं लेते हैं।

(3) परीक्षाफल की दृष्टि से दोष (Demerits in the sense of Result)-वर्तमान परीक्षा प्रणाली का सीधा प्रभाव परीक्षा फल पर पड़ता है, इसका सबसे प्रमुख कारण यह है कि परीक्षित विषय के अतिरिक्त अन्य तथ्यों का भी इस प्रभाव पड़ता है। जैसे कि गणित की उत्तर पुस्तिकाओं की जाँच करते समय परीक्षक गणित विषय में ज्ञान की जाँच करनी चाहिए। लेकिन ऐसा नहीं होता है, विद्यार्थी की भाषा, प्रवाह, लेख एवं आकृति की स्वच्छता आदि का भी प्रतिकूल प्रभाव पड़ता है इन सबके साथ-साथ परीक्षक की मनोदशा का प्रभाव भी परीक्षाफल पर स्पष्ट रूप से पड़ता है। क्योंकि यदि परीक्षक का उत्तर-पुस्तिकाओं की जाँच करते समय मन प्रसन्नचित हो तो छात्र को अच्छे अंक प्राप्त होते हैं लेकिन यदि परीक्षक की मनोदशा किन्हीं कारणों से

विचलित है तो छात्र को कम अंक प्राप्त होते हैं। इसलिए आधुनिक परीक्षा प्रणाली परीक्षाफल की दृष्टि से भी दोषमय है।

गणित विषय में मूल्यांकन प्रविधियों के सुधार हेतु सुझाव (Suggestions for Improvement in the Techniques of Evaluation of Mathematics Subject)

मूल्यांकन विधियों में कोई दोष न रहे इसके लिए वर्तमान परीक्षा प्रणाली में कुछ सुधार की आवश्यकता है जो इस प्रकार है–

(1) वर्तमान परीक्षा प्रणाली में ऐसा प्रावधान होना चाहिए कि लिखित परीक्षाएँ छात्र के सम्पूर्ण व्यक्तित्व का मूल्यांकन कर सके।

(2) परीक्षा के लिए प्रश्न–पत्र ऐसे होने चाहिए जो मूल्यांकन के उद्देश्यों की पूर्ति करते हों अर्थात् उनसे विश्वसनीयता, वैधता एवं विभेदता जैसे गुण आवश्यक रूप से होने चाहिए।

(3) मूल्यांकन प्रक्रिया को भली–भाँति अपनाया जाना चाहिए तभी उपचारात्मक शिक्षण द्वारा उसकी विशिष्ट क्षेत्र में व्याप्त कमजोरियों को दूर किया जा सकता है।

(4) शैक्षिक मूल्यांकन लचीला होना चाहिए जिससे कि उसमें आवश्यकतानुसार परिवर्तन किया जा सके।

(5) शैक्षिक मूल्यांकन का उद्देश्य सुधारवादी होना चाहिए।

(6) मूल्यांकन प्रश्न–पत्रों में अंकों के विभाजन में पूर्ण रूप से स्पष्टता होनी चाहिए।

(7) परीक्षा प्रश्न–पत्रों में प्रश्नों की संख्या अधिक होनी चाहिए ऐसा करने से छात्र के सम्पूर्ण पाठ्यक्रम से प्राप्त किए गए ज्ञान का यथासम्भव मूल्यांकन किया जा सके।

(8) छात्रों के लिए सम्पूर्ण पाठ्यक्रम से प्रश्नों को पूछना चाहिए जिससे कि वे गणित विषय के सम्पूर्ण पाठ्यक्रम का अध्ययन समुचित तरीके से करना चाहिए।

(9) गणित के प्रश्न–पत्रों में पाठ्य–पुस्तकों से कुछ चुने हुए प्रश्नों को ही बार–बार पूछा जाता है। छात्र इन प्रश्नों को रटकर तैयार कर लेते हैं। छात्रों की इस कमी को दूर करने के लिए स्पष्टता, चिन्तन, मौलिकता एवं विश्लेषण की क्षमता पर आधारित प्रश्न पूछना चाहिए।

(10) प्रश्न–पत्र में गणनाओं पर आधारित प्रश्नों की संख्या अधिक नहीं होनी चाहिए, इससे छात्र यन्त्रवत हो जाते हैं तथा उनके मानसिक विकास एवं गणितीय चिन्तन के स्तर पर मूल्यांकन नहीं हो पाता है।

(11) गणित मुख्य रूप से सिद्धान्तों, प्रत्ययों, सम्बन्धों एवं संकल्पनाओं का विषय है। इस विषय को सीखने का उद्देश्य यह है कि छात्र अपने जीवन में अर्जित ज्ञान, दक्षताओं एवं रूचियों आदि का उपयोग करके समस्याओं को हल कर सकें। गणित के प्रश्न–पत्रों में सिद्धान्तों, प्रत्ययों, सम्बन्धों एवं संकल्पनाओं आदि के प्रश्नों की संख्या अत्यधिक होती है तथा इनकी उपलब्धि की परीक्षा अवबोधन तथा आयोजन के अच्छे प्रश्नों के द्वारा ही सम्भव है।

(12) गणित का शिक्षण परीक्षा को ध्यान में रखकर ही किया जाता है। इसलिए गणित अध्यापन के महत्वपूर्ण उद्देश्यों की पूर्ति के लिए उचित प्रयास नहीं हो पाते हैं। गणित

शिक्षण से छात्रों में गणित के सिद्धान्तों की व्याख्या करना, परस्पर एक ही प्रकार की प्रक्रियाओं में अन्तर करना, निष्कर्षों का सही अनुमान लगाना, तथ्यों की उपयुक्तता के बारे में निर्णय करना एवं सामान्य निष्कर्षों को प्राप्त करना आदि सभी का विकास होना चाहिए तथा इनकी उपलब्धियों का परीक्षा में मापन किया जाना चाहिए।

(13) गणित की उपलब्धियों का मूल्यांकन सत्र के अन्तर्गत सामान्य परीक्षाओं के द्वारा ही सम्भव है। मूल्यांकन एक सतत प्रक्रिया है तथा छात्रों का मूल्यांकन निरन्तर करते रहना चाहिए। एक या दो परीक्षाओं के परिणाम वैध नहीं माने जा सकते हैं, क्योंकि सम्पूर्ण पाठ्यक्रम का मूल्यांकन केवल अर्धवार्षिक एवं वार्षिक परीक्षा से सम्भव नहीं है। गणित के विभिन्न उपविषयों के शिक्षण की समाप्ति के साथ ही परीक्षा द्वारा जाँच होनी चाहिए कि अमुक छात्र उपविषय में क्या सीख चुके हैं? तथा कौन-कौन से पक्षों पर उपचारात्मक शिक्षण की विशेष आवश्यकता है? गणित के अध्ययन से छात्रों में अनेक प्रकार के वैयक्तिक गुणों का विकास होना चाहिए। जिस प्रकार से परिश्रम करने की आदत, शुद्धता, नियमितता, धैर्य, एकाग्रता तथा सत्य के प्रति निष्ठा आदि को प्रमुख एवं उचित स्थान प्राप्त हो सके। ये विशेष रूप से ध्यान रखा जाए।

(14) प्रश्न-पत्र में प्रश्नों की संख्या अधिक होना चाहिए। निबन्धात्मक प्रश्नों की संख्या कम से कम हों तथा नवीन प्रकार के प्रश्न सत्य/असत्य; रिक्त स्थानों की पूर्ति के प्रश्न एवं प्रत्यास्मरण प्रश्नों को प्रश्न-पत्र में स्थान दिया जाए। प्रश्नों को सम्पूर्ण पाठ्यक्रम से लिया जाना चाहिए।

(15) अवबोधन, प्रत्यय, उपयोजन, व्याख्या एवं विभेदीकरण आदि से सम्बन्धित प्रश्नों की प्रश्न-पत्र में अधिकता होनी चाहिए। छात्र गणितीय प्रत्ययों एवं सम्बन्धों के बारे में सही चिन्तन करके सही निष्कर्ष प्राप्त कर सकें, यह अपेक्षा मूल्यांकन का आधारभूत सिद्धान्त होना चाहिए।

(16) गणित की परीक्षाओं में औपचारिकता नहीं होनी चाहिए। गणित का शिक्षक ऐसा होना चाहिए जो विषय का ज्ञाता हो तथा शिक्षण से सम्बन्धित उद्देश्यों का ज्ञान रखता हो। उसी को प्रश्न पत्र का निर्माण करना चाहिए, जिससे कि परीक्षा तथा शिक्षण में परस्पर सह-सम्बन्ध स्थापित किया जा सके। गणित का शिक्षक अपने छात्रों को सही ज्ञान परीक्षाओं के द्वारा ही करा सकता है इस महत्वपूर्ण तथ्य को ध्यान में रखते हुए एक अच्छे प्रश्न-पत्र का निर्माण किया जाना चाहिए।

(17) गणित की परीक्षाओं के परिणाम का प्रभाव कक्षा में अध्ययन तथा अध्यापन के स्तरों पर पड़ना चाहिए। परीक्षा परिणामों का ज्ञान छात्रों एवं शिक्षकों के लिए अधिक महत्तपूर्ण है। शिक्षण विधियों को सुधारने की सम्भावना परीक्षा के परिणामों की सम्पूर्ण जानकारी पर ही निर्भर करती है। यदि छात्रों को उनकी त्रुटियों का ज्ञान हो जाए तो वे उसे दूर करने के लिए बाध्य होंगे। प्रश्न-पत्र में ऐसे प्रश्नों को स्थान दिया जाना चाहिए, जो गणितीय चिन्तन का सही मापन कर सकें तथा जीवन की परिस्थितियों के तथ्यों को स्पष्ट करके उसका उचित समाधान भी कर सकें।

(18) प्रत्यक्ष मूल्यांकन पद्धति को अपनाया जाना चाहिए। जहाँ मूल्यांकन केन्द्र पर समस्त परीक्षकों को बुलाया जाना चाहिए।
(19) विषयों को विषयवार उत्तीर्ण करने की प्रक्रिया प्रारम्भ करनी चाहिए तथा कम से कम विषय उत्तीर्ण करने वाले छात्रों को भिन्न प्रकार से प्रमाण–पत्र दिया जाना चाहिए।

10 + 2 पाठ्यक्रम के लिए परीक्षा–
(Examination at the Level 10 + 2 Standard Curricualum)

10 + 2 के नवीन प्रचलित पाठ्यक्रम के मूल्यांकन के लिए एन०सी०ई० आर०टी० में महान विद्वानों द्वारा विभिन्न गोष्ठियों का आयोजन किया गया, जिनका निष्कर्ष परीक्षा प्रणाली को एक नवीन दिशा में प्रस्तुत करना है। इस सन्दर्भ में कुछ प्रमुख विद्वानों के विचार निम्नानुसार हैं–

(1) छात्रों के पाठ्य–वस्तु सम्बन्धी कार्यों के मूल्यांकन की अपेक्षा विद्यालय के कार्यों में भाग लेना, विकास, रूचि, अभिरूचि, अभिवृत्ति एवं सामाजिक गुणों आदि का मूल्यांकन करना चाहिए।
(2) छात्रों की स्थिति से अवगत होने के लिए उनका सतत् मूल्यांकन करना चाहिए न कि सम्पूर्ण विषय–वस्तु की एक वार्षिक परीक्षा लेनी चाहिए। जिससे हम छात्रों की वास्तविक स्थिति से पूर्णरूपेण अवगत हो सकें।
(3) परीक्षा में प्रशासन, पाठ्य–वस्तु द्वारा सम्भावनाओं तथा व्यक्तिगत प्रभाव को कम करना।
(4) परीक्षाओं में ज्ञान, बोध, अनुप्रयोग तथा विवेचनात्मक का अधिक से अधिक समन्वय करना चाहिए जिससे छात्रों के रटने की प्रवृत्ति को प्रोत्साहन न प्राप्त हो सके।
(5) परीक्षा में मूल्यांकन के लिए अलग तरह की तकनीकी तथा उपकरणों का प्रयोग किया जाना चाहिए।
(6) शिक्षक, छात्र एवं अभिभावक तीनों ही परीक्षा प्रणाली के आधार पर उनके परीक्षा परिणाम पर उनका जीवन सम्बन्धी महत्वपूर्ण प्रयोग करने हेतु पूर्ण लाभ उठा सकें।
(7) परीक्षा परिणामों का व्यापक प्रयोग जैसे–निर्देशन, पाठ्यक्रम के मूल्यांकन तथा शैक्षिक भविष्यवाणी से सम्भव हो सके।
(8) स्वयं परीक्षा के कार्य में सुधार की सम्भावना हो सके।
(9) परीक्षा के आधार पर पाठ्यक्रम, पाठन सामग्री तथा शिक्षण विधियों में यथा सम्भव परिवर्तन हो सके।
(10) सम्पूर्ण परीक्षा फल को महत्व न देकर प्रत्येक विषय के अंकों को महत्व दिया जाना चाहिए। इनके आधार पर व्यवसाय में चयन तथा आगे का अध्ययन सम्भव हो सके।

अच्छे प्रश्न पत्र की विशेषताएँ (Characterstics of Good Question Paper)

एक अच्छे प्रश्न–पत्र में निम्नलिखित विशेषताएँ होनी चाहिए–

(1) परीक्षा वैध होनी चाहिए। एक प्रश्न–पत्र वैध तब माना जायेगा जब उसके द्वारा उसी उद्देश्य का परीक्षण हो रहा हो जिसको ध्यान में रखकर उसे बनाया गया है।
(2) परीक्षा में विश्वसनीयता तभी सम्भव है, जब प्रश्न–पत्र भी विश्वसनीय हो।
(3) परीक्षा में वस्तुनिष्ठता का मापन करने वाले प्रश्नों को पर्याप्त स्थान दिया जाना चाहिए, जिससे निर्णायक एक ही निर्णय पर पहुँच सके।

(4) परीक्षा प्रश्न-पत्र विभेदकारी होने चाहिए।

(5) प्रश्न-पत्र व्यापक होना चाहिए। इसके द्वारा कमजोर, औसत एवं औसत से उच्च का अन्तर हो सकता है।

(6) परीक्षा का प्रयोग एवं अंक देने की प्रक्रिया सुविधजनक एवं सरल होनी चाहिए।

(7) प्रश्न मानक हेतु उपयुक्त हों, छात्र सम्बन्धी विवरणों, कक्षा, आयु एवं बुद्धि स्तर के आधार पर समूह बनाकर सही स्थिति का अनुमान लगाया जा सकता है।

(8) प्रश्न-पत्र में सभी प्रकार के प्रश्नों का समावेश होना चाहिए। प्रश्न सरल, स्पष्ट एवं भ्रम उत्पन्न करने वाले होने चाहिए। इससे मूल्यांकन पद्धति में स्वतन्त्र रूप से चिन्तन करने का अवसर प्राप्त हो सकेगा। प्रश्न-पत्र सुधारवाड़ी एवं लचीलेपन का दृष्टिकोण लिए हुए होना चाहिए, क्योंकि इसके द्वारा हम आवश्यकतानुसार प्रश्न-पत्र को व्यवहारिक रूप में परिणित कर सकते हैं।

(9) प्रश्न-पत्र में ऐसे प्रश्नों को स्थान दिया जाना चाहिए जिनसे छात्रों के गणितीय चिन्तन स्तर का आँकलन किया जा सके।

(10) प्रश्न-पत्र में उपयोजन सम्बन्धी प्रश्नों का स्थान गणित में गणना सम्बन्धी प्रश्नों की बजाय अधिक होना चाहिए।

इकाई परीक्षण पत्र (Unit Test Item)

ये इकाई परीक्षण जो समुच्चय सिद्धान्त पर आधारित है, दिया गया है, इसके अन्तर्गत 9 वस्तुनिष्ठ एवं 6 प्रश्न लघुउत्तरीय हैं। छात्र अपनी आवश्यकतानुसार उत्तर प्राप्त करें।

इकाई परख (प्रश्न पत्र) का नमूना
Model of Unit Test Item

समय–40 मिनट **अधिकतम अंक–25**

विषय–गणित **कक्षा IX**

प्रकरण–समुच्चय सिद्धान्त

निर्देश–सभी प्रश्न अनिवार्य हैं। इनके उत्तर–उत्तर-पुस्तिका में ही भरे 1 से 9 तक के प्रश्न 1 अंक तथा 10 से 17 के प्रश्न दो-दो अंक के हैं

प्रश्न 1. निम्नलिखित में रिक्त समुच्चय है–

(अ) ऐसे त्रिभुजों का समुच्चय जिसमें तीन भुजाएँ न हों।

(ब) 10 और 20 के मध्य भाज्य प्राकृत संख्याओं का समुच्चय

(स) सम अभाज्य संख्याओं का समुच्चय।

(द) $\left(\frac{x}{x}+6=, x \neq 1\right)$ उत्तर ()

प्रश्न 2. N प्राकृतिक संख्याओं और I पूर्णांकों का समुच्चय हो तो

(अ) $N \subset I$ (ब) $I \notin N$ (स) $I \supset I$ (द) $N \supset I$ उत्तर –()

प्रश्न 3. एक परीक्षा में 21 छात्र विज्ञान में 8 छात्र भूगोल में असफल रहे। यदि दोनों विषयों में 11 छात्र असफल रहे, तो असफल छात्रों की कुल संख्या ज्ञात करो–

(अ) 20 (ब) 28 (स) 24 (द) 39 उत्तर–( )

प्रश्न 4. यदि A = [1,9,2,7] तथा B = [9,3,7] हो तो $A \cup B$ होगा–

(अ) (9,2,3) (ब) (1,2,3,7,9) (स) (9,3,1) (द) (1,2,3,9) उत्तर–( )

प्रश्न 5. निम्नलिखित प्राकृतिक संख्याओं और I पूर्णांकों का समुच्च हो तो A = (1,2,3,4,5)

(अ) B = (1,6) (ब) B = (2,4)

(स) B = (1,0) (द) B = (0,1,2) उत्तर–( )

प्रश्न 6. यदि A = (1,2,3,4), B = (3,5,7,9)तो $A \cap B$ होगा–

(अ) (2, 3) (ब) (3, 4) (स) (3) (द) (ϕ) उत्तर–( )

प्रश्न 7. यदि U = [1,2,3,4,5,6,7,8,9], A = [1,2,3,4,], B= [3,5,7,9,1] हो तो B^1 होगा–

(अ) (1,4,6,8) (ब) (1,2,4,8)

(स) (1,2,4,6,8) (द) ϕ उत्तर– ( )

प्रश्न 8. यदि n (u) = 15, n (A`) = 7 हो तो n (A) ज्ञात करो।

(अ) 10 (ब) 6 (स) 8 (द) 22 उत्तर–( )

प्रश्न 9. निम्नलिखित में से कौन समुच्चय को प्रदर्शित करते हैं–

(अ) जयपुर की भव्य इमारतों का संग्रह।

(ब) राजस्थान के सीमावर्ती राज्यों का संग्रह।

(स) संख्याओं का संग्रह।

(द) विश्व के महान् व्यक्तियों का संग्रह। उत्तर–( )

प्रश्न 10. निम्नलिखित समुच्चय को सारणीबद्ध रूप में लिखो–

[x/x MATHEMATICS शब्द अक्षर है]

प्रश्न 11. यदि [$\frac{x}{x} = 2n + 1$ और $n \in N$] समुच्चय को सारणीबद्ध रूप में लिखो–

प्रश्न 12. यदि A = [3,5,7,9], B=(3,6,9,12,15) हो तो रिक्त स्थानों की पूर्ति कीजिए–

(*i*) 5...B (*ii*) 7... $A \cup B$ (*iii*) 5...A

प्रश्न 13. यदि A = [1,2,3,4,5], B = [2,4,6,8] तो एक ऐसा समुच्चय P लिखो कि $P \in A$ और $P \subset B$

प्रश्न 14. यदि A = [a,b,c,d], B = (a,c,d), C= [b,c,d] हो $A \cap (B \cup C)$ ज्ञात करो।

प्रश्न 15. यदि A और B दो समुच्चय ऐसे हों कि $A \subset B$ हो तो $A \cup B$ कौन सा समुच्चय है?

प्रश्न 16. सत्यापित करो यदि A = [1,2,3,4], B = [3,4,5], B = [3,4,5] हो तो A – $[A \cap B] = A \cap B$

प्रश्न 17. एक कक्षा के वार्षिक समारोह में प्रत्येक छात्र ने संगीत तथा नाटक में भाग लिया। यदि कक्षा में कुल 40 छात्र हो तथा संगीत में भाग लेने वालों की संख्या 20 और नाटक में भाग लेने वालों की संख्या 35 है तो ज्ञात करो कि कितने छात्रों ने संगीत तथा नाटक दोनों में भाग लिया।

अंक तालिका (Scoring Key)

प्रश्न संख्या	1	2	3	4	5	6	7	8	9
तालिका	अ	ब	ब	द	ब	स	स	स	अ

अंक लगाने की योजना
(Marking Scheme)

प्रश्न संख्या	बिन्दु	निकटांक	कुल अंक
10	M,A,T,H,E,I,C,S	2	2
11	n = (1,2,3...9 तक रखने पर सारणीबद्ध रूप में मान होंगे)।	$\frac{1}{2}+1+\frac{1}{2}$	2
12	A = (3,5,7,9) रिक्त स्थानों की पूर्ति (1) 5 $\not\in$ B (*ii*) 17$\not\in$ (*iii*) A $\cap$ B	1 + 1	2
13	क्योंकि प्रतिमान 7 के कथन असत्य हैं (1) P < A तथा P < B के मान होंगे–(6, 8) (2, 6)	1+1	2
14	A $\cap$ (B $\cup$ C) का मान समुच्चय से क्रिया के आधार पर होगा (*c*, *d*)	1+1	2
15	C`ज्ञात करने के लिए U में से C के अवयव घटा देंगे। C = (a, r)	1+1	2
16	पहले A $\cap$ B ज्ञात करेगें पुन: A – (A $\cap$ B) ज्ञात करेगें। दाएँ पक्ष के लिए B` ज्ञात करेगें पुन: A $\cap$ B^1 = (1,2)	1+1	2
17	सूत्र *n* (A $\cup$ B) = *n* (A) + *n* (B) – *n* (A $\cap$ B) का प्रयोग करने पर– = 20 + 35 – 40 = 15	1+1	2

शिक्षक निर्मित परीक्षाएँ (Teacher's Made Test)

वर्तमान में प्रचलित परीक्षण पत्रों में अधिकांशत: परीक्षण पत्र शिक्षकों के द्वारा ही निर्मित होते हैं। प्रत्येक शिक्षक अपने उद्देश्य की पूर्ति के लिए इनका निर्माण करता है। शिक्षक अपने द्वारा किए गए प्रयासों की जाँच प्रश्न पत्रों की सहायता से ही करते हैं। इसलिए प्रत्येक शिक्षक को

मूल्यांकन पद्धति से पूर्णरूप से रूबरू होना चाहिए। उसे परख प्रश्न पत्रों की प्रकृति एवं चयन एवं उद्देश्यों का निर्धारण करते हुए ही प्रश्न पत्र का निर्माण करना चाहिए। साथ ही साथ शिक्षक को यह भी ज्ञात होना चाहिए कि प्रश्न पत्र ऐसे बने हो, जो वास्तविक विश्वसनीय वैध तथा व्यवहारिक हों इसमें विभेदीकरण का गुण भी होगा।

व्यवहारिक सुझाव (Practical Suggestion)—मूल्यांकन पद्धति को अत्यधिक सफल बनाने के लिए निम्नलिखित सुझाव प्रमुख हैं—

(1) छात्र के मूल्यांकन में परीक्षण पद्धति का प्रयोग करते समय यह ध्यान रखना चाहिए कि वह व्यवहार परिवर्तन को मापने के लिए एवं उनमें परिवर्तन लाने के लिए कौन-कौन सी विधियाँ उपयोगी हैं, जिसे अपनाया जा सकता है। उसका चयन करके प्रयोग में लेना चाहिए।

(2) परीक्षाएँ लिखित, मौखिक, वस्तुनिष्ठ, निरीक्षण एवं प्रायोगिक आदि रूपों में ली जाती है। यहाँ शिक्षक को यह ध्यान रखना होगा कि किस समय, किस तथ्य की प्राप्ति के लिए किस प्रकार की परीक्षा ली जाए। निबन्धात्मक प्रश्नों से स्मरण शक्ति के द्वारा अर्जित ज्ञान का पता चलता है जबकि मौखिक परीक्षा से गणित के सूत्र, परिभाषाएँ एवं रचना सम्बन्धी बातें पूछी जाती है। वस्तुनिष्ठ प्रश्नों से विश्वसनीयता, वैधता एवं विभेदकता आदि विशेषताएँ पूर्ण होती हैं। यह प्रश्न छोटे-छोटे होते हैं, और इनके उत्तर भी निश्चित होते हैं। इन प्रश्नों को बनाने एवं इनको जाँचने में भी आसानी रहती है।

(3) छात्रों को एक-एक करके श्यामपट्ट पर भी बुलाकर के उनका मूल्यांकन किया जा सकता है।

(4) निदान कार्य एवं उपचारात्मक व्यवस्था के लिए परखपत्र अच्छा ही तैयार किया जाना चाहिए।

गणित प्रश्न बैंक (Question Bank of Mathematics)

निबन्धात्मक परीक्षा प्रणाली में व्याप्त अनेक दोषों को दूर करने के लिए लिखित परीक्षा में सुधार करने के लिए प्रश्न-पत्रों में वस्तुनिष्ठ, अति लघुउत्तरीय, लघुउत्तरीय प्रश्न तथा कुछ निबन्धात्मक प्रश्नों का समावेश करना चाहिए। ठीक इसी प्रकार से प्रश्न बैंक भी एक ऐसी पद्धति है जिसके अन्तर्गत एक कक्षा के विभिन्न इकाइयों पर आधारित विभिन्न शैक्षिक उद्देश्यों जैसे—ज्ञान, अवबोध,अनुप्रयोग तथा कौशल पर केन्द्रित छोटे प्रश्न होते हैं। अनुप्रयोगात्मक उद्देश्य की पूर्ति के लिए प्रश्न बैंक में गणित के प्रश्न भी लिए जाते हैं। नवीन प्रश्न बैंक प्रणाली में बहुविकल्पीय प्रश्नों का ही प्रयोग किया जाता है, क्योंकि इन प्रश्नों के द्वारा छात्रों के अवबोधन का सही मूल्यांकन किया जाता है। इस प्रकार के प्रश्नों की भाषा सरल एवं स्पष्ट होती है। लघुउत्तरात्मक प्रश्नों की उपयोगिता छात्रों के सिद्धान्तों, प्रत्ययों एवं सम्बन्धों आदि की जाँच के लिए प्रयोग किए जाते हैं। इसलिए हम कह सकते हैं कि छात्रों के ज्ञान परीक्षण में प्रश्न बैंक की अपनी महत्ता सिद्ध हुई है।

प्रश्न बैंक की उपयोगिता (Utility of Question Bank)

छात्रों की परीक्षा की विधिवत सम्पूर्ण तैयारी यह एक अभ्यासात्मक सामग्री के रूप में कार्य करती है। प्रश्न बैंक की प्रमुख उपयोगिताएँ निम्नलिखित हैं–

(1) प्रश्न बैंकों के अन्तर्गत पाठ्यक्रम की सम्पूर्ण इकाइयों के महत्वपूर्ण इकाइयों का समावेश किया जाता है।

(2) ये समस्त प्रकरणों पर आधारित होते हैं। इसलिए इसमें समस्त इकाइयों से छात्र अभ्यास एवं शिक्षक मूल्यांकन के लिए सामग्री उपलब्ध रहती है।

(3) प्रश्न बैंक में समस्याओं का निर्माण सही तथ्यों के आधार पर किया जाता है तथा अनुपयोगी समस्याओं के प्रश्न बैंकों में कोई भी स्थान नहीं प्रदान किया जाता है।

(4) प्रश्न बैंक में जो प्रश्न दिए जाते हैं, उनके उद्देश्य पूर्णतः स्पष्ट होते हैं और सम्बन्धित प्रश्न के द्वारा छात्र के व्यवहारगत परिवर्तनों का मूल्यांकन किया जाता है।

(5) प्रश्न बैंक के अन्तर्गत ऐसे प्रश्नों को स्थान प्रदान किया जाता है, जो ज्ञान, अवबोध, प्रत्यय, उपयोजन एवं कौशल से सम्बन्धित हों।

(6) प्रश्न बैंक के अन्तर्गत अभ्यासार्थ सामग्री की पर्याप्तता होती है। जिससे पिछड़े, छात्र, उत्कृष्ट छात्र सुगमता से इसे सीखते हैं तथा उन्हें मूल्यांकन के लिए उद्देश्य पूर्ण सामग्री प्राप्त हो जाती है।

(7) प्रश्न बैंक में ज्ञान के सभी पक्षों का उचित मूल्यांकन करने के लिए प्रत्येक प्रकरणों में प्रश्नों की अधिकता होती है।

(8) परीक्षा परिणामों की जानकारी के प्रभाव से अध्ययन तथा अध्यापन को सुधारने में प्रश्न बैंक अत्यन्त महत्वपूर्ण भूमिका का निर्वाहन करता है।

(9) प्रश्न बैंकों में वस्तुनिष्ठ प्रश्नों की संख्या अधिक होने के कारण इसमें वस्तुनिष्ठता के गुण निहित होते हैं।

(10) प्रश्न बैंक का अध्ययन करने के उपरान्त छात्रों में रटने की प्रवृत्ति का विकास नहीं होता है।

(11) इसमें प्रश्नों का स्तर छात्रों के अनुसार होता है। प्रश्नों की भाषा सरल, स्पष्ट एवं बोधगम्य होती है।

(12) प्रश्न बैंक की सहायता से छात्र अपने ज्ञान, कौशल आदि में पर्याप्त वृद्धि कर सकते हैं।

मूल्यांकन की एकल प्रश्न-पत्र प्रणाली की सार्थकता
(Usefullness of Single Question Paper System of Evaluation)

वर्तमान में मूल्यांकन की एकल प्रश्न-पत्र प्रणाली अत्यधिक प्रचलित एवं उचित है। आज एक ही प्रकार के प्रश्न-पत्रों का चलन अधिक हो रहा है। इस प्रकार के प्रश्न पत्रों में निबन्धात्मक प्रश्नों की संख्या लगभग न्यून हो गई है। वस्तुनिष्ठ एवं लघुउत्तरीय प्रश्नों की प्रश्नपत्रों में अधिकता हो गई है। वस्तुनिष्ठ प्रश्नों का प्रयोग प्रायः समस्त विषयों में किया जा रहा है। गणित प्रश्न-पत्र में इन विषयों का प्रयोग अधिक होता है, क्योंकि गणित में तथ्यात्मक सूचनाएँ अधिक

होती हैं। इस प्रणाली से निबन्धात्मक परीक्षण में व्याप्त दोषों को दूर किया जा सकता है। इस प्रकार के प्रश्नपत्रों की निम्नलिखित उपयोगिताएँ हैं, जिससे इनकी सार्थकता और अधिक स्पष्ट हो जाती है–

(1) इस प्रकार के प्रश्न–पत्रों में प्रश्नों की संख्या अधिक होती है। इसके द्वारा इसमें पाठ्यक्रम के सम्पूर्ण अध्याय इसमें सम्मिलित किए जाते हैं। इससे इस तथ्य का पता चलता है कि छात्र के द्वारा कहाँ तक अध्ययन किया गया है।

(2) वस्तुनिष्ठ परीक्षण विश्वसनीय होने के साथ–साथ वैध भी है। इन परीक्षणें से विशिष्ट योग्यता का मापन किया जाता है।

(3) इस प्रकार के प्रश्नों का परीक्षण करते समय परीक्षक का राग–द्वेष तथा पूर्वा–ग्रह आदि का प्रभाव इस पर नहीं पड़ता है।

(4) वस्तुनिष्ठ प्रकार के प्रश्नों का परीक्षण करने में समय तथा श्रम दोनों ही की बचत होती है।

(5) इस प्रकार के प्रश्नों के उत्तर देते समय छात्र अनावश्यक बातों को नहीं लिख पाते हैं, और न ही गलत उत्तर लिखकर परीक्षक को धोखा दे सकते हैं।

(6) मूल्यांकन के लिए वस्तुनिष्ठ प्रश्न–पत्र प्रणाली एक उपयुक्त उपकरण है, इससे सही रूप से मूल्यांकन होता है।

(7) इस प्रकार के प्रश्नों के उत्तर इस प्रकार के होते हैं कि वे निश्चित एवं एक होते हैं, इनमें स्थिरता होती है।

(8) इसमें प्रश्नों के पदों की रचना व्यवस्थित होती है, जिससे परीक्षण की वैधता बनी रहती है।

(9) इस प्रकार के परीक्षणों पर प्रशासन एवं मूल्यांकन करने वाले परीक्षकों का या फिर निर्णायकों की भावनाओं, विचारों, आदर्शों तथा पसन्द आदि का कोई प्रभाव नहीं पड़ता है।

(10) इस प्रकार के प्रश्न–पत्रों में औपचारिकता का कोई स्थान नहीं होता है। अध्ययन तथा परीक्षा में सह–सम्बन्ध बना रहता है। जिससे शिक्षक को छात्रों की प्रगति की सम्पूर्ण जानकारी प्राप्त होती रहती है।

(11) छात्रों द्वारा की गई कमियाँ, भूलें एवं कठिनाइयों आदि का भी निदान भी इन प्रश्न–पत्रों के माध्यम से हो जाता है।

इस तरह से यह देखा जाता है कि अनेक परीक्षकों द्वारा जाँच के उपरान्त भी प्राप्तांकों से भिन्नता नहीं आती है। अत: किसी भी परीक्षण का वस्तुनिष्ठ होना अत्यन्त आवश्यक है, क्योंकि इसका प्रत्यक्ष प्रभाव वैधता एवं विश्वसनीयता पर पड़ता है। इसलिए आवश्यक है कि फलोदय हो नहीं बल्कि छात्र द्वारा परीक्षण के पदों का निर्वचन भी वस्तुनिष्ठ हों।

मूल्यांकन की प्रक्रिया (Process of Evaluation)

मूल्यांकन की प्रक्रिया के अन्तर्गत निम्नलिखित चार तथ्य सम्मिलित किए जाते हैं–

(1) कक्षोपयोगी उद्देश्य (Classroom Objectives)

(2) सीखने की स्थितियाँ (Learing Situations)
(3) सीखने के अनुभव (Learning Experiences)
(4) मूल्यांकन (Evaluation)

विभिन्न प्रकार के उद्देश्यों का निर्धारण करते समय विषय-वस्तु की आवश्कयताओं तथा विशेषताओं का ध्यान रखना आवश्यक है। इन विशेषताओं एवं आवश्यकताओं के बारे में अध्यापन की परिस्थितियाँ तथा सीखने की स्थितियों का चयन करके अनुभवाकें के द्वारा छात्रों को विषय-वस्तु को सीखने के लिए प्रेरित करना चाहिए। कभी-कभी शिक्षक अपनी सुविधा के लिए इस प्रकार की अध्यापन स्थिति का चयन करता है जो छात्रों के हिसाब से उपयुक्त सीखने की स्थिति नहीं होती है।

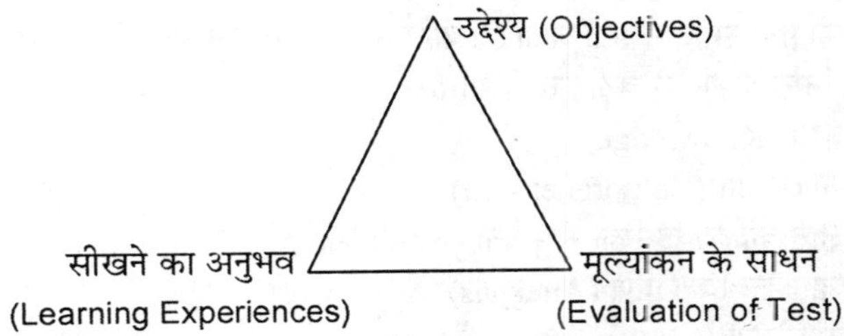

मूल्यांकन सीखने के अनुभवों तथा मूल्यांकन के साधनों में परस्पर घनिष्ठ सम्बन्ध है। मूल्यांकन के निष्कर्षों से हम यह ज्ञात कर सकते हैं कि हमारे अध्यापन उद्देश्यों की पूर्ति या प्राप्ति किन अंशों तक हुई है। साथ ही अध्यापन एवं सीखने की स्थितियों की उपयुक्तता की सूचना प्राप्त हो जाती है। छात्रों के बारे में सूचना मूल्यांकन से ही प्राप्त होती है। विषय-सामग्री तथा मूल्यांकन विधियों का उद्देश्यों से घनिष्ठ सम्बन्ध स्थापित करना आवश्यक है। मूल्यांकन के द्वारा छात्र को यह जानकारी प्राप्त होती है कि अध्यापक प्रक्रिया द्वारा छात्रों में अपेक्षित परिवर्तन हो रहे हैं। सही मूल्यांकन के लिए आवश्यक है कि छात्रों का स्तर अध्यापन से पूर्व क्या था। तथा किन परिवर्तनों को शिक्षक द्वारा लाने की अपेक्षा है? सीखने की स्थिति की उपयुक्तता इस बात पर निर्भर करती है कि क्या इसके द्वारा छात्रों को अपेक्षित सीखने के अनुभव प्राप्त होते हैं। जिनके द्वारा वांछनीय परिवर्तन होने की आशा है। इन परिवर्तनों के आधार पर ही शिक्षक को छात्रों के समक्ष परिस्थितियाँ रखनी चाहिए। इन परिस्थितियों का चयन शिक्षक को कक्षा के स्तर, रूचि तथा योग्यता के अनुसार ही करना चाहिए। एक उद्देश्य की पूर्ति के लिए विभिन्न प्रकार के अनुभव प्रदान करना चाहिए।

ब्लूम्स टेक्सोनोमी के अनुसार मूल्यांकन के उद्देश्य (Aims of Evaluation According to Blooms Texonomy)

ब्लूम द्वारा शिक्षण प्रक्रिया के अन्तर्गत मुख्य रूप से तीन उद्देश्य बताए गए हैं, जो इस प्रकार हैं–

(1) मानसिक पक्ष, (Mental Side)
(2) भावात्मक पक्ष, (Affective Side)
(3) कौशलात्मक पक्ष, (Conative Side)

उपरोक्त तीनों के चार उद्देश्य हैं–

(1) ज्ञानात्मक उद्देश्य,
(2) अवबोधात्मक उद्देश्य,
(3) अनुप्रयोगात्मक उद्देश्य,
(4) कौशलात्मक उद्देश्य।

ब्लूम ने मानसिक पक्ष तथा क्राथवेल ने भावात्मक पक्ष को कोटियों एवं उपकोटियों में विभाजित किया है।

मानसिक पक्ष (Mental Side)–इस पक्ष का सीधा सम्बन्ध व्यक्ति के मस्तिष्क के कार्य करने की प्रणाली से सम्बद्ध है। क्योंकि मस्तिष्क का प्राथमिक कार्य नवीन तथ्यों को याद करना है तथा उनको पुनः स्मृति में रखा जाता है। बी०एस०ब्लूम ने मानसिक पक्ष को शिक्षा के उद्देश्यों के क्रम में निम्न प्रकार से वर्गीकृत किया है–

(1) ज्ञान (Knowledge)
(2) आत्मसात (Comprehension)
(3) ज्ञान को व्यवहारिक रूप देना (Applicaiton)
(4) ज्ञान का विश्लेषण (Analysis)
(5) संश्लेषण (Synthesis)
(6) मूल्यांकन (Evaluation)

मानव मस्तिष्क के कार्य करने के कुछ प्रमुख बिन्दु इस प्रकार से हैं–ज्ञानार्जन, अवबोध, अनुप्रयोग, विश्लेषण, संश्लेषण एवं मूल्यांकन। गणित शिक्षण के अन्तर्गत हम केवल मानसिक पक्ष का ही अध्ययन करते हैं, जो छः चरणों में पूर्ण होता है।

मूल्यांकन (Evaluation)

ब्लूमस के अनुसार–"मूल्यांकन किसी वस्तु, कार्य पद्धति, सहायक सामग्री की उपयोगिता के सम्बन्ध में दिया गया निर्णय है। मूल्यांकन एक निरन्तर चलने वाली प्रक्रिया है।"

(1) मूल्यांकन शिक्षा से सम्बद्ध वह प्रक्रिया है जो निरन्तर साथ-साथ चलती है।
(2) इस प्रक्रिया के माध्यम से यह देखा जाता है कि शिक्षा के उद्देश्यों को किस सीमा तक प्राप्त किया जा सकता है।
(3) शिक्षण पद्धति की सफलता का अन्दाजा भी इस प्रक्रिया के द्वारा लगाया जा सकता है।
(4) इस प्रक्रिया से यह निर्धारित किया जाता है कि छात्र में कितना परिवर्तन और किस क्षेत्र में हुआ है।

मूल्यांकन के उद्देश्य (Objectives the Evaluation)–छात्रों को शिक्षा प्रदान करने के मुख्य उद्देश्य उनमें निम्नलिखित दिशाओं में अपेक्षित परिवर्तन लाना है–

1. *ज्ञान (Knowledge)*–इसके अन्तर्गत छात्र नवीन ज्ञान प्राप्त करें।
2. *अवबोध (Understanding)*–इसके अन्तर्ग छात्र नये-नये तथ्यों, सिद्धान्तों और निहित भावों को समझ सकें।

3. *व्यवहार (Behaviour)*–छात्र नए अर्जित किए गए ज्ञान को परिस्थितियों के आधार पर अपने दैनिक जीवन आदि में व्यवहारिक स्वरूप प्रदान कर सके।
4. *रसानुभूति (Application)*–छात्र कविता, कहानियाँ, चित्रकला एवं ललित कला आदि में रसानुभूति का अनुभव कर सकें।
5. *कौशल (Skill)*–छात्र में विभिन्न प्रकार के कौशलों का विकास हो सके।
6. *दृष्टिकोण (Attitude)*–छात्र अपने आप में सही दृष्टिकोणों का विकास कर सके।
7. *रूचि (Interest)*–छात्र में स्वस्थ रूचियों का उद्भव हो सके।
8. *आदत (Habits)*–छात्र के अन्दर अच्छी आदतों का निर्माण हो सके।

शैक्षिक उद्देश्य का वर्गीकरण (Classification of Educational Aims)

ब्लूम ने सन् 1956 में एक पुस्तक को "Texonomy of Education and Objectives" को दो भागों में विभाजित किया प्रथम भाग मानसिक पक्ष तथा दूसरा भाग भावात्मक पक्ष। शिक्षा प्रमुख उद्देश्य निम्नलिखित निर्धारित किए गए हैं–

(1) मानसिक पक्ष (Cognitive Domain)
(2) भावात्मक पक्ष (Affective Domain)
(3) कौशल पक्ष (Conative Domain)

उपरोक्त वर्णित पक्षों को ध्यान में रखते हुए प्रश्न पत्र का प्रत्येक प्रश्न निर्मित किया जाता है। प्रश्न–पत्र में 15% ज्ञानात्मक, 25% अवबोधात्मक प्रश्न, 46% अनुप्रयोगात्मक प्रश्न तथा 15% कौशलात्मक प्रश्न मूल्यांकन के लिए दिए जाते हैं। यह गुणनखण्ड प्रकरण पर सम्बन्धित एक इकाई का प्रश्न पत्र दिया गया है–

अध्याय 18

ज्ञानोपार्जन परीक्षण के प्रकार

(Types of Achievement Test)

ज्ञानोपार्जन परीक्षण मुख्य रूप से दो प्रकार का होता है–

(1) सामान्य ज्ञानोपार्जन परीक्षण–(General Achievement Test)

(2) नैदानिक परीक्षण (Diagnostic Test)

(1) सामान्य ज्ञानोपार्जन के निम्नलिखित प्रकार हैं–

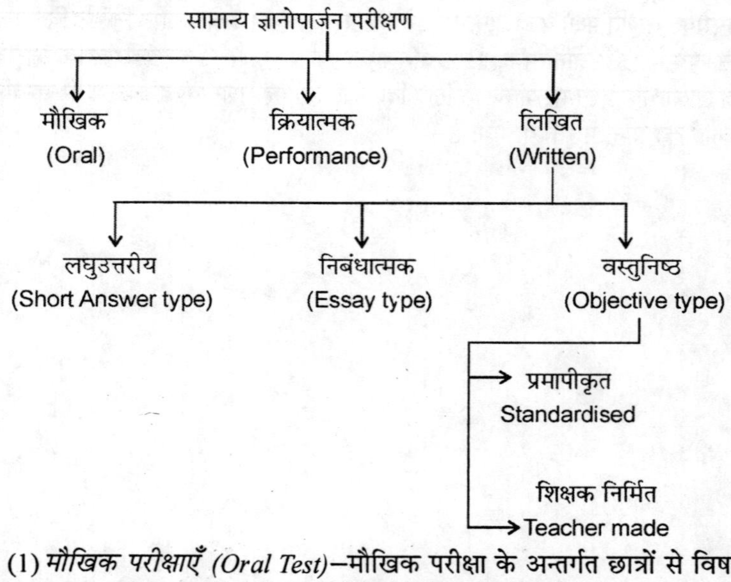

(1) *मौखिक परीक्षाएँ (Oral Test)*–मौखिक परीक्षा के अन्तर्गत छात्रों से विषय पर आधारित लघुप्रश्न पूछे जाते हैं, और ये मौखिक होते हैं और धीरे-धीरे उच्च कक्षाओं में इसका नाम परिवर्तित हो जाता है, उच्च कक्षाओं में इसको वायवा वाइस (Viva Voice) के रूप में जाना जाता है।

मौखिक परीक्षाओं के गुण : मौखिक परीक्षाओं में निम्नलिखित गुण हैं–

(*i*) इस प्रकार की परीक्षाओं से शिक्षक को यह आसानी से पता लग जाता है कि छात्र

किसी भी समस्या के समाधान के लिए अपने ज्ञान का सही उपयोग किस सीमा तक कर सकते हैं।

(*ii*) इस परीक्षा के द्वारा छोटी कक्षाओं के छात्रों की मौखिक अभिव्यक्ति का आंकलन भी किया जा सकता है।

(*iii*) मौखिक परीक्षाओं से छात्रों पर कोई बोझ नहीं पड़ता है।

(*iv*) परीक्षा की यह विधि बहुत ही कम खर्चीली होती है।

मौखिक परीक्षा के दोष : मौखिक परीक्षण के कुछ प्रमुख दोष निम्नलिखित हैं–

(*i*) मौखिक परीक्षा में समय अधिक लगता है।

(*ii*) इस परीक्षा में आत्मनिष्ठता होती है।

(*iii*) मौखिक परीक्षा में यह सम्भव है कि सभी छात्रों से एक समान स्तर के प्रश्न पूछे जा सकते हैं।

(2) *क्रियात्मक परीक्षाएँ (Performances Test)*–इस प्रकार की परीक्षाओं में निष्पत्ति के क्रियात्मक पक्ष का मूल्यांकन किया जाता है। इस प्रकार की परीक्षाओं में चित्रों का उपयोग किया जाता है। इन परीक्षाओं में शाब्दिक योग्यता को अत्यधिक महत्व नहीं दिया जाता है।

(3) *निबन्धात्मक परीक्षाएँ (Essay Type Test)*–निबन्धात्मक परीक्षा में प्रश्नों के उत्तर अधिक बड़े होते हैं, जो एक निबन्ध की भाँति होते हैं। इस परीक्षा में 8 या 10 प्रश्नों में से 5 प्रश्नों के उत्तर देने होते हैं। सम्पूर्ण प्रश्न–पत्र निर्धारित पाठ्यक्रम पर आधारित होता है, और इस प्रश्न पत्र को हल करने की निश्चित अवधि तीन घण्टे होती है।

(4) *लघुउत्तरीय परीक्षण (Short Answer Type Test)*–इस तरह की परीक्षाओं के प्रश्नों के उत्तर संक्षेप में लिखने पड़ते हैं। इस प्रकार की परीक्षाओं के अन्तर्गत निबन्धात्मक एवं वस्तुनिष्ठता दोनों ही प्रकार के गुण पाए जाते हैं। इन प्रश्नों के उत्तर लिखने में कम समय लगता है। इन परीक्षाओं के प्रश्न–पत्र निर्माण में भी समय कम लगता है।

(5) *वस्तुनिष्ठ आधारित परीक्षण (Objective Based Test)*–दीर्घ उत्तरीय प्रश्नों में व्याप्त दोषों को दूर करने के लिए वस्तुनिष्ठ परीक्षाओं का आयोजन किया गया। सर्वप्रथम 1845 में होरास मैन के द्वारा लिखित वस्तुनिष्ठ परीक्षण तैयार किया गया। सन् 1897 में जे० एम० राइस के द्वारा एक वस्तुनिष्ठ परीक्षण तैयार किया, जिसमें 50 शब्द थे। इसके पश्चात् स्टार्च तथा थार्न डाइक के द्वारा भी इस दिशा में उल्लेखनीय प्रयास किए गए।

(6) *प्रमापीकृत परीक्षण (Standardized Test)*–ये परीक्षण वर्तमान समय की देन है। प्रभावीकृत परीक्षण क्या है ? इसको बताते हुए थार्नडाइक ने कहा है–''प्रभावीकृत परीक्षण से आशय है कि सभी छात्र समान निर्देशों और समय की समान सीमाओं के अन्तर्गत समान प्रश्नों और अनेक प्रश्नों का उत्तर लिख सकते हैं।'' "Standarized Test is that in which all the Students write the answers of Various Questions same for all the Students with in a Period limitations and direction equal to all the Students."

प्रमापीकृत परीक्षण की विशेषताएँ (Characterstics of Standard Test)

प्रमापीकृत परीक्षण में पायी जाने वाली कुछ प्रमुख विशेषताएँ इस प्रकार हैं–

(1) कुछ विशेषज्ञों के द्वारा ही इन प्रश्नों-पत्रों को तैयार किया जाता है।
(2) इस प्रकार के परीक्षण में मूल्यांकन करने के स्पष्ट निर्देश होते हैं।
(3) जिन परीक्षणों को जिन कक्षाओं के लिए तैयार किया जाता है, उनको अलग-अलग स्थानों पर छात्रों में प्रयोग किया जाता है। इस प्रकार इनको दोष रहित प्रमापीकृत किया जाता है।
(4) एक ही कक्षा एवं एक ही विषय के लिए अनेक प्रकार के परीक्षण तैयार किए जाते हैं।
(5) जिस समय परीक्षणों को तैयार किया जाता है, उस समय प्रश्न अनेक होते हैं, लेकिन धीरे-धीरे प्रश्नों की संख्या कम होती जाती है।
(6) इन परीक्षणों का प्रयोग सभी विद्यालयों में कहीं भी कभी भी किया जा सकता है।
(7) इन परीक्षणों को तैयार करते समय निश्चित नियमों द्वारा सिद्धान्तों का पालन किया जाता है।
(8) इन परीक्षणों को तैयार करने में धन और समय की आवश्यकता अधिक होती है।
(9) इस प्रकार के परीक्षण में प्रयोग की जाने वाली परीक्षा सामग्री का परीक्षण पूर्व में ही कर लिया जाता है।
(10) इस प्रकार के परीक्षण में शिक्षण की सफलता तथा छात्रों की प्रगति का मूल्यांकन नहीं किया जा सकता है।

ज्ञानोपार्जन परीक्षण का महत्व (Importance of Achievement Test)

ज्ञानोपार्जन परीक्षण विधि का निर्माण मुख्य रूप से छात्रों के सीखने के स्वरूप एवं सीमा की माप करने के लिए किया जाता है। इस प्रकार के उपलब्ध परीक्षणों का उद्देश्य छात्रों की विभिन्न विषयों और वास्तविक क्रियाओं में स्थिति ज्ञात करना होता है। इस प्रकार इनके परीक्षणों के महत्व निम्नलिखित हैं–

(1) *अर्जित ज्ञान की जानकारी (Achievement of Required Knowledge)*–शिक्षकों के लिए ज्ञानोपार्जन परीक्षणों का अत्यधिक महत्व है। इसके द्वारा शिक्षक इस बात की जानकारी प्राप्त करता है कि किस छात्र के द्वारा अपनी कक्षा में कितना ज्ञान प्राप्त किया है ? एवं उसकी क्या स्थिति है ?

(2) *छात्रों की सफलता की जानकारी करना (Knowledge of Success of Students)*–इस प्रकार के परीक्षण छात्रों को उर्त्तीण एवं अनुर्तीण करने में सहायता प्रदान करते हैं, ऐसा प्राचीन समय से ही होता चला आ रहा है। जो छात्र इस परीक्षा में सफल हो जाते हैं तो उनके माता-पिता या अभिभावक इस बात से अवगत हो जाते हैं कि उसके पुत्र या पुत्री के द्वारा कितनी योग्यता, ज्ञान तथा कौशल प्राप्त किया है ? इसके अलावा जो छात्र फेल हो जाते हैं, तो ये माना जाता है कि उसके द्वारा उस स्तर तक परिश्रम नहीं किया गया, जितना कि उसे करना चाहिए था। इसलिए ज्ञानोपार्जन परीक्षण के द्वारा छात्र एवं उनके पालकों को समय-समय पर जानकारी प्राप्त होती रहती है। इस बारे में **हेगन** तथा **थार्नडाइक** का कहना है कि–"जब हम ज्ञानोपार्जन परीक्षण का प्रयोाग करते हैं, तब हम यह निश्चय करना चाहते हैं कि एक विशिष्ट प्रकार की शिक्षा प्राप्त करने के बाद छात्र ने क्या-क्या सीखा है ?"

(3) *शिक्षार्थी को प्रेरणा देना (To Motivate the Students)*–इस विधि के माध्यम से छात्रों को पढ़ने के लिए प्रेरित किया जाता है। इस प्रकार की परीक्षाएँ छात्रों एवं शिक्षकों को पढ़ने-पढ़ाने की प्रेरणा प्रदान करती हैं। इसलिए यह विधि अत्यधिक महत्वपूर्ण है। जैसे जब कभी किसी छात्र को परीक्षा में किसी कारण से कम अंक प्राप्त होते हैं तो वे अधिक उत्साह के साथ पढ़ना आरम्भ कर देते हैं, पढ़ने की ओर उनकी लगन और अधिक तेज हो जाती है। छात्र इस बात का अथक प्रयास करते हैं कि उनकी पढ़ने में अधिक से अधिक रूचि उत्पन्न हो और वह अगली परीक्षा में अधिक से अधिक अंक प्राप्त कर सकें। इसलिए ऐसा कहा जा सकता है कि प्रेरणा प्रदान करने में ज्ञानोपार्जन परीक्षण की अत्यन्त महत्वपूर्ण भूमिका है।

(4) *छात्रों का वर्गीकरण करना (To Classify the Students)*–अक्सर ऐसा देखने को मिलता है कि शिक्षक समस्त छात्रों को एक ही कक्षा में एक ही समय में एक ही विषय का अध्यापन एक निश्चित विधि से समान रूप से करता है। लेकिन परीक्षा में छात्रों द्वारा प्राप्त अंकों के आधार पर देखा जाता है कि उसी कक्षा के कुछ छात्र अधिक अंक प्राप्त करते हैं, तो कुछ छात्र कम अंक और कुछ छात्र अनुत्तीर्ण तक हो जाते हैं। इसलिए ज्ञानोपार्जन विधि के द्वारा यह निष्कर्ष निकाला जाता है कि किस छात्र में किस प्रकार की योग्यता है ? साथ ही इस विधि के द्वारा छात्रों के बौद्धिक स्तर का भी पता लगाया जाता है। इसलिए यह स्पष्ट है कि ज्ञानोपार्जन विधि द्वारा परीक्षणों के आधार पर वर्गीकरण करके उनमें सुधार लाया जा सकता है।

(5) *अनुशासन बनाए रखना (To Maintain Discipline)*–अनुशासन को बनाए रखने में ज्ञानोपार्जन परीक्षण की अत्यन्त महत्वपूर्ण भूमिका है। प्रत्येक छात्र इस बात से सदैव चिन्तित रहता है कि उसे परीक्षा देनी है, और पूरे वर्ष वे अपनी परीक्षा की तैयारी को लेकर व्यस्त रहते हैं, और उन्हें बाहरी वातावरण से कोई मतलब नहीं रहता है। इस प्रकार से शिक्षक को अपनी कक्षा में अनुशासन को बनाए रखने में इससे अत्यधिक सहायता प्राप्त होती है। इसलिए ये स्पष्ट है कि ज्ञानोपार्जन परीक्षण अनुशासन को बनाए रखने में अत्यन्त महत्वपूर्ण भूमिका का निर्वाहन करता है।

(6) *शैक्षिक निर्देशन (Educational Guidance)*–ज्ञानोपार्जन परीक्षण विधि के द्वारा छात्रों के विषय में महत्वपूर्ण जानकारी प्राप्त हो जाती है। उनकी योग्यता एवं बौद्धिक क्षमता स्तर की भी जानकारी प्राप्त हो जाती है। इस प्रकार ज्ञानोपार्जन परीक्षण का प्रयोग छात्रों को शैक्षिक निर्देशन देने में किया जाता है।